Hanspeter Born
Politiker wider Willen
Pilet-Golaz, Schöngeist und Pflichtmensch

Hanspeter Born

Politiker wider Willen

Pilet-Golaz, Schöngeist und Pflichtmensch

Impressum

© 2020 Münster Verlag GmbH, Basel
Alle Rechte vorbehalten.

Kein Teil dieses Buches darf ohne schriftliche Genehmigung des Verlags reproduziert werden, insbesondere nicht als Nachdruck in Zeitschriften oder Zeitungen, im öffentlichen Vortrag, für Verfilmungen oder Dramatisierungen, als Übertragung durch Rundfunk oder Fernsehen oder in anderen elektronischen Formaten. Dies gilt auch für einzelne Bilder oder Textteile.

Umschlagsgestaltung:	Stephan Cuber, diaphan gestaltung, Liebefeld
Umschlagsbild:	G. Schuh, Zürich
Satz:	Stephan Cuber, diaphan gestaltung, Liebefeld
Korrektorat:	Manu Gehriger
Druck und Einband:	CPI books GmbH, Ulm
Verwendete Schriften:	Tundra, Intervogue
Papier:	Umschlag, 135g/m^2, Bilderdruck, 0,9-fach;
	Inhalt, 90g/m^2, Munken Premium Cream, 1,75-fach

ISBN 978-3-907301-12-8
Printed in Germany

www.muensterverlag.ch

Inhalt

1. Die Lehrerin und der Gemeindeschreiber 11
2. Kinderjahre 14
3. Vom kleinen Cossonay ins grosse Lausanne 19
4. Musterschüler 23
5. Ein Hauch von Phantasie 27
6. Pareto 33
7. Die Bühne ruft 37
8. Führungsschule 41
9. Eine Demoiselle aus Orbe 48
10. Romanze 53
11. Leipziger Lerchen 61
12. «Ich will keine Politik machen» 73
13. Eifersucht 77
14. Berliner Luft 81
15. Ein deutscher Sommer 86
16. Henry 93
17. Paris 98
18. Baurecht 106
19. Ende einer Epoche 109
20. An der Grenze 116
21. Politik après tout 121
22. Landesstreik 125
23. Die Treppe hinauf 131
24. Stich ins Wespennest 137
25. In der Bundesstadt 142
26. Der Dauphin ist gefunden 146
27. Schwanengesang einer historischen Figur 150
28. Lehrgeld 155
29. Eine geprüfte Ehefrau 161

30.	Die Nachfolgefrage	164
31.	Gewählt und gefeiert	172
32.	Kleine Geschäfte	176
33.	Departementswechsel	180
34.	Krieg der Häuptlinge	187
35.	Service public	189
36.	Privates	191
37.	Kampf um die AHV	194
38.	Ein Bauernhaus im Waadtland	197
39.	Dichter müsste man sein	200
40.	Pilet-Cervelat	204
41.	Die Schüsse von Genf	209
42.	Ungute Nachrichten aus dem Norden	217
43.	Liberalismus gegen Etatismus	219
44.	Ein Schauprozess?	222
45.	Harus!	225
46.	Sticheleien	229
47.	Disziplin muss sein	232
48.	Abfuhr für den Bundesrat	235
49.	Regierungskrise nach Schweizerart	239
50.	Etter kommt	254
51.	Chef und Mitarbeiter	257
52.	Die Sowjets in Genf	263
53.	Das Präsidialjahr geht zu Ende	267
54.	Si vis pacem para bellum	271
55.	Freche Nazis	275
56.	Berg-und-Tal-Fahrt	279
57.	Wie die Demokratie verteidigen?	284
58.	Stimmungstief	288
59.	Dunkle Gewitterwolken über Europa	294
60.	Gesucht: SRG-Generaldirektor	298
61.	«Der Franken bleibt ein Franken»	302
62.	Eine Busspredigt	308
63.	Böses Zerwürfnis	310
64.	Ein ehrgeiziges Projekt wird gebremst	314
65.	Post tenebras lux	320
66.	Stucki nach Paris	323

67.	Der Bundesrat wehrt sich	326
68.	Grimm zur SBB?	330
69.	Motta will Frölicher in Berlin	335
70.	Mit fliegenden Fahnen	338
71.	Waffenstillstand mit Henry	342
72.	Anschluss	344
73.	Ja zum Strafgesetzbuch	347
74.	München	349
75.	Telefonüberwachung	351
76.	Orchesterkrieg	353
77.	Ein Deal mit Bratschi	356
78.	High Noon	360
79.	Neun statt sieben?	364
80.	Vallotton träumt von Afrika	368
81.	Die Landi	371
82.	Stille vor dem Sturm	376
83.	Countdown zum Krieg	380
	Personenverzeichnis	385

«*Parlons franc: nous le plaignons (Giuseppe Motta), comme nous plaignons tous nos conseillers fédéraux. Il faut les voir à l'oeuvre pour juger de l'abnégation, de la patience, du civisme qui leur est nécessaire, la somme énorme de travail qu'ils doivent fournir, du peu de reconaissance qu'ils requeillent et des maigres satisfactions de leur existence, si ce n'est celle du devoir accompli.*»

(Marcel Pilet-Golaz, Manuskript für La Revue, 24. Juni 1927)

1. Die Lehrerin und der Gemeindeschreiber

Cossonay erhebt sich auf einem felsigen Hügel, 150 Meter über der Ebene des *Gros de Vaud*, des fruchtbaren waadtländischen Mittellands. Im ausgehenden 19. Jahrhundert leben die rund tausend Einwohner des malerischen Städtchens hauptsächlich von Handel und Landwirtschaft. Auf den von Läden und Handwerkerbuden umsäumten mittelalterlichen Strassen herrscht reges Treiben. Vier Gasthöfe, drei Cafés und zwei Pinten sorgen für das leibliche Wohl von Einwohnern und Besuchern. Der jeweils auf vier Jahre gewählte fünfköpfige Gemeinderat, die *Municipalité*, präsidiert vom *syndic*, dem Stadtpräsidenten, überwacht den Gang der Dinge.

Im Laufe des Jahres 1888 prüfen die Gemeindeväter ein elektrisches Beleuchtungssystem, verkaufen für 10 000 Franken die Dorfmetzgerei, verbieten wegen der verursachten «Unordnung, dem Skandal und der Friedensstörung» die nächtlichen Versammlungen der Heilsarmee. Sie büssen einen Dragoner mit zwei Franken, da dieser mitten in der Stadt «sein Pferd eine Gangart hat anschlagen lassen, welche die öffentliche Sicherheit gefährdete», und verwarnen drei Bauern, die am heiligen Sonntag Heu auflasen. Ein anderer Missetäter muss 20 Franken Busse zahlen: Er hatte auf der *Rue de Derriére la Place* zwei Hühner herumflattern lassen. Ordnung muss sein. Man schaut aufs Geld in Cossonay. Auch kleine Ausgaben muss der Gemeinderat bewilligen. Immerhin beschliesst er den Kauf eines Ofens für die Wohnung für *Mlle Schenk, régente*, im *Petit Collège*.

Régente nennt man in der Waadt die Lehrerinnen und das 25-jährige Fräulein Ella Schenk unterrichtet die unteren Klassen. Das Petit Collège, das als Schulhaus dient, ist ein umgebautes Spital aus dem 15. Jahrhundert.

Mademoiselle wohnt im Petit Collège, einem im 15. Jahrhundert gebauten, später von der Stadt erstandenen geräumigen Wohnhaus, das einst als Spital und dann als Schulhaus diente. Schon aus weiter Ferne erkennt man das hoch oben in Cossonay stehende Gebäude an seinem Türmchen. Der Gemeinderat liess dieses aufrichten, als der altehrwürdige Zeitglocken am Stadtrand abgerissen wurde und er für die wertvolle antike Turmuhr ein neues Heim finden musste. Jeden Morgen läutet jetzt der Gemeindepolizist die Glocke im Petit Collège, um den Beginn der Schulstunden anzukündigen.

In Cossonay hat sich längst herumgesprochen, dass die allseits beliebte Lehrerin Ella Schenk einen flotten jungen Verehrer hat, den 22-jährigen Edouard Pilet. Dieser Edouard Pilet wird am Heiligen Abend 1888 überraschend vom Gemeinderat als Nachfolger für den plötzlich verstorbenen langjährigen Amtsinhaber zum neuen *secrétaire municipal* oder Gemeindeschreiber gewählt. Pilet, unternehmungsfreudig und ehrgeizig, ist vier Jahre zuvor als 18-Jähriger ins Städtchen gezogen, wo er den Beruf eines *commis procureur* oder *agent d'affaires* ausübt. So nennen die Waadtländer von alters her juristische Berater ohne Universitätsabschluss, die für ihre Mandanten treuhänderische Aufgaben übernehmen und sie in zivilrechtlichen Angelegenheiten vor Gericht vertreten können. Der ehrgeizige, umtriebige Zuzüger Pilet muss seinen Mitbürgern vorteilhaft aufgefallen sein. Nicht jeder bringt es zum *secrétaire municipal*.

Fünf Tage später wird «vor der Munizipalität in corpore» zur Vereidigung des neuen Gemeindeschreibers geschritten. Das Protokoll berichtet:

> Monsieur Pilet tritt in die Sitzung ein. *Monsieur le syndic* liest ihm das feierliche Versprechen vor, worauf Monsieur Pilet mit den Worten antwortet: «Ich verspreche es.»

Es ist dies nicht das einzige feierliche Versprechen, das der neue Gemeindeschreiber an jenem denkwürdigen Samstag, 29. Dezember 1888, ablegt. Unmittelbar nach der Gemeinderatssitzung wird der 22-jährige Henri Edouard Pilet, Bürger von Château-d'Œx», mit der 25-jährigen Lehrerin Ella Anna Schenk, von Rennaz, zivil getraut. Zwei Tage später findet in der Kirche von Gingins bei Trélex, wo Edouard aufgewachsen ist, die kirchliche Absegnung der Ehe statt. Im Namen der *Eglise nationale evangélique réformée* überreicht der Pastor dem Paar Pilet-Schenk eine gewichtige Familienbibel. Sie ist noch heute im Besitz von deren Urenkelin Jacqueline Pilet.

Edouard ist das dritte von elf Kindern des Lehrers Auguste Pilet, der in verschiedenen waadtländischen Ortschaften «in den kargen Feldern des Unterrichts» geackert hat. Schon Edouards Grossvater war *régent* und zog von Gemeinde zu Gemeinde, um sein nicht eben fürstliches Brot zu verdienen. Zuvor waren die in Château-d'Œx heimatberechtigten Pilets Bauern.

Auch Ella Schenk, Edouards neu angetraute Frau, stammt aus einer Lehrerfamilie. Trotz des deutschschweizerischen Namens ist sie eine waschechte *Vaudoise*. Einer ihrer Vorfahren zog schon im 17. Jahrhundert aus dem Lauperswilerviertel von Langnau ins untere Rhonetal, wo drei Generationen von Schenks in Rennaz einen

Bauernhof bewirtschafteten. Der von der bernischen Herrschaft befreite junge Kanton Waadt förderte das Schulwesen energisch, und so kam es, dass Ellas Vater das eben gegründete Lausanner Lehrerseminar besuchte. Im Jura, wohin es den jungen Lehrer Schenk verschlug, lernte er eine aus den französischen Freibergen stammende Uhrmacherin kennen. Die beiden heirateten und liessen sich später in Chardonney nieder. Ihre 1863 geborene Tochter Ella Schenk ist in diesem oberhalb von Vevey liegenden malerischen Winzerdorf aufgewachsen. Mit 16 Jahren schickte ihr Vater sie ans Seminar in Lausanne und zwei Jahre später erhielt die aufgeweckte Ella das Lehrerinnenbrevet.

Die jungen Eheleute Pilet-Schenk wohnen in den Räumen der Lehrerin im Petit Collège, wo der Gemeinderat bald einmal Renovierungsarbeiten ausführen lässt. Das von Gemeindeschreiber Pilet geführte Protokoll erwähnt eine *école Pilet*, womit wohl die von Mlle Schenk, jetzt Mme Pilet, geführten unteren Primarschulklassen gemeint sind. Der Gemeinderat beschliesst den Ankauf einer Geografiekarte der Schweiz für die *école Pilet*.

Am 31. Dezember 1889, einem trüben Wintertag, entbindet die über 70-jährige Dorfhebamme die Lehrerin von einem gesunden Buben: Marcel Ernest Edouard Pilet. Marcel, später als Bundesrat Pilet-Golaz eine der umstrittensten Figuren der Schweizergeschichte des 20. Jahrhunderts, wird das erste Jahrzehnt seines Lebens im ländlichen Cossonay verbringen. Am 29. Dezember 1893 kommt Alice Ella Clara Pilet zur Welt. Alice, auch Lice genannt, wird oft krank sein und Marcel wird sich jahrelang liebevoll um seine kleine, seine einzige Schwester, seine *sœurette*, kümmern.

2. Kinderjahre

Als Bundespräsident von 1940 wird Marcel Pilet-Golaz in einem Aufruf die Kinder ermutigen, die glückliche Zeit der Jugend zu geniessen. Viel zu rasch ist sie vorbei. Er erinnert sich dabei an die Zeit, als er und seine Gespänchen sich auf dem Pausenplatz übermütige Schneeballschlachten lieferten. Vermutlich hat der Junge mit seinen Kameraden in der an Cossonay vorbeifliessenden Venoge gebadet, auch wenn es sich im Städtchen herumsprach, dass zwei junge Burschen beim Schwimmen im Flüsschen ertrunken waren. Viele Waadtländer kennen das liebevolle, witzige Gedicht, das der Chansonnier Gilles der Venoge gewidmet hat und das mehr über die Mentalität der *Vaudois* aussagt als manch eine gelehrte Abhandlung. «*Y'en a point comme nous* – solche wie uns gibt's keine», sagen die Waadtländer gerne, meist meinen sie es ironisch. Dass die *Vaudois* ein besonderer Menschenschlag sind, wird später auch der hoch über dem Ufer der Venoge in einem der typischen Waadtländer Kleinstädte aufgewachsene Marcel Pilet immer wieder betonen.

Als Gemeindeschreiber gehört Vater Edouard Pilet dem Organisationskomitee für die weit herum bekannte herbstliche Leistungsschau an und hat dabei die wichtige Verantwortung für die Kategorie «Kühe und Rinder». Einmal weilt der englische Deckhengst Hackney für einige Wochen in dem in Cossonay eingerichteten eidgenössischen Gestüt. *Secrétaire* Pilet hat es sich kaum entgehen lassen, seinem achtjährigen Sprössling das «unstreitig schönste Exemplar eines Zuchttiers, das der Kanton Waadt derzeit besitzt», zu zeigen.

Höhepunkt des Jahres 1895 sind die Herbstmanöver des 1. Armeecorps, deren Verlauf von der Westschweizer Presse bis in alle Einzelheiten geschildert wird. Die verstärkte 2. Division, die sich hinter die Venoge zurückgezogen hat, erhält Befehl, sich der Höhen von Cossonay zu bemächtigen, was ihr glänzend gelingt. Der kleine Marcel und seine Spielgefährten haben mit staunenden Augen das geheimnisvolle Treiben der Männer in den schmucken blauen Uniformen verfolgt – zumindest darf man sich dies ausmalen. Soldat und Offizier zu werden ist ein Bubentraum des Jungen, der in Erfüllung gehen wird.

Am 15. April 1896 hat Marcel seinen ersten Schultag. Das von der Lehrerin geführte Zeugnis gibt Auskunft über seine Leistungen, sein Betragen, seine Absenzen. Die Lehrerin in seinen beiden ersten Schuljahren ist «El. Pilet», Marcels Mutter. Obschon der Jüngste in der Klasse, liegt Marcel im vorderen Mittelfeld. Betragen: sehr gut, Kopfrechnen: sehr gut; andere Fächer zwischen *passable*, genügend, und gut; Singen: schlecht. In der 2. Klasse ist Marcel der Primus mit vielen 1 und 2. Im nächsten Jahr erhält er mit Monsieur Vivian einen neuen Lehrer – und fällt gleich zurück. Unter 27 Schülern belegt er nur noch Rang 9.

Am Mittagstisch kriegt der aufgeweckte Junge mit, was es im Städtchen Neues gibt: Feuersbrunst in der Mühle von Bettens, Einrichtung einer Telefonleitung nach der Bezirkshauptstadt Orbe, erstmaliges Erscheinen des *Journal de Cossonay*. Aufregend ist die Verhaftung dreier bewaffneter Übeltäter, die bei einem Einbruchsversuch in den Bahnhof vom Stationsvorsteher überrascht worden waren, später durch das eingeschlagene Fenster in die Apotheke eindrangen und dort die Kasse leerten. Weil sich Unfälle ereignet haben, werden die Velozipedisten bei Androhung einer Busse angehalten, beim Durchqueren der Stadt «von ihren Maschinen abzusteigen».

Die Waadt ist bekannt für ihre Schützen-, Turn- und Gesangsfeste. Die Musik spielt, die Honoratioren halten Reden, es wird gesungen, getanzt und getrunken. Cossonay macht keine Ausnahme. 1896 wird das neu gebaute Casino feierlich eröffnet, 1897 nimmt die Zahnradbahn den Betrieb auf, die den im Dorf Penthalaz liegenden Bahnhof von Cossonay mit dem Städtchen auf dem Hügel verbindet. 1898 begeht Cossonay den 100. Jahrestag der waadtländischen Unabhängigkeit mit einem prächtigen Umzug, dessen Teilnehmer vom Gemeinderat mit 750 Brötchen und 200 Liter Wein bewirtet werden.

Marcel beobachtet, macht sich seine Gedanken, lernt die Menschen kennen. Die gütige Mutter liebt er innig, den strengen Vater achtet er. Besonders glücklich scheint er nicht gewesen zu sein. Als Student wird er seiner Freundin «Tillon» [Mathilde Golaz] schreiben: «Ich habe keine Jugend, keine Kindheit gehabt. Von sechs oder sieben Jahren an war ich der grosse Sohn, dem man sich anvertraut, der grosse Sohn, der schützt und tröstet.» Für das Schwesterchen ist er ihr *petit papa*. Im Nachhinein dünken ihn seine Kinderjahre «eingeschlossen» und «traurig». Der Briefeschreiber neigt zu Übertreibung, zu Dramatisierung. Gar so unglücklich werden die Kinderjahre nicht gewesen sein.

Der Bub kann offenbar trotzig und aufbrausend sein. Der Freundin wird er Jahre später von einer kuriosen Begebenheit erzählen, die er als Kind von sieben oder acht Jahren an einem Silvesterabend in Cossonay erlebte.

Tillon, Sie [nach gut französischem Muster werden sich die Verlobten bis zum Tag der Heirat siezen] kennen die Sitten der Landstädtchen und wie leicht man in den Häusern gegenseitig ein und aus geht. Wir waren *en famille* im Salon, als Freunde aus der Nachbarschaft vorbeikamen, ein Mann und seine Frau, freundlich und lachend. Glückwünsche, alles Gute zum neuen Jahr. So weit geht alles gut. Aber dann fällt es diesem kahlköpfigen Monsieur Chalet – dies der Name des armen Kerls, ein Gemeinderat mit Verlaub – ein, Maman im Sinne eines Scherzes zu sagen: «Madame Pilet, erlauben Sie mir, Sie an diesem Silvesterabend zu küssen?» Und Maman, die den Spass versteht, antwortet: «Meine Güte, dies ist Sache des Ehemanns. Fragen Sie Papa.» Nie wäre es mir in den Sinn gekommen, dies *petite mère* auch nur im Geringsten übel zu nehmen! Aber sie hatte nicht mit ihrem Sohn gerechnet! Der unglückliche Monsieur Chalet tut so, als ob er seine – nennen wir es – ‹Drohung› – wahr machen will, als ihr wutentbrannter kleiner Marcel mit gesenktem Kopf auf ihn losstürzt, dem Bauch des armen Mannes einen mächtigen Stoss versetzt und ihn zu Boden streckt. Man hebt ihn auf, bemüht sich eifrig um ihn, er fühlt sich schlecht und man muss ihn nach Hause führen. Noch lange nachher litt er an Darmschmerzen und man befürchtete böse Folgen. Er ist dann einige Jahre später an einem ganz anderen Leiden gestorben.

Noch von einem anderen Kindheitserlebnis wird Marcel seiner Freundin erzählen, einem Erlebnis, das entschieden weniger spassig war. Sein Onkel und Götti Ernest, der jüngste Bruder seines Vaters, der in Lausanne Theologie studierte, kam oft am Sonntag bei ihnen in Cossonay zu Besuch. Marcels Mutter mochte Schwager Ernest. Es schien ihr, er habe Charakter und Wille, und sie verwöhnte ihn nach Noten. Der junge Student wusste, dass seine Schwägerin ihn schätzte, und profitierte von ihrer liebenswürdigen Gastfreundschaft. Dann kam Ernest nicht mehr nach Cossonay – er hatte sich mit einer hübschen Krankenschwester aus Avenches verlobt. Mit der Verlobten traf er sich öfter bei Marcels Grossmutter, die im Lausanner Pontaise-Quartier wohnte. Pilet im Brief an Tillon:

Eines Tages, ich weiss nicht mehr wieso, gehe ich allein zur Pontaise hinauf. Meine Grossmutter öffnet mir und – etwas aufgeregt – schiebt mich ohne irgendeinen Grund in die Küche. Dann holt sie ihren Sohn, also meinen Götti, der mit seiner Verlobten im Salon war. Und im Korridor diskutieren sie zusammen die niederträchtigste aller Gemeinheiten. Zu diesen traurigen Zeiten – es fällt mir schwer, Ihnen, Tillon, dies zu gestehen, aber es ist trotzdem besser –, also zu diesen traurigen Zeiten versuchte Papa, sich der lieben Maman zu entledigen. Dazu kam ihm kein anderes Mittel in den Sinn, als sie als «verrückt» hinzustellen. Ja, als «verrückt»! Man wollte sie in Céry [der

> psychiatrischen Klinik] einsperren und Gott weiss, und alle die Maman gekannt haben, werden es Ihnen sagen, dass Maman nie verrückt war. Oh, ja, ihre Verrücktheit war, dass sie zu gut war, ihren Mann zu sehr liebte, zu viel weinte, zu sehr an seiner Vernachlässigung und seiner Grausamkeit litt. Wie auch immer, er erklärte sie für verrückt und seine Familie beteiligte sich an dieser Gemeinheit.

Nun geschah Folgendes: Der von Maman geliebte und verwöhnte Onkel Ernest und die Grossmutter, die im Korridor zusammen tuschelten, fragten sich ernstlich, ob es sich schicke, dass man Marcel, den Sohn der «Verrückten», Ernests Verlobten vorstelle.

> Und ich hörte alles, meine Tillon. Glücklicherweise war ich klein, war ich schwach, ich konnte nur leiden ... Heute hätte ich Angst, Angst davor, zu viel Unheil anzurichten, Angst, sie lustvoll mit meinen Fäusten zu zermalmen. Doch Sie werden mich lehren, Tillon, dass es besser ist, zu reparieren, als zu zerstören.

Und was beschlossen Onkel Ernest und die Grossmutter? Obwohl Marcel tatsächlich das Kind der «Verrückten» war, war er ja gleichzeitig auch der Sohn von Papa. Man konnte ihn also der Verlobten seines Göttis vorstellen.

Der Vorfall hinterlässt Wunden. Marcel redet nicht mehr mit seinem Götti, auch nachdem Ernest Pilet ein geachteter Pfarrer in der historischen Kirche von Romainmôtier wird. Er will ihm erst verzeihen, wenn dieser sich bei der Mutter persönlich entschuldigt hat.

Der Haussegen in der Familie Pilet hängt schief. Vater Edouard ist ein altmodischer Patriarch. Sein Wort gilt, Widerspruch wird nicht geduldet. Frau und Kinder zittern vor ihm und gehen ihm gerne aus dem Weg. Tüchtig ist er allerdings, der Gemeindeschreiber Pilet. In den fast sieben Jahren seiner Amtszeit ist es ihm gelungen, das Vertrauen seiner Mitbürger zu gewinnen. Er ist der heimliche sechste Gemeinderat, den der *syndic* gerne zurate zieht. Am 26. Februar 1897 berichtet die *Gazette de Lausanne* aus Cossonay, dass «man davon redet», den zum Präfekten ernannten und deshalb nicht mehr wählbaren *syndic* Jaquier als Waadtländer Grossrat durch *M. Edouard Pilet, secrétaire municipal,* zu ersetzen. Die Radikale Partei, die seit Jahrzehnten im Wahlkreis wie im Kanton das Sagen hat, setzt dann allerdings nicht Pilet, sondern den Gemeindepräsidenten von Rossy auf ihre Liste. Dies veranlasst «eine Gruppe Wähler», Pilet als Sprengkandidaten aufzustellen. Wie gewohnt gehen jedoch die drei dem Wahlkreis Cossonay zustehenden Sitze an die offiziellen Vertreter des *Parti radical*, die alle über 400 Stimmen machen. Auf den Aussenseiter Pilet entfallen immerhin respektable 174 Stimmen.

In der Waadt sieht man es nicht gerne, wenn ein junger Politiker sich mit den Parteigrössen anlegt und ein Extrazüglein fährt. Ob Edouard Pilet deshalb Cossonay verlässt oder ob er in Lausanne bessere berufliche und politische Aufstiegsmöglichkeiten erblickt, sei dahingestellt. Auf jeden Fall lockt Lausanne.

In der zweiten Hälfte des 19. Jahrhunderts ist die Kantonshauptstadt rapid gewachsen – 1850 zählte Lausanne 17 000 Einwohner, 1900 sind es fast dreimal mehr, 47 000. Seit zehn Jahren blüht die Wirtschaft, insbesondere die Baubranche. Geschäftshäuser, Hotels, Wohnbauten, Verwaltungsgebäude, Spitäler, Schulen schiessen aus dem Boden. Häusermakler, Immobilienverwalter und kundige Rechtsberater sind gefragt. Eben hat ein kantonales Gesetz den Beruf des *agent d'affaires breveté* geregelt. Edouard Pilet legt das Examen für das Brevet ab, hinterlegt die verlangte Kaution, erhält das Patent und eröffnet in Lausanne ein Büro. Das Amt des Gemeindeschreibers von Cossonay legt er im Juni 1897 nieder.

3. Vom kleinen Cossonay ins grosse Lausanne

> Es ist der siebente Juli. Einige Minuten vor acht Uhr betrete ich, mit einer Mappe unter dem Arm und Angst im Herzen, den Eingang des Collège. Werde ich aufgenommen oder nicht? Marterndes Mysterium. Ich drücke noch einmal die Hand meiner Mutter und, aufgemuntert durch ihr «*bon courage!*», nehme ich meinen Platz im Examenssaal ein. Ich bereite mein Löschblatt und meine Feder vor, dann werfe ich einige Blicke auf diejenigen, die vielleicht meine Kameraden sein werden. Plötzlich Totenstille: Der Direktor ist eingetreten. Er macht Appell; als ich an der Reihe bin, antworte ich mit einem schüchternen «*présent*». Welche Momente, diese Minuten des Wartens! Als ich mein Diktat beginne, klopft mein Herz mit doppelten Schlägen. *Le chameau …* schreibt man *eau* oder *au*? Eine verfängliche Frage; oder später: *à genoux* – braucht es ein *x*, ein *s* oder gar nichts?

So zu lesen in einem Schulaufsatz mit dem Titel «Mein Eintrittsexamen ins Collège», in dem sich der 14-jährige Gymnasiast Marcel Pilet an einen fünf Jahre zurückliegenden Tag erinnert: Der Rotstift des Französischlehrers notiert am Rande des Aufsatzes: «übertrieben oder schlecht wiedergegeben». Gesamthaft findet Monsieur Biaudet, dass der Junge das Thema «gut gewählt» hat und «die Erzählung klar» ist. Allerdings bewertet er die «Phantasie und die literarische Sensibilität» als «schwach», den Stil als «im Allgemeinen korrekt, aber flach oder gewunden». Die meisten der vom Lehrer bemängelten stilistischen Fehler wird der Student Marcel Pilet ausmerzen können. Nicht alle. Ein gewisser Hang zur Übertreibung wird auch dem Bundesrat bleiben und gelegentlich – nur gelegentlich und an einem schlechten Tag – kann er flach oder gewunden schreiben.

Die Orthografie war nicht Marcels Stärke. Daran erinnert er sich auch noch als Bundesrat – 38 Jahre später. Tägliche *dictées,* welche die Mutter dem Jungen auferlegte, «hatten ihn – *hélas* – in dem Gefühl der Schwäche bestätigt». Nachdem am Examenstag das Diktat schlecht und recht beendet ist, geht es weiter mit Rechnen. In der bundesrätlichen Aufzeichnung lesen wir:

> Aber die Arithmetik! Hier nimmt er seine Revanche. Er spielt mit den Ziffern – wie heute mit den Defiziten. Auf diesem Gebiet ist er unschlagbar. Man wird es sehen. Die Rechenaufgaben, die den Kandidaten gestellt werden, sind leicht. Einige Minuten des Nachdenkens, bis sie gelöst sind, und die Hand läuft über das Papier. Aber sie läuft schlecht. In ihrer hochmütigen Eile missachtet sie die Zeilen. Der Lehrer nähert sich. Der Lehrer? Ein Männchen, bereits vom Alter zusammengedrückt, mager und verrunzelt. Ein goldenes Herz zweifellos, unter einer bärbeissigen Erscheinung. In seinen Augen geht die Ordnung allem vor. Er beugt sich über das Blatt des jungen Rechners. Die Phantasiestellung der Additionen und Divisionen zieht seinen Blick auf sich und hält ihn fest. Er mag dieses unstabile Gleichgewicht nicht; und mit einer Stimme, die sich bemüht, überheblich zu tönen, knurrt er: «Mein Junge, die Zeilen sind da, um sich ihrer zu bedienen.» Mein Junge senkt den Kopf. Er glaubt sich verloren. Wenn die triumphale Arithmetikprobe seinen Erfolg nicht mehr sichert, was wird ihn retten können? Eine Illusion schwindet. Der alte Lehrer täuschte sich nicht: Im Leben ist das Entscheidende sehr oft nicht, dass die Zahlen stimmen, sondern dass sie sich gut präsentieren.

Schein und Sein. Zurück zum Gymnasiasten, dessen Erinnerung an den Examenstag noch frischer ist als diejenige des Bundesrats:

> In einem kleinen, ein bisschen dunklen Saal befragt uns ein grosser Herr mit gütiger Nachsicht. Er fordert mich auf, das Leben von Davel [dem waadtländischen Freiheitshelden] zu erzählen. Ich kenne es in- und auswendig, so dass er mich bald mit einem «Allez seulement, es ist gut so» stoppt. Jetzt kommt die Geografie an die Reihe.

Marcel muss die Hauptorte der Kantone Glarus und Aargau nennen, quält sein Gedächtnis und ist nicht sicher, ob er die richtige Antwort gefunden hat. Bleibt das Französisch, wo er sich nicht allzu schlecht aus der Affäre zieht. Hat er das Examen bestanden? Mutter und Kind gehen ins Schulhaus, wo im «dunklen Gang» die Examensergebnisse angeschlagen sind. Beide haben Angst, der Bub «wagt nicht mehr, ans Glück zu glauben». Vergeblich suchen sie Marcels Namen auf einer an die Wandtafel gehefteten Liste der 39 «Auserwählten».

> Resigniert legt die Mutter eine tröstende Hand auf die Schulter des Sohns: «Mein armer Kleiner, du bist nicht drauf.» «Sind Sie sicher, Madame?», schaltet sich eine Männerstimme ein, «Wie heisst Ihr Sohn?» – «Marcel Pilet. Oh, ich bin nicht überrascht. Er kommt vom Land. Ich habe ihn nicht vorbereiten können.» – «Aber doch, Madame, er hat es geschafft. Marcel Pilet, er ist aufgeführt. Sehen Sie da, der 23.»

> Es ist wahr, sein Name steht wirklich dort. In ihrer Aufregung hatten sie ihn nicht gesehen.

Der Junge ist intelligent und hat alle Voraussetzungen *pour bien faire*, um Erfolg zu haben. Die Eltern halten grosse Stücke auf ihn und fördern ihn, so gut sie können. So schenken sie dem Elfjährigen eine illustrierte Schweizer Geschichte – *Histoire de la Suisse – racontée au peuple par Albert Gobat* – mit einer handgeschriebenen Widmung von *papa et maman*:

> Unserem lieben Sohn Marcel Pilet. Lese, denke nach und arbeite, und du wirst ein echter Schweizer Bürger werden; suche in der Geschichte die edlen Taten und lasse dich vom Beispiel, das sie dich lehren, inspirieren. Dann wirst du *un homme d'honneur, utile à ton pays*, ein Ehrenmann, der seinem Land nützlich sein wird.

Wir schreiben das Jahr 1901. Im noch jungen Bundesstaat misst man der Rückbesinnung auf die Geschichte hohe Bedeutung bei. Drei Jahre zuvor hat in Zürich das Landesmuseum die Tore geöffnet, im Waffensaal das Fresko Hodlers, das den *Rückzug von Marignano* beschwört. Die Waadtländer sind patriotisch. Nicht von ungefähr steht auf ihrem Wappen: *Liberté et Patrie*. Stolz des Kantons sind zwei von Charles Gleyre im Auftrag der Stadt Lausanne geschaffene Historiengemälde: Eines zeigt den Sieg des Helvetiers Divico über die Römer, die murrend unter dem Joch hindurchgehen; das andere die Hinrichtung des Waadtländer Rebellen, Major Davel. *Liberté et Patrie*, Freiheit und Vaterland, ebenso wie die Demokratie, werden für den späteren Politiker Pilet-Golaz unverzichtbare Werte bleiben. Sie auch nur zu diskutieren, hält er für überflüssig.

Mit dem Umzug von Cossonay nach Lausanne vertauschen die Pilets das Leben im ländlichen Provinzstädtchen mit demjenigen in der aufstrebenden, pulsierenden Metropole. Jetzt gehören sie nicht mehr zur Lokalprominenz und Vater Pilet muss sich erst einmal beruflich und sozial emporarbeiten. Der neunjährige Marcel merkt, dass er in eine andere Welt versetzt worden ist, mit anderen Sitten und mit Schulkameraden aus einer feineren Gesellschaftsschicht. Als Bundesrat wird er sich an sein früheres Ich erinnern:

> Er [Marcel] hatte immer so gesprochen, wie er es gehört hatte. Die Sprache seiner Heimat, seines kleinen Städtchens; naiv glaubte er, dies sei die französische Sprache. Er sprach die *aigus* als *graves* und die *graves* als *aigus* aus. Er sprach ein wenig schleppend. Er liess die letzte Silbe fallen. Er sagte «*Bonjou*» und «*Regarde-voi*».

> Gleich wie seine Kameraden und wie der *régent*. War dies nicht richtig? Wie sollte man denn sagen? Er würde es lernen. Schlagartig würde er sehen, wie sich vor ihm der Abgrund öffnete, den seine Sprache von derjenigen Voltaires trennte.

An einem der ersten Tage in der neuen Schule liess der Lehrer die Schüler der Reihe nach vorlesen:

> Für den kleinen Provinzschüler dauerte die Vorstellung nicht lange. Einige Sätze und ein kurzer Befehl unterbrach ihn: «Genug, *syndic* von Cossonay.» *Syndic* von Cossonay. Er, der den Gemeindepräsidenten immer für eine grosse Persönlichkeit gehalten hatte! Er begriff, dass weder er noch sein Städtchen anderswo Eindruck machten. Er begriff auch, dass er *l'accent vaudois* hatte. Er schämte sich.

Die Scham, wenn es denn eine war, verfliegt rasch. Die vierköpfige Familie Pilet wohnt in Ouchy, das, obwohl von der Stadt eingemeindet, seinen dörflichen Anstrich behalten hat. Die Wohnung der Pilets liegt unweit vom See in unmittelbarer Nähe der Zahnradbahnstation Les Jordils. Das *funiculaire* zwischen Ouchy und dem Flon-Quartier in der Stadtmitte ist das älteste der Schweiz und erinnert Marcel an das ähnliche Bähnchen von Cossonay, dessen Bau er noch miterlebt hat.

In Ouchy geht Vater Edouard Pilet mit Erfolg seinen Geschäften als Rechtsberater und Verwalter von Immobilien nach – er gibt neben *agent d'affaires*, auch *gérant* als seinen Beruf an und später *régisseur*, was dasselbe ist, aber vornehmer tönt. Rasch macht der Zuzüger auch in der Politik Karriere. Bereits 1901 wird er ins Lausanner Gemeindeparlament gewählt, wo er sich für Anliegen des Quartiers einsetzt, zum Beispiel die Errichtung einer Badeanstalt am Seeufer. Den Einzug in den Waadtländer Grossrat verfehlt er 1905 knapp. Vier Jahre später schafft er es. Bereits 1912 wird er den Rat präsidieren.

Politik und Beruf lassen Edouard Pilet wenig Zeit für die Familie. Er liegt am Sonntag oft müde auf dem Sofa, Frau und Kinder müssen still sein. Der feinfühlige Marcel sieht, wie die geliebte Mutter unter der «Diktatur» des herrischen Vaters leidet, und leidet mit ihr. Das Verhältnis Vater – Sohn ist oft gespannt. Allerdings hört Marcel aufmerksam zu, wenn der Vater von seinen Geschäften, seinen Gerichtsfällen und der Politik erzählt. Er lernt dabei Dinge, die keine Schulstunden vermitteln können. Er lernt, wie es auf der Welt wirklich zugeht. Andererseits zieht sich der Junge gern in sein schmuckes Zimmerchen zurück, träumt und vertieft sich in seine Bücher. Er kann nicht warten, bis er am Sonntagnachmittag aus dem Haus kann, um mit Freunden oder dem Cousin am See spazieren zu gehen.

4. Musterschüler

C.-F. Ramuz, Waadtlands bedeutendster Schriftsteller, der zwölf Jahre vor Marcel Pilet das Collège cantonal besuchte, war am Tag des Eintrittsexamens auch nervös. Er stolperte auf den Stufen des Schuleingangs und zerbrach sein schönes, gefülltes Tintenfass, das man ihm eigens gekauft hatte. Ramuz gefiel das bescheidene alte Schulhaus, «ein grosses viereckiges Gebäude, ohne hinzugefügte Verzierungen, strikte für den Gebrauch bestimmt, mit seinen grünen und weissen Fensterläden ... Von der Höhe seiner Stützmauer stürzten wir auf die Riponne [den Marktplatz von Lausanne] hinunter», wo man «plötzlich das Schreien eines Esels hörte, denn es gab damals noch Esel.»

Ramuz fand an der Schule wenig Gefallen:

> Man geniesst nicht mehr; man denkt bloss daran, die Examen zu bestehen. Man will wissen, statt zu fühlen. Man füllt das Gedächtnis mit Dingen, die man nicht einmal mehr versteht.

Marcel Pilet *will* wissen und *füllt* sein Gedächtnis. Anders als Ramuz, der «als Erster meiner Klasse ins Collège eintrat und als einer der Letzten es verliess», hält er sich von Anfang bis Schluss im Spitzenfeld. In seinem letzten Trimester ist er gar Klassenprimus, Erster von siebzehn. Ein Musterschüler, der auch immer wieder die für besondere Leistung ausgesetzten Geldpreise gewinnt, vor allem in der Mathematik – einmal in der unfassbaren Höhe von 27 Franken. Meist gab es einen Fünfliber.

Bedacht darauf, dass ihre Untertanen die Bibel lesen, hatten schon *Leurs Excellences de Berne* den Schulunterricht für obligatorisch erklärt. Der junge Kanton Waadt betrachtet die Erziehung der Jugend als eine seiner vordringlichsten Aufgaben. Er will im Schulwesen den ersten Rang einnehmen, was von Kanton und Gemeinde schwere finanzielle Opfer verlangt:

> Dies spielt keine Rolle: Der Waadtländer will kenntnisreich, gelehrt, kultiviert sein, und wenn es sein muss, blutet er dafür aus allen Venen. Die Schule ist heilig.

So der Historiker Paul Maillefer, später Stadtpräsident von Lausanne, gescheiterter offizieller Bundesratskandidat und Fraktionskollege von Pilet im Nationalrat.

Am 10. Juli 1902 wird Marcel Pilet in die 3. Klasse befördert. Die jährliche Feier am Schluss des Schuljahrs ist ein Ereignis von öffentlichem Interesse. In der *Gazette de Lausanne* kann man lesen, wie sich genau um Viertel vor neun der Umzug von Lehrern und Schülern in Bewegung setzt, um vom Collège zur Kathedrale St-François zu marschieren, voran die Trommler, die Pfeifer und die neue Fahne. In der Kirche folgen sich Darbietungen des Schulchors und des Schulorchesters, Grussadresse der Kantonsregierung, eine Lesung und diverse Reden.

Schuldirektor Edouard Payot ermahnt die Schüler zur «Arbeit, die der Zweck des Lebens sein muss». Der zwölfjährige Marcel, der später als Bundesrat selber verschiedentlich in der Kathedrale St-François das Wort ergreifen wird, nimmt sich die Worte des *directeur* zu Herzen. Mangelnden Fleiss wird man ihm nie vorwerfen.

Edouard Payot, der mit starker Hand und Einfühlungsvermögen die Schule leitet, geniesst in der Öffentlichkeit hohes Ansehen. 35 Jahre nach der beschriebenen Abschlussfeier erweist auch Bundesrat Pilet-Golaz seinem ehemaligen Schulvorsteher die Reverenz. In einem Erinnerungsartikel erzählt er, wie er als Junge durch die hohe und düstere Doppeltüre ins Zimmer tritt, wo beim hellen Fenster, mit dem Rücken zum Cheminée *er* vor seinem Arbeitstisch sitzt:

> *Er* der Direktor. Ah! Ja, Direktor, das ist er. Kein gravitätischer Direktor, der aus seinen erhabenen Lippen langweilige Sermone fallen lässt. Auch kein dilettantischer und überheblicher psychoanalytischer Direktor, der an seinen «Fällen» interessiert ist, wie ein Laborarzt an seinen Meerschweinchen; kein Erfinder von Theorien, kein Zerstörer von Charakteren. Nein, er ist Direktor, weil er dirigiert, weil er befiehlt, weil er will. Was will er? Oh, dies ist sehr einfach, so einfach, dass es unsere fortschrittlichen Geister nicht mehr verstehen. Er will, dass die Kinder, die ihm anvertraut sind – und es sind Kinder, er behandelt sie wie Kinder und er liebt sie gleichermassen –, arbeiten; dass sie auf Leistung trainieren; dass sie lernen, dass nichts Dauerhaftes ohne Mühe erlangt werden kann, dass die Arbeit ihren Reichtum in sich trägt, wenn sie nicht nachlässt, und ihren Lohn, wenn sie mit frohem Herzen verrichtet wird. Er will, dass die Guten gelobt, die Schwachen ermutigt und die Bösen bestraft werden. Er will, dass diese langsamen, unentschlossenen, rasch zufriedenen kleinen Waadtländer lebhaft, genau und sich selber gegenüber anspruchsvoll werden. Er will aus ihnen Männer machen.

Die Werte des Schuldirektors Payot sind bald einmal die Werte des Schülers Marcel Pilet und werden auch die Werte des Politikers Pilet-Golaz sein. Was tut der beflissene, strebsame Schüler in der Freizeit?

> Unter den *collégiens*, die jeden Tag gruppenweise auf der *place de St-François* eintreffen, ist einer, der gerne einen kleinen Abstecher macht, um die Auslage der Buchhandlung anzuschauen. Es ist ein Braunhaariger mit feinen Gesichtszügen und lebhaften Augen. Sein gestärkter weisser Kragen liegt oft schief, seine Künstlerkrawatte aufgeknöpft – dies ist ihm gleichgültig –, und um die verlorene Zeit einzuholen, läuft er im Galopp die *rue du Petit-Chêne* herunter.

Festgehalten wird die Szene dreissig Jahre später in einer welschen Schülerzeitung von einer aufmerksamen Nachbarin.

Nachdem der Junge seiner verständnisvollen *maman* die Tagesereignisse – seine Erfolge und Enttäuschungen – erzählt hat, spielt er gerne mit seiner kleinen Schwester Indianer. Er träumt davon, später einmal Mexiko zu kolonisieren, auch auf die Gefahr hin, skalpiert zu werden. Er wird nicht allein gehen, zwei seiner Freunde haben versprochen mitzukommen.

> Einstweilen erweist sich Marcel als intelligenter, genauer, gewissenhafter Schüler. Sein grösstes Vergnügen ist es, in den süssen und tiefen Augen seiner Mutter verdientes Lob zu lesen. Bereits jetzt erwacht der kritische Geist und formt sich das Urteilsvermögen des Schülers – dies dank der gescheiten Geschichten seines Vater, eines umtriebigen und fröhlichen Geschäftsmanns, der sich in die öffentlichen Angelegenheiten Lausannes einschaltet. Zu den Spielen im schattigen Park, zu der Lektüre von Abenteuerromanen, die ein Element der Phantasie ins Leben des Kindes bringen, gesellt sich die Musik. Erste und zweite Geige mit Klavierbegleitung. Das gleiche Trio, das die ferne Expedition vorbereitet, tritt im Salon an der Ouchy-Strasse auf.

Nach dem Abschlussexamen im Collège ist die Zeit für eine grosse Reise gekommen.

> Die drei Freunde zählen ihr Vermögen, das sie grösstenteils Marcels guten Noten verdanken: 120 Franken. Man geht los, nicht in die Neue Welt, sondern in die Urschweiz, und weil man aufs Portemonnaie schauen muss, geht man zu Fuss los. Furka, Göschenen, Altdorf, Stans, am Schluss das Abschiedsbankett in Luzern, vis-à-vis dem Wasserturm: 1.50 Franken pro Kopf. Die jungen Patrioten haben die Luft von Wilhelm Tell und

Winkelried so gut eingeatmet, so dass sie ihre letzte Mahlzeit mit würdiger Gravität einnehmen.

Sommerferien? In seiner Gymnasialzeit verbrachte Marcel zweimal sechs Wochen in der Deutschschweiz, einmal bei einem Gärtner auf dem Zürichberg. Das «stattliche Dorf im Berner Mittelland», von dem er als Bundespräsident 1934 in seiner 1.-August-Rede erzählen wird, war vermutlich der Bucheggberg –, auch wenn dieser im Kanton Solothurn liegt und bloss an den Kanton Bern grenzt:

> Den ganzen Tag an der Arbeit, wie es sich gehört. Die Sense und der Rechen pfiffen und quietschten in der blonden Ernte. Unter der Last ächzend, die Garben golden schimmernd, kehrten die schweren Wagen zurück. Unter der brennenden Sonne schnauften und scharrten die von Mücken geplagten Gespanne vor Anstrengung. Dann plötzlich schwieg alles. Obwohl es ein Wochentag war, hatten sich die Männer rasiert. Angetan in sauberen Blusen und runden Hüten, sammelten sie sich. Die Frauen hatten ihre von der Stärke steifen Trachten mit ihren weiten kurzen Ärmeln und schweren glänzenden Ketten angezogen.
> Wortlos, in stillschweigender Übereinkunft, hatte sich das ganze Dorf auf den Hügel begeben, von dem aus man die Alpen sieht. Ein alter, vom Gewitter gefällter Baum bildete den Scheiterhaufen. Gerade schoss die Flamme hoch und warf bei angebrochener Nacht Licht und Schatten auf die andächtigen Gesichter. Der Gemeindepräsident, ein trockener, ruhiger und langsamer Bauer, mahnt uns – mit der Autorität seiner fünfzig Jahre Rechtschaffenheit und Arbeit –, dass wir unseren Vorfahren viel verdanken, dass wir das, was sie für uns getan hatten, unsererseits für unsere Nachfahren tun müssen; dass unser Boden nur frei bleiben wird, wenn wir dessen würdig sind. Er sprach aus dem Herzen, er war kurz. Nachher sangen die Männer mit einer einzigen vollen, starken und ernsten Stimme «Oh, mein Heimatland, oh mein Vaterland». Das war alles. Unter den Sternen ging das Feuer aus. Die kleine Schar kehrte zu den Bauernhöfen zurück.

5. Ein Hauch von Phantasie

In der Hochkonjunktur, die 1903 beginnt und ihren Höhepunkt 1913 erreicht, ist Lausanne eine riesige Baustelle. Die alte historische Stadt muss den Bedürfnissen der neuen Zeit angepasst werden: Schaffung eines Kanalisationsnetzes, Ausdehnung des öffentlichen Verkehrs, Bau von Brücken, Untergrundpassagen, Boulevards. Alte Gebäude werden abgerissen, neue palastartige Bauten – der Palais de Rumine, der Bahnhof, die Galeries du Commerce, das Royal Hôtel in Ouchy – erheben sich und verändern das Stadtbild. Die verschiedensten Baustile – Neogotik, Neobarock, Art nouveau – wetteifern miteinander. Auffallend an der Lausanner Architektur jener Jahre sind die Suche nach Monumentalität, die raffinierte Ausstattung der Intérieurs, die reich geschmückten Fassaden. Ohne seine Geschichte zu verleugnen, will Lausanne eine moderne, elegante Grossstadt sein.

An den reizvollen Gestaden des Léman gelegen, gesegnet mit einem milden, fast mediterranen Klima, beseelt von einem reichen intellektuellen und kulturellen Leben, übt Lausanne eine magnetische Anziehungskraft auf Reisende aus aller Herren Ländern aus. Touristen strömen in seine sich rasch vermehrenden Hotels, Studenten drängen sich an seine an Ansehen gewinnende Universität und Pflegebedürftige lassen sich in Lausannes modernen Spitälern von medizinischen Kapazitäten behandeln. Von 1905 bis 1910 steigt die Zahl der Hotelübernachtungen von rund 200 000 auf rund 400 000.

Bereits im Mittelalter war der Bischofssitz Lausanne eine Stätte der Bildung und ein Begegnungsort für Gelehrte. Seine Bewohner fanden Geschmack an Kunst und Literatur. Im 18. Jahrhundert waren sie «von einem Verlangen verzehrt, zu lernen und zu glänzen», man hatte, wie ein Kritiker sagte, nicht nur «einen Hunger, sondern eine Hungersnot nach Geist.» Voltaire, einer von Lausannes berühmten Gästen, lobte die «Intelligenz seiner Bewohner, die sein Talent so gut beurteilen und seine Werke so glänzend interpretieren konnten». Der grosse englische Geschichtsschreiber Gibbon, der viele Jahre in Lausanne lebte, schätzte «den Charme dieses so gastlichen und distinguierten Milieus». Historiker Maillefer beschreibt die Lernbegierde seiner Mitbürger:

> Die öffentlichen Kurse werden gestürmt; ausländische und einheimische Referenten können ihre Veranstaltungen noch so vermehren, die Zuhörer bleiben unermüdlich. Nirgends liest man mehr. Nirgends in der Schweiz werden mehr Zeitungen, Zeitschriften, Bücher gedruckt. Und dies nicht etwa zum Nachteil der Lektüre ausländischer Werke. Lausanne kauft mehr französische Bücher als eine französische Stadt von 100 000 Einwohnern.

Dreh- und Angelpunkt des Lausanner Geisteslebens ist die 1537 von Bern zum Zweck der Ausbildung reformierter Pfarrer gegründete Akademie, die im 19. Jahrhundert schrittweise zur Universität ausgebaut wurde. Dank der dort lehrenden, renommierten Professoren erlangte sie in ganz Europa einen ausgezeichneten Ruf.

Für die Familie Pilet ist es selbstverständlich, dass Marcel nach Erlangung des *bachot* – der Matura – ein Studium an der Lausanner Uni antritt. Wieso wählt nun aber der begabte Mathematiker und an Musik, Literatur und Theater interessierte Junior das Studium der Jurisprudenz? Vater Edouard Pilet, der aus zu bescheidenen Verhältnissen stammte, um die Universität besuchen zu können, hat sich autodidaktisch erstaunliches juristisches Wissen angeeignet. Er möchte, dass Marcel Jurisprudenz studiert und in die Politik geht. In der Waadtländer Politik führt der Weg nach oben über den Anwaltsberuf und die Studentenverbindung Helvetia. Der im Kanton hochverehrte Ruchonnet, *le grand Louis,* dessen Statue 1906 In Lausanne mit Pomp eingeweiht worden ist, war Advokat und Helveter gewesen. Seine unmittelbaren Nachfolger als Waadtländer Bundesräte, Ruffy und Ruchet, ebenfalls Juristen und Helveter.

Marcel fügt sich dem Wunsch des Vaters und immatrikuliert sich an der juristischen Fakultät. In einem drei Jahre nach seinem Studienbeginn verfassten Brief an Freundin Tillon behauptet Marcel allerdings, dass er sich schliesslich aus freien Stücken und Idealismus für die juristische Laufbahn entschieden habe. Er beschreibt, wie er sich nach einem nächtlichen Spaziergang zu einer einsamen ländlichen Kapelle in der Nähe von Châtel-Saint-Denis auf einen Fels gesetzt hat, «um unsere Schweizer Erde, die sich unten, in weiter Ferne ausbreitete, um Kraft und Mut zu bitten». Auf den ersten Blick hat für Marcel diese Schweizer Erde «nichts Herzliches, ist kalt, glanzlos, von den winterlichen Windstössen ein wenig schmutzig». Aber unter den Bauernhöfen und Feldern, unter dem Boden und dem gelben Gras spürt der einsame romantische Träumer die «liebende und treue Heimat, eine Art Mutter».

Und es ist eben diese heimatliche Erde, die mitgeholfen hat, ihn zum Rechtsanwalt zu machen. Er habe gezögert, schreibt er, sich lange dem «dringlichen Wunsch» seines Vaters widersetzt. Advokat schien ihm ein hohler und einfältiger Beruf. Nun las er eines Abends, «vor einem unserer Waadtländer Bauernhöfe sitzend», den heute vergessenen Roman *Les Rocquevillard* von Henry Bordeaux. Darin bittet ein alter Anwalt vor dem Gut seiner Familie Gott um die Kraft, tags darauf vor Gericht «gross zu plädieren». Er muss nämlich als Verteidiger seinen eigenen Sohn vor den Folgen einer «verruchten Vergangenheit» schützen. Und kann damit «das Heiligste und Grösste das es gibt, die Familie», retten.

> An diesem Abend habe ich begriffen, dass ein Anwalt nützlich sein kann, dass er Segen bringen kann, und wenn es mir später gelingen sollte, die Scherben eines entzweigerissenen Haushalts zu retten, Unglücklichen ein wenig Mut zurückzugeben, würde ich es Bordeaux und unserem guten *pays vaudois* verdanken.

Das Jusstudium wird es also sein. Zur Zufriedenheit von Papa. Aber obschon der Vater ihn dazu drängt, will Marcel nicht zu den Helvetern, sondern zu den *Belles-Lettres*. Aus dieser 1806 von fünf Halbwüchsigen gegründeten, ältesten aller Lausanner Studentenverbindungen sind Pastoren, Lehrer, Professoren, Ärzte, Anwälte, Literaten, Journalisten hervorgegangen, aber nur wenige Politiker.

Man darf annehmen, dass Marcel als neugieriger Gymnasiast in der voll besetzten Universitätsaula sitzt, in der am 5. Juni 1906 der hundertste Geburtstag von Belles-Lettres gefeiert wird. Das festlich gestimmte Publikum beklatscht einige der beliebtesten Literaten der welschen Schweiz, darunter den brillanten Benjamin Vallotton, der Rückblick auf die Geschichte des Vereins hält. Der Redner verteidigt die freche heutige Generation der Bellettriens, die nicht mehr wie ihre Vorgänger vor ihren Sitzungen beten und die sich auch nicht mehr siezen.

> Sie haben Ideen, Theorien, Argumente zu allem und jedem; sie gefallen sich darin, einen ironisch amüsierten Blick durch die Welt spazieren zu führen; sie sind von Respektlosigkeit beflügelt, aber trotzdem arglos.

Benjamin Vallotton preist die Unerschrockenheit der Bellettriens, die sich weder von Autoritätspersonen noch von kirchlichen Gardinenpredigten einschüchtern lassen und die die fragwürdigen deutschen Trinksitten der andern Studentenverbindungen verachten. Die Bellettriens besuchen zwar – meistens – ihre Vorlesungen, aber lieber schlendern sie blühenden Hecken entlang:

> Sie verabscheuen es, im Schritt zu marschieren sie setzen ihre Sitzungen auf acht Uhr an, aber sie würden sich entehrt fühlen, wenn sie vor acht Uhr fünfunddreissig erschienen. Sie haben in ihren Archiven und Bibliotheken eine gewollte und kalt berechnete Unordnung. Ja! Sie tun all das und noch viel anderes, was die braven Leute missbilligen. Worauf die Bellettriens ihnen frech antworten, dass ein Hauch von Phantasie, Disziplinlosigkeit und Ungenauigkeit die Welt mit Poesie schmückt und dass die Zeit noch früh genug kommen wird, wo man brav mit trotten muss.

Wer kann da widerstehen? Nicht Marcel Pilet, der zusammen mit drei Klassenkameraden im folgenden Jahr den Antrag auf Aufnahme in den Verein stellt.

> Jeder Mensch bleibt im Laufe seiner Existenz mehr oder weniger sich selber ähnlich, sein zugrunde liegendes Temperament ändert sich kaum und seine Handlungen und Reaktionen werden von tiefen inneren Kräften gesteuert, deren Prinzip gleich bleibt Das Fundament seines Charakters ist mit sechzig Jahren ungefähr dasselbe wie mit zwanzig.

Die Sätze stammen aus einer 1947 von alt Bundesrat Pilet-Golaz an der Universität Lausanne gehaltenen Vorlesung. Wenn es stimmt, dass der einmal geformte Charakter eines Menschen sich kaum mehr ändert, lohnt es sich, das Tun und Treiben des Studenten Pilet genauer unter die Lupe nehmen.

Aus der Zeit seiner aktiven Mitgliedschaft bei Belles-Lettres, von Ende 1907 bis Anfang 1911, sind ausführliche Protokolle, genannt *acta*, erhalten geblieben. Sie geben Auskunft über die *séances*, die allgemeinen wöchentlichen Sitzungen, über die *huis clos*, die geschlossenen Beratungen des fünfköpfigen Vorstands, und über besondere Anlässe wie Theateraufführungen, Feste und Ausflüge. Der Sekretär des Vereins protokolliert jeweils die Sitzungen, die nach einem festen Ritual ablaufen: Vortrag eines Mitglieds über ein frei gewähltes Thema, Diskussion des Vortrags, Vorlesung eines Gedichts oder einer Passage aus einem Buch mit anschliessender Kritik am Rezitierenden. Folgt der gemütliche zweite Teil, meist beim Bier, manchmal auch bei anderen alkoholhaltigen Getränken.

Er ist nicht mehr das verschüchterte Reh, der Provinzbub aus Cossonay, der gleich an der ersten Belles-Lettres-Sitzung, an der er – noch als Kandidat – teilnimmt, die Anwesenden mit seinem Referat verblüfft. An jenem Mittwochabend, 13. November 1907, führt im «Guillaume Tell», dem Stammlokal der Verbindung, der Medizinstudent André Répond als Sekretär das Protokoll:

> Monsieur Pilet, Kandidat, hat die Ehre, der Gesellschaft Belles-Lettres eine Arbeit über «Pascal – Mathematiker und Christ» zu präsentieren. Ich empfand einige Mühe, eine knappe Analyse dieser Arbeit zu machen. Sie ist ein wenig konfus und weist erstaunliche Widersprüche auf.

Protokollführer André Répond wird sich als Psychiater, Klinikdirektor und welscher Pionier der Psychoanalyse international einen Namen machen und mit der *Légion d'honneur* ausgezeichnet werden. Als kluger Menschenkenner lässt er sich nichts vormachen und behandelt seine Couleurbrüder mit nachsichtiger Ironie.

Tatsächlich ist es für Répond nicht einfach, die Thesen des Referenten wiederzugeben. Das Manuskript, das Pilet aufbewahren wird, beginnt mit den Worten:

> Condorcet, der von sich sagt, er sei Philosoph – man sagt so viele Dinge –, behandelte Pascal als berühmten Narren. Seiner Meinung nach konnte ein Mathematiker, ein Mathematiker von Rang, nicht Christ sein. In seiner Beurteilung unterliess es Condorcet ganz einfach, der Zeit, in der Pascal lebte, seiner Erziehung und seinem Charakter Rechnung zu tragen.

Der noch nicht 18-jährige Frischling scheut sich nicht, erst einmal einer der Leuchten der Aufklärung eins aufs Dach zu geben. Natürlich macht Pilet Condorcets Fehler nicht. In seinem Referat erzählt er, wie Pascal unentwegt wissenschaftlich forscht, wie er die Welt der «subtilen Theorien der Philosophie» entdeckt. Doch Glanz und Grösse der Philosophen genügen Pascal nicht, «er sieht die Eitelkeit der Dinge dieser Welt und ihre Falschheit». Bleibt als einzige Hoffnung das Übernatürliche, Gott:

> Gibt es Gott? Gibt es ihn nicht? Die Chancen sind für beide Auffassungen gleich. Was tun? Sich enthalten? Unmöglich! Ich muss wetten, gegen meinen Willen. Welches ist die beste Wette? Durch das Befolgen der mathematischen Lösungsregeln kommt Pascal dazu, auf die Existenz Gottes zu wetten. Aber auch wenn sein Verstand keinen Widerstand mehr leistet, weiss er aus Erfahrung, dass dies nicht genügt. Der Glaube kommt vom Herzen, nicht von der Intelligenz!

Pilet, selbst begabter Mathematiker und von der Mutter zum gläubigen Christen erzogen, versteht Pascal. Wenn ein grosser Denker wie Pascal den christlichen Glauben mit wissenschaftlicher Logik vereinbaren kann, beruhigt dies den grübelnden Youngster, der selbst Zweifel gehegt haben muss. Pascal, sagt Pilet, hat jetzt nur noch ein Ziel: Christus zu folgen, ihm überallhin und allzeit zu folgen. Zu diesem Schluss kam er – «auch wenn es Condorcet missfallen sollte» –, nicht weil er verrückt war, sondern «allzu logisch». «*C'était être chrétien et mathematicien.*»

Protokollführer Répond scheint es, dass «diese Kandidatenarbeit den Belletriens imponiert hat». Am Schluss der Sitzung wird Marcel Pilet zusammen mit acht anderen Kandidaten in den Verein aufgenommen. Zwei Wochen später, bei seinem nächsten Auftritt, kommt das selbstbewusste Neumitglied weniger glimpflich davon.

> Pilet deklamiert zwei Gedichte von einer zutiefst unbekannten Dichterin, deren Name ich ärgerlicherweise vergessen habe. Es ist darin die Rede von wilden Pferden, die durch eine blühende Wiese galoppieren. Simond, der erste Kritiker, findet die von Pilet vorgetragenen Gedichte idiotisch.

Die Kollegen kritisieren zudem seine abgehackte, herunterleiernde Vortragsweise und seine unangenehme «Ich pfeife darauf»-Haltung.

6. Pareto

Marcel Pilet geniesst die geselligen Abende mit Belles-Lettres im «Guillaume», aber er macht auch mit dem Studium der Rechte zügig vorwärts. In seinem ersten Semester – Winter 1907–1908 – belegt er elf Vorlesungen und bezahlt dafür 120 Franken Studiengeld. Die juristische Fakultät mit Sitz in der alten Académie geniesst einen hervorragenden Ruf. Geachtete Rechtslehrer wie die Professoren Roguin, Rambert, de Felice oder Herzen unterrichten neben dem schweizerischen auch das deutsche und französische Zivilrecht. Dies zieht zahlreiche Ausländer, vor allem Deutsche, aber auch Studenten aus der Türkei, anderen Mittelmeerländern, dem Nahen Osten und Afrika nach Lausanne.

Der juristischen Fakultät angeschlossen ist seit 1901 die *Ecole des sciences sociales et politiques,* an der kein Geringerer als Vilfredo Pareto (1848–1923), einer der Väter der Soziologie, lehrt. Pilet besucht in seinem ersten Semester beide von Pareto gegebenen Kurse, *Economie politique* und *Sociologie.* Paretos Theorie des Elitenkreislaufs, die ihn berühmt gemacht hat, bleibt umstritten, aber niemand bezweifelt die Originalität und Integrität des vom Waadtländer Staatsrat nach Lausanne geholten italienischen Gelehrten. Paretos These, dass Eliten auch in Revolutionen nicht von einer Masse ersetzt werden, sondern von einer Ersatzelite, hat Pilet überzeugt.

Als Nationalrat wird sich Pilet an Pareto erinnern, wenn er in einer Rede die Bedeutung des Bauernstands für das gute Funktionieren unserer Institutionen hervorhebt. Die Bauern seien ein Element der Ruhe und der Besonnenheit, die es der Schweiz erlaubt hätten, «eine vollständig stabile Regierung zu bewahren». In der Stadt verlören die Generationen «ihre moralischen und intellektuellen Kräfte» schneller als auf dem Land, und würden nach einer gewissen Zeit von anderen Generationen abgelöst.

> Dies ist es, war man gemeinhin die «Zirkulation der Eliten» nennt. Die Eliten kommen aus der Landschaft. Man muss verhindern, dass diese Quelle versiegt.

Jede Gesellschaft braucht eine Elite. Diese Auffassung mag zwar in egalitären Zeiten als «elitär» und «reaktionär» missbilligt werden, aber Pilet leuchteten Paretos Überlegungen ein. Als alt Bundesrat wird er nach Ende des 2. Weltkriegs in einem Vortrag vor «Ehemaligen Leipzigern» eindringlich für die grosszügige Unterstützung der deutschen Universitäten und ihrer Studenten durch die Schweiz plädieren.

> Die Ausbildung einer Elite des Denkens ist unentbehrlich, wenn Deutschland wieder in die Gemeinschaft der zivilisierten Völker mit ihren Auffassungen von Recht, Freiheit und Menschenwürde eingegliedert werden soll.

Paretos kühler Pragmatismus, sein Liberalismus, seine Toleranz gegenüber Andersdenkenden und die Unerschrockenheit, mit der er gängigen Meinungen entgegentrat, müssen auf den jungen Studenten Pilet eine starke Wirkung ausgeübt haben. Der Italiener, der in seiner Einschätzung der Gesellschaft und des Menschen zu Pessimismus, wenn nicht gar Zynismus neigte, huldigte trotz angeschlagener Gesundheit in seinem eigenen Leben einer stoischen Philosophie: «*Caro mio*», schreibt er einmal dem Freund Linaker, «glaube doch, dass *carpe diem* das letzte Wort der menschlichen Weisheit ist.» Ein «Glas Chianti vom guten» sei mehr wert als «der Humanitarismus und alle seine Albernheiten.»

Am 4. Dezember 1951 wird in derselben Ecole des sciences sociales et politiques, an der Pareto gelehrt hatte, alt Bundesrat Pilet seine eigene Vorlesungsreihe über die «Geschichte der politischen Systeme» mit dem Satz beginnen: «Mein Gott, wie trügerisch sind die Ideen, denen die Leute nachleben und die uns oft in eine Sackgasse stossen.» Die Worte hätten von Pareto sein können.

Eine von Paretos Grundideen ist die, dass menschliches Verhalten und menschliches Denken meist nicht durch Vernunft oder Logik bestimmt werden, sondern durch Gefühle oder Leidenschaften. In einem Brief an einen italienischen Finanzbeamten schreibt er, wenn man gesellschaftliche Tatsachen untersuchen wolle, müsse man sich an die realen Fakten halten und nicht an Abstraktionen und Ähnliches. Um die Soziologie und die Geschichte zu verstehen, dürfe man nie «das Motiv, welche die Menschen, selbst in guten Treuen, für ihre Handlungen geben», als wahr akzeptieren, wenn man nicht zuvor sorgfältig untersucht habe, ob dies den Tatsachen entspreche:

> Im Allgemeinen begehen die Menschen nichtlogische Handlungen, aber sie glauben und wollen glauben machen, dass es logische Aktionen sind.

In der vom knapp 18-jährigen Pilet besuchten «Ersten Kurs der angewandten politischen Ökonomie» sagt Pareto, dass von den Vertretern verschiedener politischer Theorien «gar wenige nur die Wahrheit suchen. Die Mehrzahl sucht Argumente für eine These, die ihnen die Leidenschaft eingeredet hat.» Vorurteile jeder Art – «Vorurteile aus Patriotismus, Vorurteile der Klasse, politische Vorurteile, theologische Vorurteile, Vorurteile der finalen Ursachen» – behinderten die Wahrheitssuche.

Niemand ist gefeit gegen Vorurteile, nichtlogisches Handeln und nichtlogisches Denken. In dem erwähnten Brief an Antonucci erzählt Pareto, wie er, der vorher noch nie an einer Universität doziert hatte, in Lausanne Volkswirtschaft und später auch Soziologie zuerst selber studieren musste. Dabei merkte er, dass er viele seiner eigenen vorgefassten Theorien revidieren musste, damit sie «wissenschaftlich wurden»:

> Vor allem lernte ich, dem Gefühl zu misstrauen. Wenn jetzt eine Sache meinem Gefühl entspricht, wird sie mir deswegen bloss verdächtig und ich suche mit grösserer Sorgfalt Argumente gegen sie, als wenn es eine Sache wäre, die meinen Gefühlen zuwiderläuft.

Den eigenen Gefühlen misstrauen! Diese von Pareto gepredigte Weisheit hat Pilet zur seinen gemacht; er wird sie nie mehr vergessen. Seine Lausanner Studenten, zu «rigoroser Objektivität und zu einem scharfen kritischen Sinn» anhalten:

> Es ist sehr leicht und sehr verführerisch, für wahr zu halten, was eure Ideen bestätigt, oder – ein schlaueres, aber nicht weniger gefährliches Verfahren – in der Auswahl der Fakten bei denen aufzuhören, die keinen Einwand erheben und die euch nicht widersprechen. Der wissenschaftliche Geist verlangt, dass man die Fakten als das nimmt, was sie sind, ob sie euch gefallen oder missfallen.

Kein Wunder, dass Pilet in den politischen Kreisen, in denen er sich später bewegen wird, oft auf blankes Unverständnis stiess. Sich selbst und seine Ideen infrage stellen ist dem Durchschnittspolitiker fremd.

Und noch ein weiterer Gedanke Paretos scheint den Rechtsstudenten Pilet dauerhaft beeinflusst zu haben. Pareto sagt, man wisse «wenig oder nichts über die Auswirkungen irgendwelcher Änderungen des sozialen Zustandes», und derjenige, der Änderungen vorschlage, operiere aufs Geratewohl: «Er weiss, wohin er gehen möchte, aber er weiss nicht, wohin er wirklich gehen wird.» Wenn er einen Rat geben müsste, wäre es dieser: Jeder soll sich um seine eigenen Interessen kümmern und sich begnügen, unmittelbare und leicht vorhersehbare Wirkungen anzustreben.

Jegliche Änderung des sozialen Zustands habe ausser einer direkten Auswirkung auch wesentliche indirekte Auswirkungen, die oft schwieriger einzuberechnen seien als die direkten:

> Dies ist einer der Gründe, weswegen die Gesetzgeber, wenn sie wirtschaftliche Phänomene regulieren wollten, bisher mehr Schlechtes als Gutes getan haben.

Dass ein neues Gesetz manchmal mehr schadet, als nützt, ist eine Erkenntnis, die den Politiker Pilet-Golaz sein Leben lang begleiten wird.

Pilet ist fasziniert von der «Entwicklung der Gesellschaften und der politischen Systeme» – Titel seiner eigenen Vorlesungen von 1947 – und hat vermutlich von dem reichen historischen Wissen, das Pareto vor seinen Zuhörern ausbreitete, Anstösse zu eigenen weiteren Studien erhalten. Er hat sich schon früh mit Montesquieu und seinem «magistralen Werk» *De l'esprit des lois* befasst, weil er dessen «so grossen und so tiefen Einfluss auf die Entwicklung der politischen Ideen und den Fortschritt der liberalen Demokratie» erkannte. 1952 wird er seinen Studenten berichten:

> Die Lektüre [von *De l'esprit des lois*] ist nicht gerade unterhaltsam und ich wage nicht euch anzuhalten, sie in Angriff zu nehmen. Ich weiss, welche Mühe ich selber gehabt habe, dies zu tun. Ich war zwanzig und las mit Vorliebe abends. Aber ich kam nicht über Seite 17 hinaus, worauf ich einschlief. Um dieses schläfrige Kap zu umschiffen, musste ich den Vorsatz fassen, am Morgen zu früher Stunde zu lesen. Nicht dass das Werk langweilig oder unverdaulich wäre, überhaupt nicht, aber es ist so reich an Substanz und Materie, dass seine Erfassung nicht in Häppchen geschehen kann. Vergessen wir nicht, dass es das Produkt von mehr als zwanzig Jahren Arbeit, Studien und Nachdenken ist Pilet verehrt Montesquieu, im Gegensatz zum anderen bedeutenden politischen Denker des 18. Jahrhunderts, von dem er zugibt:
> Ich mag Rousseau nicht, ich meine den politischen Rousseau, nicht den literarischen Rousseau. Gibt es etwas Köstlicheres, Aufrichtigeres und Melancholischeres als die *Rêveries du promeneur solitaire* oder die *Confessions*?

Alt Bundesrat Pilet-Golaz missfällt der politische Rousseau, weil er am Ursprung der «jakobinischen, totalitären» Tendenz der demokratischen Entwicklung steht, die «auf dem Weg über den Marxismus zu den sogenannten Volksdemokratien von heute führt». Bestimmt hätte es Pilet gefreut, wenn er 1952 hätte voraussehen können, dass die «sogenannten Volksdemokratien von heute» keine vierzig Jahre später ein unrühmliches Ende finden würden.

7. Die Bühne ruft

Schon als Gymnasiast ist Marcel Pilet ein eifriger Theaterbesucher. Er erhält die Erlaubnis, im Lausanner Theater, in dem auch die *vedettes*, die Stars, aus Paris gastieren, sich hinter den Kulissen umzusehen. Die Beziehungen, die sein Vater als Kommunalpolitiker hat, machen es ihm möglich. Und natürlich träumt der junge Theaternarr davon, selbst einmal auf den Brettern, die die Welt bedeuten, zu stehen, vielleicht sogar als Berufsschauspieler.

Die sogenannten *théatrales* sind eine Tradition bei Belles-Lettres. Jeden Dezember tritt die Theatertruppe der Studentenvereinigung vor vollem Haus im feudalen Lausanner Grand Théâtre auf. Vorher oder nachher ziehen die schauspielernden Bellettriens durch den Kanton und erfreuen das Publikum der grösseren Ortschaften mit ihren Aufführungen. Pilet ist schon von Anfang an Mitglied der Theaterkommission der Verbindung. Eine Hauptaufgabe der Kommission ist die Wahl der Stücke. Man bemüht sich um eine Mischung zwischen modernen Komödien, die eben in Paris mit Erfolg gespielt worden sind, und Klassikern. Man prüft, ob ein Stück allzu gewagt sei, um es keuschen weiblichen Ohren zuzumuten. Pilet ist hier liberal. Ein klein wenig *risqué* darf es schon sein, solange der gute Geschmack nicht durch Vulgaritäten verletzt wird.

In der Theaterkommission kümmert sich Neuling Pilet um Dinge wie Saalmiete, Anschaffung von Kostümen, Druck der Programme, Korrespondenz mit Behörden, Verteilung der Rollen, Ansetzung der Proben – wer zu spät kommt, zahlt eine Busse. Soll man den Zofingern das Gewand von Louis XIV ausleihen? Pilet ist dagegen und der Vorstand auch. «Nieder mit Zofingen!», liest man in einem Protokoll. Bereits in seinem ersten Semester spielt Neuling Pilet mit.

Am 20. Januar 1908 wartet im Grand Théâtre ein gut gelauntes Publikum auf die traditionelle (wegen des Todes des Rektors verschobene) Jahresendaufführung der *Bellettriens*. Auf den Rängen sitzen Verwandte und Bekannte, Altherren und Scharen von erwartungsvollen jungen Fräuleins, darunter viele Ausländerinnen – Russinnen hauptsächlich – aus Lausannes zahlreichen Mädchenpensionaten.

Der Abend beginnt mit dem beliebten Prolog, in dem das Geschehen des abgelaufenen Jahres persifliert wird. Politiker, nicht zuletzt der in der Loge sitzende *syndic*, werden schonungslos aufs Korn genommen. Die Zuschauer lachen. Dann folgt als *pièce de résistance* die anspruchsvolle Komödie *Le mariage de Figaro* von Beaumarchais. Auch wenn man dem Darsteller Figaros «mehr Leben» gewünscht hätte, amüsiert sich das Publikum königlich. «Glückliche Jugend!», schreibt der Kritiker der *Gazette de Lausanne*. Ihm sind zwei «Debütanten, die viel versprechen», aufgefallen, «die Herren Simond und Pilet», der Letztere in der Rolle des Grafen Almaviva, eines tyrannischen alten Lüstlings.

Die Theaterabende in der Provinz sind verbunden mit Bankett, Reden, Tanz. Der Sekretär von Belles-Lettres schreibt jeweils einen Bericht über die *théatrales*. Im Dezember 1909 liegt die Aufgabe bei Pilet. Wie es Brauch ist, kritisiert er den Auftritt der Kollegen:

> Rey ist viel besser gewesen, als man hätte glauben können. Gagnaux gab eine ausgezeichnete Soubrette in einem welschen Marktflecken. Secretan spielte einen manischen und affektierten Kammerdiener, der ganz gelungen war; man muss sagen, dass dies perfekt zu seinem Naturell passte, nicht dass er ein Kammerdiener wäre, sondern nun, Ihr versteht mich. Girardet und Pilet waren, was sie sind, immer ohne Fehler.

Sekretär Pilet geistreichelt weiter:

> Um 2 Uhr früh verliess Belles-Lettres diese Stadt, die sie hatte verderben wollen. Die einzige Spur ihrer Durchfahrt war am nächsten Morgen die [rot-weisse] zofingische Farbe der Bettwäsche der Mädchen. Getrieben von Erinnerungen, vom Verlangen und von irgendeinem Teufel, hatten sie Ihr versteht mich. Ihre Mütter sahen darin das Zeichen von Gottes Finger und schworen sich, die Mädchen nie wieder zu den Abendveranstaltungen von Belles-Lettres zu führen.

Will Pilet mit der schlüpfrigen Bemerkung den Kollegen imponieren? Dass die Bellettriens, junge Männer um die zwanzig, sich im Umgang mit dem schönen Geschlecht oft keinen Zwang antun, zeigen die Notizen auch anderer Sekretäre:

> Eine Gruppe von kühnen Bellettriens dringt [in Aubonne] bei der Modistin ein, die im Ort *en vogue* ist, und bald ist der ganze Laden drunter und drüber. Herzog umarmt die kleine Lehrtochter, Pilet berührt das Bein einer Arbeiterin, während Gagnebin geschickt die Chefin auf den Mund küsst. Alle diese Damen sind entzückt.

In Champéry trinken die *Bellettriens* beim offerierten Apéritif sieben Liter Absinth:

> Die Serviertöchter haben mehr Mühe, sich der sadistischen Hände zu erwehren, die nach ihren keuschen Formen greifen, als uns zu bedienen. Der von alten Herren umgebene Pilet ist gezwungen, sich gut zu benehmen, und er leidet darunter.

Da *Belles-Lettres* keine weiblichen Mitglieder hat, werden Frauenrollen von Studenten gespielt. Der Elsässer Georges Bergner, der zusammen mit Pilet das grüne Béret von Belles-Lettres trug, erzählt zwei Jahrzehnte später von einer Sondervorstellung von *Gringoire* in einem *asile d'aliénés*, einer Irrenanstalt:

> Als Pilet vor dem Aufgang des Vorhangs zusammen mit seinem als Loyse transvestierten Kameraden einen French Cancan tanzte, rief der Arzt: «Ihr Unglücklichen, wenn meine Kranken euch sehen, werden sie tatsächlich noch verrückt!»

Dass Pilet als Schauspieler *de véritables prouesses*, wahre Spitzenleistungen, vollbrachte, bestätigt der bereits erwähnte Bergner. Schlank und «mit der Nase im Wind» habe er dem Pariser Schauspieler Louis Lenoir geglichen und diesem mehrere Rollen entliehen, darunter «Harpagon, mit der Souplesse, die auf die Politik vorbereitet, L'Intimé mit Unverschämtheit, Gringoire mit Romantik, Petruchio mit Ungestüm».

In der *Gazette* rühmt G. R. (Georges Rigassi, später Chefredaktor des Blatts) den talentierten Mimen:

> Belles-Lettres besitzt in M. Pilet (Harpagon) – der letztes Jahr der Rolle des Poeten Gringoire derartigen Glanz verlieh – einen Künstler von sehr reellem Wert.

Nachdem in *L'Avare* der Vorhang gefallen war, sagte Pilet – wenn wir Bergner glauben wollen –: «Dies ist meine Beerdigung.»

Jedenfalls hat Marcel den Traum einer Schauspielerkarriere aufgegeben. Die Versuchung war da, aber sie ist geschwunden. Ein halbes Jahr später erinnert er sich in einem Brief an Tillon dankbar an seine zwar nicht grösste aber «hübscheste» Rolle. In dem 1908 von den Bellettriens aufgeführten Pariser Erfolgstück *Le Bon Roi Dagobert* spielte er Saint Eloi, den Kirchenmann und Staatsminister des Königs. Bekleidet in einem köstlichen *mauve* Nachthemd hat er als ältlicher Komödienbischof eben seinen lustigsten Auftritt gehabt. Das «sehr zufriedene» Publikum spendet

Beifall und wie es Brauch ist, wird den Schauspielern ein Palmenzweig hingereicht. Pilet im Brief:

> Mit gebrechlichen, kleinen Schrittchen gehe ich den Zweig holen, um ihn der Königin (Rey) zu überreichen, aber in dem Moment, wo ich mich dem Souffleurkasten nähere, fällt der Vorhang. Ich stehe plötzlich allein zwischen ihm und dem Publikum, das um so lauter applaudiert und mir eine kleine Ovation darbringt – eine ganz persönliche.

Es sei dies das erste und letzte Mal gewesen, dass er den Stolz und die Trunkenheit des Beifalls, das «Gefühl der Eitelkeit des Triumphs» gespürt habe. Wenn er auch nicht den geringsten Schritt tun werde, um dieses Hochgefühl je wieder zu erleben, bleibe ihm doch eine bewegende Erinnerung.

8. Führungsschule

Im Wintersemester 1908–1909 nimm Pilet das Amt des Sekretärs auf und entschuldigt sich sogleich:

> Ich komme aus der Rekrutenschule – dies erklärt meine Abstumpfung. Während 67 Tagen habe ich «Gewehr hoch» gemacht und hier bin ich, Feder in der Hand, Historiker und Chronist der Glanztaten der Mitglieder unserer Gesellschaft. Kann ich ihre Heldentaten besingen, wie sie es verdienen, ihre feinen und subtilen Worte feiern?

An den Sitzungen sagt Pilet klar seine Meinung, so etwa, als diskutiert wird, ob Naturwissenschaftler sich auch als Philosophen betätigen dürfen. Ja, meint Pilet, und erinnert daran, dass Darwin, Haeckel und andere Philosophen zuerst Wissenschaftler gewesen sind. Protokollführer Victor Gagnaux vermutet, dass der ehrgeizige Pilet sich mit diesem Votum für die bevorstehende Präsidentenwahl empfehlen will:

> Wenn man Pilet zuhört, versteht man leicht, dass die Mehrheit der Bellettriens eine naturwissenschaftliche Schulung hat, und sie applaudieren auch kräftig. Bravo Pilet. Du hast deinen Sessel auf sicher.

Hatte er. Am 22. Oktober 1909 wird er mit 22 Stimmen zum Präsidenten gewählt. Bei den «wie immer lärmigen» Wahlen müssen sich die anderen Vorstandsmitglieder mit 13, 17, 15 und 14 Stimmen begnügen. Im Protokoll schreibt Gagnaux, später Oberfeldarzt der Schweizer Armee. Er wird 1946 an einer Truppenübung bei einem Autounfall ums Leben kommen:

> Präsidentschaft: Pilet, Präsident
> Man hatte ihm den Ruhm gegeben, wir brauchten jetzt Versprechen; seine Thronrede war voll davon, seine Thronrede machte uns Freude. Pilet hat verschiedentlich gesagt: «Ich wünsche»; öfter hat er gesagt: «Ich will.» Pilet hat Willen, er hat Kraft, er hat Begeisterung – möge er nicht enttäuscht werden. Arbeit ist es, sagt er uns, was am

> besten für Unterhaltung sorgt: «Ich wünsche, dass man bei Belles-Lettres arbeitet. Mein Wunsch wäre es, bei jeder Sitzung eine gute, sorgfältig gemachte Arbeit zu hören, die eure Ideen und eure Wünsche ausdrückt, und nicht die Ideen, die gerade Mode sind, nicht die dekadenten Wünsche einer schlappen, leeren und dummen Minderheit, die uns durch ihre Extravaganz blendet.
> Tragt nicht die müden und angewiderten Mienen derjenigen zur Schau, die alles gesehen haben, alles kennen. Vertreibt den modischen Skeptizismus, der nicht eurem Alter entspricht und der nur eines beweist: eure Leichtgläubigkeit und euren Wunsch zu glauben! Verzichtet auf jede Pose, zeigt euch, wie ihr seid, jung und unerfahren, aber auch stark, voller Leben und begierig, das Leben anzugehen. Macht gesunde, offene und ehrliche Arbeiten. Nehmt euch die Mühe zu denken, zu überlegen; übernehmt nicht träge einfach Ideen, die schon da sind, die wir nicht suchen müssen: Sie sind nichts wert, sie führen nirgends hin.»

Es ist die Rede eines Erziehers. Es ist auch die Rede eines Leaders. Pilet, der seine Aspirantenschule hinter sich hat und den man auf Ende Jahr zum Leutnant befördern wird, vermisst bei Belles-Lettres eine Eigenschaft, die der Verbindung immer gefehlt habe: die Disziplin.

> Unser Präsident verlangt von uns keine militärische Disziplin, sondern eine, die auf Takt und gutem Willen beruht. Verzichten wir inmitten von ernsthaften Diskussionen auf Bonmots und Witze [wörtlich französisch: *et les witz*]. Was die belletristische Freundschaft betrifft, pflegen wir sie doch an den Abenden am Ende der Sitzungen, vor allem bei Spaziergängen. Wieso macht man keine Spaziergänge mehr? Aus Müdigkeit oder Gleichgültigkeit? Nein, es ist aus Phlegma! Schütteln wir dieses Phlegma ab und machen wir Spaziergänge.
> Stürmischer Beifall und tags darauf machte man keine Spaziergänge.

Disziplin und Ordnung wird dereinst Bundesrat Pilet-Golaz immer wieder von Volk und Parlament fordern. Kritische Zeitgenossen und Historiker haben ihm dies als «autoritär», «reaktionär», wenn nicht gar «pétainistisch» oder «faschistisch» angekreidet. Die Werte Ordnung und Disziplin, Pflicht und Arbeit, die Liebe zu Gott, Vaterland und Familie haben bei Pilet tiefe Wurzeln. Sie gehen auf die Ermahnungen von Eltern und Lehrern und auf seine Waadtländer Herkunft zurück. Er hatte diese Werte verinnerlicht, lange bevor Mussolini, Franco oder Pétain aus diesen Werten politisches Kapital schlugen.

Zurück zum 21. Januar 1910, an dem von Belles-Lettres-Präsident Pilet diplomatisches Geschick gefordert ist. Die Verbindung Germania kommt auf Besuch. An der juristischen Fakultät der Uni Lausanne hat es in jenem Jahr mehr deutsche als einheimische Studenten. Der in Ober-Ingelheim geborene Weitzel ist im Element, erklärt den andern Bellettriens die germanischen Formeln und Regeln und sagt zum «beunruhigten» Pilet: «Lass mich machen!» Als die Germanen hereinmarschieren und Pilet ihnen zur Begrüssung entgegeneilen will, nagelt Weitzel ihn mit einem «Rühr dich nicht!» an seinem Platz fest. Bei deutschen Burschenschaften verlässt der Präsident nie seinen Sitz. Offiziell begrüsst Pilet die Gäste: «Die Worte machen auf unsere teutonischen Freunde grossen Eindruck, die – die Augen ernst auf unseren Präsidenten gerichtet – den Kopf schütteln, jeder zweimal.»

Die Ankunft des Biers entlockt den Germanen ein erstes Lächeln, doch bald sind sie wieder grimmig ernst. Eine Klavierdarbietung lässt sie mit den Händen den Takt angeben, aber die Gesichter bleiben starr. Pilet erklärt dann – zumindest für einige Augenblicke – Deutsch zur offiziellen Sprache:

> Unser Präsident sagt ebenso charmante Dinge auf Deutsch wie auf Französisch und die Germanen, die erstmals an diesem Abend etwas verstehen, stossen grosse Lacher aus, mit denen sie aber sofort aufhören, um *stramm* und mit entblösstem Haupt der Antwort ihres eigenen Präsidenten zu lauschen. Dieser lädt seine Kameraden ein, zu Ehren von Belles-Lettres einen Salamander zu trinken. Die vier Schoppen steigen in perfekter Einheit auf die Höhe ihrer oberen Körperöffnungen, werden in einem Zug heruntergeschluckt, trommeln eine Weile auf dem Tisch und aufs Kommando *drei* schlagen sie mit einem Streich auf. Belles-Lettres applaudiert kräftig. Weitzel hat nie zuvor etwas so Schönes gesehen.

Auf seinem Präsidentenstuhl gestikuliert Pilet, spricht durcheinander Französisch, Deutsch und Esperanto. Die humoristischen Produktionen der Bellettriens lassen die Gäste kalt. Der kulturelle Graben zwischen schneidigen Deutschen und fidelen Romands ist tief. Glücklicherweise kommt es nun zu Trinkduellen.

> Es gibt aufregende Halbfinale, sensationelle Finale und immer ist man ernst, «*stramm*». Unsere Gäste trinken, trinken, trinken. Der Punch wird gebracht. Die Wettkämpfe, die mit Bier begonnen haben, werden mit der neuen Flüssigkeit fortgesetzt. Was die Musik, die Reden, die Produktionen nicht fertigbrachten, bringt das gezuckerte Getränk zustande. Die Germanen werden aufgeheitert, verlieren ihre seriöse Miene, sie haben auf ihren Köpfen Belles-Lettres-Bérets und unter dieser Kopfbedeckung verlieren sie

Führungsschule | 43

ihre Gravitas. Weitzel jubelt unter einer Germania-Mütze, die ihm den Anschein eines Bahnhofvorstands gibt.

Beim Trinken stehen die Bellettriens den Germaniern in keiner Weise nach. Ja, sie sind trinkfester und beim Verlassen des «Guillaume» lächeln sie über «die weichen Beine und die verstörten Blicke» ihrer Gäste.

An der nächsten Sitzung geht es wieder gesitteter zu. Man ist jetzt im Geist in Paris, nicht in Berlin. Philippe Secretan redet über Mme de la Fayettes berühmtes Werk *Princesse de Clèves*. Als Pilet ihm vorwirft, er scheine den Roman *Zaïde* nicht zu kennen, wehrt sich Secretan: «Dieser Roman zählt in ihrem Werk nicht. Ich richte mich an kultivierte Erwachsene.» Pilet: «Man würde es nicht sagen. Alles, was du über Mme de La Fayette gesagt hast, steht im Gymnasiumkurs.»

Secretan und Pilet, beide gescheit und ehrgeizig, kreuzen gerne die Klingen. Philippe Secretan ist der Sohn von Edouard Secretan, dem im Kanton bewunderten *colonel*, der als Chefredaktor der *Gazette de Lausanne* und Nationalrat die Stimme der welschen Schweiz verkörpert. Als der Vater 1917 überraschend stirbt, ist Philippe zu jung und unerfahren, um dessen Nachfolge in der *Gazette* anzutreten. Er wird später als erfolgreicher Geschäftsmann und Literat in Paris Karriere machen. Die intellektuellen Hahnenkämpfe, die sich Secretan und Pilet liefern, haben auch einen gesellschaftlichen und politischen Hintergrund. Die Secretans sind ein altehrwürdiges Lausanner Geschlecht, vermögend und die natürlichen Führer der «aristokratischen» liberalen Partei; die Pilets Kleinbürger aus der Provinz, Emporkömmlinge, die in der Volkspartei der Radikalen ihre Aufstiegschancen wahrnehmen. – Vater Edouard Pilet ist zurzeit gerade Präsident des Lausanner Gemeinderats.

Als Sekretär geht Secretan mit seiner ironischen Feder gerne auf seinen Widersacher los:

> Man sagte sich, es wird kurz werden, alle sind müde und niemand wird etwas zu sagen haben. Aber man hatte nicht mit Pilet gerechnet, der unberechenbar ist. Pilet las uns seine Thronrede. Aber nein! Ich schrieb «las» aus Gewohnheit. Pilet «spricht» uns seine Rede. Alle waren dermassen voller Bewunderung, dass nach dem »Ich habe gesprochen» und der Ovation es ein Stillschweigen gab, ein geniertes Stillschweigen.

Secretan ist fasziniert von der schillernden, rätselhaften Persönlichkeit seines Kollegen und Rivalen. Er durchschaut ihn (meistens), begreift ihn besser, als spätere Beobachter dies tun werden – und seien sie noch so prominente Politiker, Publizisten oder Historiker.

> Wenn er seine kleine Armee mit Energie geführt hat, dann, weil er sie zum Triumph führen wollte. Es ist ihm gelungen. Seien wir ihm dankbar. Und tatsächlich hat er seine Barke gut geführt. Aber er hätte nicht betonen sollen, dass er sie führte. Er hätte seine Gesellschaft führen, aber nicht sagen sollen: «Ich führe Belles-Lettres auf diese und diese Weise.» Dies hat nämlich Dénéreaz schockiert, der darauf besteht, sich frei zu fühlen oder sich frei zu glauben.

Der schockierte David Dénéreaz, der sich frei fühlen möchte, wird später Stadtpräsident von Vevey, Nationalrat und – was in der Waadt viel mehr gilt – Abbaye-Président der Fête des vignerons

Wenn Pilet in den *acta* gelegentlich als «unser lieber Präsident» apostrophiert wird, ist nicht klar, ob dies ernst oder spöttisch gemeint ist. Der *cher président* kann im Übrigen durchaus generös sein. Nachdem Elie Gagnebin, der sich als Schauspieler und Literaturkritiker, dann auch als Professor für Geologie und Paläontologie einen Namen machen wird, über Evolution gesprochen hat, urteilt Pilet: «Für ein wissenschaftliches Exposé war der Stil ausgezeichnet. Die Arbeit, wohlgeordnet und ohne Unklarheit, wurde *à la perfection* vorgetragen und mit Vergnügen gehört.» Ein anderes Mal findet Pilet ein Referat «uninteressant», weil er «nichts gelernt» habe. Dazu Sekretär Secretan: «Habt ihr vergessen, dass Pilet alles weiss?»

Aufschlussreich für Pilets politisches Denken ist der Vortrag, den er über das 1895 erschienene Traktat «Die Psychologie der Massen» von Gustave Le Bon hält. Pilet beschreibt darin die Massenpsychologie Le Bons: Eine Ansammlung von Menschen könne eine neue kollektive Seele erhalten, die sich von derjenigen ihrer einzelnen Glieder unterscheide. Die Individualität werde in der Masse ausgelöscht.

> In ihr wirken die mächtigen Individuen auf die nicht mächtigen ein. Die Masse ist leichtgläubig, hypnotisiert; sie hat keinen kritischen Geist mehr und sie lügt. Sie geht immer zu den Extremen hin, den Extremen des Guten und des Bösen; sie ist nicht gut oder schlecht, sie ist, was die Anführer wollen.

Wenn man bedenkt, dass der Nationalsozialismus und Hitler dem Bundespräsidenten und Aussenminister Pilet-Golaz dereinst viel Ungemach bereiten werden, hören sich die folgenden Ausführungen des Bellettrien wie eine Vorahnung an:

> [Die Menge] ist auch grundsätzlich religiös. Deshalb vergöttert sie ihre Chefs. Und ihre Anführer haben ebenfalls ihre besonderen Eigenschaften. Erstens kennen sie die Psychologie der Masse und wissen, wie sie auszunützen. Ihre Reden enthalten nichts als

einfache Behauptungen. Sie haben einen starken, unerschütterlichen Willen. Während Intelligenz für sie nicht unentbehrlich ist, ist der Glaube an sich selber absolut notwendig. Dies ist, was Monsieur Pilet Monsieur le Bon sagen lässt. Und dies ist, was Monsieur Pilet in Monsieur le Bons Buch besonders beeindruckt hat: das Portrait des Führers einer willenlosen Masse.

Mit Le Bons These, dass die Menge *immer* dumm ist und nur *crétineries* macht, ist Pilet hingegen gar nicht einverstanden: Die Annahme des Zivilgesetzbuchs beweise, dass die eidgenössischen Räte keine Ansammlung von Dummköpfen sind. Als weiteres Beispiel nennt Pilet die Geschworenengerichte, die ihre Urteile nicht merklich geändert hätten, «seit ihnen Leute aus allen Klassen angehören, weil es in allen Jurys immer Intelligente gibt, welche die Nieten leiten». So sind denn für Pilet Le Bons Schlussfolgerungen falsch:

Le Bon ist ein Sektierer, ein hitziger Gegner des Sozialismus, der versucht, die demokratische Staatsform zu diskreditieren. Indem er mit Wörtern spielt, zieht er aus richtigen Prämissen falsche Ideen. Durch einen argumentativen Kunstgriff macht er aus einfachen Versammlungen von Menschen eine psychologische Masse. Er übersieht die besonderen Umstände, die zur Bildung einer psychologischen Masse erforderlich sind. Weder ein Parlament noch eine Jury versammeln sich unter den ziemlich speziellen Umständen, die eine psychologische Masse erzeugen. Versammlungen sind nicht in dem notwendigen erwartungsvollen Zustand. Es sind Versammlungen von intelligenten Leuten. Individuen sind generell wenig geneigt, sich hypnotisieren zu lassen.

Wir haben hier Kerngedanken in Pilets politischer Weltanschauung, die sich im Laufe seines Lebens kaum ändern werden. Er befürwortet die demokratische Staatsform, er vertraut dem Volk und den intelligenten Individuen, die das Volk führen. Fanatismus und Sektierertum sind ihm zuwider. Infrage gestellte Institutionen wie Parlamente und Geschworenengerichte verteidigt er.

Beim letzten Vortrag, den Pilet im April 1910 vor den Bellettriens hält, überrascht er die Zuhörer durch seine exzentrische Themenwahl. Sekretär Philippe Secretan:

Pilet las uns seine Arbeit, die man mit Ungeduld erwartete. Würde er uns die Biographie eines grossen Mannes wie Sainte-Beuve erzählen oder würde er uns von einem anderen Thema von allgemeinem Interesse sprechen, von einer philosophischen Theorie, von einer geologischen Epoche, von einer Maschine oder von der Elektrizität, wie seine Intelligenz es ihm erlaubt hätte? Denn Pilet — es wird euch nicht entgangen

> sein — ist sehr intelligent Pilet ist kalt. Er ist ein sehr detachierter Beobachter. Er hat uns von Vauvenargues gesprochen, wie er es von einem Heissluftmotor getan hätte, ohne Emotion, ja ohne seine inneren Gefühle sehen zu lassen, oder wenigstens glaubte er, dass man nichts gesehen habe.

Wohl kaum einer der Bellettriens hat von Vauvenargues (1715–1747) gehört, der im Dienste des Königs an zahlreichen Feldzügen teilnahm, bevor ihn eine Kriegsverwundung zum Invaliden machte. Die letzten vier Jahre seines kurzen Lebens verbrachte er zurückgezogen mit Schreiben von Aphorismen. Für Pilet ist Vauvenargues ein wichtiger Philosoph. Die Denker des 17. Jahrhunderts «wollten, dass die Menschen von Natur aus schlecht, böse und pervers seien». Als Mann des nächsten Jahrhunderts habe Vauvenargues dagegen an die natürliche Güte der Menschen geglaubt, auf die Macht der Vernunft und «die Idee des Vertrauens des Menschen in sich selbst – alles, was den Individualismus schafft».

Secretan kann nachempfinden, was in Pilet vorgeht. Pilet bewundert den kühnen Soldaten Vauvenargues und strebt selbst nach *la gloire* – Ruhm, Ehre. Es folgen im Protokoll Sätze, die deutlich auf Vereinspräsident Pilet gemünzt sind und die sich geradezu hellseherisch anhören:

> Ob im hitzigen militärischen Leben oder in den heftigen Kämpfen, die manchmal Studentenvereine in Aufregung versetzen, sieht man Männer, welche die *gloire* derart dienstfertig umwerben, dass sie sie zu ihrer tyrannischen Geliebten machen, und die bei ihnen oft bloss Bitterkeit und Abscheu zurücklässt, wenn sie ihr einmal nicht mehr gefallen.

Secretan bemängelt in Pilets Arbeit «mangelnde Originalität» und streut als Zugabe Salz in die Wunde:

> Der Stil, dem Pilet anscheinend grosse Sorgfalt hat angedeihen lassen, ist weit entfernt davon, perfekt zu sein, er ist nicht einmal gut. Er hat gewisse Schwerfälligkeiten, die freilich beim Lesen mehr auffallen als beim Zuhören, und zudem verunstalten ihn einige Französischfehler.

Sein Stil soll schwerfällig sein, Französischfehler soll er gemacht haben? Pilet, der dünnhäutiger ist, als er zu sein vorgibt, wird die ätzende Kritik nicht goutiert haben.

9. Eine Demoiselle aus Orbe

Die *belle histoire d'amour,* die Marcel Pilet fürs Leben mit Mathilde Golaz verbinden wird, beginnt prosaisch an einem düsteren Dezembersamstag 1909. Die im Zug mit Hallo und Gesang aus Lausanne aufgebrochenen Bellettriens kommen um 17 Uhr im Städtchen Orbe am Fuss des Juras an. Statt des erhofften Empfangs mit Musik und Blumen steht am Bahnhof bloss ein Ehrenmitglied ihres Vereins, «begleitet von einem Herrn in Schwarz und einer leichten, aber *kalten* Bise.» In Gruppen von zwei oder drei begeben sich die Studenten zu den «guten Familien» in Orbe, die sie zum Abendessen eingeladen haben. Die einen geniessen dort den guten Wein, andere die Gesellschaft von charmanten Begleiterinnen.

Verspätet tröpfeln die Schauspieler im Casino ein, kleiden sich rasch um, kleben Schnäuze und Bärte an. Derweil schauen sich im Saal um die hundert Personen gegenseitig an und warten darauf, dass der Vorhang sich hebt. Hundert sind wenig, aber wenigstens sind es *des gens biens*! Endlich erschallt, vom Dorforchester gespielt, der Belles-Lettres-Marsch und «zweifellos zum ersten Mal» singen die Bellettriens *le Sapin vert*, «begleitet und beinahe richtig».

Sekretär Gagnaux, der die Exkursion protokolliert, spart seine Kritik an den Schauspielern für ihren Hauptauftritt in Lausanne auf. Dort wird das Stück *Gringoire* das Publikum «vibrieren» lassen. Und dort wird Pilets lebhaftes und wahres Spiel manch hübsche Augen zu Tränen rühren. «Unser Präsident bestätigte seinen Ruf als glänzender Schauspieler und verschaffte sich frenetischen Beifall.»

Ob die hundert Zuschauer in Orbe auch frenetisch Beifall geklatscht haben und ob auch dort die Mädchenaugen feucht wurden, verschweigt der Chronist. Jedenfalls war das Publikum «entzückt». Nachher wird der Saal für den Ball hergerichtet.

> Plötzlich scheint das Casino zusammenzukrachen. Die Scheiben zittern, die Türen wackeln in ihren Angeln. Keine Angst! Es ist bloss das Tanzorchester, das die schönsten Stücke seines Repertoires spielt. Jeder stürzt sich auf die Schönheit seiner Wahl. Der Ball beginnt. Die Bellettriens tanzen wenig und die dreissig Fräuleins von Orbe geniessen mehr, als ihnen lieb ist, das Glück, sitzen zu bleiben.

Die letzten Akkorde der Musik sind verklungen, langsam leert sich das Casino. Die Braven nehmen programmgemäss den Frühzug von 5 Uhr, andere schlafen im «Hôtel des deux Poissons», wieder andere unter der Casinobühne und wieder andere überhaupt nicht. Verfolgt von den wenig freundlichen Blicken der einheimischen Passanten, wandern sie übernächtigt und müde in den Morgenstunden durch die mittelalterlichen Strassen von Orbe, bis der Lausanne-Zug sie erlöst.

Ein paar jungen Fräuleins, Töchtern aus den guten Familien von Orbe, haben die frechen *baladins*, die Wanderschauspieler von der Uni Lausanne, imponiert. Darunter ist die aparte 22-jährige Tillette Golaz – die eigentlich Mathilde heisst, die aber niemand so nennt. Ihr vor neun Jahren verstorbener Vater war der mächtigste Politiker von Orbe: Sieben Jahre Militärdirektor, bevor er im Staatsrat einem Liberalen Platz machen musste und als Ständerat nach Bern abgeschoben wurde. Tillette lebt mit ihrer Mutter in einer eleganten Villa mit gepflegtem Garten, *la maison carrée*, von wo man auf den tief unten liegenden Fluss Orbe schaut.

Das Mädchen ging in Orbe in die Primarschule, die sie mit besten Zeugnissen immer als Klassenerste abschloss. In Lausanne besuchte Tillette das Gymnasium, wo sie «Kurse in der französischen Sprache, der deutschen Sprache, der englischen Sprache, Arithmetik, Geschichte, Geografie, Botanik und Physiologie belegte: Sie zeigte sich fleissig und ihr Betragen war in allen Belangen ausgezeichnet.»

Mit ihren Zeugnissen hat sie auch einen Zeitungsausschnitt aus dem *Journal des Jeunes Filles* aufbewahrt, eine Graphologierubrik:

> Geordneter Geist, ordentlich, sparsam, kennt den Wert des Geldes. Misstrauisch, vorsichtig. Hat Stolz, eine sanfte Beharrlichkeit. Ist hingebungsvoll, hilfsbereit, andererseits ein wenig eigen. Hat Geschmack, Feingefühl, Schwung, ein bisschen Ehrgeiz, liebt die intellektuellen Dinge.

Die 16-jährige Tillette hatte der Zeitschrift unter einem Pseudonym geschrieben und um eine Beurteilung ihrer Schrift gebeten. Wenn man der Graphologie glauben will, war sie von «wohlwollender, sanfter, intelligenter, korrekter, liebevoller Natur», aber auch von «etwas wandelbarer Laune».

Die junge Dame ist gebildet, hat Sprachaufenthalte in England und Deutschland hinter sich, kennt auch bereits Paris und das Mittelmeer. In Orbe, wo sie sich um ihre Mutter kümmert, bei Wohltätigkeitsanlässen mitwirkt und vermutlich auf einen standesgemässen Ehemann wartet, langweilt sie sich.

In einem der damals üblichen Schulhefte mit schwarzem Deckel findet sich ein eigenartiges, von Tillette geführtes «Protokoll». Daraus ersieht man, dass in Orbe fünf

> fröhliche junge Leute «von sprudelndem Geist» auf den Gedanken kamen, eine Vereinigung zu gründen mit dem «ganz einfachen Zweck», zusammen einige gute Stunden zu verbringen.

Das *Fanion*, Fähnchen, wie sich die jungen Leute nennen, ist eine Art Belles-Lettres, eine mit Frauen. Die Lausanner Sektion hat kurz zuvor die Aufnahme weiblicher Mitglieder abgelehnt. Die treibenden Kräfte sind die 21-jährige Tillette, und der 18-jährige Jusstudent Henry Vallotton. Wie eine «richtige» Studentenverbindung hat das Fanion Statuten, ein Wappen – in den Kantonsfarben Grün und Weiss –, eine Devise – *amitié, gaîté, franchise*. Weil Henry in Lausanne bei den Zofingern ist, übernehmen sie auch Bräuche dieser Vereinigung. Sie geben sich Couleurnamen und schaffen das Amt des Fuchsmajors, das Tillette übernimmt, während Henry «zum Unglück aller» als Sekretär verknurrt wird. Die unerforschlichen Wege des Schicksals wollen es, dass der Fuchsmajor und der Sekretär dieses eigenartigen Fähnchens, Tillette Golaz und Henry Vallotton, dereinst in Marcel Pilets Leben eine Hauptrolle spielen werden.

In den Fanion-Protokollen bemüht sich Henry, geistreich und literarisch zu sein, und macht dabei «Miss Tillette» diskret den Hof: «Ich hätte Ihnen tausend Dinge zu sagen – gute und schlechte –, aber dies ist überhaupt nicht der richtige Augenblick.» Und weiter schreibt der vorwitzige Henry oder «Harry», wie er sich trendig nennt:

> Die Mondnächte verlocken Sie zu sehr. Um dies zu verbergen, machen Sie eine leichtfertige Miene, aber Ihre Kameraden haben Sie durchschaut, sie haben Ihre Absicht erraten – erröten Sie nicht, dies ist sehr gut und passt zu Ihrem Alter!

Weil sie immer *tout émue*, ganz gerührt, zu sein scheint, erhält sie den Couleurnamen *Tante Emue*, Tante Gerührt.

Obschon die Mitglieder nach welscher Sitte *schmolitz* – deutschschweizerisch Duzis –, gemacht haben, spricht Harry, *vulgo Rossard* – frei übersetzt Rotznase –, Tillette weiter mit *vous* an. Er ist sich des Altersunterschieds bewusst und sie ebenfalls. An der letzten «schläfrigen» Sitzung vor den Sommerferien liest Tillette ihren Aufsatz vor. Im Protokoll macht sie in gespielter Bescheidenheit. Sie erzittere vor ihrer «aus markanten Persönlichkeiten zusammengesetzten Jury», die ihre «schreckliche

Pfuscherei» lesen werde. Sie neckt «Rossard», der Lieder mit dem ewig gleichen Refrain summt und damit die Geduld der Versammlung strapaziert. Vergeblich habe man ihn ersucht, «mit diesem Radau aufzuhören»; ihn um Gnade gebeten, ihn angefleht, doch «nichts konnte den jungen Halbwüchsigen beruhigen».

Dann wird die Protokollführerin sentimental. Wenn ihre «ungeschickte Feder» den zweiten Teil des Abends erzähle, verliere dieser «all seinen Charme und seine Poesie».

> Es war einfach köstlich, meine Lippen sind unfähig, die Gefühle von Dankbarkeit auszudrücken, die im Grund unseres Herzens ruhen. Danke, Rossard, für deine Liebenswürdigkeit. Wir hoffen, dass wir noch oft die unendliche Freude haben werden, deine warme, vibrierende und sympathische Stimme zu hören. 14. Juli 1910. *Vice-Secrétaire Tante Emue.*

Hat sich Tillette in Henry – den schönen «Halbwüchsigen» – verguckt?

Vielleicht. Aber auch ein anderer junger Rechtsstudent hat es ihr angetan, der Präsident von Belles-Lettres und Hauptdarsteller von *Gringoire,* dem sie ein halbes Jahr vorher, an jenem kalten Winterabend, in Orbe begegnet ist und mit dem sie – vielleicht – getanzt hat. Im Februar erhält der Präsident von Belles-Lettres eine an die Adresse Brasserie de Lausanne geschickte, unsignierte Karte. Darauf ist zu lesen, dass das *petit comité du fanion* sich «vor dem neuen Präsidenten von Belles-Lettres tief verneigt» und ihm Glück wünscht.

Pilet hat die Identität der Absenderin erraten und flirtet zurück:

> Da ich nur die Adresse des Sekretärs des *petit comité* kenne – ich verdächtige ihn übrigens auch, Präsident zu sein –, viele Chargen für ein so kleines Köpfchen, schicke ich ihm meinen besten Dank für die liebenswürdige Karte. Wirklich, Mademoiselle, Sie sind mehr Bellettrienne, als man dies überhaupt sein kann, und es ist mir angenehm, eine Verbindung zu präsidieren, der Sie so viel Interesse entgegenbringen.

Zum Schluss schreibt Pilet: «Weil wir in den nächsten Jahren in Orbe keine Abendveranstaltungen mehr organisieren werden, weiss ich nicht, was mich bewogen hat, Präsident zu bleiben. Vielleicht Faulheit. Merci noch einmal.» Keine Unterschrift.

Den Entwurf ihrer kecken Antwort – sie hat sich mit der Formulierung viel Mühe genommen – bewahrt die spätere Mme Pilet-Golaz auf.

Monsieur mon collègue ..., weil Sie mich mit dem Titel Präsident ehren ... seien Sie in Zukunft mit Ihren Liebenswürdigkeiten vorsichtiger! Scheint Ihnen mein so kleines, winziges Köpfchen so wenig fähig, schwere Lasten zu tragen? Sie müssen wissen, dass es sehr schlimm ist, auf diese Weise einen Anfänger, einen Schwachen, einen Unerfahrenen niederzumachen – und erst noch Sie, den ich für ein bisschen intelligent und gutartig hielt! – wie immer trügt der Schein! Sie verdienen Strafe ... jedoch verzeihe ich Ihnen, hier der Beweis: die beiden Fotos, die Sie an die Wand Ihres Zimmers anstecken können, in Erwartung des Originals, vielleicht! Und ich grüsse Sie ganz herzlich, der Sekretär, nein, der verdächtigte Präsident!

«In Erwartung des Originals, vielleicht!» Hohe Kunst des schriftlichen Flirtens.

10. Romanze

Samstag, 26. Juni 1909
Ein Jahrmarkt in Orbe liefert dem im Militärdienst weilenden Präsidenten von Belles-Lettres den Vorwand, um mit den jungen Leuten des Fanion zusammenzukommen. Wie er Mlle Golaz ein Jahr später aus Deutschland schreibt, erinnert Marcel Pilet sich noch genau an jene «glückliche *kermesse* auf der Terrasse unter den schattigen Kastanienbäumen bei den alten römischen Türmen».

> Es war für mich ein grausamer, aber süsser Tag. Ja, auch ich liebte Sie bereits. Ich liebte die Anmut Ihrer Gesten, das Leichte Ihres Haars, die träumerische Güte Ihres Lächelns. Ich liebte Sie schon sehr stark und nur für Sie allein bin ich hingegangen.

Grausam ist der Tag, weil er nicht weiss, ob Tillettes Herz schon einem andern gehört. Vergeblich wartet Pilet auf ein Zeichen der Zuneigung, mindestens ein Zeichen, dass er ihr nicht unsympathisch ist. Nichts dergleichen. Sie scheint ihm gar aus dem Weg zu gehen. Wieso also in Orbe bleiben? Er sagt zu seinem Kollegen Weitzel, er werde mit dem Siebenuhrzug nach Lausanne heimkehren.

Dann kommt sie zu ihm und sagt ganz einfach: «Sie werden sehen, am Abend ist es immer viel besser. Bleiben Sie, ich garantiere es Ihnen!» Und er bleibt. Marcel redet mit Tillette, hört ihr zu, geht dorthin, wo sie hingeht. Er bewundert, wie im Tanz ihre Schritte gleiten, wie ihr Rock sich kokett und anmutig dreht. Dann ist die Reihe an ihm, sie «um den Gefallen eines Walzers zu bitten». Zum Schluss verabschiedet sie sich: «Auf Wiedersehen, auf bald einmal, in den Ormonts, hoffe ich.» In den Ormonts in den Waadtländer Voralpen besitzt die Familie Golaz ein Chalet.

Man schreibt sich. Als *une vieille amie,* als alte Vertraute, gratuliert sie ihm zum Leutnantsgrad. Sie bittet ihn – als Kenner der Literatur und erfahrenen Theatermann – um Rat. An einer privaten Abendgesellschaft in Orbe möchte sie eine Stelle aus einem Theaterstück rezitieren und ersucht ihn um Vorschläge.

Mittwoch, 1. September 1909
An einem sonnigen Spätsommerabend hat der in den Manövern weilende Leutnant Pilet in einem Waadtländer Kaff Wachdienst. Gelangweilt liegt er im Stroh auf dem Bauch. «*Mon lieutenant*, ein Brief für Sie!» Tatsächlich, ein Brief, adressiert an «*Monsieur le lieutenant* Pilet, in den Manövern». Ein Brief nicht mehr von T. Golaz an den Präsidenten von Belles-Lettres, sondern von Tillette Golaz an Marcel Pilet. Ein Brief, der ihn an das maliziös hochgestülpte Näschen der heimlich Angebeteten erinnert und in ihm Träume von gemeinsamen Spaziergängen unter den Pappeln des Moores von Orbe weckt. Der Brief beginnt mit «Ihnen zu Befehl, *mon lieutenant*, würde ich antworten, wenn ich einer Ihrer kleinen Soldaten wäre und nicht eine *demoiselle*, die Sie zu wenig ... oder zu gut ... kennen».

Genau ein Jahr später wird er der zu *ma Tillon* gewordenen Freundin schreiben:

> Schon liebkoste mich das Parfum Ihrer exquisiten Seele und berauschte mich. Ich war zufrieden, zufrieden, zufrieden. Ich wollte grundlos lachen, singen, schreien, mich im Heu wälzen.

Leutnant Pilets Ordonnanz – der «impertinente Dupont, der sich mit mir alles erlaubt, aber ein guter Bursche, rauer Soldat, der für seinen Leutnant durchs Feuer gehen würde» – kommt zu ihm, zwinkert mit den Augen und bemerkt halb respektvoll, halb spöttisch: «Ganz gewiss ist der Brief von der *bourgeoise, mon Monsieur*, dass Sie so herauslachen.» *Bourgeoise* ist ein familiärer Ausdruck für Frau, Gattin, Freundin. Weiter fragt Dupont: «Ist sie hübsch?» Pilet hätte Lust zu antworten: «*Eh, oui*, Dupont, Du hast richtig geraten, wegen dieser *Bourgeoise* bin ich so fröhlich. Und ob sie hübsch ist? Oh, hübsch, hübsch wie eine Rose am Morgen.» Aber als Offizier, der auf seinen Rang achtet, erwidert er halb scharf, halb amüsiert, es sei schmählich für eine Ordonnanz, die etwas auf sich halte, derart dumm daherzuplappern und seinen *Monsieur* zu unterbrechen. Ausserdem sei sein Offizierssäbel dreckig und Dupont in seinem Zug der Faulste aller Faulpelze ...

Dupont nimmt den Verweis nicht ernst. Beim Weggehen gibt er seinem Leutnant einen leichten Ellbogenstoss und sagt, er solle «sie» bitte von ihm herzlich grüssen lassen. Während des Rests der Manöver ist der Leutnant in aufgeräumter Stimmung.

> Von jenem Tag an gelang es mir, meine Männer besser zu nehmen. Am Schluss haben alle mir, dem Leutnant, den die meisten nicht ausstehen konnten – den anfänglich *alle*, bis zum Letzten, nicht ausstehen konnten – mit einem «bis zum nächsten Jahr» freundlich die Hand gegeben.

Donnerstag, 13. Oktober 1910
Telefon eines Freunds aus Yverdon, der mit Mutter und Schwester die Landwirtschaftliche Ausstellung in Lausanne besuchen will, die sich Pilet auf Drängen des Vaters bereits unwillig angeschaut hat. Kann Marcel ihr Führer sein? Er macht gute Miene zum bösen Spiel, steuert die Gesellschaft durch die Stände, als er kurz vor Mittag im Saal der Weine ein bekanntes, liebes Gesicht erblickt. Er sagt *bonjour* und geht weiter – «man ist Führer oder man ist es nicht». Schliesslich kann er sich von den Yverdonern verabschieden, setzt sich auf eine Bank «nicht weit von den Blumen, nicht weit von den Weinen», und wartet. Dort kommt ein Herr auf ihn zu: «Bonjour Monsieur Pilet, was tun Sie hier?» – «Wie Sie sehen, suche ich jemand!» – «Genau wie ich, suchen wir doch zusammen.» Der Herr, ein ehemaliger Belletrien, jetzt Schuldirektor in Aigle, unterhält sich angeregt mit Pilet, bis dieser unvermittelt aufsteht, einige Worte stammelt und wegläuft. Er hat sie entdeckt!

Tillette hat ihre Entourage verloren, ist allein, schlecht gelaunt, sagt sie. Immerhin nimmt sie seine Begleitung an. Ein Jahr später erinnert sich Pilet noch an alles: die Vögel im Stroh, das Holz aus Orbe, den säuerlichen Most, die Stickereien, die «Maggi»-Pastinake, deren kulinarische Verwendung sie beide nicht kannten, das Portemonnaie, das sie ihm anvertraute, ihren Mantel, den er «mit einer Mischung von Glück, Heroismus und Ehrfurcht» auf seinem Arm trug. Ja, und dann hat sie halt ihren Zug verpasst. So spaziert man zusammen zur Buchhandlung Lapie und zu einem Laden, in dem sie Stickereien kauft. Zum Abschied sagt sie: «Und wenn Sie zum Artillerieschiessen kommen, verpassen Sie es nicht, bei uns im Haus vorbeizuschauen. Dies würde uns freuen.»

Sonntag, 30. Oktober 1910
Pilet kommt zum Pierrefleur-Ball nach Orbe. In den frühen Morgenstunden begleitet er Tillette nach Hause. Geplauder beim «weissen Rauch eines letzten Tees.» Am Nachmittag Spaziergang mit Freunden und Freundinnen im Tal der blauen Orbe, am Abend erstes langes Gespräch zu zweit unter Kastanienbäumen auf einer kleinen Terrasse.

> Sie sassen neben mir, ein wenig müde, halb ausgestreckt auf einem Schaukelstuhl, Ihr Fuss spielte mit nichts in der Luft. Ich war beinahe am Boden, auf einem kleinen gestickten Schemel, und mit zitternder Hand habe ich ein Band, das sich von Ihrem Stiefelchen gelöst hatte, wieder zurechtgerückt oder getan als ob … Ich liebte Sie schon, von vollem Herzen.

Donnerstag, 10. November 1910
Bevor er ins Bett geht, schreibt er Tillette einen mehrseitigen Antwortbrief:

> Ihr Brief! Sie können nicht glauben, welche Freude er mir gemacht hat, oder vielleicht können Sie es spüren. Ich wollte ihn lesen und nochmals lesen in meinem freundlichen, warmen Zimmer. Hier an meinem Arbeitstisch, wo ich meine gewohnten Chrysanthemen streichle und von meinem ganzen vertrauten und intimen *chez moi* umgeben bin; hinten in der Ecke meine grosse Pendule, welche ein wenig grob die Sekunden zählt, wie eine alte, durch ihre Aufgaben verhärtete Magd.

Dann wird der junge Mann noch poetischer. Er schreibt von den ruhig fallenden Blättern – den *feuilles mortes* (viele Jahre bevor Kosma und Prévert ihr weltberühmtes Lied schreiben werden):

> Sie fallen, um auf ihrem geliebten Boden zu sterben, in einer bekannten Erde, die sie innig empfängt. Und das erinnert einen an die schönen Alten, die dort unten in dem unter der Sonne lächelnden Friedhof ruhen, am Rande der Strasse ganz am Ende des Dorfs. Wissen Sie, einer dieser kleinen bescheidenen Landfriedhöfe, die von einer Hecke von schwarzen Tannen umgeben sind. Mit einem alten Tor, das nicht mehr gut schliesst und wacklig der Hand nachgibt, die es aufstösst. Ich habe immer gehofft, auch an einem so friedlichen und ruhigen Ort in den grünen Feldern zu ruhen.

Marcel erklärt, wieso er im Monat zuvor an der Abendgesellschaft in Orbe geschwiegen hatte, als Tillette das Gedicht *La Brise* aus *Les Bouffons* rezitierte. Ein Stück von Miguel Zamacoï, das mit Sarah Bernhardt in der Hauptrolle 1907 in Paris uraufgeführt wurde. Sehr gerne hätte er ihr ein Kompliment gemacht:

> Sie sind so zierlich dahergekommen in Ihrem rosafarbenen, diskret engen Kleid, um uns von der Liebe dieses unglücklichen «Zephyr» zu erzählen; Ihre Stimme war der Reihe nach so liebwert, so ernst, so zornig, dass man sich genussvoll gehen liess, um der Legende des Gedichts nachzuträumen.

Er habe geschwiegen, weil er fürchtete, sie würde ein Kompliment als törichte Galanterie auffassen, «als die Höflichkeit eines Tänzers, der schmeicheln und den Geistreichen spielen will». Weil ihn Tillette um sein gerechtes Urteil gebeten hat, liefert er es:

> Ausser zwei kleinen, ganz geringen Fehlern – der Sorge um perfekte Artikulation, die ein wenig weit getrieben wurde und die das Gefühl einer schwierigen und mühsamen Arbeit hinterlässt, und einer gewissen Eile im Redefluss – Sie markieren den Takt nicht genug – hat mich Ihre *Brise* absolut entzückt und dies ist der Grund, wieso ich Ihnen dazu kein Wort gesagt habe.

Liebe macht nicht ganz blind. Bellettrien bleibt Bellettrien, Schulmeister Schulmeister.

Zum Schluss seiner langen Epistel erwähnt Marcel noch, was ihn im Augenblick am meisten beschäftigt, die Theaterproben und das näher rückende Doktorexamen:

> Unsere Theaterproben haben begonnen und fast jeden Abend gehen wir zum «Guillaume» hinauf, um uns die schwere Prosa des *Avare* in den Kopf zu hämmern. Dies ist nicht einfach und tatsächlich fehlt mir dieses Jahr die gewohnte Begeisterung. Mit Schuldgefühlen denke ich an meine bevorstehenden Examen. Beim blossen Gedanken durchzufallen, habe ich keine Lust mehr zu spielen – adieu, Molière, Belles-Lettres, Beifall und Kränze.

Mittwoch, 16. November 1910
Düsterer Regentag. Beerdigung. Ein Cousin von Marcel ist gestorben. Nachher trifft man sich bei Henry. Marcel hat das Gefühl, das Tillette ihn vielleicht ein wenig, ein klein wenig, liebt, und er freut sich, sie wiederzusehen. Doch sie ist reserviert, behandelt ihn gleich wie die andern Kollegen, mit der auserlesenen kameradschaftlichen Liebenswürdigkeit, die ihren Charme ausmacht und «die tötet», weil er mehr erwartet. Schweren Herzens kehrt er nach Hause, verflucht den Tag, verflucht das Leben. Er ist sicher, dass Tillette ihn nicht liebt, ihn nie lieben wird.

Freitag, 18. November 1910
Auf den späteren Abend verabredet Marcel sich mit Henry Vallotton, den er durch Tillette kennengelernt hat, den er zwar noch kaum kennt, dessen «offenes Herz, Aufrichtigkeit und Liebenswürdigkeit» ihn stark anziehen. Beide haben Proben, Pilet für den «Geizigen», Vallotton für einen Gesangsauftritt mit den Zofingern. Um zehn Uhr ist Pilet fertig, verlässt den «Guillaume», stapft durch den schweren schmelzenden Schnee, die Kälte, die leeren Strassen, um Henry am Sitz der Zofinger, der «Maison Blanche», abzuholen. Er wartet, wartet lange, einige unbekannte Zofinger treten heraus und das ist alles. Kein Henry. Auch kein Licht mehr im Haus.

Kommt er nicht? Will er nicht kommen? Wie ein Dieb schleicht Pilet ins Zofinger-Haus. Dunkel, kein Mensch.

Er geht zum Bel-Air-Platz, wo Vallotton wohnt. Nichts. Kein Licht. Er wartet vor dem Hauseingang. Schliesslich erscheint Henry, hastig und nervös. Auch er hat den Kollegen überall gesucht. Man steigt in sein warmes Zimmer hinauf, beginnt leise miteinander über Tillette zu reden. Henry beruhigt Marcel, ermahnt ihn, heitert ihn auf. Dann wird alles zu viel für Henry, er bricht zusammen und gesteht: Auch er ist in Tillette verliebt gewesen, er hat auf seine Liebe verzichtet, gelitten – jetzt sind sie wie Bruder und Schwester:

> An jenem Abend habe ich einen heroischen, übermenschlichen Menschen gesehen, ein edles Wesen, loyal, von perfekter Güte – ich, der ironische Causeur, der vorgibt, an nichts zu glauben, der beinahe sicher ist, dass das «Gute» und das «Schöne» nicht existieren, hatte er doch im Leben derart viel Hässliches gesehen, er, dessen drei Falten um den Mund seine ganze Desillusionierung und Verachtung für die Welt verrieten …

Und Pilet erkennt, dass es eine Pflicht gibt, dass nur die Pflicht gut und schön ist. Intelligenz, Kraft, Geist zählen nichts, wenn sie nicht gut, rein und edel sind. In der Morgendämmerung fühlt sich Marcel erschlagen, vernichtet, aber er ist «ein verklärter Marcel, ein besserer Marcel». Henry ist jetzt sein Freund und er ist stolz auf diese Freundschaft. Das Leid hat sie auf ewig vereint. So glaubt er.

Montag, 5. Dezember 1910
Pilet steht im grossen Lausanner Theatersaal auf der Bühne. Der Prolog, der über die an der Landwirtschaftsausstellung auftretenden Notabeln spottet, schlägt ein: «Einige Situationen sind von absolut unwiderstehlicher Komik» *(Gazette de Lausanne)*. Vor seinem Auftritt hat ihm Tillette einen lieben und zärtlichen Brief geschrieben, der ihn ermunterte. In der Pause nach dem 4. Akt gibt sie ihm ihr Händchen, um ihm Mut zu machen, und am Schluss wirft Henry ihm spontan seine Mütze zu, diejenige, die sie mit «Tillette» signiert hatte.

Montag, 26. Dezember 1910
Marcel hat von Tillette einen «guten, tiefen, vollen, erlesenen» Brief erhalten, das schönste Weihnachtsgeschenk, das er sich vorstellen kann. Wenn er ihn liest und wieder liest, scheint er weit in der Ferne im Nebel die Glocken seiner Jugend zu hören. Er dankt ihr «unendlich» auch für ihr Portrait, das er in seinem Schuh gefunden hat.

> Es ist vor mir, sieht mich an, auf meinem Arbeitstisch, und es wird immer dort sein, wenn ich allein bin, wie mein Schutzengel.

Auch von Henry hat er an Weihnachten dessen Portrait erhalten.

> Er ist da, mit seiner Schärpe, sehr gerade, das Gesicht fest und doch nachdenklich, in die Ferne blickend, mit Güte, ein wenig von Melancholie verschleiert.

Januar, Februar 1911

In den ersten beiden Jahresmonaten sieht Pilet seine Freundin nur selten. Er ist voll mit der Examensvorbereitung beschäftigt. Er arbeitet so hart wie noch nie, aber die Arbeit fällt ihm leicht, weil ihn die Freundin unentwegt moralisch unterstützt:

> Zweifellos hatte ich schon vorher Freunde, einen grossen Freund, aber dies sind Zuneigungen unter Männern, die nichts mit den zarten und tröstlichen weiblichen Zuneigungen zu tun haben.

Mittwoch, 22. März 1911

Das Examen ist bestanden. Wenn er durchgefallen wäre, hätte ihn dies getroffen, aber der Erfolg macht ihn auch nicht besonders glücklich. Und doch hätte er allen Grund, zufrieden zu sein. Die Expertenkommission hat ihm sogar zu seinen glänzenden Resultaten gratuliert!

> Ich weiss nicht, ob diese Herren während meiner Befragung geschlafen haben, ob sie nicht zugehört haben oder ob Sie, Tillon, die Daumen besonders hart gedrückt haben, aber ich habe aus Versehen einen Durchschnitt von etwas über neun erhalten! Die Folge war bei mir eine intensive und tiefe Verachtung für die Universitätsnoten. Sie sind wirklich viel zu leicht.

Das glänzend absolvierte Examen lässt ihn irgendwie leer und ausgepumpt, ohne Lebensinhalt.

> Dies kommt übrigens von meinem Charakter und ich bin immer so gewesen. Das zu erreichende Ziel zieht mich stark an, und nachdem das Ziel erreicht ist, macht mir dies kaum Vergnügen. Die Anstrengung hat bei mir immer mehr Reiz gehabt als das Ergebnis.

15. April 1911

> Ein Datum, das beide nie vergessen werden. Wochen später, in einem Brief aus Leipzig, lässt Marcel den denkwürdigen Tag wieder aufleben:
> Ich habe das blaue Kleid mit den hellen Streifen wiedergesehen, das schelmische Näschen, die leichten, kokett mit einem im Winde wehenden Federbusch bedeckten Haare. Ich habe den eng anliegenden, diskreten Jupe gesehen, wie es mit behutsamen Schrittchen zu mir kommt, um mich zu begleiten. Ich habe St-Sulpice wiedergesehen, das Dorfcafé, die Terrasse, die steinerne Bank. Ich habe die stolze und doch so sanfte Kirche wiedergesehen, so rein in ihrem Frühlingshimmel. Ich habe das klare und frohe Wasser gesehen, das an der Landungsbrücke murmelt, die grossen Pappeln, die zu uns zu sprechen schienen, sehr weit entfernt die Berge, die uns unwiderstehlich einander näherbrachten. Ich habe den unter der niedergehenden Sonne flammenden See wiedergesehen, der mich Ihren Arm stärker gegen mich pressen liess.

An jenem Abend versprechen sich «Marcelin» und «Tillon», wie sie sich jetzt gegenseitig nennen, ewige Liebe. Insgeheim haben sie sich verlobt.

11. Leipziger Lerchen

Am 17. April 1911 Abreise aus Lausanne. Er geht ungern, wie er Tillon schreibt:

> Man hat mich, unter Missachtung all meiner Neigungen, all meiner Wünsche und all meiner Freuden, nach Deutschland verschifft, und dies, um die Sprache des Nordens zu lernen und irgendeine langweilige Dissertation vorzubereiten.

Marcel nimmt Lice, die kleine Schwester, mit, die ebenfalls in Sachsen Deutsch lernen soll. Beiden fällt die Trennung von der Mutter schwer. Die Reise führt über Zürich nach München, wo sie übernachten und Touristen spielen. Pilet gefällt Bayerns «ziemlich schöne» Hauptstadt, «betreffend Disziplin nicht allzu deutsch, seinem Monarchen sehr zugetan und vor allem liebenswürdig». Weiter nach Glauchau, wo Marcel die Schwester bei einer Gastfamilie ablädt. Zur Mittagszeit kommt er in Leipzig an, auf dem im Bau befindlichen grössten Bahnhof Europas. Im «Thüringerhof», der noch heute existiert, findet er in der Zeitung ein Inserat für ein ihm passend scheinendes Zimmer, er geht hin, es gefällt ihm, er mietet sich ein.

Für die nächsten drei Monate ist das geräumige Zimmer an der Davidstrasse 1b, zweiter Stock links, sein Refugium. Das Haus steht noch. Allerdings sind nach der Wende in den Neunzigerjahren auf den Stockwerken aus zwei alten Wohnungen drei neue, kleinere gemacht worden. Zwei grosse Fenster, durch die die Morgensonne scheint, Bett, Chaiselongue, zwei Fauteuils, ein Schreibpult mit vielen Schubladen, ein Tisch, auf den Marcel die Fotos von Tillon und der Mutter stellt. Er liebt Pflanzen und sorgt dafür, dass die Vase vor dem Bild der «Verlobten» immer mit einem Strauss Feldblumen gefüllt ist, die er selber im Park gepflückt hat. Einen Steinwurf von seinem Logis entfernt liegt eine der grössten Grünflächen Leipzigs, der Johannapark, in dem der *promeneur solitaire* spazieren und träumen geht.

Er ist nach Leipzig gekommen, um sein rudimentäres Gymnasiumdeutsch zu verbessern und Fachliteratur für seine Dissertation zu studieren. Dazu ist die alte Universitätsstadt mit ihrer erstrangigen juristischen Fakultät der ideale Ort. Er geht jeweils nach dem Frühstück zur Bibliotheca Albertina, der riesigen, im Neo-Renaissancestil gebauten Universitätsbibliothek, wo er an einem komfortablen Lesetisch vorerst das *Leipziger Tageblatt* liest, deutsche Wörter auswendig lernt, Grammatik paukt. Der mittelmässig sprachbegabte Romand tut sich schwer mit der «barbarischen», «diabolischen» germanischen Sprache. Nach drei Stunden Deutschstudium wendet er sich juristischer Fachliteratur zu, kopiert und übersetzt, füllt seine Hefte.

Er muss sich an der Uni immatrikulieren. In Lausanne geht ein neuer Student zur Sekretärin, die ihn fragt, ob seine Papiere in Ordnung sind, ob er die 20 Franken Einschreibegebühr bezahlt habe und: *«Toujours la même adresse?»* – *«Oui, Mademoiselle.»* Worauf er seine «Legi» erhält. «Simpel, leicht, praktisch und demokratisch.»

In Leipzig? Pilet meldet sich im Anmelderaum, wo man ihm erklärt, er habe sich am nächsten Tag zur gleichen Zeit dort erneut einzufinden. Dies tut er, wird zur Quästur geschickt, wo er bezahlt. Zurück in der Kanzlei, eröffnet man ihm, dass er am nächsten Tag um fünf Uhr vom Rektor feierlich als «akademischer Bürger» empfangen werde. Zur befohlenen Stunde wird ein nervöser Pilet «Seiner Magnifizenz, dem Herrn Rektor», vorgestellt. Dieser ist dreifacher Doktor von drei verschiedenen Universitäten, Geheimrat, Hofrat, Ritter des Roten Adlerordens. Alle diese Titel werden auf Latein verlesen, «was noch viel schöner und sehr viel unverständlicher» ist. Obendrauf ist Dr. Lamprecht ein wahrer Gelehrter, ein berühmter Mann, Deutschlands gegenwärtig grösster Historiker!

> Ich kann mir nicht vorstellen, wie er dies alles gleichzeitig hat tun können; und dass er dabei auch noch die Zeit gefunden hat, sich einen stupenden weissen Bart wachsen zu lassen.

Der Rektor ermahnt den Studenten, dem Ruf der Universität Leipzig, «der sehr weit reicht», Ehre zu machen. Er dürfe nicht vergessen, neben dem Geist auch Körper und Seele zu pflegen, damit er gut vorbereitet sei, zuerst für die Examen und dann für den «Lebensstreit». Pilet muss auf Lateinisch geloben, den Universitätsbehörden zu gehorchen, die Reglemente zu respektieren und die akademischen Freiheiten zu verteidigen. Darauf schüttelt der Rektor dem Studenten die Hand und übergibt ihm, *Marcellus Pilet, Helveticus, ex vico Cossonay,* den «Bürgerschein». All dies beschreibt er Tillon in einem langen Brief:

> Diese Unverschämten behandeln Cossonay als Dorf! Zweifellos aus Unwissenheit. Ich habe es ihnen verziehen. Somit, Tillon *ma douce*, sind Sie nicht mehr die Freundin von Marcel Pilet, sondern von Marcellus Helveticus. Seien Sie wenigstens stolz.

Sieben Stunden die Woche besucht er Vorlesungen. Der bedeutende Jurist Emil Strohal doziert Sachenrecht, was Pilet, der über das Baurecht dissertieren will, besonders interessiert. Glücklicherweise spricht Strohal langsam und deutlich. Weil Pilet mit der Materie vertraut ist, versteht er ihn mühelos. Nur schwer folgt der Waadtländer jedoch dem achtzigjährigen Philosophieprofessor Wilhelm Wundt, der leise murmelt und die Silben verschluckt. Wundt lehrt Völkerpsychologie – ein Thema, das Pilet schon früh angezogen hat und das ihn zeitlebens nicht loslassen will.

Hartnäckig beisst er sich durch die juristische Fachliteratur, was nicht immer Spass macht.

> Heute hatte ich es mit einem spitzfindigen, nörglerischen Autor zu tun – einem Deutschen eben –, der, nicht zufrieden, das Gesetz zu studieren, sich damit beschäftigte zu wissen, was man machen müsste, wenn es das Gesetz nicht gäbe …Es war nervenaufreibend, diese Seiten lesen zu müssen, die ich als unnütz und dumm erkannte … In mir stieg ein plötzlicher Zorn auf gegen diese Zeitverschwender, die, nicht zufrieden, Dummheiten zu sagen, sie auch noch drucken und publizieren.

Pilet hat keine Geduld mit Dummköpfen. Er macht Bekanntschaft mit Fredi, dem Sohn eines verstorbenen Waadtländers und einer Leipzigerin. Fredi möchte, dass Pilet ihm hilft, sein fast vergessenes Französisch aufzufrischen. Dieser macht ihm klar, dass er nicht nach Deutschland gekommen sei, um Französischunterricht zu geben. Der «Teutone» gibt nicht auf. Bei einem Spaziergang im Nonnenwald «überschwemmt» er Pilet mit «sozialen, humanitären, antialkoholischen, fussgängerischen, militärischen, schulischen Theorien, so dass selbst der grösste Menschenfreund um Gnade flehen müsste».

Nach einer Stunde schaut Fredi auf die Uhr, macht rechtsumkehrt und beginnt Französisch zu sprechen. Pilet findet diese Zeitaufteilung «unglaublich vulgär». Er verträgt auch nicht, dass Fredi, ein fauler, ewiger Student, ihn drängt, mit ihm in die Badeanstalt zu kommen oder zu den Ausflügen mit den «Wandervögeln». Die Wanderungen mit «diesen Kindern von vierzehn bis sechzehn Jahren» werden nach den «reinsten Regeln der Pädagogik» geführt – Fredi ist ein künftiger *Oberlehrer*. Die Wandervögel machen militärische Übungen und Pilet soll als Schiedsrichter amtieren. Welche Zumutung! Pilet lehnt ab. Fredi ist auch rücksichtslos gegenüber seiner Mutter. Pilet im Brief an Tillon: «Ich hätte ihn am liebsten geohrfeigt, diesen ‹Philanthropen›.»

In Leipzig manifestiert sich die Macht des wilhelminischen Reichs im gigantischen Reichsgericht mit seiner pompösen Eingangshalle und den prachtvoll ausgestatteten Sitzungs- und Repräsentationssälen. Die umfangreiche Bibliothek beherbergt spezielle juristische Fachliteratur, die Pilet für seine Dissertation braucht. Ein Beamter erklärt ihm, dass es sich um keine öffentliche Bibliothek handle, dass Pilet aber, falls er die nötigen Schritte unternehme, vielleicht doch das eine oder andere Buch anschauen dürfe. Langes Gesicht des Schweizer Studenten. Der Beamte wird sich beim Herrn Oberbibliothekar erkundigen, ob er nicht vielleicht ausnahmsweise bereit wäre ... Der Herr Oberbibliothekar ist nicht bereit. Noch längeres Gesicht des Studenten. Der Beamte lässt durchblicken, dass sich unter Umständen doch etwas machen liesse, wenn .... Student Pilet greift in seine Tasche. Ja, es lässt sich etwas machen. Das Portemonnaie des Studenten wirkt Wunder. Am nächsten Morgen findet er am besten Platz im gepflegten kleinen Lesesaal einen Stapel Bücher, daneben eine Karte mit der Aufschrift «Für Herrn Dr. M. Pilet». Nicht nötig, dass Herr Doktor die Bücher versorgt, der Beamte wird es gerne tun. Herr Doktor wird an seinem Platz immer finden, was er wünscht. «Widerlich, für einige Mark ..., aber doch sehr bequem», wie der «Herr Doktor» seiner Tillon schreibt.

Bereits am ersten Semestersamstag ist Pilet auf Anraten eines zufällig getroffenen Lausanner Bellettrien ans Treffen der Schweizer Gesellschaft gegangen. In einem Saal, der einmal als Universitätsgefängnis diente und von den Insassen ausgeschmückt worden ist, sind dreissig Landsleute zusammengekommen. Er ist der einzige *Suisse français*.

> Schon beim Eintreten fühlt man sich wohl, *en famille*, und ich hätte nie gedacht, dass die patriotische Verbundenheit so mächtig ist! Liebenswürdig meist auf Deutsch plaudernd, obschon die meisten Französisch verstehen, habe ich einen reizenden Abend verbracht.

Schnyder, ein Thurgauer, bietet ihm an, an einem Abend in der Woche mit ihm Deutsch zu üben, was Pilet dankbar annimmt. Der Medizinstudent und Zofinger Schnyder hat zwei Semester in Lausanne studiert. Beim «Germanischplaudern» freunden sich die beiden an. Vor Schnyders Abreise – er wird nach Studienabschluss als Arzt nach Indien gehen – gönnen sie sich einen gemütlichen Abschiedsabend.

> Und da wir Waadtländer halt alles vor verlockenden Flaschen anfangen und beenden, gingen wir zwei in eine vergnügliche *guinguette* in der Altstadt. Wissen Sie, in «Auerbachs Keller», worin Goethe eine Szene seines Fausts gelegt hat – die Szene, in der

> Mephistopheles die Trinker verwirrt und sie seinen teuflischen Wein schmecken lässt! Der kleine Schlingel von Goethe kannte diesen Keller in Leipzig nur allzu gut, weil er, in den drei Jahren, an denen er die Universität besuchte, viel öfter die fröhlichen Lieder der Flaschen singen hörte als die Vorlesungen der Professoren! Ah, wenn die Väter wüssten, wie ihre Kinder ihr Geld und ihre Zeit verplempern, würden sie sie nicht derart weit vom trauten Heim wegschicken. Dies hat übrigens «Papa Goethe» gemerkt, der seinen Sohn aus Leipzig zurückpfiff und ihm die Ohren langzog! Wenn nur der meine dies nicht auch tut! Aber um zu meinem Keller zurückzukehren. Er ist wunderbar, wissen Sie! Sehr deutsch, in einem überwölbten Untergeschoss, mit Mauermalereien, die fröhliche Szenen darstellen, und einer einfachen Stimmung von ehemals, die an unsere Waadtländer Pinten erinnert.

Gerne schlendert Pilet durch den nahen Park, ein Veilchen oder Kleeblatt zwischen den Lippen. Wieso sich nicht aufs Gras legen? Doch, halt, hier tut man das nicht. Graue Affichen aus Karton erinnern daran, dass der Zugang zu den Wiesen und Wäldern verboten ist. Ausnahmslos jeder hält sich brav an den markierten Weg. Wehe, wenn ein simpler Fussgänger sich auf die für die Reiter oder Radfahrer reservierten Pfade verirrt! Dann salutiert ein Polizeimann und hält einem einen kleinen Zettel entgegen: eine Mark Busse. Für die Deutschen ist Gesetz Gesetz. Als Jurist und Leutnant begreift Pilet dies, aber sein anderes Ich – der Waadtländer, der Belletrien, der Flaneur, der Müssiggänger – findet es beschämend. Man soll doch die Leute nicht zwingen, «einer in der Hosentasche des andern zu marschieren».

> Hier begegnet man nur «Folgen». Folgen von Kutschen, Folgen von Autos, Folgen von Soldaten, Folgen von Fabriken, Folgen von Regentagen und Folgen von Deutschen, was das Schlimmste ist! Kein Entrinnen, ich sage es Ihnen. Und die unglückliche Folge aller dieser Folgen ist, dass man selber ihrer Folge folgt.

Die deutschen Frauen? Gewiss, Pilet begegnet solchen, die ihm gefallen. Sein Pauschalurteil allerdings ist nicht schmeichelhaft:

> Die Frauen von hier sind hässlich, unelegant, linkisch, ungehobelt, dumm und haben alle grosse Füsse. Ich will mich gar nicht über ihre Reize verbreiten, die fehlen ihnen total.

Den verwöhnten Romand stören ihre «extravagante und lächerliche Kleidung» und «ihre allzu befriedigten Lachausbrüche». Wenn er in Leipzig eine Frau mit kleinen Füsschen entdeckt, ist sie garantiert eine Französin. Und wenn er ihr und ihrem *compagnon* zuhört, wie sie im «Französischsten des Französischen» herzlich miteinander plaudern, wird ihm warm ums Herz.

Eines Abends, bei seiner Heimkehr durch den Park, erlebt er eine der «charakteristischsten und auch der komischsten Dinge in diesem Deutschland, das ich entdecke». Er schaut fünf oder sechs Mädchen beim Spielen zu. Spielen sie, wie in der Schweiz, «Schule» – eine ist die Lehrerin, die den Schülerinnen auf die Finger klopft, weil sie nichts wissen? Nein, die deutschen Mädchen spielen nicht «Schule» und sie spielen auch nicht «Krämerladen» und schon gar nicht «Mutter, die das Bébé wiegt». Nein, Tillon wird es nicht glauben:

> Die Mädchen spielen Soldaten. Eine gibt den Korporal und mit einer strengen und höchst groben Stimme instruiert sie ihre bewegungslosen und zitternden Rekrutinnen in der «Achtung steht!»-Stellung. Deutschland, Deutschland, was machst du mit deinen Kindern! Und, wenn man das gesehen hat, versteht man, dass, wenn sie gross sind, überzeugt singen: «Deutschland über alles».

Die teils wörtliche zitierten Leipziger Impressionen – «Leipziger Lerchen» sind wie die «Basler Läckerli» ein beliebtes Gebäck – stammen aus der Masse von Briefen, die Marcel Pilet seiner Tillon, wie er Tillette jetzt nennt, zwischen 1909 und 1918 schrieb und die die verwitwete Mme Pilet-Golaz Jahrzehnte später in einem grossen Lederkoffer mit ins Altersheim mitgenommen hat. Die eigenen Briefe hat sie fast alle vernichtet. Auf einem noch geschlossenen Couvert steht *à brûler.*

Marcel Pilet ist ein methodischer Mensch, der die Routine mag und sie nötig hat – ein *homme d'habitude,* wie er von sich sagt. Zeit seines Lebens wird er ein Gewohnheitsmensch bleiben, der es hasst, wenn man seine Kreise stört. In Leipzig, am Abend nach getanem Tagewerk, trinkt er einen dampfenden Tee, spielt seine Lieblingsmelodien auf der Geige, spielt Mozart für seine Tillon. Wenn er in Gedanken Tillon ganz nahe bei sich spürt, sucht er Stellen in einem ihm lieben Buch heraus und

> mit meiner Stimme der grossen Abende, der grossen Erfolge, lese ich sie Ihnen aus vollem Herzen vor. Ich verspreche Ihnen, dass ich selten so gut gelesen habe und dass ich weder Ihnen noch sonst jemandem je wieder so gut vorlesen werde. Denn ich lege meine ganze Seele, meine ganze Natürlichkeit hinein, ohne Raffinesse, ohne irgendwelche Pose.

Was liest er vor? Zum Beispiel *Der Jongleur von Notre-Dame* von Anatole France, die Geschichte eines zum Mönch gewordenen ehemaligen Strassenartisten, der vor dem abgeschiedenen Altar der Heiligen Jungfrau seine allerbesten Kunststücke aufführt. Ganz allein, ohne Publikum, nur für die Verehrte. Genau das, was Marcel tut, wenn er für Tillons Foto rezitiert.

Nachher nimmt Marcel seine Feder, um brieflich mit Tillon zu «plaudern». Während einer halben oder ganzen Stunde bringt er seine Gedanken über Gott und die Welt zu Papier – auf sorgfältig römisch nummerierten *feuillets,* Blättern in Oktavformat. Er macht sich selber lustig über seinen «epistolaren Enthusiasmus», der seine Feder ungebremst laufen lässt. Jeweils am Montag beginnt er mit seinen Aufzeichnungen und am Sonntag bringt er die meist 36 Seiten auf die Post.

In den Briefen geht er manchmal schonungslos mit seinen eigenen Fehlern ins Gericht. Er gesteht, dass er gerne aufbraust und Leute mit bösen Bemerkungen verletzt. Einen Monat und einen Tag nach der heimlichen Verlobung mit Tillon in St-Sulpice macht er ihr ein schmerzliches Geständnis:

> Am gestrigen Nachmittag bin ich aus weiss nicht welcher Fatalität (wenn ich nur daran glauben könnte) der feigste und willensschwächste aller Marcels gewesen. Sie wissen, dieses zweite Ich, von den ich Ihnen manchmal mit einer verschwommenen Angst geredet habe und das mich erschreckt; dieses unbezähmbare ich, das meinen Willen vernichten möchte und das oft kaum zum Schweigen gebracht werden kann – *eh! Bien,* dieses Ich, dieses abscheuliche und verabscheute Ich, hat gestern, am 15. Mai, über mich als Herr geherrscht! Oh, wie, worin? Dies sind Dinge, die man nicht schreiben kann und die ich Ihnen später, um es zu bezwingen, erzählen werde. Es war nichts sehr, sehr Hässliches, aber trotzdem etwas Hässliches und an einem Tag wie diesem war es beschämend. Sie fragen sich vielleicht, warum ich das sage, wieso ich ihnen dieses peinliche Geständnis mache? Eben gerade, weil es peinlich ist, weil der wahre Marcel, wenn er die Oberhand gewinnt, wenn sein Wille endlich siegt, dies sofort ausnützt, um diesen anderen, gelegentlichen Marcel zu strafen, zu demütigen, zu töten. Und wenn Sie, Tillon, was ich nicht hoffe, später je diesen schlechten Charakter wahrnehmen sollten, zeigen Sie ihm Ihre Abneigung und zerstampfen Sie ihn ohne Mitleid und ohne Reue am Boden – ich bitte Sie darum.

Dr. Jekyll und Mr. Hyde? Wohl eher der junge Werther in Leipzig. Es sei den Psychologen überlassen, den bösen «anderen» Marcel zu analysieren und herauszufinden, was das «Hässliche» gewesen sein mag, das er am Nachmittag des 15. Mai 1911 verbrochen hat.

Pilet ist oft einsam. In Leipzig hat er weder Familie noch Freunde und er bemüht sich auch nicht, neue Freundschaften zu schliessen. Höhepunkt der Woche ist der Sonntagmorgen, wenn der Briefträger einen lilafarbenen Umschlag mit einem langen Brief von Tillon bringt. Einmal erhält Marcel von Tillon Blumen zugeschickt, in einer alten Papierschachtel mit der Aufschrift «Derby», die «einen kleinen Hauch von jenseits des Kanals» vermittelt:

> Tillon, Sie haben für mich etwas Englisches, den hohen Hals, die recht eng geschlossene Taille, Ihre leichten goldenen Haare, aber vor allem Ihr zartes Lächeln, gleichzeitig fröhlich und träumerisch. Eine Träumerei im Nebel, die weit über das Land hinaussieht, wie eine mauve Sonne sich durch den Dunst hindurch senkt. All dies ist englisch! Sie haben von den Engländern mitgenommen, was sie an Graziösem, an Leichtem, an Frankem und Freiem haben, alles, was die Engländer vom französischen Blut behalten haben, würde ich sagen, und darüber hinaus, diese solide und gesunde Grundlage, die Vertrauen schafft und die den Charme und die Schönheit dieser angelsächsischen Charaktere ausmacht.

Tillon ist es gelungen, sich nicht von den Schwächen der Engländer anstecken zu lassen, die da sind gemäss Pilet: «übertriebenes Phlegma, Glätte und Schwermut ihrer Gesichter, ihre Schlaksigkeit und ihre wenig geschmeidige Eleganz».

> Nein, was Sie von Ihnen mitgenommen haben oder besser was Sie mit ihnen gemeinsam haben, sind Ihre warme, zärtliche und beinahe heilige Verehrung für das Heim, für die eigenen vier Wände, das Zuhause. Und es sind alle diese feinen und delikaten Qualitäten, die «meine Tillon» zum köstlichen Engel machen!

Home, sweet home. Romantischer Überschwang und klischeehafte Völkerpsychologie, wie sie vor über hundert Jahren gang und gäbe war. Immer wieder malt Marcel sich aus, was einmal sein wird. Er sieht eine umsorgende, liebevolle Gattin – Tillon natürlich –, einen Sohn, den er sich wünscht, seit er fünfzehn ist, vielleicht auch eine grössere Familie, ein gemütliches, geschmackvoll ausgestattetes, gastfreundliches Heim, einen Kreis von Freunden, Erfolg im Beruf. Ein brillanter Anwalt will er werden, doch zweifelt er an den eigenen intellektuellen und rednerischen Fähigkeiten.

> Ich habe normalerweise wenig Vertrauen in mich und erwarte eher, etwas falsch zu machen, als beim ersten Anlauf erfolgreich zu sein. Ich weiss nicht wieso, aber ich

misstraue meinem Hirn, meinem Gedächtnis, meiner Logik und meiner Intelligenz ganz schrecklich.

Eine Vorlesung Strohals macht Pilet Mut. Als der eminente Professor ein verzwicktes juristisches Problem zur Diskussion stellt, schweigen im Hörsaal alle deutschen Studenten, «wie übrigens fast immer, wenn man sie etwas fragt». Darauf liest Strohal den fraglichen Gesetzesartikel vor und räumt ein, dass dieser auf ersten Blick «völlig unverständlich» sei. Dies erstaunt wiederum den Hörer Pilet, der zwar auch schweigt, weil sein Deutsch zum Reden nicht ausreicht, der aber längst begriffen hat, worum es in dem Artikel geht. Dies beruhigt ihn: Sein «kleines juristisches Lausanner Gehirn» hat ein gutes Rechtsverständnis und eine innere Stimme sagt ihm:

Hé, hé, dereinst wirst du kein mittelmässiger Anwalt sein, dem alle und vor allem die Klienten davonlaufen. Alles in allem wirst du eine gefragte Kanzlei und ein gut ausgestattetes Büro aufziehen können.

Dies wird ihm erlauben, in Ruhe und nach eigenem Gutdünken zu leben. Nicht, dass ihm etwas daran liegt, reich zu sein – er glaubt nicht, dass Geld glücklich macht. Mittelmässigkeit hingegen, schreibt Pilet, bringt Schwierigkeiten und Kummer, während ein gewisser Wohlstand die Existenz erleichtert und ermöglicht, andern gegenüber grosszügig zu sein. Was Pilet vorschwebt, ist ein ausgefülltes Leben an der Seite seiner Tillon.

Bei einem seiner Spaziergänge im Park sieht er ein elegantes Reiterpaar einträchtig Seite an Seite galoppieren. Nachher begegnet er den beiden im Restaurant:

Zwei schöne Alte, ein noch frischer und glücklicher Frauenkopf mit sehr weissem Haar, ein energisches und starkes Männergesicht, der Bart schneefarben, die sich gegenseitig zulächeln wie im Frühling ihres Jahrs! Ah, wenn man bloss in vierzig oder fünfzig Jahren auf dem trauten Quai von Ouchy am Arm eines alten Advokaten eine kleine graue, sogar weisse Tillon sehen könnte – die immer noch lächelt, auf die Hand vertraut, die die ihre drückt, auf die Schulter, auf die sie sich stützt. Und er ist immer noch glücklich über die schönen Augen, die ihm Kraft und Mut geben!

Spaziergänger Marcel sucht gerne am nächtlichen Leipziger Himmel den Abendstern, den Tillon und Marcel «unseren Stern» nennen. Ein Stern, der sie durch die Fährnisse des Lebens führen wird. *Un guide sûr et confiant,* wie er schreibt.

In dunkelster Stunde neunundzwanzig Jahre später, am 25. Juni 1940, wird Bundespräsident Pilet-Golaz dasselbe Bild gebrauchen, wenn er seine Miteidgenossen auffordert, der Regierung als *un guide sûr et dévoué* zu folgen. Ein amtlicher Übersetzer wird *guide* – zwar korrekt, aber höchst ungeschickt – mit «Führer» übersetzen.

Marcel und Tillon lieben die Musik. Sie spielt Klavier, er Geige. Beide mittelmässig, wie sie zugeben. Marcel hat spät mit Geigenspiel angefangen und es beim Üben an Fleiss und Ausdauer fehlen lassen. Zudem hat er sich vor zwei Jahren bei einem Sturz vom Ross das Handgelenk gebrochen. Eine dabei entstandene Schwiele stört das heikle Muskel- und Fingerspiel und so weiss Marcel, dass er keine Fortschritte mehr machen wird. Bereits nach einer halben Stunde verweigert das brennende Handgelenk jedes schnelle Spielen und jedes weitere Üben wird zur Qual.

Glücklicherweise gibt es genug leichte Meisterwerke, die Marcel und Tillon dereinst zusammen spielen können, wobei sie fehlende Brillanz durch Herz wettmachen werden. Manch eine wunderbare Arie von Bach, ein Rondo von Mozart oder ein Wiegenlied sind in Marcels Augen mehr wert als viele «schwierige und zu lange» Concertos. Marcel stellt sich vor, wie Freunde das Paar Tillon und Marcel in ihrem künftigen Heim besuchen und mit ihnen musizieren werden: Henry mit seiner «superben» Baritonstimme, Cousin Pierre, der «Lausannes bester Violinist werden wird, wenn er es nicht schon ist», und Louis Déverin, seit Jahren vielleicht Marcels engster Freund, ein Pianist ersten Ranges.

Schon in Lausanne ist Marcel immer ins Konzert gegangen. Auch in Deutschland lässt er sich keine musikalischen Darbietungen entgehen, selbst wenn, wie bei seiner Durchreise durch München, gerade keine Oper oder kein Sinfoniekonzert auf dem Programm steht. *Faute de mieux* hörte er sich in München *les petits concerts* in den Wirtschaften an. Das Beste dabei war für ihn «unsere kleine französische Musik und die Wiener Walzer». Er musste leider auch die «Münchner Fantasien» über sich ergehen lassen – «die fantastischsten, vulgärsten, krassesten, grässlichsten, die ich je gehört habe». In diesem Stück wurde die larmoyante Geschichte «eines von einer Oboe umsäuselten verliebten Mädchens» entweder von einem Pistolenschuss oder vorzugsweise vom Pfeifen eines Trams oder dem Trompetenstoss eines Automobils untermalt. Man belehrt Pilet, dies sei die «wahre Musik, modern, realistisch». Sein Verdikt: «Nicht realistisch, nicht modern und nicht wahr. Keine Musik.»

In seinen Leipziger Monaten kommt Pilet hingegen auf seine Rechnung:

> Soeben, um zwei Uhr, ging ich, neugierig und unerfahren, in die Kirche St. Thomas, deren früher von Bach dirigierter Chor noch heute jeden Samstag die Motetten ihres ehemaligen Meisters oder von neuen Komponisten vorträgt. Und dort in einer alten

hohen Kirche mit einer reichen, aber nicht übertriebenen Verzierung und von Geschmack, der nicht sicherer sein könnte, sang uns, unterstützt von der feierlichen Orgel, ein gemischter Chor aus jungen Burschen und gestandenen Männern – nicht eine Frauenstimme – Bachs «Vergiss mein nicht», übrigens friedlich und glücklich, und «Göttliches Misericordia», eine wahrhafte schöne und tiefe Motette von Durante, einem mir bisher unbekannten Italiener.

Pilet entdeckt Wagner, von dessen Opern er zuvor wie «die meisten Lausanner, die nie aus ihrer kleinen und reizenden Stadt herausgekommen sind», nur die Ouvertüren, Partituren, und Klavierarrangements gekannt hat. Welche Offenbarung, nun alles zu sehen, zu hören, zu erfassen. Zwar lassen ihn bei Wagner gewisse Stellen kalt, aber wenn «es schön ist, ist es schön».

> Es ist schön ohne Vorbehalt, ohne Mass, von einer absoluten Schönheit, so dass man lange bleibt, ohne sich zu regen, und sich von diesen Strömen von Pracht, Leidenschaft und Liebe erfüllen lässt.

Pilet hat ein Studentenabonnement für die ersten zehn, in Leipzig komponierten Opern Wagners gekauft und ist beeindruckt von der Qualität der Vorstellungen. Ein Schönheitsfehler in der Aufführung von «Tannhäuser»: Der Heldentenor hat zwar eine volle, einstudierte Stimme, aber seine abgehackte Phrasierung, seine lächerlichen Gesten und sein Zirkusheroismus stören Pilet derart, dass er jedes Mal, wenn Tannhäuser auf der Bühne erscheint, die Augen schliesst, um so die herrliche und tiefe Musik geniessen zu können.

«Der fliegende Holländer» hingegen gefällt ihm ausnehmend, vor allem die Rolle des Holländers, gesungen von «einer der schönsten Stimmen Deutschlands».

> Tillon, meine Freundin, beim Versprechen Sentas, ihm bis zum Tod treu zu sein, als er Gott fragt, ob sein Leid wahrhaft ein Ende nehme, habe ich geweint, nicht geschluchzt, geweint … Für den Holländer hat Senta einen Jäger verlassen, «ihren Freund», den sie übrigens nie wahnsinnig geliebt hat … Beim Heimgehen ist mir der Gedanke, dass Sie eines Tages Ihrem «Holländer» begegnen könnten, wie Feuer durch den Kopf gegangen. Heute Abend, wo ich ganz ruhig zur Geliebten spreche, die ganz nahe bei meinem Herzen ist, die Freundin von immer, schreibe ich Ihnen dies lachend. Aber gestern hat mich diese Idee während einiger Minuten grausam leiden lassen – es war verrückt. Und es hat mir das Gefühl gegeben, dass mir dann im Leben nichts, aber

auch gar nichts übrig bleiben würde, als mir irgendwo in Afrika den Kopf einschlagen zu lassen!

Manchmal habe man eben solche extravaganten quälenden Ideen, meint Pilet, man wisse nicht, woher sie kämen, ein Nichts könne sie erzeugen. Gott sei Dank verschwänden sie dann noch schneller.

Im Gewandhaus bewundert er das vom berühmten ungarischen Kapellmeister Arthur Nikisch dirigierte Orchester und die dort auftretenden Solisten:

> Sie können nicht glauben, wie sehr ich Bach liebe? Oh! Ich sage dies ohne Scham, oft lassen mich einzelne seiner Komposition – er hat unzählige gemacht – kalt und ungerührt. Ich bin zu wenig bewandert in Harmonie und Musikwissenschaft, um bei seinen nach den Regeln des einwandfreien Kontrapunkts geschriebenen Fugen mit ihren gekonnt aufgelösten Akkorden ein grosses Vergnügen zu empfinden. Nein, die überlasse ich dem *Herrn Prof. Dr.* Aber der ganze Rest, all das Herz, das er in seine Werke legt, alle seine langsamen, fast sinnlich philosophischen Träumereien, alle seine Zweifel, alle seine Gebete, die er mächtig und schmerzhaft singt, bringen mich schier zum Weinen, oder eher zum Beten, zum Beten auch für Sie, Tillon, für uns.

Zum Schluss des Konzerts spielte der grosse Geiger Carl Flesch Bachs «Chaconne», die Pilet schon mehrmals, interpretiert von Eugène Ysaÿe, seinem Idol, gehört hatte. Er glaubte nicht, dass jemand Ysaÿe übertreffen könnte:

> Ich hatte mich getäuscht. Ist es Emotion, Unruhe, Müdigkeit vielleicht, aber vorhin war Flesch religiös, fast göttlich. Man hatte das klare und sichere Gefühl, dass er hier uns sein Lieblingsstück spielte, dasjenige, das er nur mit Gefühl und Verehrung angeht, wie eine heilige Sache. Ich glaube gerne, dass, wenn am Schluss der Saal leer gewesen wäre, er es überhaupt nicht gemerkt und gleichwohl weitergespielt hätte. Er spielte nicht mehr für uns, sondern für sich selbst, mit seinem ganzen Herzen, seiner ganzen Seele. Rasch bin ich dann weggegangen, bevor man Beifall klatschte, um im warmen und tiefen Eindruck dieser grossen Stimme zu verbleiben!

12. «Ich will keine Politik machen»

Am Samstag, 11. Juni, geht Pilet ans «Ende der Welt», will sagen den Exerzierplatz in Lindenthal, ausserhalb von Leipzig. Er verlässt um 9 Uhr das Haus, um dort für die auf Mittag angesetzte grosse «Parade» einen Platz auf der Tribüne zu ergattern, was ihm nach «viel Wegen, Umwegen, Warten, Hindernissen» gelingt. Von dort kann er das ganze Defilee der Leipziger Garnison überschauen. Mehr noch:

> Verneigen Sie sich, Freundin, respektieren Sie mich, verehren Sie mich, ich habe den König gesehen! Ja, ich habe ihn gesehen, von ganz nahe, aus kaum zwei oder drei Metern. Der arme Kerl – geh schon! – hat mir leidgetan und mein republikanisches Herz litt beinahe an der Gleichgültigkeit eines ganzen Volkes gegenüber seinem Souverän. Ein wenig Beifall hier und dort, auf den er sich bemühte zu lächeln, aber es war so mager, so mager, dass es peinlich war, ich beteure es Ihnen. Oh, gewiss jeder weiss, dass er kein Adler ist, entfernt davon, weiss, dass es ihm an Finesse und Geschmack mangelt, dass er gerne «‹fressen›» sagt statt «‹essen›», gut trinkt und noch besser jagt und die Musik wenig liebt (wenn er beispielsweise nach Leipzig ins Gewandhaus kommt, bereitet man ihm ein sehr spezielles Programm vor – alles, was es in der Musik vom Leichtesten gibt und kurz, kurz, damit er nicht Zeit hat einzuschlafen). Abgesehen davon ist er ein braver Mann, pflichtbewusst, populär und vor allem unglücklich in seiner Ehe. Man sagt, er sei nie über das Davonlaufen seiner Frau hinweggekommen. Schliesslich beklatscht man nicht den Mann, sondern den König, die Funktion, die schöne und kostbare Reliquie einer grossen Vergangenheit, den Abkömmling der überragenden und grossartigen Fürsten, die aus dem wilden Sachsen langsam ein blühendes, reiches, gelehrtes und für seine Künste berühmtes Königreich gemacht haben! Und es scheint mir, dass all das schon ein paar Hurras verdient!

Das von Napoleon zum Königreich gemachte Herzogtum Sachsen wird nur bis 1918 bestehen. Der von Pilet beschriebene Friedrich August III. soll bei seiner Abdankung denkwürdig gesagt haben: *«Nu da machd doch eiern Drägg alleene.»*

Pilet beschreibt weiter die elegante, distinguierte und lächelnde Prinzessin, Schwägerin des Königs, die seine Gemahlin Luise ersetzt. Die lebenslustige Königin, siebenfache Mutter, ist mit dem Hauslehrer in die Schweiz abgehauen.

Pilet macht sich Gedanken über seine eigene Reaktion auf die royale Parade. Was sagt die Freundin dazu, dass er als «Sohn, Enkel und Urenkel von Republikanern», als «Schweizer der Freiheit», die Monarchie in Schutz nimmt?

> Was soll's, ich bin deshalb kein schlechterer Bürger und um nichts in der Welt möchte ich bei uns einen König. Aber ich gehe nicht so weit, zu behaupten, dass man überall die Könige abschaffen soll, weit gefehlt. Armer Papa, was würdest du sagen, wenn du mich hörtest? Du wärest bestürzt, da bin ich sicher! Du würdest erklären, dass es nicht der Mühe wert sei, an die Universität zu gehen, um derart verblödet daraus herauszukommen. Zum Schluss würdest du mich ins Bett schicken, um über die traurigen Folgen der in der Verfassung niedergeschriebenen Gedanken- und Redefreiheit nachzudenken.

Armer Papa, auch sonst. Aus der Ferne verfolgt Marcel, der in Leipzig sein Leibblatt, die *Gazette de Lausanne,* zugeschickt kriegt, die politische Karriere des Vaters. Er tut dies nicht zuletzt deshalb, weil der Papa, wenn die Dinge nicht nach Wunsch laufen, seine schlechte Laune an Mama auslässt. Im Grossrat und in der Partei ist die Zeit hart für ihn.

> Sein Ansehen und seine politische Zukunft, in die er sein ganzes Herz und seine ganze Hoffnung gesetzt hat, ist schwer erschüttert, beinahe ruiniert worden: ein heftiger Streit mit einem der grossen Köpfe der Partei — in einer Angelegenheit, in der er übrigens völlig recht hat.

Nun aber erhält Marcel vom Vater brieflich gute Nachricht. Der Waadtländer *Grand Conseil* hat nämlich beschlossen, dass künftig die Ersatzrichter für das Kantonsgericht vom Parlament nominiert werden, und nicht, wie bisher, vom Gericht selbst. Was dieser Entscheid für das Land bedeute, werde sich Tillon fragen. Gar nichts, schreibt Marcel, wie überhaupt alles, was im Grossen Rat entschieden wird.

> Wenn unsere hohen Abgeordneten sich einbilden, zu regieren und die Zukunft des Kantons zu formen, dann sind sie sehr naiv. Es gibt tiefere Wurzeln!

Für Edouard Pilet persönlich hingegen bedeutet der Entscheid viel. Marcel hat nämlich grosse Zweifel, «ob Vater in Lausanne bei den nächsten Wahlen wiedergewählt wird; zu Unrecht übrigens, er ist ein ausgezeichneter Abgeordneter, aber dies ist nicht die Frage». Wenn jetzt nach dem neuen Gesetz der Grosse Rat die Ersatzrichter wählt, dann hat Papa gute Chancen, nominiert zu werden. Auf dem Land lieben ihn die Leute, auch wenn er in Lausanne weniger populär ist. Wird er nominiert, dann kann er den Grossen Rat ohne Gesichtsverlust verlassen. Bei einer Vakanz im Kantonsgericht rücken fast ausnahmslos die Ersatzrichter nach. Papa wäre versorgt fürs Leben und hätte einen offiziellen Titel, «denn er hält viel darauf, in der Republik etwas zu sein».

Auch wenn er mit ihm das Heu nicht auf der gleichen Bühne hat, respektiert Marcel Pilet den Vater. Deshalb fällt es ihm schwer, ihn zu enttäuschen. Aber enttäuschen muss er ihn. Kann Tillon ihm helfen, die bittere Pille zu versüssen, die er ihm verabreichen muss? Sich selber kennt er gut genug, um zu wissen, dass seine Zunge seit allzu langer Zeit «scharfe Pfeile abschiesst», sein «Maul ohne Reue beisst», dass er diese Gewohnheit «weder abfedern noch verschleiern» kann.

> Papa setzt auf mich grosse, sehr grosse Hoffnungen; nicht als Jurist, er erwartet natürlich, dass ich ein mehr als nur mittelmässiger Advokat werde, sondern vor allem als Politiker. Er sieht in mir einen Staatsmann, einen grossen Staatsmann und sogar einen grossen Mann *tout court*. Also ein wenig die wunderbare Verlängerung seiner eigenen Karriere oder vielmehr, um die Wahrheit zu sagen, die Revanche für das, was er nicht hat sein können! Bei meiner Geburt, scheint es, hat man ihm vorausgesagt, dass ich eines Tages Bundespräsident sein werde, und er glaubt das. *Mon Dieu*, warum nicht, es kann nicht besonders schwer sein – ich meine praktisch, aber wie schwer hingegen intellektuell und vor allem moralisch. Und es ist fest entschieden, reiflich überlegt: Ich will keine Politik machen. Seit langem bin ich dazu entschlossen. Da ich sogar fürchtete, dass ich mich eines Tages von einer dummen Sucht nach hohlem und populärem Ruhm verführen lassen könnte, habe ich mir vor nun vier Jahren die Mühe gemacht, mir den Weg zu den Ehren definitiv zu versperren. Ich trat bei Belles-Lettres ein und schlug Helvetia aus.
>
> Es hätte mir nicht besser gelingen können. Entweder misstraut man mir als einem zu konservativen und zu aristokratischen Radikalen – dies die Meinung der gouvernementalen Bellettriens – oder man hasst mich offen wie die Helveter, wofür ich sichere Beweise habe. Nach all dem, brauche ich nur noch die Leiter hochzuziehen.

Leichter gesagt als getan. Der Vater hat die feste Absicht, Sohn Marcel, sobald dieser den Doktortitel in der Tasche hat, politisch zu lancieren.

> Solange er dies noch kann, der arme Verlierer! Also werden Sie, Tillon, begreifen, dass ich ihm jetzt, ohne zu warten und ohne zu zögern, meinen festen Willen mitteilen muss, mich dem Staat zu verweigern.

Er schreibt dem Vater einen durchdachten, sorgfältig formulierten «antipolitischen Brief». Papas Reaktion? Keine eigentliche Antwort. Während Mama dem Sohn schreibt, dass sein Entscheid richtig sei und sie sich darüber freue, schickt Papa eine Ansichtskarte, auf die er kritzelt: «Adieu, kleiner Egoist. Die Zukunft wartet auf Dich.» Und: «Kleiner unausgereifter Radikaler, wenn Du bloss ans Land dächtest und nicht nur an Dich selbst.»

Wie gewohnt, behandelt er den erwachsenen Sohn als *gamin,* als unreifen Jungen:

> Papa kann sich nicht an den Gedanken gewöhnen, dass ich – im Körper und Geist wachsend – meine eigenen Gefühle und Ansichten habe, die von den seinen verschieden sind. Und anstatt böse zu werden, was ihm manchmal passiert, hat er gelacht! Ich bedaure dies beinahe, denn dies ist nur ein trügerischer Aufschub. Der Streit wird bei der nächsten Gelegenheit umso heftiger neu entbrennen – zweifellos bei meiner Rückkehr. Aber haben Sie keine Angst, ich werde mein Möglichstes tun, um meinen Entschluss durchzusetzen, ohne dabei grosse Zornausbrüche zu provozieren. Es wäre nicht das erste Mal, dass Papa nein sagt und dass ich dann schliesslich doch ein Ja erreiche – ob ein Ja wider willen oder ein Ja aus Ermüdung. Und dann werde ich meine Ruhe haben!

13. Eifersucht

Zusammen mit Bekannten aus Orbe verbringt Tillon die Juniwochen in Sanary an der Côte d'Azur. Marcel gönnt ihr das Meer, die frische Luft, die Gesellschaft und hofft, dass sie erholt, gesund und frisch in die Heimat zurückkehren wird. Aus der sonnigen Provence schreibt die Freundin weniger lang und weniger regelmässig. Einmal sind ihre Blätter derart durcheinandergeraten, dass Pilet den Mistral oder die preussische Zensur verdächtigt – ironisch selbstverständlich. Wenn einmal der Briefträger an einem Sonntag oder gar Montag mit leeren Händen an die Davidstrasse kommt, hintersinnt sich Marcel. Ist etwas geschehen, ist sie krank, hat sie beim Baden zwischen den Felsen im Meer nicht aufgepasst? Wenn die Sonne Tillon schreibfaul gemacht hat, versteht Marcel keinen Spass und beginnt zu nörgeln.

In seiner Leipziger Einsamkeit beschleichen ihn ungute Gedanken. Hat ihn sein Vertrauen in falscher Sicherheit gewiegt? Hat seine Tillon etwa dort unten, wie man in der Provence sagt, zahlreiche *galants* und, *mon Dieu,* gefällt ihr dies vielleicht ganz gut? Pilet lässt seiner Phantasie freien Lauf:

> Und wenn am Morgen Sie es der wilden Welle schon nicht verübeln, dass sie Sie gegen eine befreundete Hand schleudert, sind Sie am Abend – was noch besser ist – nicht glücklich, ans Meer träumen zu gehen, begleitet von einem Kerl mit feinem Schnurrbart.

Zu Beginn ihrer Ferien hat Tillon stundenlang auf einem einsamen Felsen gesessen und dem abwesenden Marcel lange Briefe geschrieben. Und jetzt? Marcel, bitter:

> Aus den Stunden sind Minuten geworden, wenn nicht Massagen auch noch diese ausfüllen.

Und dann gefällt sich Tillon gar noch darin, ihn dies wissen zu lassen! Der Philosoph Schleiermacher wusste es: «Eifersucht ist eine Leidenschaft, die mit Eifer sucht, was Leiden schafft.» Der einsame Marcel spintisiert weiter:

> So habe ich mich denn schon gefragt, ob es nicht gut wäre, meinem «Papa» Déverin dort unten in Monaco zu telegrafieren, ob er nicht sein Lycée ein paar Tage verlassen könnte und sich auf eine Ermittlung nach Sanary zu begeben!

Und was, wenn der Rapport ungünstig ausfiele? Welch «bramarbasierender und fuchsteufelswilder Marcelin» würde Tillon eines schönen Tages am Strand auftauchen sehen! Meint Pilet es ernst oder macht Pilet sich über sich selbst lustig? Beides vermutlich. Eifersüchtig ist er jedenfalls und die Angst, die Verlobte zu verlieren, kehrt periodisch zurück. Wie so oft in seinem Leben – und ganz besonders später in der Politik – holt er sich Rat bei dem Dichter, der gleichzeitig sein Lieblingsphilosoph ist, Jean de La Fontaine. Die Milchfrau seiner Fabel, die ebenfalls Luftschlösser gebaut hat, verliert schliesslich alles. La Fontaines Moral von der Geschichte:

> Ein Zufall wirkt, dass ich mich auf mich selbst besinne, und siehe da: Ich bin das Hänschen wie vordem.

Pilet fühlt sich als *gros Jean comme devant,* als einer, der alles verloren hat, was ihm wichtig war. Trotzig warnt er die ferne Geliebte, auch er könnte sich «lustige Stunden» machen. Ob Tillon wisse, dass es auch in Leipzig «Lustige» gibt?

Wenn er ihr mit «bösartig spitzer Zunge» erzählen würde, dass Fräulein Zöbisch, die Tochter seiner Wirtin, ein nettes Kind von achtzehn Jahren, ein frisches Gesicht hat und sich dies gerne sagen lässt? Seit Herr Pilet ihr ein Kompliment über ihre Füsschen gemacht hat, verweilt sie, wenn sie sein Zimmer reinigt, gerne länger, um ihm allerhand Klatsch auszubreiten. Sie gibt zu verstehen, dass am Abend im Mondenschein sich über die Bäume des grossen Parks viel schöner träumen lässt als allein im Bett. *Hé, hé,* was würde Tillon dazu sagen?

Marcel hat für seine Tillon noch eine weitere «charmante» Geschichte auf Lager. Für den Wagner-Zyklus hat er ein Abonnement für einen Platz in der Seitenloge. Wenn man früh kommt, kriegt man einen guten Sitzplatz vorne an der Balustrade. Pilet ist natürlich immer früh, ebenso eine junge Dame, die sich jeweils neben ihn setzt. Eines Abends ist die Dame verspätet und ihr bleibt nur der Platz in der hinteren Ecke, wo man nichts sieht, es sei denn, man stehe. «Vor der Nase der erstaunten Deutschen» bietet Pilet «dieser armen Nachzüglerin» höflich seinen Platz an. In der Pause kommt die elegante, feine Schwarzhaarige im Foyer zu ihm, um sich für seine Liebenswürdigkeit zu bedanken. Man plaudert. An seinem holprigen Deutsch erkennt sie den Ausländer: «Sie sind Franzose, nicht wahr? Ich habe es sofort aus Ihrer

Gestik erraten! Schade, dass ich Ihre Sprache nicht kenne, ich mag die Franzosen so sehr!»

Pilet erfährt, dass seine einnehmende Nachbarin aus Pommern kommt, in die Musik «vernarrt» ist, am Konservatorium Gesangsstunden nimmt und ihr Leben dem Theater geweiht hat, genau genommen der Oper. Sie ist erst seit einigen Wochen in Leipzig, fühlt sich einsam und ist hocherfreut über die unerwartete Begegnung. Möchte der Franzose nicht eines Abends zu einer Tasse russischen Tees zu ihr kommen? Als Pilet einwendet, sein Deutsch sei mangelhaft und er mache schrecklich viele Fehler, beruhigt sie ihn. Man sei ja dann bloss zu zweit, sie wäre die Einzige, um ihn auszulachen. Man würde es um so lustiger haben.

Pilet fürchtet – dies zumindest schreibt er dies seiner Tillon –, dass seine Galanterie, zu der er sich verpflichtet fühlte, ihn in eine unangenehme Lage gebracht habe. Er entschuldigt sich bei seiner «kleinen Sängerin» für den Rest des Wagnerzyklus und vertröstet sie auf später. Er werde ihr schreiben, *wann* er sie «mit seinen Gallizismen und seinen nicht übereinstimmenden Adjektiven werde amüsieren können». Im Übrigen, beruhigt er Tillon, sei er «fest entschlossen», der jungen Dame aus Berlin ein Abschiedsbriefchen zu schicken. Immer von sich als «er» redend schreibt er der Freundin in Savary:

> Doch dann, *ma foi*, fragt er sich – er, der keine Wellen, keine Fischer, der weder Masseur noch Seemann hat, sondern höchstens eine Freundin, die sich einen Spass macht, ihm eine schelmische Zunge rauszustrecken –, fragt er sich, ob er nicht all dieses mit einigen Tassen dampfenden und duftenden Tassen Tee wettmachen könnte? In seinem Zweifeln gelangt er an Sie, um bei Ihnen Rat zu holen, aber lassen Sie ihn nicht schmachten, ich bitte Sie!

In seinem nächsten Brief an Tillon kommt er auf den «pommerischen Tee» zurück:

> Nur zum Spass, Freundin, habe ich Sie um Ihren Rat gefragt. Schon seit Langem hatte ich meinen Entschluss gefasst, den Entschluss nicht hinzugehen. Nicht etwa, dass ich Angst hätte, ich könnte etwas Böses tun, nein, nochmals nein; auch nicht aus Angst, dieser *fille du Nord* Grund zum Leiden zu geben – ist Ihr Freund, Tillon, wirklich so faszinierend? Sie [die Sängerin aus Pommern] ist ja keineswegs von der Sorte, die sich Illusionen macht. Nein, was ich befürchtete, war, dass sie, die keinen Freund fürs Leben will – ihre Neigungen und ihr Beruf hindern sie daran –, dass sie nichts lieber möchte, als nebenbei zahlreiche Freunde zu haben. Und gerne hätte sie in dieser Auswahl auch gerne Französisch genascht. Wenn Sie wüssten, wie locker hier die Sitten sind – es ist

zum Erschaudern – und dabei bin ich sonst nicht prüde. Aber genug von diesem Thema, Sie haben begriffen, dass ich nie die Absicht hatte anzunehmen und dass ich sie nie gehabt haben konnte.

Der Herr, wie mich dünkt, protestiert zu viel.

14. Berliner Luft

Pilet hat seinen Deutschlandaufenthalt genau geplant. Mit Ausflügen in andere Städte und historische Orte will er seine Bildung erweitern. Er besucht Jena, Weimar, Eisenach mit der Wartburg. Im Wallpavillon in Dresden besucht der an Naturwissenschaften und Technik interessierte Student die Internationale Hygiene-Ausstellung. Diese von nicht weniger als 5 Millionen besuchte gigantische Schau ist eine Ode an die Medizin und an den menschlichen Fortschritt, der unaufhaltsam scheint. Pilet ist beeindruckt.

Anfang Juli fährt er für eine Woche nach Berlin. Erster Eindruck: Enttäuschung. Er hatte erwartet, dass diese gigantische, enorme, allmächtige Stadt, dieses «zweite Paris» ihn aufmuntern und packen würde. Nichts dergleichen. Man hat ihm vom lebhaften Treiben auf den Strassen geschwärmt, doch er sieht weniger Verkehr als an einem Sonntag in Genf. Auch die Stadt selbst enttäuscht ihn, das Schloss, der Dom, die grossen Plätze vor dem Schloss und der Siegessäule, die Friedrichstrasse und Unter den Linden, beide weltberühmt. Er besucht die Oper – das Orchester ist «unzweifelhaft weniger gut als in Leipzig» – und kehrt über die Wilhelmstrasse und das Brandenburgertor ins Hotel zurück. Ernüchternd. Alles tot, die Lichter gelöscht, die Strassen halb leer, was in Lausanne auch um Mitternacht selten der Fall ist. «Und das ist die Hauptstadt Preussens!»

Am zweiten Tag erwartet ihn bei der Agentur «Weltreise» eine «Stadtrundfahrt im Automobil» – in einer Art offenem Car, auf dem vielleicht dreissig Personen auf treppenförmigen Bänken zusammengepfercht sind. Der Reiseführer muss schreien wie ein billiger Jakob, um den Strassenlärm zu übertönen. Auf der Rundfahrt gibt es Dinge, die Pilet gefallen, der grosse Park von Charlottenburg – «fröhlich und einfach» –, das elegante Schloss Friedrichs I. und das Mausoleum Wilhelms I. Im Mausoleum ist ihm egal, dass dort die Kaiser und Kaiserinnen ruhen. Er ist fasziniert vom violett-goldenen, harmonischen Licht, das auf den die Gräber beschützenden Engel fällt. Dort wäre er gerne länger verweilt, doch der Chauffeur drängt zum Aufbruch.

Den Rest der Woche ist er allein unterwegs, fühlt sich oft einsam. Im Zoologischen Garten langweilt er sich sterblich, gähnt vor den Tigern, die zurückgähnen. Die Kamele, die Giraffen, die «Schweine Europas, Asiens und Afrikas» öden ihn ebenso an wie die schlecht riechenden, vielfarbigen Vögel. Ein einziger einfacher, freier Spatz wiegt sie alle auf. Pilet flüchtet in den Tiergarten, den Volkspark in der freien Natur. Dort entzückt der Rosengarten den Blumennarren – «*des roses, encore des roses, toujours des roses*, weisse, rote, creme- und fleischfarbene, *splendides et discrètes*».

Brandenburg lässt Pilet kalt – ausgenommen der schmackhafte Johannisbeerkuchen in der Konditorei Graf und die Brandenburger Spargeln. Hässlich und schmutzig das Sommertheater, ein deutsches Tivoli, vergleichbar mit lärmigen Lausanner Pinten, in denen Belles-Lettres Radau machen und sich besaufen können. Er würde zögern, in Uniform hinzugehen. Die paar Minuten, die er dort verbrachte, genügten, um *des rencontres louches,* zweifelhafte Begegnungen, zu machen. Also rasch weg.

Das Schönste, was Pilet in seiner Berliner Woche zu sehen bekommt, ist Potsdam. Es ist *magnifique,* nicht nur *magnifique,* sondern *délicieux,* stundenlang könnte man sich dort verlieren. Auf dem Gelände hinter dem Schloss begegnet er einem von einem zwanzigjährigen Fräulein begleiteten Ehepaar. Der fünfzigjährige Herr sieht, wie Pilet sich über seinen Ortsplan beugt, und bittet ihn um eine Auskunft. Berliner, die Potsdam nicht kennen! Man beschliesst, gemeinsam die Sehenswürdigkeiten zu besuchen: die prächtigen Blumenbeete, die Brunnen, die Orangerie, das Belvedere, das neue Palais. Dann schaut der Berliner Herr auf die Uhr, blickt zu Madame und meint, es sei Zeit heimzugehen. Zum Erstaunen Pilets, der angenommen hat, die junge *demoiselle* sei seine Tochter, fragt der Herr: «Fräulein, was gedenken Sie zu tun?» Das Fräulein schaut Pilet an, mustert ihn kritisch, würde gerne im schattigen Park weiter spazieren, möchte sich aber nicht auf eine abenteuerliche Begleitung einlassen.

Sie fasst genug Vertrauen zu dem höflichen Fremden, um sich ihm anzuvertrauen. Das Fräulein ist Rheinländerin, zu Besuch in Berlin. Die beiden gehen «von einer charmanten Ecke zur anderen charmanten Ecke, schnattern wie Elstern, wenigstens, wie französische Elstern auf Deutsch schnattern können.» Ein angenehmer Nachmittag.

Pilet hätte nie ihren Namen gekannt, wenn sie nicht, «als kuriose kleine Deutsche», ihn gebeten hätte, ihm ein paar Ansichtskarten aus der Schweiz zu schicken, «die ein sehr schönes Land sein müsse». So findet er heraus – «können Sie, es glauben?» –, dass sie Mathilde heisst, gleich wie seine Tillon. Dies stört Marcel nicht. Seine Tillon war für ihn nie Mathilde, der Vorname bedeutet ihm nicht mehr, als wenn sie «Euphrasie oder Philomène» hiesse. Ah, wie sehr vermisst er Tillon, wie gerne würde er Arm in Arm mit ihr durch Potsdam schlendern.

Im Pergamonmuseum durchstreift Pilet die Altertümer Ägyptens, Griechenlands und Italiens. Angesichts der Mumien, die ihn frösteln lassen, denkt er (kurioserweise) an die im Moment aktuellen Eisenbahnerstreiks in Frankreich, wo es auf verschiedenen Linien zu Sabotageakten gekommen ist:

> Ich bin gewiss nicht Sozialist, und wenn es einen Dienst gibt, den ich gerne leisten würde, wäre es, geradezu auf dieses Gesindel, das die Eisenbahnlinien sprengt, loszumarschieren. Doch lassen wir das.

Pilet wird fünfzehn Jahre später in seiner viel beachteten, umstrittenen Jungfernrede im Nationalrat, den Schweizer Bundesbeamten, insbesondere den Eisenbahnern, das Streikrecht absprechen.

Eine weitere Etappe des unermüdlichen Touristen ist das Friedrichmuseum, die Nationalgalerie. Er bewundert die von ihm geliebten alten flämischen Meister – Rubens, van Dyck, Rembrandt, van Ruysdael – die Spanier –, «die splendiden und arroganten» Velázquez, die «tieferen» Riberas, zwei exquisite Murillos. Das Juwel der Sammlung ist für Pilet ein «Mädchenkopf» von Jean-Baptiste Greuze – wer kennt ihn noch? –:

> Ich gestehe es Ihnen, Tillon meine Freundin, Greuze ist der Einzige, den ich für würdig halte, Ihr Portrait zu machen. Zweifellos sind van Van Dyck, Rubens, Rembrandt und andere die grösseren Maler, aber sie wären nicht imstande, den Zauber Ihres Gesichts wiederzugeben, denn dies ist seine grosse Qualität: zu bezaubern. Von ihnen würde der eine Sie zu traurig darstellen, der andere zu glänzend in der Hautfarbe und wieder einer zu ernst. Einzig Greuze würde die Grazie Ihres Lächelns, den träumerischen und anmutigen Glanz Ihrer Augen, die vagabundierende und sonnige Leichtigkeit Ihrer Haare gleichzeitig verstehen und malen können.

Absence makes the heart grow fonder, weiss ein englisches Sprichwort.

Die Eislaufvorstellung im Admiralspalast bezaubert den romantischen Schweizer: «Welch hübsche und exquisite Sache, ein Walzer auf dem Eis, in bleichem Licht, mit einem betäubenden Orchester!» Wenn er die Paare elegant sich drehen sieht, fühlt sich Pilet als ungelenker Tor: «Welch traurigen Marcelin haben Sie da gewählt, Tillon, und wie schlecht wird er Sie unterhalten können.» Er läuft nämlich «Schlittschuh wie drei Neger», «tanzt kaum besser», spielt grauenhaft Geige, kann zur Not ein Pferd führen, ein Florett halten und in seinen Büchern büffeln. Der Wille vermag vieles, aber Pilet weiss: Ich bleibe schwerfällig und linkisch.

«Als alter Troupier» begutachtet er in der historischen Sammlung des Zeughauses Kanonen, Befestigungseinrichtungen und Säbel. Er bewundert die fein ziselierten türkischen Scimitare. Die Menge hingegen interessiert sich für Uniformen, für die Ausrüstungen Bismarcks, Blüchers, Napoleons – diese «erbeutet», wie diskret darunter steht – und die Orden dieser Herren.

Zufällig trifft er bei der Börse einen Schulkameraden aus dem Gymnasium, einen Banquier. Die beiden können sich nicht ausstehen und Pilet hat einst diesem «Wesen, das ich verabscheue», die Aufnahme in Belles-Lettres verunmöglicht. Doch man ist höflich und urban, wie es sich gehört. Dank dem Banquier verbringt Pilet seinen letzten Berliner Abend bei einem Essen mit Schweizern, hauptsächlich Lausannern und Neuenburgern.

> Die mehrheitlich sehr ernsten, sogar hoch philosophischen Gespräche zogen sich bis in den Morgen hinein. Es war schon nach drei Uhr morgens, als diese *messieurs*, die mich liebenswürdigerweise heimbegleitet hatten, mich im Hotel verliessen.

An seinem letzten Berliner Tag: Rathaus – architektonisch recht interessant –, Königspalast – zu viele Vergoldungen und zu viele Auftragsbilder –, Reichstag – auch nicht berauschend. Der Sitzungssaal hat nichts «Imposantes und Grandioses», nichts Vergleichbares mit dem Ständeratssaal in Bern und seiner «Reihe von Chorstühlen und ihren eingeschnitzten Kantonswappen». Die «Psychologie der Besucher» amüsiert den Schweizer:

> Man hat gesehen, wie sich ihre Wünsche, ihre Ruhmsucht und ihr Ehrgeiz unschuldig nackt zur Schau stellten. Alle, oder wenigstens fast alle von denen, die mich begleiteten, die Damen wie die Herren, betrachteten mit Ehrfurcht den luxuriösen Sessel des Ratspräsidenten und empfanden ein halb komisches, halb ernstes, auf der Illusion von Ruhm beruhendes Vergnügen, sich einen Augenblick lang darauf zu setzen. Und die zwanzig oder so, die dort waren, haben einer nach dem anderen sich auf diesem erhabenen Stuhl niedergelassen.

Pilet selber? Nein. Allerdings ist er dann geradewegs zur Tribüne geschritten, um festzustellen, ob der Redner, von dort aus die Versammlung beherrschen und, ohne in seinen Bewegungen gestört zu sein, alles sofort übersehen kann.

Ah, du alter Grundstock des Schauspielers und des Advokaten, und auch der des Klassik-Gymnasiasten, der stolz darauf sein möchte, gutes Französisch zu sprechen, du tauchst doch immer wieder auf! Marcelin hat gelächelt, als er daran dachte.

Ahnt der selbstironische junge Tourist, dass er dereinst als Bundesrat mit seiner Redekunst selbst Deutschschweizer Parlamentarier beeindrucken wird?

15. Ein deutscher Sommer

August und September verbringt Pilet in einem ruhigen Pfarrhaus in Döffingen im Schwarzwald. Herr Pfarrer Elsenhaus, ein langer, magerer, gutmütiger Herr in den Fünfzigern, ist meist in seinen Gedanken versunken und redet wenig. Seine Schwester, «eine alte Jungfer, die keine ist», führt den Haushalt, kommandiert und arrangiert alles, verwöhnt ihre Gäste nach Noten. Sofort fühlt sich Pilet zuhause, Teil der Familie. Nach drei Monaten schweigsamer Einsamkeit ist er erleichtert, jetzt lange Gespräche über alles und nichts zu führen – «eigentlich wie bei uns». Das Leben ist geregelt, wie Pilet dies mag, mit festen Essens- und Imbisszeiten. Er hat seine gefüllten Hefte und seine Fachbücher mitgebracht, arbeitet pflichtbewusst an der Dissertation.

Ein anderer Gast in der Pfarrei ist der 16-jährige Lausanner Jean Chamorel, mit dem sich Pilet bald anfreundet. Die beiden unternehmen Spaziergänge durch die vergilbten Felder – der Sommer ist extrem heiss und trocken –, durch die Wälder mit ihren riesigen Rottannen, pflücken Feldblumen und plaudern. Jean ist ein aufgeweckter und gemütvoller Junge, ein eben konfirmierter Pfarrerssohn, den «die Zweifel der Vernunft» plagen. Kann man dies beweisen, kann man jenes beweisen? Jean, noch ein Kind, stellt Pilet diese Fragen. Ihm, der, nachdem er den naiven Glauben der Sonntagsschule verloren hatte, einem «wertlosen Skeptizismus» verfiel und, zwar nicht Atheist, aber Zweifler wurde. Inzwischen hat Pilet den «schwarzen, eisigen Zweifel» besiegt:

> Und jetzt glaube ich, ich glaube tief, ganz, mit Freude, kurz, ich glaube, ohne Vernunft, gegen die Vernunft, weil eines Tages – ich werde mich mein Leben lang daran erinnern – an einem Morgen schrecklichen Leidens ich gesehen, verstanden und gefühlt habe. Ich habe den Glauben durch die Gnade, einen Glauben, der umso stärker, umso lebendiger und umso unerschütterlicher ist, weil er über die Vernunft lacht, sie ihm gleichgültig ist, er sie verachtet!

Die Vernunft ist nichts, nur das Herz zählt. Marcel wusste dies schon, bevor er Tillon kennenlernte.

> Aber Sie sind es, meine Freundin, die es mich gelehrt hat. Ich möchte Jean sagen: Glauben Sie, dass es einen Gott gibt, analysieren Sie es nicht, glauben Sie, dass es eine Pflicht gibt, kommentieren Sie es nicht! Und lassen Sie den ganzen Rest beiseite, kümmern Sie sich nicht um die Form, um die Zeit, um den Wert des göttlichen Urteils – dies sind Dinge, die nicht menschlich sind. Zergliedern Sie Ihren Gott nicht, er durchdringt Sie!

Marcel Pilet hat seinen Glauben gefunden. Er wird sein Leben lang unverrückbar an ihm festhalten. In Döffingen geht er jeden Sonntag in die Kirche. Dies macht dem Pfarrer Freude, auch wenn Marcel in der Regel die meist hohlen und oft schlecht geschriebenen Predigten nicht mag. In Lausanne besuchte er den Gottesdienst nur, um seine Mutter zu begleiten. Lieber ist er allein in der Kirche und unterhält sich sehr demütig mit Gott. Verschiedenes zieht ihn in dieser deutschen Kirche an, die «orthodoxer, formalistischer, sogar katholischer als bei uns ist»: Der leidende Christ als Symbol, das gerade Kreuz auf dem Kirchturm, aber auch tiefere Dinge, die es bei uns nicht gibt: Wenn der Pfarrer zu Beginn die zum Tag passenden Bibelverse liest und die Gläubigen segnet, unterbricht er sich und sagt: «Betet weiter und nur in Stille.»

> Und während einiger Minuten kann jeder sich sammeln und Gott bitten, ihm sagen, woran er am meisten leidet, was er am nötigsten hat, oder ihm zu danken für die erwiesenen Gaben … dies sind, Tillon, die einzigen Augenblicke, wo ich in der Kirche beim eigentlichen Gottesdienst wirklich bete – mich bewegen die vorgegebenen Gebete, die man in den Büchern liest, kaum – und ich bete dann mit Inbrunst, ich bete, wie wenn ich mit Ihnen wäre.

Während der Döffinger Zeit trüben keine Missverständnisse oder Eifersuchtsanfälle den besonders herzlichen und intimen Briefwechsel mit Tillon. Er erzählt ihr, dass sein Freund Déverin heiraten wird, und fragt sie, ob sie bereit wäre, später Gotte seines Kinds zu werden. Tillon hat ihn um Buchempfehlungen gebeten. Er entschuldigt sich, dass er wenig, «schändlich wenig» gelesen habe, dass er ein «perfekter Ignorant» sei, aber er werde sein Bestes tun.

Also, wenn sie sich einmal langweile, solle sie die *Princesse de Clèves* von Madame de La Fayette anschauen. Es folgt eine Liste von Werken, die Pilet gefallen haben.

(Sag mir, was du liest, und ich sage dir, wer du bist.) Unter den «ganz Grossen» empfiehlt er, Flauberts *Madame Bovary* und *Salambô*, «Meisterwerke ohne Fehler». Maupassant und Daudet überspringt Pilet als «zu bekannt».

Er nennt George Sand und dann eine Reihe von einst bekannten, heute vergessenen Autoren: Edmond About, «ohne grossen Ideenfundus, aber köstlich», René Bazin, Marcel Prévost mit seiner Studie über die Deutschen, «Monsieur et Madame Moloch», Paul Bourgets *Le Disciple* – «vertiefte Psychologie, die übrigens falsch ist» –, Jules Lemaître, der in seinen kritischen Essays sagt, was er von den heutigen Autoren hält und in seinem «Racine», wieso er den grossen Tragiker liebt. Von Anatole France – neben Romain Rolland offensichtlich Pilets Lieblingsautor unter den Zeitgenossen – nennt er nicht weniger als dreizehn Bücher. Die «in ihrer Beobachtung bewundernswerte» Tetralogie *Histoire contemporaine* allerdings ist für Tillon «vielleicht zu gewagt», weil sie nicht nur von der Dreyfus-Affäre, sondern auch von «unerlaubten Liebschaften» handelt.

Pilet erwähnt weiter fünf Bücher des Waadtländers Edouard Rod, den er später seinem Bundesratskollegen Etter empfehlen wird. Was den leichteren Bereich angeht: Vielleicht kennt Tillon Gyp? Wenn er wieder in seinem Zimmer in Lausanne ist, wird Marcel die besten zeitgenössischen Theaterstücke auslesen und ihr nach Orbe bringen. Warnung: *L'Illustration* – ein Verlag, der die neuen, in den grossen Theatern von Paris gespielten Stücke herausgibt – druckt leider auch «hässliche Dinge», die Tillon «nicht lesen sollte».

In Döffingen wird Pilet oft bei der Arbeit gestört. Bekannte kommen vorbei und vier Feriengäste – zwei Fräuleins und zwei Kinder – beleben den Tagesablauf. Man unterhält sich mit allerlei munteren Brett- und Gesellschaftsspielen. Pilet macht gutmütig mit und beobachtet die Mitpensionäre. Fräulein Gertrud ist 20, mit einem passablen Gesicht, gerade intelligent genug, um in Württemberg Lehrerin zu sein, spielt gerne Karten und Croquet, singt als gute Deutsche «Deutschland über alles», mag aber den Kaiser nicht – «man muss ein bisschen liberal sein, wenn man im Unterrichtswesen ist». Ihre Schwester Dora ist 17-jährig – «ein schönes Alter, ein schönes Alter, hat man ihr gesagt und sie wartet».

> Worauf wartet sie seit siebzehn Jahren, werden Sie mich fragen ... nun, ganz einfach, auf einen Liebhaber, denn auch sie ist eine Schönheit und sie ist eine Schönheit, weil sie sehr schwarze Haare, einen sehr gelben Teint und Augen *à la japonaise* hat und auch das Lächeln. Zudem lächelt sie mit sehr roten Lippen und es ist anständig, auf ihr Lächeln zu antworten. Aber dieses Jahr ist ein schlechtes Jahr für sie!

> Warum weiss man nicht – man wird es nie wissen. Trockenheit, Hitze, Müdigkeit, alles vielleicht, aber die Pensionäre haben nicht, wie gewohnt, etwas eingebracht. Schon vor drei Jahren ist sie ins Pfarrhaus gekommen, schon war sie eine Schönheit, und schon hatten zwei unglückliche Schweizer, die dort in den Ferien waren, vergessen zu schlafen. Vor zwei Jahren ist sie wiedergekommen und wiederum haben zwei Herzen geschlagen ... letztes Jahr war wiederum ein glorreiches.
> Und dieses Jahr? Ein Jammerjahr. Gewiss liest man ihr das Tüchlein auf, wenn sie es, sagen wir, aus Unachtsamkeit fallen lässt, gewiss reicht man ihr die Kugel, wenn man «Botscha» spielt (dieses Spiel der Italiener, wissen Sie, und das viel Aufmerksamkeit verlangt, sagt Herr Pfarrer), aber man bringt sie ihr ganz einfach zurück, wie man eben eine Kugel reicht. Keine Hand mehr, die eine Hand streift, keine Augen, die für sich sprechen, keine Brust, die seufzt ... Mlle Dora ist enttäuscht, Mlle Dora ist angewidert ... Jean und ich sind rücksichts- und kulturlos, wir wissen nicht, was schön ist. Mögen wir es nie wissen und möge Mlle Dora mit ihrer Schönheit immer bleiben, was sie ist, eine kleine Deutsche, intelligent und lebhaft – für hiesige Begriffe –, der ihre Eltern leider den Kopf verdreht haben – und nicht auf die richtige Seite.

Ähnlichen Spott schüttet Pilet über «Hänsle» aus, einen Neffen des Pastors, «den unangenehmsten, wildesten, unerzogensten, verwöhntesten, zänkischsten und verschlagensten Bengel, den ich je gekannt habe!». Der Junge hat «die Seele eines schlechten deutschen Unteroffiziers» und geniesst es, Böses zu tun.

> Er schreit, er heult, er kneift den Hund, er zieht die Katze an den Haaren, ärgert einen die ganze Zeit, schlägt seine Schwester, mogelt beim Spiel und beklagt sich dann bei seiner Tante. Welch hässliches kleines Biest!

Pilet ist maliziös, dies liegt, wie er weiss, in seiner Natur. Aber er kann auch sehr sentimental werden – ebenfalls in seiner Natur. Hänsles zehnjähriges Schwesterchen hat es ihm angetan. Er schwärmt: «Welch schöner Blick, Tillon, dieser Kinderblick mit der ganzen Offenheit, Einfachheit, Unschuld ihres Alters und schon etwas Tiefes ...» Sie muss Schweres erlebt haben und sie ist immer den Tränen nahe. Pilet hat selten schönere Augen gesehen. Jean und er schauen ihr lange zu, wenn sie in einem inneren Traum verloren ist.

Anfang September fährt Pilet für zwei Tage nach Basel, um seinen in Monaco lebenden Freund Louis Déverin zu treffen. Komplizierte Verbindungen, lange Zwischenhalte, verspätete Züge – der künftige Eisenbahnminister nimmt es, wie er selbstironisch schreibt, als «Philosoph, mit der Ruhe der grossen Tage und der grossen Männer, die über das Pech lacht». Blitzbesuch von Strassburg, wo sie französisch reden, aber «welches Französisch!» Obschon schwindelanfällig, steigt er auf den Münsterturm, sieht durch die Fensterlücken den Abgrund, hat Angst, schämt sich als Leutnant, holt einen *monsieur* ein, der auch Angst hat, überwindet sich und tritt in 120 Meter Höhe auf die von keinem Geländer geschützte Plattform hinaus. Stolz hat Furcht überwunden.

Am Bahnhof in Basel möchte er aus Freude über das Wiedersehen mit Louis laut aufjauchzen. Er lacht die Zöllner an, lacht alle an und die beiden verbringen zwei herrliche Tage mit Plaudern und Flanieren. In ihrem Zimmer reden sie über ernste Dinge, über die Vergangenheit, über ihre Wünsche von gestern, ihre Freuden von heute, ihre Hoffnungen von morgen. Pilet ist glücklich, vorbehaltlos glücklich. Louis, der auch seine Lebenskrise hatte und allen Ernstes einmal sagte, wenn einer ihm seine Frau wegnähme, würde er diesen töten – Louis, der keiner Fliege etwas antun könnte. Jetzt heiratet er nächste Woche, Marcel und Tillon werden Pateneltern ihres Kindes sein. Der hochgebildete Louis Déverin, später Professor für Mineralogie und Geologie, wird für Marcel Pilet ein Freund fürs Leben bleiben.

Rückfahrt im überfüllten Zug, Zwischenhalt in Karlsruhe – «Karlsruhe ist nichts, nichts wert, hat nichts» ... ist eng, hässlich, staubig und tot. Das letzte Stück nach Döffingen legt Pilet zu Fuss zurück, im Mondschein durch den Wald.

Aufregung im Hause Elsenhaus: Der Zeppelin «Schwaben» wird auf dem Weg von Baden-Baden nach Friedrichshafen und um 8.30 Uhr früh in Stuttgart zwischenlanden!

> Ohne im Geringsten zu ahnen, dass es möglich sein könnte – sagen wir aus Ignoranz –, dass Jean oder ich nur ein sehr mässiges Interesse haben könnten, zu sehen, wie eine grosse Zigarre 150 Meter über unseren Nasen von einer enthusiastischen Menge beklatscht wird, beschloss der Familienkreis, die Glorie Deutschlands in corpore bewundern zu gehen.

Die beiden Romands schicken sich ins Unvermeidliche, erreichen aber, dass man um 4 Uhr früh aufbricht und die Ehrbezeugung an das Luftschiff mit einer längeren Wanderung durch morgendliche Wälder verbindet. Ziel ist das Schloss Solitude, das vom Zeppelin überflogen werden soll. Fröhlich marschiert das Grüppchen auf den engen Waldwegen, als plötzlich kurz vor 8 Uhr «ein monströses Brummen, das fantastische Schnarchen einer gigantischen Mühle» ertönt – «und das ist alles». Als die Wandersleute zwanzig Minuten später Solitude erreichen, sagt man ihnen, dass der

«Schwaben» vor vielleicht einer Viertelstunde das Schloss überflogen habe und hinter den Bäumen verschwunden sei.

> Mein Gott, Tillon, wenn Sie die langen, langen, langen und gelben Gesichter unserer enthusiastischen Germaninnen gesehen hätten. Unabsichtlich, ohne Zurückhaltung, ohne Diskretion, ohne Mitleid und richtig belustigt, brachen Jean und ich in ein mächtiges Lachen aus – ich weiss nicht, ob man uns dies verziehen hat.

Marcel freut sich auf das kurze Wiedersehen mit Tillon im Oktober, wenn er zum Militärdienst in die Schweiz muss. Doch werden sie überhaupt kommen, die ersehnten Tage des Wiedersehens? Aus der Aussenwelt dringen beunruhigende Nachrichten ins idyllische Döffingen:

> Dieser Tage spricht man von Krieg, man spricht viel von Krieg. Und wenn man ihn hier auch fürchtet, ist man bereit, ihn zu erklären, und dies von einem Tag auf den andern. Die Befehle in den Kasernen überstürzen sich und werden präziser, die Ministerien sind überarbeitet, alles ist auf dem Quivive.

Pfarrer Elsenhaus hat den Kabinettschef des württembergischen Kriegsministers getroffen und ist mit besorgter Miene zurückgekehrt. Die deutsch-französischen Spannungen nähern sich einem Höhepunkt. Es geht um den Einfluss in Marokko, das beide Staaten sich als Protektorat einverleiben möchten. Frankreich besetzte marokkanische Städte und am 1. Juli liess Deutschland das Kanonenboot Panther vor Agadir aufkreuzen – was die Zeitungen den «Panthersprung von Agadir» nennen. Wenn es Krieg gibt, bedeutet dies für Leutnant Pilet die brüske Rückkehr in die Heimat.

> Es wäre die Abreise, das Einrücken in Morges und dann … und dann die raue und schreckliche Pflicht. Oh, ich werde meine Pflicht tun, da bin ich sicher. Ich habe oft darüber nachgedacht und ich würde ohne Zögern losmarschieren … entfernt davon, mich davon abzuhalten, würden mich Ihre Gedanken, Tillon, fest und stark machen, um meiner Männer würdig und Ihrer würdig zu sein, auch wenn ich Sie nie je wiedersehen würde …

Pilet sorgt sich vor allem um die Mutter, fürchtet, dass sie die Trennung nicht überleben würde. Aber Tillon wäre ja da, um sie zu trösten und ihn an ihrer Seite zu ersetzen. Die Situation ist ernst. Wenn es zum Krieg kommt, dann wird er seine Freundin noch eine Stunde beim Kofferpacken sehen und dann vielleicht nie wieder.

> Denken wir nicht daran, es ist besser so, und dann wird es die Pflicht sein, die unvermeidliche und heilige Pflicht – ich bin sehr patriotisch –, also erfüllen wir sie, wenn es so weit ist, und reden wir nicht darüber.

Der Diplomatie gelingt es, die internationale Spannung zu entschärfen, die akute Kriegsgefahr wird gebannt. In Deutschland kann Leutnant Pilet aufatmen.

16. Henry

Als Marcel gegen Ende November aus Leipzig in die Heimat zurückkehrt, herrscht in der Familie eine gespannte Stimmung. Der Vater ist übellaunig wie noch selten. Grund dafür sind die Ereignisse der Vorwoche.

In der Grossratsdebatte über die kantonale Zivilprozessordnung hatte Edouard Pilet einen Abänderungsantrag gestellt. Seiner Meinung nach sollte bei gerichtlichen Revisionsverfahren eine erneute Zeugeneinvernahme möglich sein. Die Waadtländer Regierung, der Berichterstatter Emile Gaudard und die Mehrheit seiner Fraktionskollegen bekämpften den Antrag Pilet. Dieser genoss hingegen die Unterstützung der oppositionellen Sozialisten. Der *Gazette* fiel auf, dass der mächtige Gaudard den Abgeordneten Pilet mit ungewohnter Vehemenz angriff. Pilet wehrte sich und warf Gaudard vor, aufs persönliche Terrain abgeglitten zu sein. Gaudards Mehrheitsantrag obsiegte mit 45 zu 36 Stimmen.

Tags darauf erhielt Edouard Pilet die Quittung für seine Unbotmässigkeit. Die Fraktion behandelte die Nachwahl für den Sitz eines verstorbenen Kantonsrichters. Statt für Pilet entschied sie sich mit 62 zu 58 Stimmen für einen Neffen des Verstorbenen. Damit war klar, dass Pilet den vakanten Richterposten nicht erhalten würde. In Döffingen hatte Marcel mitgefiebert und schliesslich von der Mutter das Ergebnis der Wahl erfahren.

> Es ist nicht gerecht, dass er gescheitert ist. Der Sitz war ihm geschuldet, seit Langem versprochen, nachdem er im August nur unter dieser Bedingung verzichtet hatte. Und unzweifelhaft wäre es eine gute Wahl gewesen. Papa kann Fehler haben: Aber auf jeden Fall ist er intelligent und ein sehr guter Jurist. Er hätte einen perfekten Richter abgegeben. Auch verdiente er es; er hat sein ganzes Leben auf Kosten der Seinen dem öffentlichen Interesse geopfert … er, der an die Gerechtigkeit des Volks, an die Loyalität der Politiker, der Chefs seiner Partei glaubte.

Die Niederlage des Vaters ist für Marcel ein weiterer Beweis für Hinterhältigkeit in der Politik.

Sorgen bereiten dem nach Lausanne zurückgekehrten Marcel nicht nur der missmutige Vater, die bekümmerte Mutter und die schwer an Brustfellentzündung erkrankte Schwester, sondern auch sein «Freund fürs Leben», Henry Vallotton. Henry ist ein ehrgeiziger, vielseitig begabter, blendend aussehender junger Mann, der es im Leben weit bringen wird. Künftige Stationen seiner Laufbahn: brillanter Strafverteidiger, bewunderter Rallyefahrer, wagemutiger Reisender, initiativer Vollblutpolitiker, der seine Partei und den Nationalrat dominieren wird, treibende Kraft in einflussreichen Verbänden, Gesellschaftslöwe, Gesandter (entspricht dem heutigen Botschafter) in Rio, Stockholm und Brüssel, Autor von erfolgreichen, heute vergessenen Reisebüchern, Trivialromanen und ernsthaften Biographien. Ein *uomo universale*.

Es sind Henrys ständige Frauengeschichten, die Marcel und Tillon zu denken geben. In Orbe hatte der schneidige Henry den Schwestern Hedy und Gite den Kopf verdreht. Dann war er zeitweise mit einer Cocsy liiert, was in den rechtschaffenen Kreisen von Lausanne schlecht ankam. Am 22. Dezember 1910 signierte *Henry Vallotton, stud. jur.*, zusammen mit *Tillette Golaz, M. Pilet* und einigen anderen befreundeten jungen Frauen und Männern Pilets Belles-Lettres-Liederbuch, *Le sapin vert*. Die Gesellschaft hatte unter den Kerzen eines kleinen Tannenbaums Weihnachten gefeiert und man hatte herzhaft dem Wein zugesprochen. Henry, der immer und überall gerne die erste Geige spielt, liess es im Liederbuch nicht mit seiner schwungvollen Unterschrift bewenden, sondern setzte mit der gleichen selbstsicheren Feder einige Musiknoten hinzu und den leicht abgeänderten Text des berühmten Lieds, das damals noch ganz neu war, *Le vieux chalet* des Abbé Bovet.

> Là-haut sur la montagne / Hoch oben auf dem Berge
> J'ai entendu pleurer / Hörte ich weinen
> C'était la voix de ma compagne / Es war die Stimme meiner Gefährtin
> Je suis monté la consoler / Ich stieg hinauf sie zu trösten
> Hé, hé!
> Hé!

In jenem Winter 1910/11 feierte der noch nicht einmal 20-jährige Frauentröster bei Gesangsauftritten mit seinen Zofingern in Lausanne und Montreux wahre Triumphe. Die Leute warfen ihm Kränze zu, schickten ihm Blumen, überhäuften ihn mit Beifall. Der Erfolg stieg ihm in den Kopf, er träumte von einer Bühnenkarriere. Marcel war skeptisch und schrieb Tillon, sie solle doch bitte den etwas naiven gemeinsamen Freund zur *raison* bringen.

> Er stellt sich vor, dass, wenn achthundert Personen ihm applaudieren, achthundert auf seinen Gesang gewartet haben und ihm jetzt aufrichtig dafür danken. Kommt schon! Allerhöchstens zweihundert, und auch dies ist nicht sicher. Die andern klatschen, entweder, weil sie nichts anderes zu tun haben, oder sie klatschen automatisch, um nicht aufzufallen.

Henry sollte sich umhören, was hinter den Kulissen getuschelt werde, er sollte die Intrigen und den Neid kennen lernen, die das Künstlerleben vergällen. Weil ihm die Leute zujubelten, sehe Henry die Welt in Rosa und glaube, dies werde immer so sein. Sein «Hunger nach dem Ruhm der Konzertsäle» lenke ihn gefährlich vom Rechtsstudium ab. Marcel gibt zu, dass der juristische Beruf vielleicht trocken ist, aber er gibt Stabilität und auch echte Lebensfreude. Will Henry wirklich dem Recht adieu sagen?

> Zugunsten von weiss Gott was? Zugunsten eines launenhaften und unbeständigen Ruhms, eines Scheinglanzes, einer oberflächlichen und im Grunde unwürdigen Existenz, weil sie ohne realistisches Ziel, weil sie lasterhaft und vertrödelt ist. Oh, ich bin nicht sehr beunruhigt. Ich glaube, es handelt sich hier um eine vorübergehende Krise, denn Henry ist schliesslich auch Freuden zugänglich, die nichts mit den Schmeicheleien der Massen zu tun haben.

Als Marcel Pilet in Deutschland weilt, ist Henry wieder einmal verliebt. Diesmal ernsthaft. Er ist «betäubt von den süssen und tiefen Blicken der schönen Augen von Amparo». Marcel kennt die Frau nicht, weiss nur, dass sie eine begabte junge Sängerin auf dem Weg zu einer Konzertkarriere ist. Er wünscht dem Pärchen alles Gute:

> Diese beiden Kinder – und sie sind es wirklich in ihrer Liebe – sind Hand in Hand ins Leben aufgebrochen, ein wenig aufs Geratewohl und sorglos. Mögen sie immer so marschieren, geradeaus, bis das Ende gekommen ist, ohne Zwischenfälle und ohne Ärger, so dass, wenn sie einmal zurückblicken, ihre Herzen sich sanft erinnern.

Tillon, die ihre Pappenheimer besser kennt als Marcel, ist weniger zuversichtlich. Henrys «wechselhaftes und leichtes» Herz beunruhigt sie und sie fürchtet, dass dieser frische und frohe Frühling ein trauriges Ende nehmen werde. Marcel widerspricht:

> Aber nein doch, dies wäre unmöglich. Das Ende wäre dann wirklich zu traurig, und während Henrys Leben gefährdet oder gar verpfuscht wäre, wäre dasjenige Amparos gebrochen. Dies darf nicht sein. Wenn dieser geliebte kleine Bruder auch unbeständig ist, dann ist er dies nicht viel mehr als die meisten Männer.

Es sei nämlich selten, erklärt Marcel altklug seiner Tillon, dass ein Mann die erste Frau heiratet, die er geliebt hat – er jedenfalls wüsste kein Beispiel.

> Wie viele Male – Belles-Lettres sei mir Zeuge – glaubt man sich verliebt fürs Leben, wenn zwei Monate später davon bloss eine Erinnerung bleibt, eine charmante vielleicht, aber eine von früher. Henry hat wie alle andern – ein wenig mehr, gebe ich zu – auf den Wiesen die zu entblätternden Margeriten gepflückt, aber sehen Sie darin nichts allzu Böses … Es kommt ein Moment, wo eine innere tiefe Stimme einem ernst sagt: «Jetzt ist Schluss, flatterhaftes Herz, mit dem Vagabundenleben, die Zeit der Ruhe ist gekommen, und dein Aufenthalt ist nicht mehr der Wald. Dort ist sie, die du immer beschützen wirst, die dir zulächeln, dich lieben wird, deine Gefährtin.»

Wenn man diese Stimme höre, so Pilet, dann wisse man, dass es einen tiefen Unterschied gibt zwischen der leichten Liebe von gestern und der tiefen, heiligen Liebe von heute.

> Und ich bin sicher, dass Henry sie gehört hat, diese intime Stimme, diesen ernsten Glockenschlag, dass Henry sie verstanden hat, dass er weiss, was man von ihm erwartet, was er tun muss – wenn er auch nur den geringsten Willen hat.

Im November 1911, nach seiner Rückkehr aus Leipzig, verbringt Marcel einen langen Sonntag mit Henry und einem seiner Dienstkameraden. Lange wandern sie durch «die sonnigen Felder unseres Kantons, der so sehr von uns und für uns gemacht wurde». Sie gehen in eine Pinte:

> Stellen Sie sich vor, eine dieser guten alten Wirtschaften – ganz klein, niedrige Decke, aber mit sehr sauberen Tischen. Die Wirtin, obschon sehr freundlich, lehnt es zuerst ab, uns zu Essen zu machen. Sie ist es nicht gewohnt, sagt sie, wir müssten ins Café am Dorfende gehen. Nichts ist – hier sind wir, hier bleiben wir. «Sie haben sicher Eier, Madame?» – «Oh ja, das natürlich schon.» – «Wurst?» – «Tut mir leid, aber ich habe nicht mehr das kleinste Stück.» – «Wir werden Ihnen eines auftreiben.» Und alle drei gehen wir durchs Dorf, auf die Suche nach einer *saucisse*, fragen mal hier, mal

> dort bei Leuten, die guten Willens sind, aber man hat die Metzgerei noch nicht gemacht, dies kommt später im Winter. «Vielleicht bei Alexis Pahud, kennen Sie ihn nicht? Aber doch, der oben im Dorf? Der Schlosser?» Sieh da, von ihm bringen wir triumphierend ein riesiges Stück *saucisse* zurück. Und welch schmackhafte Mahlzeit! Eine dampfende Omelette, eine Schelmin von deftiger Wurst, ein Salat, dem ich schliesslich erliege, und ein Vacherin, der uns Orbe vergessen lässt! Vom «Neuen» will ich gar nicht reden, einem wahren Epesses …

Die kleine Geschichte wirft ein bezeichnendes Licht auf den Charakter des einfallsreichen Henry Vallotton. Zweifellos war er der Initiant der «Wurstsuche», wie er auch später in politischen und persönlichen Angelegenheiten die treibende Kraft sein wird. Ein ungeduldiger, aktiver Geist, stets nach neuen Horizonten Ausschau haltend – ein anderer Typ als sein abwägender Freund Marcel. Nach dem Essen geht es

> zurück an die Sonne, zu den heimatlichen Wiesen, den vertrauten Hecken, langen Gesprächen, vor allem über das Militär, die beiden kommen gerade aus dem Dienst, ich bin in der III. Kompanie des 8. Regiments, was wollen Sie? Gegen fünf Uhr kochend heissen Café und nochmals Vacherin und Quittengelee.

Der Sonntag im Freien neigt sich dem Ende zu, Marcel will *frérot* noch ein wenig für sich haben und geht zu ihm in die Wohnung hinauf. Madame Vallotton, jetzt Witwe, klagt Pilet ihr Leid und beginnt zu weinen. Alles stimmt sie traurig, nichts interessiert sie mehr. Es ist das Unwiederbringliche, das sie schmerzt. Langsam gelingt es Henry und Marcel, sie ein wenig aufzumuntern. Man beginnt sogar zu lachen. Bevor er heimgeht, spricht Marcel noch ein ernstes Wörtchen zu *frérot*. Im Militärdienst hat sich Henry einen brüsken und autoritären Ton angewöhnt, der ihn Dinge sagen lässt, die Madame Vallotton verletzen.

> Bis sich seine Maman ganz erholt und beruhigt hat, muss er der bravste und liebste Sohn sein, auch wenn sie Unrecht hat. Er kann dann später umso klarer fordern, worauf er Anspruch erhebt. Er wird es tun, ich bin sicher.

Henry ist nicht nur seiner Mutter gegenüber manchmal rücksichtslos, er behandelt auch seine Schwester, die ihm auf die Nerven geht, sehr schlecht. Es ist seine Art, er wird sich nicht ändern.

17. Paris

Am Auffahrtstag 1912 fährt Pilet nach Paris, um dort in den neun Wochen bis zu den Sommerferien seine Dissertation fertig zu schreiben. Bereits am zweiten Tag hat er am Boulevard St-Michel, dem *Boul'Mich'*, im Herzen des *Quartier latin* in einer Pension ein akzeptables Zimmer gefunden. Arbeiten tut er gerne und er will sofort vorwärtsmachen. Doch er hat nicht mit der französischen Bürokratie gerechnet, die seine Bücherkiste in einem Zolldepot am andern Ende der Stadt zurückhält. In der Kiste, die er nach einigem Hin und Her frei kriegt, ist auch seine Reitausrüstung. Fast jeden Morgen wird er nämlich in die *manège* zu einem Reitlehrer gehen, um in der Schweiz als passabler *cavalier* vor seinen Soldaten erscheinen zu können. Er mag den Umgang mit Pferden, auch mit störrischen, und er mag Ausritte in die Landschaft. Als ihm eine Voltige – ein Sprung aufs trabende Pferd – oder ein anderes reiterisches Kunststück gelingt, berichtet er dies stolz seiner Tillon.

Wie in Leipzig schreibt er ihr tagebuchmässig über seine Erlebnisse in der *ville lumière*: Zeitung lesen zum Frühstück, Spaziergänge durch Pärke und Boulevards, Museumsbesuche, Besteigung des Eiffelturms, Ausflug nach Versailles, Schlendern in den alten Gassen oder an den Ufern der Seine, Mittagessen bei den Cousins, die in Paris leben. Er erzählt seiner Verlobten von Büchern, die er liebt – so Romain Rollands mehrbändiger Roman *Jean Christophe,* in dem sie gemeinsam lesen werden, wenn er wieder bei Tillon in Orbe zurück ist. Er schreibt ihr von Vorträgen, die er gehört hat, und von Predigten eines sozial aufgeschlossenen evangelischen Pfarrers, die ihn beeindrucken.

Pilet kann sich dem Zauber der *ville lumière* nicht entziehen:

> Paris ist nicht mehr Deutschland, ich fühle hier nicht das schwere Gewicht des Auslands, das mich dort unten jeden Augenblick bedrückte und traurig stimmte, selbst in Momenten des Vergnügens. Nein, hier finde ich eine Schwesterstadt vor, die ältere Schwester der Unsrigen, eine mit einem einladenden Lächeln, einem leichten Schritt ...

Ein Sonntagsspaziergang durch Paris:

> Jetzt sind wir bei der Bastille und wir klettern auf die *impériale* [den oberen Stock] eines Omnibusses ... mitten durch die *grands boulevards* fahren wir an Autos und Fussgängern vorbei und trotten zur Madeleine. Ruhig kehren wir zu Fuss zur Opéra zurück. Welches Leben, Tillon, welcher Betrieb, welches Fieber, was für Schönheit und was für Eleganz ... Doch plötzlich stimmt einen eine arme alte Frau, die erschöpft zusammenbricht, nachdenklich. Man leidet hier auch viel ... Es ist schon spät, und mit der Metro gehen wir heim zum Abendessen.

Marcel mag alte Kirchen, St-Séverin mit den prächtigen Kirchenfenstern, vor allem St-Etienne-du-Mont, wo die Überreste von Pascal und Racine ruhen. Im Parthenon verweilt er lange vor Rodins berühmtem Denker. Eigentlich liebt er Rodin, aber diese Skulptur begeistert ihn nicht wirklich.

> Ich weiss nicht, gewisse Teile sind sehr schön, drängen sich auf und ergreifen. Das Ganze ist richtig, aber es gibt so viele schockierende Details ... *Enfin?*...

Im Invalidendom, weit hinten unter der Kuppel erblickt Pilet einen funkelnden Thronhimmel. Durch die Kirchenfenster dringende Sonnenstrahlen schaffen eine feierliche Atmosphäre: das Grabmal Napoleons.

> Er ist es, *l'Empereur*, einsam und schlafend, umgeben von Siegen und siegreichen Fahnen. Man nähert sich ihm mit Respekt und man sinniert. Lange habe ich seine Totenmaske angeschaut und ich habe nachgedacht ... ich habe gedacht, dass er nicht mehr ist, dass selbst sein Ruhm ihn nicht mehr wärmt, und, so gross es auch gewesen sein mag, dass es auf ewig zu Ende ist, dass von seinem ganzen Werk nur wenig bleibt. Nichtigkeit, Nichtigkeiten, alles ist Nichtigkeit. Und trotzdem bleibt etwas, etwas Erhabenes, all der Mut, alle die Opfer, all der Heroismus *de toute la France*, alle die edlen Charaktere von einst, die uns ein Vorbild sind.

In einem andern Brief beschreibt Marcel die Festlichkeiten zum 100. Geburtstag Rousseaus:

> Konzert im Trocadéro, Denkmal im Panthéon und am Samstagabend war im *quartier latin fête populaire* – die Strassen mit venezianischen Laternen beleuchtet, Militärparade und an zwei oder drei Orten öffentlicher Tanz.

Um diese berühmten Pariser *bals publics* zu sehen, ist Pilet hingegangen. Die Musik findet er «recht gut». Die Leute tanzen auf den *pavés*. Um die Tänzer herum bildet sich ein Menschenkreis, Sprüche fallen, «die nicht immer für keusche Ohren gemacht sind». Zuerst sind es Frauen, die zusammen walzern und auf den *galant d'un jour* warten, dann *petit à petit* bilden sich Paare – ein paar Väter mit Töchtern, selten auch ein Ehemann mit seiner Frau, vor allem jedoch diese Damen *du quartier* mit ihren Gelegenheitsfreunden.

> Ohne Übertreibung hatte es Tausende und Abertausende, die Strassen schwarz von Volk. Die Restaurants voll von erhitzen Figuren mit schweren Zungen. Ich mag dieses volkstümliche Zusammengepferchtsein nicht, ich bin nach Hause gegangen.

Weil am nächsten Morgen die Arbeit ruft, legt sich Pilet meist um zehn Uhr schlafen. Das Auf-und-ab-Gehen entlang des Boul'Mich' langweilt mit der Zeit:

> Man hat genug davon, in den gleichen Restaurants immer die gleichen Melodien zu hören und immer die gleichen starren Gesichter zu sehen, immer diese Frauen mit heraushängenden Brüsten und lasziven Hüften zu spüren, wie sie einen streifen und raunen: «Guten Abend, *mon petit*? Amüsierst du dich?»

Beim Flanieren stösst Pilet immer wieder auf historische Stätten, an denen er haltmacht. Nahe des Faubourg St-Antoine, der «Heimat der Barrikaden» sieht er die Statue des republikanischen Abgeordneten Alphonse Baudin. Als Louis Napoleon 1851 mit einem Staatsstreich die Nationalversammlung auflöste, forderte Baudin die Menge zum Widerstand auf. Ein Arbeiter höhnte, es lohne sich nicht auf die Barrikaden zu gehen, bloss, damit die Abgeordneten ihr Taggeld von 25 francs behalten könnten. Mit der Fahne in der Hand stieg Baudin auf die Barrikade und rief aus: «Ich will euch zeigen, wie man für 25 francs stirbt.» Durchlöchert von den Kugeln der Soldaten, fällt er tot um.

Es gibt also mutige, ehrliche Politiker, die für das Volkswohl ihr Leben hergeben! Vorbilder, denen man nachleben möchte, wäre man selber Politiker. Aber Marcel hat sich gegen eine politische Karriere entschieden. Definitiv.

Am Sonntag, 16. Juni 1912, ist er eingeladen. Eingeladen von einem französischen Abgeordneten, der mit Pilets Vater bekannt ist. Um drei Uhr kommt Marcel im Pariser *pied-à-terre* seines Gastgebers an, das ganz im Süden der Stadt in einem bescheidenen, aber sauberen und ruhigen Quartier liegt. Das Haus ist einfach, sehr gepflegt und der Hintereingang führt zu einem reizenden Garten. Dort hat der alte Herr ein paar Zimmer gemietet. In einem arbeitet er, liest er, macht Notizen. Er ist ein *campagnard,* ein Mann vom Land, ganz Bauer. Bis zum sechzigsten Altersjahr hat er seine Reben gepflegt. Dann haben sie ihn eines schönen Tages in die *Chambre,* die Abgeordnetenkammer, geschickt. Er ist hingegangen und geblieben.

Der Mann kommt aus der Aube, einer alten Provinz in der Champagne, und um seinen Gast und sich selbst in die richtige Stimmung zur bringen, öffnet er eine grosse Flasche prickelnden Schaumweins *de chez lui.* Man spricht zuerst über Politik, über Sozialreformen und über Redegewandtheit. Dazu merkt der bühnengewandte *Bellettrien* in Klammern an: «In diesem Zusammenhang bin ich bestürzt, eine so schwere, pastöse, ungeschickte Zunge zu hören.» Es gibt ja viele mittelmässige Redner, aber dies in Frankreich ...

Unbeabsichtigt wird das Gespräch intim. Der Abgeordnete spricht von seinem Abscheu über die sinnlose, ausgehöhlte, ausplündernde, sittlich verkommene französische Demokratie, über die aus Halunken zusammengesetzte Regierung. Er sagt dies nicht etwa, weil er selber an ihre Stelle treten möchte – er hat nicht das Zeug zum Minister und er weiss es.

Die Geschicke des von ihm tief geliebten Frankreich würden einmal von einem Dieb, dann wieder von einem Verräter, einem Hanswurst oder Satyr gelenkt. Das Interesse des Landes? Die Sorgen des Volkes? *Allons donc.* Was zählt, sind «wir», das Geld, das Vergnügen. Auf die Nation pfeift man. Sie soll schauen, wie sie zurechtkommt.

> Bah! Till, je mehr ich davon sehe, je mehr ich kennenlerne, um so mehr widert mich diese Politik an; sie beschmutzt selbst die, die sich ihr ein wenig nähern. Und trotzdem, richtig verstanden, wäre es eine wirklich schöne Karriere ...

Schliesslich redet der Abgeordnete von seiner Familie, den beiden Söhnen und den fünf Enkeln, die ihm viel Freude machen. Auch von seinem Leid, vom geliebten Bruder, der vor drei Jahren plötzlich starb, von der Enkelin, die bei einem Unfall ertrank. Und von seiner Frau. «Till», schreibt Pilet, «wenn Sie ihn hätten erzählen hören, so einfach, so ruhig.» Im Brief wiederholt er in direkter Rede die Worte des alten Mannes.

> Ja, meine Schwiegertochter war niedergekommen und wir wollten sie besuchen. Es war im Sommer, bei uns in der Aube. Meine Frau versorgte ihr Geschirr und ich machte mich parat ... Da hört sie plötzlich auf und stützt sich am Tisch auf. «Wenn du wüsstest, wie ich ausser Atem bin», sagt sie zu mir. Man muss sie eine Weile auf ihr Bett legen.

> Und ich nehme sie, um sie hinzuführen. Dann ist sie abrupt an meinem Arm gestorben ... Meine arme Frau ... Seither fühle ich mich nirgends mehr wohl ... Um mich herum fühle ich Leere. Verstehen Sie, wir sind 46 Jahre lang verheiratet gewesen ... Oh, es ist hart.

Zeit zu gehen. Liebenswürdig fragt der Abgeordnete den jungen Schweizer, ob er einen Ausweis möchte, um den einmal wöchentlichen Hauptsitzungen der Abgeordnetenkammer beiwohnen zu können. Dann reden jeweils die «Grossen» – Jaurès, Poincaré. Er offeriert Pilet auch Tribünenkarten für die Heerschau in Longchamp und das Truppendéfilé vom 14. Juli. Dies tut er ganz zwanglos als Grossvater, einzig um Freude zu machen. Pilet nimmt dankbar an und geht glücklich zu seinem Zimmer zurück.

Am folgenden Donnerstag ist er in der Nationalversammlung und hört sich die Debatte über den Proporz an. Einer der Hauptredner ist Jean Jaurès:

> Auch noch so ein Sozialist mit rauer und schwerer Sprechweise, aber lebhaft im Angriff. Er hat die Radikale Partei meisterhaft beleidigt, indem er sie als verdorben, unfähig und widerlich beschimpfte. Und kein Einziger hat ihm geantwortet. Keiner, der der Beleidigung entgegentrat. Es war beschämend, es war betrüblich ... Und so schien es, der Redner habe die Wahrheit gesagt. Ich kehre immer ein wenig traurig von diesen politischen Versammlungen zurück. Egal, in welchem Land, man kriegt immer einen Gestank von Gemeinheit, Lügen, Niederträchtigkeit und Schändlichkeit in die Nase, sodass man auf immer angeekelt ist ... Und die armen Völker, die armen Nationen, die von Gekauften, von Lüstlingen oder Dummköpfen geführt und verraten werden ... *n'en parlons plus.*

Vater Edouard besucht Marcel in Paris. Dieser hat Karten für *Pelléas et Mélisande* reserviert.

> In der Opéra-Comique, hübsches Theater, ziemlich gross, in der Nähe der Boulevards ... angenehme Raumgestaltung, nüchtern für hier und für die Epoche ... Im dritten Rang sitzend, auf bequemen Fauteuils, sieht und hört man sehr gut.

Marcel erzählt Tillon die Handlung und gibt sein kritisches Urteil ab:

> Das Libretto besteht aus kurzen, aussergewöhnlich einfachen Sätzen mit wiederholten Worten und Versen ... Sie sind sehr rhythmisch. Die Musik ist von De Bussy [sic], sehr

> französisch und sehr modern ... Es ist eine Musik von grossem Talent, sehr evokativ, reich an Sanftheiten und zarten Gefühlen. Die Streichinstrumente überwiegen. Sie ist von perfektem Geschmack.

Die Stimmen haben es dem *Bellettrien* angetan, «Oh Tillon, welch schöne Stimmen, warm, geschmeidig, stark. Eine perfekte, unerhörte Artikulation, man verliert keine Silbe.» Die Aufführung war schön und «schöne Dinge überfluten mich mit Melancholie.» Besonders an diesem Abend, weil *Pelléas et Mélisande* die Geschichte einer «düsteren und schrecklichen Eifersucht ist, die ins Verbrechen führt. Ich erkenne mich darin so erstaunlich ... ich habe Angst und ich leide.»

Am Morgen des letzten Junisonntags schlendert er durch den Bois de Boulogne und kommt zum Pré Catelan, einem Park im Park, in den weder Automobile noch Fahrräder eindringen. Der Park ist fast verlassen, ein Papa mit seinen Kindern, «ein Mann mit seiner Frau, die sich hinter einem Wäldchen einander hingeben».

> Schöne hohe Bäume, Blätter, die vor Leben und Kraft bersten, frühlingsgrüne, mit unschuldigen Gänseblümchen geschmückte Wiesen ... und der Bach, der sich faul ausdehnt, voller grosser schwächlicher Insekten – Sie kennen sie – mit ihren unsichtbaren und schier endlosen Beinen, die wie Blitze übers Wasser zickzacken.

Der einsame Wanderer hört eine Amsel pfeifen, singt ganz sanft selber mit, wie es seine Tillon getan hätte. Brüsk hört das Pfeifen auf. «Es ist fertig, sie will nicht mehr pfeifen ...Tillon, wo ist unsere Liebe?»

Tags darauf, Montag, 3 Uhr nachmittags. Es ist für Marcel sinnlos weiterzuarbeiten. «Ich kann nicht.» Was hat ihn aus der Bahn geworfen?

> Ich werde sehr offen sein, *Tillon mienne*, in dem, was ich Ihnen sagen werde, und auch sehr ernst. Es ist vielleicht nicht ein sehr starker und sehr aufrechter Marcelin, der zu Ihnen sprechen wird, aber es ist ein sehr ehrlicher und sehr verliebter Marcelin ... Hören Sie ihm geduldig zu, mit Ihrem sensiblen Herzen von St-Sulpice. Ich habe heute Morgen Ihren Brief erhalten, gerade als ich zur Reitschule gehen wollte. Er hat mir weh getan.

Tillon verbringt auch dieses Jahr ihre Ferien in Sanary an der Côte d'Azur, zusammen mit dem befreundeten Ehepaar Chatelan. Mme Chatelan hat einen Bruder, Théodore, und die Chatelans hatten schon im Vorjahr – spasseshalber? – angedeutet, dass ihnen eine Heirat von Théodore mit Mlle Golaz nicht unwillkommen wäre.

Pilet hielt damals die Geschichte «vom Schwager und einer verlockenden Heirat» für einen dummen Scherz und er hat darüber gelacht. Er kennt seine Tillon, ihr lustiges Temperament, ihren zwanglosen Umgang mit Leuten und ihre «sehr amerikanische, vielleicht zu amerikanische *camaraderie*, welche andere dazu verleitet, die gewöhnlichen Grenzen der Neckerei zu überschreiten».

Tillon verbringt auch dieses Jahr ihre Ferien in Sanary an der Côte d'Azur, zusammen mit dem befreundeten Ehepaar Chatelan. Mme Chatelan hat einen Bruder, Théodore, und die Chatelans hatten schon im Vorjahr – spasseshalber? – angedeutet, dass ihnen eine Heirat von Théodore mit Mlle Golaz nicht unwillkommen wäre. Pilet hielt damals die Geschichte «vom Schwager und einer verlockenden Heirat» für einen dummen Scherz und er hat darüber gelacht. Er kennt seine Tillon, ihr lustiges Temperament, ihren zwanglosen Umgang mit Leuten und ihre «sehr amerikanische, vielleicht zu amerikanische *camaraderie*, welche andere dazu verleitet, die gewöhnlichen Grenzen der Neckerei zu überschreiten».

Ein schöner Tag, an dem er sich mit seiner Verlobten eng verbunden gefühlt hat, ein Tag, an dem er Tillon glücklich in Gedanken liebte, ist verdorben. Bitter beklagt sich Marcel über die Leute, die zwischen ihn und die geliebte Frau treten wollen. «Ich habe es Ihnen oft gesagt, meine Tillon, ich bin nicht fürs Glück bestimmt. Sobald ich es für möglich halte, schlägt die Vorsehung zu.» Was immer auch in Sanary geschehen möge, Marcel will es gar nicht wissen, es wäre zu schmerzhaft. Tillon möge ihm nichts von «diesen Dingen» berichten.

> Wenn ich nicht Vertrauen hätte, absolutes Vertrauen hätte, müsste ich glauben, ich würde verrückt. Jedenfalls wäre ich abgereist, um zu Ihnen zu kommen, um Sie zurückzuholen, auch wenn ich mich für Sie schlagen müsste. Aber nein, ich habe keine Angst, überhaupt nicht. Ich habe bloss einen heftigen Zorn, dass ich Ihnen dies geschrieben habe.

Pilet will den Brief erst abschicken, wenn Tillon Sanary verlassen hat und wieder daheim ist. Er ist sicher, dass sie ihm treu bleiben wird, nicht aus Pflicht, sondern aus Liebe. Und jetzt zurück an die Arbeit.

Doch Shakespeares grünäugiges Monster lässt ihm keine Ruhe. Die Eifersucht verfolgt und quält ihn. «Ich zähle die Stunden und das Schlimmste ist, dass meine Vorstellungskraft arbeitet, vergrössert und ausschmückt.» Wenn er nur zu denken aufhören könnte! Pilet ist zerstreut, hört nicht zu, wenn man mit ihm spricht, zieht in der Reithalle die Sporen verkehrt an.

Am Donnerstag um vier Uhr erhält er Tillons Brief. Er hat Angst, ihn zu öffnen.

> Ich habe Gott gebeten, dass nichts darin steht, das mir weiteren Schmerz bereiten könnte … Und dann nein, er war im Gegenteil voller Liebe – wie hat das mir gutgetan … Merci, Tillon *chérie*, merci aus meiner ganzen Seele.

Langsam erholt er sich von seinem Schock. Am Samstag entschliesst er sich, die Blätter, auf denen er sich seine Eifersucht vom Leibe geschrieben hat, Tillon doch noch zu schicken.

> Es fiel mir schwer, derart lange Ihnen mein Elend nicht hinauszuschreien. Hier gab es niemand, dem ich meinen Kummer hätte anvertrauen können ausser mir selbst … Und jetzt reden wir nicht mehr von dieser unglücklichen Geschichte. Schreiben wir nichts mehr darüber, weder Sie noch ich.

18. Baurecht

Noch in Paris hat Pilet den letzten Satz seiner Dissertation geschrieben. Zurück in Lausanne zeigt er sie seinem Doktorvater Professor Paul Rambert, der gewisse Änderungen vorschlägt. Umschreiben? Pilet denkt nicht daran. Die Zeit wird es richten. Rambert wird schliesslich einsehen, dass Abänderungen nicht nötig sind. Tatsächlich erhält er schon bald von der Fakultät die Genehmigung zum Druck seiner Dissertation.

Sein Thema hat er auf Anraten von Rambert gewählt, Professor für Waadtländer und Schweizer Zivilrecht. Dieser arbeitet an der Einführungsgesetzgebung für das ZGB, das Anfang 1912 in Kraft tritt. In Lausanne, wo auf Gemeindeboden fieberhaft gebaut wird, haben Fragen des Baurechts mehr als bloss theoretische Bedeutung. Pilet hat gesehen, dass dessen Behandlung im ZGB mangelhaft ist. Ein lohnendes Dissertationsthema.

Das aus der Römerzeit stammende, in Vergessenheit geratene Baurecht – das Recht, gegen ein regelmässiges Entgelt auf fremdem Boden ein Gebäude zu errichten und zu nutzen – wurde am Ende des 19. Jahrhunderts neu entdeckt und fand Eingang in die Gesetzgebung in Deutschland, später auch in der Schweiz. Vielerorts setzte man grosse Hoffnungen in die verjüngte Institution. Gemeinden, Stiftungen, Gesellschaften, die Grundstücke besassen, aber diese nicht veräussern wollten, konnten den Boden gegen ein regelmässiges Entgelt einer Person oder einer Körperschaft, oft einer Wohnbaugenossenschaft auf eine festgelegte Dauer überlassen. Von der Einführung des Baurechts versprach man sich die Förderung des sozialen Wohnungsbaus, die Eindämmung der Bodenspekulation, die in Lausanne ins Kraut schoss, und die Sanierung der öffentlichen Haushalte.

Es gibt bereits wissenschaftliche Studien zum Baurecht, die jedoch nach Pilets Meinung einseitig entweder dessen Vorzüge loben oder aber dessen Nachteile herausheben. Er selbst hat vor, das Baurecht «frei von jedem politischen Anliegen, jeder Voreingenommenheit – gewollter und ungewollter – einfach als Jurist zu studieren». Er tut dies mit der ihm eigenen Sorgfalt und liefert ein wohldurchdachtes, elegantes Werk ab, das mit dem Schweizerischen Zivilgesetzbuch hart ins Gericht geht.

Ein unvollkommeneres Instrument als das Baurecht im ZGB lasse sich nicht finden, meint der 22-jährige cand. iur.:

> Die komplexe Natur dieses Gesetzes und die verschiedenen, oft entgegengesetzten Interessen, die es ins Spiel bringt, verlangen eine gesetzliche Regelung vom Minutiösesten. Gerade das Gegenteil ist geschehen. Der Gesetzgeber hat sich nicht einmal die Mühe genommen, das Notwendige zu sagen.

Pilet kommt zum Schluss, dass das Baurecht, das auf dem Papier sehr viel verspricht, in der Realität bloss zu Konflikten zwischen Grundbesitzer und Baurechtnehmer führt: Ihre Interessen sind zu widersprüchlich:

> Überall, wo man auf fremdem Boden Wohnungen gebaut hat, hat man sich nach einigen Jahren über deren Baufälligkeit und deren Unsauberkeit beklagt.

Das Baurecht, so Pilet, sei keineswegs das unfehlbare Mittel gegen teure und unhygienische Wohnungen. Das beste Mittel, um die armen Schichten der grossen Städte anständig unterzubringen, liege darin, zahlreiche komfortable Häuser zu bauen und diese billig zu vermieten. Ob dies auf dem eigenen oder fremdem Boden geschieht, sei unwichtig!

Dies koste allerdings sehr viel Geld, fügt der Doktorand hinzu. Wenn man dieses Geld einmal habe, werde sich die Wohnungsfrage, wie auch die soziale Frage, leicht lösen lassen. Solange jedoch das Geld fehle, werde man die Lösung auch auf juristischem Gebiet nicht finden. Pilet schliesst seine Dissertation: «Man macht aus Worten kein Gold. Auf wirtschaftlichem Gebiet muss man die Lösung finden. An die Arbeit, Ökonomen!»

Sind dies die Worte eines Juristen oder nicht eher eines sich noch im Raupenstadium befindenden politischen Schmetterlings?

Pilet kann logisch argumentieren und klar formulieren. Seine am später fast als Denkmal verehrten Zivilgesetzbuch geäusserte Kritik verrät jugendliche Unerschrockenheit. Der Doktorand wirkt selbstbewusst, fast überheblich – hat wohl auch Grund dazu. Auf den 250 Seiten der Schrift dringt der leicht ironische Ton durch, der schon dem Gymnasiasten eigen war. Die Dissertation zeigt zudem, dass Pilet die Warnung vor politischem Wunschdenken, die sich durch das Werk Vilfredo Paretos zieht, beherzigt hat: «Die Tatsachen, *par malheur,* haben diesen schönen Verheissungen widersprochen», schreibt er. Gesetze führen nicht immer zum gewünschten Ziel. Man muss auf dem Boden der Wirklichkeit bleiben.

Marcel Pilet hat jetzt zwar den Titel Dr. iur., aber noch fehlt ihm das zur Ausübung des Anwaltsberufs nötige Patent. Um dies zu erwerben, braucht es praktische Erfahrung und die eignet er sich als *stagiaire* in der «sehr bekannten» Anwaltspraxis von Ernest Vallon an. Vallon war in seiner Studienzeit wie Pilet ein leidenschaftlicher *Bellettrien,* zudem Zentralpräsident der Verbindung, und teilt dessen Interesse an der Literatur. Ihre fruchtbare Zusammenarbeit wird bis zur Wahl Pilets in den Bundesrat andauern, Vallon soll ein höflicher, liebenswerter Zeitgenosse gewesen sein, ein brillanter Anwalt «von prickelndem *ésprit»,* dessen Sprüche gefürchtet waren. 1922 werden ihn seine Waadtländer Kollegen zum Präsidenten der Anwaltskammer, zum *bâtonnier,* wählen.

Praktikanten erhalten die undankbaren Fälle zugeteilt, die den Patron nicht interessieren. Pilet amtet als Pflichtverteidiger für einen Einbrecher, einen Handtaschendieb und andere Kleinkriminelle. Im Juli 1913 befasst sich das Gericht in Orbe mit einer Auseinandersetzung unter italienischen Arbeitern, die mit dem Tod eines der Streithähne endete. Pilet vertritt einen Mitangeklagten, den Bruder des mit Pistolenschuss getöteten Opfers, der sich ebenfalls an der Schlägerei beteiligt hatte und durch einen Streifschuss verletzt worden war. Sein Klient wird freigesprochen.

Nach Absolvierung der zweijährigen Praktikantenzeit und Bestehen des Examens erhält Marcel Pilet am 10. Mai 1915 das Waadtländer Anwaltsbrevet und wird Partner in der Kanzlei seines Lehrmeisters, die jetzt *Cabinet Vallon et Pilet* heisst.

19. Ende einer Epoche

Die «Nana», das Fest der Waadtländer Navigationsgesellschaft, hat am letzten Junisonntag 1914 bei herrlichem Sommerwetter Tausende von Schaulustigen nach Ouchy gelockt. Segler, Ruderer, Schwimmer und Kunstspringer messen sich im sportlichen Wettkampf. Am Abend bewegt sich eine Kette von roten und weissen venezianischen Lampen entlang des Quais, Feuerwerke, bengalische Beleuchtung des Hafens, Sonnen, Raketen, Bouquets folgen sich ununterbrochen, während auf dem spiegelglatten See Hunderte von Barken, wie anmutige Glühwürmchen, dahingleiten. Die enormen Mengen von Fahrgästen, die noch nach Mitternacht von den *tramways* und der *ficelle* (Drahtseilbahn) nach Hause geführt werden, erfahren erst am nächsten Morgen, dass an dem idyllischen Sommersonntag in Sarajevo die Kugeln eines Attentäters den österreichischen Thronfolger Ferdinand und seine Frau getötet haben.

Im Juli 1914 kommt Edouard Pilet, der im Vorjahr entgegen den Befürchtungen von Marcel die Wiederwahl in den Grossen Rat geschafft hat, ans Ziel seiner Wünsche. Er wird zum Präsidenten des Gerichts der *Côte* ernannt, das die Bezirke Nyon, Morges, Rolle und Aubonne umfasst. Wenn in einer Waadtländer Gemeinde von *Monsieur le président* die Rede ist, meint man den Bezirksgerichtspräsidenten, der in der Justiz des Kantons eine Schlüsselrolle innehat. In der Regel bekleiden juristisch erfahrene Männer diese wichtigen Posten. Die Wahlbehörde, das Kantonsgericht, hat den Nichtakademiker Edouard Pilet, zwei ausgewiesenen Juristen vorgezogen. Die Gewaltentrennung macht seinen Rücktritt als Grossrat obligatorisch. Er kann erhobenen Hauptes der nervenaufreibenden Politik Valet sagen.

Der ehemalige Gemeindeschreiber hat es weit gebracht. Die *honneurs*, nach denen er gedürstet hat, sind endlich die seinen. 48-jährig ist er gesellschaftlich respektiert, materiell gesichert.

Bald verschwinden die Schlagzeilen über die «schreckliche Untat» von Sarajevo aus den Lausanner Zeitungen. Man ist zuversichtlich, dass es zu keinem Krieg kommen wird. Hat die Diplomatie bisher nicht immer wieder Krisen entschärfen können?

Während der zweiten Julihälfte hält ein anderes Thema Europa in Atem: die *Affaire Caillaux* in Paris. Seitenlang berichtet die *Gazette de Lausanne* über die Gerichtsverhandlung gegen Henriette Caillaux, die den Chefredaktor des *Figaro* in seinem Büro erschossen hat. Die Zeitung hatte die Liebesbriefe veröffentlicht, die Henriettes Mann – der amtierende Finanzminister Cailloux! – ihr geschrieben hatte, als er noch mit einer anderen verheiratet war. Liebe, Hass, politische Intrige, prominente Zeugen, darunter Staatspräsident Poincaré, Staranwälte, eine schöne, das «Gesicht in Tränen gebadete» Angeklagte. Alles, was des Zeitungslesers Herz begehrt. Am 28. Juli spricht das Geschworenengericht die Frau frei: Sie hat «aus seelischer Notlage» und «unkontrollierbaren weiblichen Emotionen» gehandelt. Der Ehemann wird von seinen politischen Freunden im Triumph aus dem Gerichtssaal getragen, während seine Feinde ihm den Tod anwünschen.

Gleichentags erklärt Österreich-Ungarn Serbien den Krieg. Die Tragödie, die zehn Millionen Menschen das Leben kosten wird, nimmt ihren Lauf. Eine blühende, optimistische Epoche geht jählings zu Ende. Die rationale und liberale Zivilisation, welche die Aufklärung Europa beschert hat, wird dauerhaft beschädigt werden. Noch glaubt man allerdings nicht an eine Zeitenwende, vermutet ein blosses Zwischenspiel.

In St. Petersburg, Berlin, London und Paris begrüsst das Volk jubelnd die Kriegserklärungen. «Überwältigt von stürmischer Begeisterung», sinkt auf dem Odeonsplatz in München der junge Adolf Hitler auf die Knie und dankt dem Himmel aus «übervollem Herzen», dass er «mir das Glück geschenkt hat, in dieser Zeit leben zu dürfen». Ähnlich Ernst Jünger:

> Aufgewachsen in einem Zeitalter der Sicherheit, fühlten wir alle die Sehnsucht nach dem Ungewöhnlichen. Da hatte uns der Krieg gepackt wie ein Rausch. In einem Regen von Blumen waren wir, in einer trunkenen Stimmung von Rosen und Blut.

Die Züge, welche die Regimenter von Paris an die Front karren, werden an jeder Station mit *«Vive la France! Vive l'armée»* begrüsst. Die Leute schwenken Taschentücher und Hüte, die Frauen werfen Kusshände und Blumen und die jungen Soldaten rufen: *«Au revoir! A bientôt.»*

Am 1. August 1914 befiehlt der Bundesrat die Mobilmachung der Schweizer Armee. Leutnant Pilet rückt ein. In der *Gazette* können die Soldaten, die in der Kaserne Lausanne ihre Schuhe kaufen, die erhebenden Worte von Chefredaktor, Nationalrat und Oberst Edouard Secretan lesen:

> Es ist der 1. August, aber es ist kein Feiertag. Die Stunde ist zu ernst für die Freude. Die einzige Befriedigung, die wir Schweizer empfinden können, ist die, dass unser geliebtes Vaterland keine Schuld hat an den Massakern, die sich ankündigen, keine Schuld hat an diesem gewaltigen Kampf einer Hälfte Europas gegen die andere, keine Schuld hat an diesem Blutbad, an diesen Feuersbrünsten und diesen Ruinen auf dem Land und zur See.

Der Leitartikler schliesst nicht aus, dass der Krieg auch die Schweiz erfassen kann. Aber wenn wir kämpfen müssen, dann ist es für eine gerechte Sache, für die Verteidigung unserer Heimat und unserer Heimstätten:

> Morgen werden unserer schönen Bataillone mobilisieren und den Fahneneid schwören. Lassen wir sie frohgemut ausziehen. Sie gehen, ihre Pflicht zu erfüllen. Sie werden sich schlagen, wenn es sein muss Es lebe die Schweiz!

Leutnant Pilet teilt die patriotische Begeisterung seiner Mitbürger. Genau 20 Jahre später, am ersten August 1934 – als Bundespräsident – wird er sich an den Schicksalstag und die Tage, die ihm folgen, erinnern:

> Glücklich, wie wir seit beinahe einem Jahrhundert waren – beinahe unverschämt glücklich –, konnten wir nicht ans Unheil glauben. Die Zeitungen konnten lange über die Aufregung in den Staatskanzleien berichten, die Depeschen konnten lange die Ereignisse verkünden, die sich in einer verrückten Fahrt wie eine Lawine überstürzten, die auf einen Abgrund zurollt. Wir stiessen die drohende Wirklichkeit wie einen Albtraum von uns weg.

Bundespräsident Pilet-Golaz erinnert sich an die *mobilisation,* die Generalmobilmachung:

> Unheilvoll schlagen die Trommeln. Die Herzen schnüren sich zusammen. Die Seelen werden schwach. Die Glocken erklingen. Ernste Glocken, Trauerglocken. Es scheint, als schlügen sie die Stunde, die Stunde einer geopferten Jugend, einer Jugend, die in ihrer Blüte von einem hässlichen Tod niedergemäht wird. Die Zeughäuser öffnen sich, die Bataillone formieren sich, die Karrees versammeln sich auf den Waffenplätzen. Die Fanfaren ertönen über den Feldern, die Fahnen wehen – Kreuz und Blut –, die Arme erheben sich. Aus einer Seele, einem Herzen, in einem Strahl steigt der Eid gerade und rein hoch. Alle werden ihre Pflicht tun. Das Volk und die Armee verschmelzen zu einem

> Schild. Das Unheil kann niedergehen; es wird an unserem Willen zerbrechen. Oh, erste Tage der Mobilisation, ernster und heiliger Enthusiasmus, religiöse Einheit von Tausenden von Brüdern; die, die diese Tage gekannt und erlebt haben, werden auf immer die edle Schönheit des Vaterlands begreifen.

Nach hektischen ersten Tagen kritzelt Oberleutnant Pilet am Montag, 17. August, gegen Mitternacht mit Bleistift ein paar Worte auf einen Notizzettel, den er zusammengefaltet und ohne Umschlag per Feldpost an Mademoiselle Tillette Golaz, Orbe schickt:

> Obschon es erst fünfzehn Tage sind, scheinen es mir Monate, dass ich euch verlassen habe. Ich erinnere mich kaum mehr ans Zivilleben, wie durch einen Nebel von Traum und Irrealität hindurch. Das Büro, die Prozesse, die Sorgen der Anhörungen, die Bangigkeit vor dem Plädieren, all das ist beinahe vergessen, vage, hat sich prompt verflüchtigt. Heute Morgen düstere Gedanken! Ich bin mit der Waffe hinausgegangen. Ich sah blutige Schlachten, zerbrochene Glieder, offene Adern. Ich fand den Anblick beunruhigend und grausam, das Schicksal unerbittlich.

Wenn immer Pilet einige Minuten Zeit findet, schreibt er ein paar Zeilen an seine Verlobte. Am 21. August dankt er für ihren Cognac, *ton bon vieux cognac,* der in jenen Regentagen nach Arbeitsschluss die Offiziere der Kompanie aufheitert «und selbst meinen armen Teufel von *germain,* der dieser Tage an einer Magenverstimmung leidet». Drei Tage später wird die Kompanie erneut verlegt. Verlangt dies die neue Lage? Oder geht es bloss darum, die Truppe zu beschäftigen und Faulheit zu verhindern? Marcel selber ist guter Stimmung und voller Schwung. *Tout va très bien.*

Am Sonntag, 6. September, endlich hat er einen halben Tag Urlaub und Gelegenheit sich in Bern für ein paar Stunden mit Tillon zu treffen. Auf der Rückfahrt zur Truppe schreibt er ihr:

> Im Zug vernehme ich traurige Nachrichten, die mich düster stimmen: eine grosse französische Niederlage, drei Divisionen gefangen genommen. Warten wir die Bestätigung aus Paris ab. Für den Augenblick denke ich nur an eines, an *ma petite Tillon exquise et bien aimée,* an die Zartheit ihres Arms in meinem Arm, ans strahlende und sanfte Lächeln ihres Blicks, an ihre liebevolle Stimme.

Im Bett, lange Tage vor einem der seltenen Urlaube, gerät Marcel ins Träumen. Woran denkt er?

> An dich natürlich, an die Vergangenheit, die Zukunft. An den nächsten Sonntag, für den ich mir wahre Wonnen ausgedacht habe. Aber ich fürchte, enttäuscht zu werden. Wird nicht ein ungelegener Alarm unsere Projekte stören? Wenn sie sich jedoch verwirklichen, werden sie sich ganz verwirklichen. Erstens wirst du dich schön machen, sehr schön. Niemand ausser mir wird dich sehen, aber das ist egal. Ich sehe dich gerne sprühend und prickelnd. Überall piekfein angezogen, oben und unten, vorne und hinten, rechts und links. Ich begehre eine zum Anbeissen köstliche *Tiolle*.

Eine andere Hypothese scheint dem jungen Leutnant viel realistischer. Er kann sich vorstellen, dass ein auf allen Seiten bedrängter General, ob Franzose oder Deutscher, einen kurzen Durchmarsch durch die Schweiz als seine einzige Rettung sieht. Es wäre dann die Pflicht der Schweizer Armee, diesen General am Eindringen in unser Territorium zu hindern. Es käme zum Kampf, einem zwar «gefährlichen und unendlich bedauerlichen» Kampf. Aber ein solches Scharmützel müsste noch nicht Krieg bedeuten, sofern die ausländische Regierung, welche die Neutralität verletzt hat, eine genügende Entschädigung anböte.

Pilet stellt sich noch eine andere, brisante Frage:

> Würden die Deutschschweizer – im Falle eines Konflikts mit den Alliierten – und die Welschschweizer – im Fall eines Konflikts mit den Kaiserlichen – genügend Kaltblütigkeit zeigen, um zu einer friedlichen Regelung zu gelangen?

Als junger Offizier von noch nicht ganz 25 Jahren beweist Marcel Pilet eine erstaunliche Fähigkeit, die militärisch-politische Lage im Krieg zwischen Deutschland und den Alliierten vernünftig einzuschätzen. Diese analytische Gabe wird ihm ein Vierteljahrhundert später als Bundespräsident und Aussenminister zustattenkommen. Sie wird ihn aber auch immer wieder in Konflikt bringen mit weniger weitsichtigen Militärs und weniger nüchternen Politikern.

In seinem Brief berichtet Pilet weiter, dass die Division für jeden Fall gerüstet und abmarschbereit sei. Vermutlich handle es sich jedoch einmal mehr um einen falschen Alarm. Und seiner Verlobten, die sich auf die geplante Heirat im Frühling vorbereitet, rät er:

> Beschleunige die Vorbereitungen für deine Aussteuer nicht allzu sehr und mache diese nicht zu stattlich. Wer weiss ... Jedenfalls laufen wir Gefahr, noch auf lange Zeit kein eigenes Zuhause zu haben.

Auch an Weihnachten gibt es für die 1. Division keinen Urlaub. Die hohen Chefs wollen zum Fest die Damen einladen. Tillon hätte auch dabei sein dürfen. Doch Pilet und einige seiner Offiziersfreunde wollen keine Vorzugsbehandlung für das Kader. Die Chefs müssen nachgeben. Weihnachten wird mit der Truppe gefeiert, ohne Damen.

Nach sieben endlosen Monaten Dienst das lang ersehnte Wiedersehen. Am 26. Februar 1915 gehört (nunmehr) Oberleutnant Pilet zu den 5950 Männern der 1. Division, die vor einem festlichen Publikum und unter den Augen von General Wille durch Lausanne defilieren und dann entlassen werden. Vorläufig entlassen. Als «schönes und herzerwärmendes Schauspiel» bleibt dem Chefredaktor der *Revue* Felix Bonjour der Tag in Erinnerung:

> Am Abend spielten die Fanfaren der Regimenter im Lichte der Fackeln auf den Hauptplätzen der Stadt den Zapfenstreich. Auf der place de St-François war die Menge enorm. Der General erschien einige Augenblicke auf dem Balkon des Hotels Gibbon, wo zu seinen Ehren ein Bankett veranstaltet worden war. Ihm wurde eine grosse Ovation zuteil. Ich befand mich nahe bei ihm auf dem Balkon. Sein ganzer Körper war von Ergriffenheit geschüttelt.

Schon zwei Wochen nach Pilets Entlassung wird Hochzeit gefeiert. Im Dezember sind aus Orbe und Ouchy Karten verschickt worden: «*Monsieur et Madame* Edouard Pilet-Schenk haben die Ehre, die kommende Heirat ihres Sohnes Marcel mit Tillette Golaz bekannt zu geben.» Wegen des Kriegs konnte damals noch kein Datum genannt werden. Am 10. März 1915 geben sich Marcel Pilet und Mathilde Golaz in der reformierten Kirche Notre-Dame, dem historischen *temple d'Orbe,* das Jawort.

Nach der Heirat wird sich Marcel Pilet konsequent, ja starrsinnig, Pilet-Golaz nennen und alle seine Briefe mit «Pilet-Golaz» oder «P.-G» zeichnen. Ausser im Militär natürlich, wo man für solche Marotten kein Verständnis hat. Doppelnamen sind in der welschen Schweiz nicht üblich. Wieso versteift sich der angehende Anwalt, einen Doppelnamen zu verwenden? Weil er vornehm tönt? Um vom verblichenen Regierungsrat-Prestige des verstorbenen Schwiegervaters zu profitieren, wie manche später gerne mutmassten? Um sich von andern Pilets – darunter auch seinem Vater – zu unterscheiden? Eine von Pilet-Golaz aufbewahrte, ausgeschnittene Zeitungsnotiz zum Thema Doppelnamen lässt eine glaubwürdigere Interpretation zu:

> Wenn zwei Wesen sich vereinigen, ist dies, um «gemeinsam» zu kämpfen. Eines ist an der Seite des Anderen. Ein Paar. Und wenn das Paar gut zusammenpasst, ist das Verständnis komplett und wird die Mühe geteilt. Es ist folglich nur gerecht, dass die Gattin von ihrem Gatten diese diskrete Ehrung erfährt und ihren Namen dem seinigen beigesellt sieht – wie sie ihre Hand in die seinige gelegt hat.

Der Artikel bestätigt, was schon aus dem Briefwechsel der beiden Verlobten klar hervorging. Die beiden verstehen sich als unverbrüchliche Einheit und wollen dies öffentlich demonstrieren. In vielem ist Marcel Pilet konservativ, aber er ist fortschrittlichen Ideen zugängig.

Als Freund Henry ein halbes Jahr später auch heiratet, tut er es ihm nach und zeichnet nun ebenfalls mit Doppelnamen. Hat er jetzt seine Amparo geheiratet, die Sängerin, mit der er einst «Hand in Hand ins Leben aufgebrochen» ist? Nein, die neue Auserwählte heisst Blanche und ist die Tochter des Emile Warnery-Schlumberger, eines reichen französischen Textilfabrikanten. Warnery ist in Lausanne ein klangvoller, mit dem Namen eines berühmten Literaten verbundener Name. Henry wird sich stolz Vallotton-Warnery nennen, vor allem auch als Gross- und Nationalrat. Er hat mittlerweile ebenfalls seinen Doktor gemacht. Titel der Dissertation: «Scheidung und Gütertrennung im internationalen Privatrecht».

Der erwähnte Zeitungsausschnitt über Doppelnamen weist im Übrigen darauf hin, dass manche Leute sich eine Scheidung vielleicht zweimal überlegen würden, wenn sie ihre beiden Namen wieder trennen müssten: «Zwei Personen zu trennen, ist leicht. Es ist traurigerweise menschlich. Aber zwei Namen …? Na …?»

20. An der Grenze

Am Tag nach der Hochzeit reisen die Brautleute Pilet-Golaz ins Tessin, wo sie im Grand Hotel Castagnola am Luganersee ihre Flitterwochen geniessen. Nachher muss Marcel schon wieder einrücken. Tillon bleibt anfänglich bei Mutter in Orbe. Später bezieht das Ehepaar eine Wohnung an der *Rue des Fontenailles*. Sie liegt unweit von Marcels Elternhaus, im immer noch dörflich-gemütlichen Ouchy.

Nach vier Monaten heftigster Kämpfe haben beidseitige Erschöpfung und der hereinbrechende Winter die militärische Lage in Europa stabilisiert. Der Schweiz dämmert es, dass der Krieg lange dauern wird. Unmittelbar nach Kriegsausbruch hat das Land noch ein Bild der Geschlossenheit geboten. Die Parteien, einschliesslich die sozialdemokratische, vertrauten dem Bundesrat und gaben ihm weitreichende Vollmachten. Bei den Nationalratswahlen im Oktober hielt man sich an den «Burgfrieden». Doch die Harmonie bröckelt.

Rasch verschlechtert sich die Lebensmittellage. Kartoffeln werden zu Wucherpreisen verkauft. Schon drei Wochen nach Kriegsbeginn bezeichnet die *Berner Tagwacht* die Stimmung unter den Arbeitern als «bitterböse». Am sozialdemokratischen Parteitag Ende Oktober 1914 sind die Delegierten einig, dass es im gegenwärtigen Krieg nicht um Völkerfreiheit und Demokratie, sondern um die Interessen des Grosskapitalismus geht. Robert Grimm, bereits die führende Kraft in der Partei, stimmt gegen das Militärbudget, «weil wir die militärischen Einrichtungen anders, demokratischer gestalten und bessere soziale Vorbedingungen für die Zwecke der Landesverteidigung schaffen wollen».

Als weitere ernste Bedrohung für die Einheit des Landes öffnet sich in der Bevölkerung ein Graben entlang der Sprachregionen. Die Deutschschweizer sympathisieren mehrheitlich mit den Deutschen, während die meisten Westschweizer leidenschaftlich für die Alliierten Partei ergreifen. Die Welschen leiden mit den ihnen durch Sprache und Kultur nahe stehenden Franzosen und Belgiern, in deren Ländern die eingefallenen deutschen Truppen schwere Verwüstungen angerichtet haben. Der Schriftsteller Benjamin Vallotton reist an die Front bei Reims, das die Deutschen kurze Zeit besetzt und dann völlig zerbombt haben. Er schreibt in der

Gazette ergreifende Berichte über das Leiden der Bevölkerung, schildert in präziser, anschaulicher Sprache Besuche in Spitälern und auf Friedhöfen, redet mit Augenzeugen des fürchterlichen Ringens. Als ihn ein Leserbriefschreiber auffordert, «unsere Neutralität zu respektieren», antwortet der Schriftsteller:

> Als Schweizer hat man mich gelehrt, die Freiheit zu lieben. Es ist also, weil ich Schweizer bin, dass der Sieg Frankreichs und Englands mich mit Freude erfüllen würde. Wenn man nicht mit denen sympathisiert, die für das Lebensrecht der kleinen Völker kämpfen und sterben, dann soll man aufpassen: Damit bereitet man das Unglück und den Untergang der Schweiz vor. Wenn das Recht triumphiert, werden wir überleben. Wenn die Gewalt über das Recht herrscht, wenn Belgien und Luxemburg aus der Zahl der freien Völker verschwinden, was wird dann aus uns?

Genau so denkt auch Pilet. Es freut ihn, dass sein vorgesetzter Major «frankophil» ist. Nachrichten über deutsche Siege machen ihn unglücklich. Genau verfolgt er auch das politische Geschehen in den Kriegsstaaten. Am 8. Juli 1915 schreibt er seiner Frau:

> Verdriesslicher Tag, übrigens. Die Nachrichten aus den Zeitungen enttäuschen mich. Hast du den Bericht eines Korrespondenten aus Paris gelesen, der von einer Kabale gegen die Regierung und indirekt gegen den französischen Generalissimus berichtet? Wenn dies wahr ist, ekeln mich die Parlamentarier dieses Landes mehr denn je an.

Pilet hält die gegenwärtige Regierung unter René Viviani – *un socialiste arriviste et arrivé* –, einem karrieristischen, prinzipien- und skrupellosen, machthungrigen Sozialisten, für keineswegs ideal. Immerhin tut Viviani «im Augenblick seine Pflicht und dies ist das Wesentliche». Der französische Oberkommandierende, General Joseph Joffre, ist für Pilet nicht der «Halbgott» oder das «fabelhafte Genie», als das er von vielen bewundert wird.

> Er ist ein intelligenter, ruhiger, arbeitsamer, geschickter und energischer Mann, dies genügt. Damit eine Armee siegt, ist die erste Bedingung nicht, dass sie einen Phönix an ihrer Spitze hat, sondern dass sie gut ist. Und das grosse Verdienst von Joffre ist es, dass er aus der französischen Armee eine gute Armee gemacht hat und dass er es verstanden hat, die Regierung in die Schranken zu weisen.

Dies sei entscheidend, findet Beobachter Pilet. Wenn, wie die Berichte aus Paris andeuten, Ex-Ministerpräsident Caillaux oder andere versuchen sollten, die Regierung oder den Oberkommandanten zu stürzen, wären sie «Kriminelle». Wäre er selber Staatsmann, würde Pilet vor nichts zurückschrecken, um eine Verschwörung zu ersticken.

> Nicht einmal von einem versteckten Mord, denn sie [die Verschwörer] würden den Staat ins sichere Verderben führen. Dies sind sehr traurige Gedanken, die vielleicht bloss auf leeres Geschwätz zurückgehen.

Versteckter Mord zur Rettung des Staats? Lässt sich Jurist und Offizier Pilet nicht ein wenig gar weit auf die Äste hinaus?

Ziemlich genau fünfundzwanzig Jahre später wird eine Kabale versuchen, in einer für das Land kritischen Situation den Schweizer Bundespräsidenten zu stürzen. Bundespräsident Pilet-Golaz wird allerdings 1940 mit weniger machiavellistischen Mitteln gegen die Verschwörer vorgehen als denjenigen, die Oberleutnant Pilet 1915 für Frankreich ins Auge fasste.

1915 leistet Pilet 149 Tage Aktivdienst, 1916 sind es 107. 1917 absolviert er in Lausanne die Zentralschule und befehligt nachher die Kompanie I/1 der bespannten Mitrailleure. Seine Soldaten haben ihn als ausgezeichneten Chef von aussergewöhnlicher Intelligenz, aber als sehr distanziert und reserviert in Erinnerung. Am 29. Januar 1933 beantwortet der in Paris lebende Maurice Viollier einen «herzlichen» Brief, den er von Bundesrat Pilet-Golaz erhalten hat. Unter den Erinnerungen, die er seinem früheren Kompaniechef verdanke, schreibt Viollier, «bleiben die härtesten die schönsten ... ich glaube nicht zu übertreiben, wenn ich der Ansicht bin, dass der Einfluss dieses Chefs mir geholfen hat, mich im Leben besser zu behaupten.»

Aus Zürich schreibt am 14. Januar 1929 Oberleutnant Lucien Rittener seinem *cher ancien capitaine,* der soeben sein Amt als Bundesrat angetreten hat, einen offenen Brief, den der Schriftsteller Aymon de Mestral ins Französische übersetzt hat. Rittener erinnert sich an lange Winterabende im Berner Jura:

> Ich höre noch, als sei es gestern, wie Sie uns von Ihren Erinnerungen aus Leipzig und Paris erzählten, von Ihrer Studienzeit, von Ihren schönen Jugendjahren, die Sie unter dem Dach der Familie verbrachten. Erinnern Sie sich an das komfortable Zimmer in Saicourt, bei der Mutter Sautebin? Wir setzten uns auf den grossen grünen Kachelofen unter das sanfte Licht der Petrollampe und nahmen ein Glas Wein zu uns, während Sie Ihre unentbehrliche Pfeife rauchten.

Die Erinnerung verklärt die Vergangenheit, aber Rittener hat eine gute Beobachtungsgabe und ein gutes Gedächtnis. Gemütlich mag Hauptmann Pilet in der Freizeit gewesen sein, doch im Dienst war er pflichtbewusst, sehr pflichtbewusst. Rittener:

> Aber wenn wir zu Bett gingen, konnte man sicher sein, dass Sie noch einen Rundgang machen und dann ins Kompaniebüro gehen würden, um die Arbeit des nächsten Tages vorzubereiten oder den mühsamen Papierkrieg, den man Ihnen von oben abverlangte, zu erledigen.

Immer sei Pilet dabei in den Kantonnementen in vollem «Christbaumschmuck» erschienen, manchmal habe er «kaum mehr als 4 bis 5 Stunden geschlafen».

> Sie waren überall und nirgends. Wie oft haben wir Sie im Geheimen verflucht! Denn im Augenblick, als man Sie im Kompaniebüro glaubte, erschienen Sie, Gott nur weiss wie, in unserer Mitte. Sie machten gerne auch lange Umwege, um sich an der Ecke eines Waldes zu postieren und – hoppla – schon trat ihr Feldstecher in Aktion.

Trotz seiner Strenge, schreibt Rittener weiter, habe Hauptmann Pilet mehr als einen Beweis von Gutherzigkeit gegeben.

> Einer unserer besten Fahrer – war es nicht Chaillet? – war von einer ernsten Lungenerkrankung befallen worden und schlotterte vor Fieber und man transportierte ihn in einem unserer jämmerlichen Sanitärkarren weg. Die halbe Kompanie war zugegen und Sie auch. Ich weiss nicht, wie Sie plötzlich verschwanden. Aber nach einigen Minuten kamen Sie wieder mit Ihrem eigenen Federduvet zurück und deckten damit wortlos Ihren kranken Soldaten zu, als sei dies das Natürlichste der Welt.

Rittener erzählt eine weitere Begebenheit, die einiges über den Charakter seines Vorgesetzten aussagt:

> In der Offiziersmesse warten Ihre Zugführer, warten auf Sie. Kurz nach Mittag treten Sie mit einem kurzen *bonjour* ein. Sie werfen einen Blick auf den Tisch, ergreifen die Fleischplatte und tragen Sie weg. All dies ist Sache eines Augenblicks. Fünf Minuten später kommen Sie mit der Platte in den Händen zurück; aber anstelle des schönen gekochten Rindfleisches schwimmen einige ärmliche Fettstücke in der Militärsauce! Erst dann begriffen wir es. Sie konnten nicht zulassen, dass die Offiziere besser essen als die Truppe

Nach getaner Arbeit kam bei Pilet gelegentlich der Bellettrien zum Vorschein:

> Darf ich, ohne ein Geheimnis zu verraten, an die wundervolle Nacht von Magglingen erinnern mit den mysteriösen Sommerbesuchen «bei der Division»? Oder unser Mittagessen in Bellelay, dem ein Sprungwettbewerb und eine Turnstunde nach der Hébert-Naturmethode für die Offiziere folgte? Ist es erlaubt, diskret daran zu erinnern, wie Ihre Zugführer Sie überraschten, als Sie dabei waren, *de conter fleurettes à deux belles filles de Porrentruy?*

Der Ausdruck *conter fleurettes,* Blümchen zählen, heisst so viel wie «flirten». Marcel wird Tillon die Episode verschwiegen haben.

21. Politik après tout

Als im Dezember 1912 der mit der Familie Golaz eng befreundete Syndic von Orbe Louis Reymond von Parteikollegen gedrängt wurde, die Nachfolge eines verstorbenen Nationalrats anzunehmen, lehnte dieser zuerst ab, liess sich dann aber umstimmen. Pilet konnte ihn verstehen: Das «Nationalrat-Sein» habe schon einen gewissen Reiz, schreibt er der Freundin, verleihe einen gewissen, wenn auch ein bisschen vulgären Ruhm. Ihn selbst lasse dieser Ruhm, wie übrigens alle anderen Arten von *gloire,* kalt. Immerhin sei es nur gerecht, dass Monsieur Reymond, der sich mit der «kleinen Küche der Politik» habe herumschlagen müssen – mit dem Schlamm, dem ganzen Ärger – jetzt das «Angenehmste, Interessanteste und Sauberste» kriege. Er, Pilet, selber?

> Wenn das städtische Ratshaus, das kantonale Schloss mich gähnen lassen, verstehe ich sehr wohl, dass man in Bern wach werden kann.

Um der Verlobten seine Gefühle zur Politik ganz klar zu machen, erklärt ihr Marcel, dass er keineswegs Gemeinderat oder Grossrat sein möchte. Aber «wenn das Pech es will, dass ich es werde», dann möchte er auch im Nationalrat sitzen.

In Leipzig hatte sich cand. iur. Pilet «definitiv» gegen eine politische Karriere entschieden und dies Papa wissen lassen. Als Stagiaire bei Maître Vallon kommt er nun mit anderen Juristen in Kontakt, die politische Ämter ausüben. Beispielsweise wird er von Grossrat Norbert Bosset, später sehr einflussreicher Regierungs- und Ständerat, angefragt, ob er ihn als Anwalt ein paar Wochen lang vertreten könnte. Ein Advokat, der in der Politik eine Rolle spielt, ist gefragt.

Politik oder keine Politik? Bevor er sich entscheidet, zieht er seine Mutter und seine Verlobte zurate. Tillon antwortet ihm, dass sie sehr ernsthaft über die Frage nachgedacht hat. Sie erinnert Marcel daran, dass sie die Politik hasse – dies wisse er. Vielleicht seien ihre Kindheitserinnerung daran schuld, weil die Politik mitgeholfen habe, ihr Familienleben zu vergällen. Als *fiancée amoureuse* habe sie gegen die Politik dieselbe Abneigung wie gegen alles andere, was Marcel von ihr fernhält. Dies sei schrecklich egoistisch von ihr und er müsse dies nicht beachten, wenn er seinen Entschluss fälle. Sie werde ihm nicht im Wege stehen.

> Aber was ich mit allen meinen Kräften verteidigen werde, ist deine Gesundheit!… Du bist schon jetzt derart in Anspruch genommen, dass du keinen freien Moment hast. Ich weiss, dass du absolut gewissenhaft, aufrecht und loyal bist … hinter der Politik verbirgt sich derart viel Niedertracht und Gemeinheit.

Weiter macht Tillon in ihrem Brief darauf aufmerksam, dass sein Stage im Anwaltsbüro Vallon sich sehr gut angelassen habe. Er arbeite fleissig und erfolgreich daran, eine eigene Kanzlei aufzubauen. Schade, gar ein Verbrechen, wäre es, all das Erreichte zugunsten der Politik wieder aufzugeben! Natürlich würde sie Marcel den Erfolg in der Politik gönnen.

> Was deine *gloire* betrifft, weisst du, dass ich darauf anfällig bin, denn ich bin stolz auf dich … aber was ich dem Ruhm vorziehe, ist «mein Mann». Anderseits will ich als Frau eines *homme de valeur* ihn auch nicht für mich allein behalten, sondern ein Teil ihres Glücks zugunsten der andern und des Landes zu opfern. Dies ist leicht gesagt, wenn es nicht um einen selbst geht.

Schliesslich weist Tillon ihren Marcel darauf hin, dass er ja später immer noch in das «Räderwerk» der Politik eintreten könne. Sie glaubt, sie hätte die Argumente dafür und dawider klar dargelegt. Jetzt ist es an ihm zu entscheiden. Er solle allerdings unter keinen Umständen den Rat von Maman vernachlässigen, die mehr Erfahrung habe als sie selbst. Papa? «Dein Vater wird natürlich wollen!»

Wann genau Marcel Pilet sich entscheidet, in die Politik zu gehen, ist kaum mehr zu ermitteln. Spätestens 1916 tut er einen ersten entscheidenden Schritt. Am 3. November 1916 hält Pilet im *Cercle Démocratique Lausanne* einen Vortrag zum Thema «Volkswahl der Exekutive».

Der 1843 in bewegten Zeiten gegründete Cercle dient den Radikalen als Begegnungsstätte, als Ort der Bildung und Unterhaltung, vor allem auch als Forum, wo Ideen debattiert werden. Seinem Präsidenten Borgeaud ist es gelungen, den zeitweise eingeschlafenen Verein zu einem Mittelpunkt des politischen Lausanner Lebens zu machen. Er stellt jedes Jahr ein attraktives Vortragsprogramm zusammen. Was in der Waadt Rang und Namen hat, tritt 1915–16 dort als Redner auf: Chuard, späterer Bundesrat, Bonjour und Maillefer, spätere Nationalratspräsidenten, Gaudard, der starke Mann der Partei, alt Bundesrat Ruffy spricht über seinen Freund, Kanzleikollegen und politischen Lehrmeister, den hochverehrten Ruchonnet. Am 6. Juni 1943 wird Bundesrat Marcel Pilet-Golaz im gleichen *Cercle Démocratique* zum 50. Todestag des «Grand Louis» dessen Persönlichkeit und Werk würdigen.

Und jetzt findet sich mitten unter diesen erlauchten Namen das unbeschriebene Blatt Marcel Pilet-Golaz. Wahrscheinlich hat Edouard Pilet dem mit ihm politisch eng befreundeten Cercle-Präsidenten seinen Sohn als Redner empfohlen. Der Vater hat gute persönlichen Beziehungen zu Parteigrössen wie dem Lausanner Stadtpräsidenten Maillefer oder Dr. Dind. Er ist mit diesem, seinem Hausarzt, der 18 Jahre lang die Waadt im Ständerat vertreten wird, auch schon nach Cannes in die Ferien gefahren. Der Vater kann also, wie er es sich immer gewünscht hat, Marcel beim Eintritt in die Politik willkommene Starthilfe geben.

Das von Pilet für seinen Vortrag gewählte Thema «Volkswahl der Exekutive» ist brandaktuell. Zwei Monate zuvor hat ein junger Gemeindepolitiker namens Paul Decker eine Initiative für die Wahl der Waadtländer Kantonsregierung durch das Volk lanciert. Bisher hatte immer der Grosse Rat die sieben *conseillers d'Etat* bestimmt, was den Chefs der die Politik in der Waadt dominierenden Radikalen erlaubte, die Kantonsregierung nach eigenem Gutdünken zusammenzustellen. Erklärter Zweck der Initiative Decker ist es, «die Magistraten dem allmächtigen Einfluss der Cliquen und parlamentarischen Kulissen zu entziehen».

Die improvisierte Initiative hat die Parteigewaltigen überrumpelt. Wieder einmal droht der Staatspartei ein Generationenkonflikt und gar die Spaltung. Schon einmal hat die Radikale Part ihren linken Flügel verloren, als 1890 der Volkstribun Aloïs Fauquez die Arbeiterpartei gründete. Eine neuerliche Sezession will die Parteileitung unbedingt vermeiden. Wie kann der Aufstand der Jungen entschärft werden? Am besten, man ergründet erst einmal die Stimmung in der Parteibasis. Pilets Vortrag soll diesen Zweck erfüllen.

Der 26-jährige Anwalt beginnt sein Referat mit einem Überblick über die politischen Systeme in den «grossen Republiken», den USA und Frankreich. Der vom Volk gewählte amerikanische Präsident entgehe der Kontrolle des Parlaments und dank seines Heers von Beamten sei er der «wahre Herr des Staates». Verständlich, dass dieser Wahlmodus Gegner habe.

In Ländern mit Kabinettsystem wie Frankreich könne die Regierung nur dank einer parlamentarischen Mehrheit überleben. Die Übereinstimmung der Meinungen zwischen legislativer und exekutiver Gewalt sei ein Vorteil, aber die Gefahren stächen auch ins Auge: Instabilität des Kabinetts, Unmöglichkeit, langfristige Projekte zu unternehmen, weil Wahlüberlegungen vor allen andern Vorrang hätten.

Dann kommt Pilet zu der in der «Eidgenossenschaft und den Staaten, die sie bilden», herrschenden «direktorialen Form». Der schweizerische Bundesrat und die Kantonsregierungen haben keinen allmächtigen ständigen Präsidenten oder Premierminister. Denjenigen, «die diese Direktorien bilden», werfe man allerdings vor, «einzudösen, weniger Staatsmänner zu sein als Beamte, als Verwalter». Pilet erinnert seine Zuhörer daran, dass die Volkswahl des Bundesrats keine neue Idee ist, dass sie bereits 1818 erörtert und zuletzt von Volk und Ständen deutlich verworfen wurde. Käme es erneut zu einer Abstimmung, hofft der Redner, dass sie gleich ausgehen würde:

> Es wäre tatsächlich ein Unglück, wenn der Bundesrat vom Volk gewählt würde: Seine ohnehin grosse Macht wäre dann unbegrenzt, es könnte ihm passieren, dass er sich als Diktator gebärdet; andererseits wäre dies der Ruin des Föderalismus und die Erniedrigung der welschen Schweiz.

Eine ähnliche Meinung wird er zwei Jahrzehnte später im Bundesrat vertreten. Im Bund hat eine Volkswahl der Exekutive gemäss Pilet nur Nachteile. Dies sei aber auf kantonaler Ebene nicht der Fall, sagt er in seinem Exposé von 1916. Im Gegenteil:

> Würde unsere Kantonsregierung von den Wählern ernannt, hätte sie mehr Gewicht und mehr Prestige gegenüber der Bundesmacht. Durch eine Volkswahl der Kantonsregierung könnte die Waadt sich besser in Szene setzen.

Kecke Worte, die sich der politische Neuling erlaubt. Pilet muss gewusst haben, dass er sich damit bei den Parteigewaltigen nicht gerade beliebt machen wird. Andererseits ist das Argument von mehr Gewicht der Kantonsregierung gegenüber dem Bund Musik in den Ohren der Föderalisten – und in der Waadt sind praktisch alle Politiker Föderalisten.

Da die Volksstimmung die Initiative Decker begrüsst, stellt sich die Führung der Radikalen ihr nicht länger in den Weg. Im Januar 1917 billigt das Stimmvolk die Initiative. Seither wird in der Waadt der Staatsrat vom Volk gewählt. Pilet, der junge Anwalt aus Ouchy, hat recht behalten.

22. Landesstreik

9. November 1918. Berlins Strassen sind in Aufruhr und im Lustgarten verkündet Karl Liebknecht die «freie sozialistische Republik Deutschland»: «Der Tag der Revolution ist gekommen. Wir haben den Frieden erzwungen ... Das Alte ist nicht mehr.» Die Nachricht von der Abdankung Kaiser Wilhelms II. geht um. Tags zuvor ist die 4. französische Armee in Sedan einmarschiert. Das ausgelaugte Deutschland hat um Waffenstillstand gebeten. Im Wald von Compiègne verhandelt die deutsche Delegation mit Marschall Foch.

Pathetisch feiert an diesem «Schicksalstag» die *Gazette* die «Rückkehr der Gerechtigkeit» und den «reinigenden Sieg»:

> Die strahlenden Fahnen der Freiheit flattern, unter denen Osten und Westen gekämpft haben, die Belgier und die Serben, die Amerikaner, die Engländer, die Italiener, die Portugiesen, die Australier, die Kanadier und alle jene, die von überall her dem Ruf des empörten Gewissens gefolgt sind. Zu dieser feierlichen Stunde strahlt der aussergewöhnliche Ruhm Frankreichs vor Unsterblichkeit.
>
> Es ist, als hätte die *Suisse romande* den Krieg gewonnen.

In derselben Ausgabe der *Gazette* können die Lausanner einen Aufruf des Bundesrats lesen, in dem dieser der Armee für ihre treue Bewachung der Grenzen dankt. In den Tagen, da eine tückische Krankheit viele unserer wackeren Wehrmänner dahinraffe, habe sie schwere Zeiten durchgemacht. Neben der Grippe trübt eine «wachsende Beunruhigung» gewisse Landesteile und namentlich die Stadt Zürich.

> Offen oder verschleiert drohen gewisse Gruppen und Blätter, die revolutionären und anarchistischen Experimente, die Russland blutig heimsuchen, nach der Schweiz zu verpflanzen.

Der Bundesrat befürchtet bolschewistische Umtriebe. In der welschen Schweiz ist man gewappnet. *Tribune de Lausanne:*

> Der Bolschewismus wird in der Schweiz nicht den Sieg davontragen, das Milieu ist ihm nicht günstig. Er befürwortet die Machtübernahme durch das Proletariat. Er kann in Ländern zeitweise obsiegen, die ein Klassenregime gekannt haben, sei dies eines der Aristokratie, der Beamten oder der opulenten Bourgeoisie. In unserer demokratischen Nation würde er einen jämmerlichen Rückschritt in die Vergangenheit bedeuten. Nie wird das Schweizervolk die Rückkehr eines Klassenregimes zulassen.

Genau gleich denkt auch Anwalt und Offizier Marcel Pilet.

Am 11. November wird in Compiègne der Waffenstillstand unterzeichnet und gleichentags proklamiert das von Nationalrat Grimm präsidierte sozialistische Oltener Komitee den Landesgeneralstreik. Der Bundesrat reagiert unverzüglich:

> Dieser Landesstreik setzt die Existenz und Wohlfahrt unseres Landes aufs Spiel. Wir haben heute Vormittag beschlossen, auch die Infanterie der 1. Division und von zwei Gebirgsbrigaden aufzubieten, zur Aufrechterhaltung von Ruhe und Ordnung.

Die 1. Division ist aus Welschen zusammengesetzt, Bundesrat und Armeespitze trauen ihr. Die *Gazette* ist sicher, dass ihre «schönen Bataillone» ihre Aufgabe erfüllen werden:

> Die Söhne sind ihrer Väter würdig. Die 1. Division wird an einen Ehrenplatz gerufen: Ihr obliegt die Wacht der Fahne.

Als Kommandant der Infanteriemitrailleur-Kompanie I/1 ist Hauptmann Marcel Pilet einer dieser Söhne, dem die Wacht der Fahne obliegt. Er weiss dies und führt gewissenhaft das Armeetagebuch:

Montag, 11. November 1918
8 Uhr Antrittsverlesen in Yverdon. Zugegen sind bloss 1 Offizier, 13 Männer, 3 Pferde. Bemerkungen:

> Der von den Gemeinden zu spät erfahrene Mobilmachungsbefehl hat es den Männern nicht ermöglicht, rechtzeitig einzutreffen. Sie kommen im Verlaufe des Abends und beginnen sofort, das Material zu fassen. Der Kompaniekommandant hat kein persönliches Gepäck und keine Bürokisten. Ihm fehlen jegliche Unterlagen.

Dienstag, 12. November 1918
Die Privatschuhe werden gegen Militärfusswerk eingetauscht, das Pferdegeschirr angepasst, die Munition verteilt. In kleinen Grüppchen und mit den verschiedensten Verkehrsmitteln tröpfeln die aufgebotenen Wehrmänner herein:

> Fourier Iseli meldet sich um 1 Uhr 45 morgens und Korporal Rey um 4 Uhr morgens. Er ist zu Fuss gekommen. Die Züge funktionieren nur noch auf der Linie Yverdon–Ste-Croix.

Mittwoch, 13. November
Der Kommandant und sein Feldweibel warten die ganze Nacht auf ein Kontingent aus Genf, doch das angekündigte Automobil lässt auf sich warten.

> Die Moral ist ausgezeichnet und die Bereitschaft so fest wie nur möglich. Bauern und Arbeiter wollen keinen Bolschewismus.

Donnerstag, 14. November
Die aus Genf erwarteten Männer treffen endlich ein. Abfahrt nach Estavayer. Trocken und kalt. Bemerkungen:

> Am Morgen die Meldung, dass das Komitee von Olten kapituliert hat. In der Stadt (Yverdon) bricht Freude aus. Die Truppe bleibt ruhiger. Am Abend, während in Estavayer Knallfrösche losgelassen werden, berichtet die Division, dass in Biel, Solothurn, Olten und vor allem Grenchen gewalttätige Manifestationen stattgefunden haben. Tote und Verwundete.

Freitag, 15. November
Dislokation nach Avenches. Die Pferde sind in kalten und schmutzigen Flugzeughangaren untergebracht. Mitrailleur Breton ist an Grippe erkrankt. Das Wetter ist bedeckt, kalt, schneidende Bise. Bemerkungen:

> Die Züge fahren wieder und Nachrichten treffen ein. Man entreisst sich die Zeitungen. Jeder diskutiert und entscheidet. Keiner, der nicht die Bestrafung der Schuldigen fordert.

Samstag, 16. November

Abreisebefehl. Tagwacht für Hptm Pilet ist um 4 Uhr, für die Truppe um 5 Uhr 30. Über Faoug, Kerzers, Aarberg – wo es Suppe gibt – geht es nach Lyss und Busswil. Aus Olten, Basel und Schaffhausen stossen weitere Leute zur Truppe. Drei Kranke sind grippeverdächtig. Die Leute aus Olten melden, der Zug, der sie transportierte, sei am Bahnhof Lyss angegriffen worden. Die Offiziere hätten zur Pistole gegriffen, der Hauptmann habe ihnen befohlen, «viel und gut zu schiessen».

Sonntag, 17. November

Putzen des Pferdegeschirrs, Inspektion der Ausrüstung, individuelles Retablieren. Wetter weiter kalt, bedeckt. Bemerkungen: «Es scheint, dass die Kompanie ein wenig nachlässig wird. Müssiggang ist ein schlechter Ratgeber.»

Montag, 18. November

Sieben neue Grippekranke werden abtransportiert. Bemerkungen:

> Als sie wieder in Griff genommen wird, gibt sich die Kompanie sichtlich Mühe: Die Handhabung der Waffen und das Exerzieren sind befriedigend. Selbst der Taktschritt ist passabel.

Dienstag, 19. November

8 Kranke. Arbeit aufs strikte Minimum reduziert. Die Grippe breitet sich aus. Die Moral der Truppe lässt ein wenig nach. Die Leute sind schlapp.

Mittwoch, 20. November:

8 Kranke nach Biel, 7 Kranke nach Yverdon evakuiert. Wetter weiter kalt.

Donnerstag, 21. November:

In der Nacht von 2 Uhr bis 3 Uhr 20 Rückfahrt nach Yverdon. Eineinhalb Stunden Schlaf. Zurücknahme der Zivilschuhe. Rückgabe von Pferden und Munition, Inspektion. Suppe. Hauptverlesen. *Capitaine* Pilet platzt der Kragen:

> Schlamperei, Durcheinander, Sichgehenlassen, Unfähigkeit von oben bis unten. Die SBB und die Zeughäuser halten sich nicht an die Fahrpläne. Der Platzkommandant ist unterhalb jeder Kritik. Wenn er Befehle gibt *(rara avis)* sind sie zum Heulen dumm. Kantonnemente schlecht ausgewählt und noch schlechter vorbereitet. Die Kompanien II

und III haben sich bedient, ohne sich um die I. zu kümmern. Um 5 Uhr morgens noch kein Stroh. Der Kompaniekommandant schläft mit seiner Truppe.

Pilet fragt sich, ob dies nicht eine *armée en déroute* sei?

Freitag, 22. November
Von 20 Uhr 30 bis 23 Uhr Kompanieabend. 23 Uhr 30 bis 4 Uhr 30 Büroarbeit für Cpt. Pilet:

Der Kompaniekommandant, der seinen Fourier nicht mehr hat, muss sich persönlich um die Buchhaltung kümmern. Am Abend improvisiertes Kompaniefest. Gute Laune. Glänzende Moral.

Samstag, 23. November
7 Uhr 45 Beurlaubung der Truppe. 14 Uhr: «Der Kompaniekommandant übergibt die Buchhaltung. Er ist der Erste.» Pilet, der einstige Klassenprimus in Mathematik, ist wieder einmal der Erste!

Wieder zuhause im zivilen Leben erhält Pilet zahlreiche Briefe und Karten von seinen Soldaten. Wachtmeister Reymond dankt für die Zustellung seines Solds und teilt mit, dass es ihm sehr gut geht, wenn er auch immer noch schwach ist:

Mon capitaine, meine Eltern haben mich beauftragt, Ihnen für die taktvolle Art zu danken, mit der Sie ihnen meine Krankheit gemeldet haben. Dank Ihres Takts haben sich meine guten alten Eltern nicht um ihren Sohn Sorge machen müssen, was unweigerlich geschehen wäre, wenn sie von jemandem anderen informiert worden wären.

Ein Soldat fragt Pilet, ob er ihm behilflich sein könne, die von ihm im auf der Krankenstation vergessene Uhr zurückzuerhalten. Andere, die bei der Entlassung krank waren, bitten darum, dass man ihnen ihre in Yverdon zurückgelassenen Zivilschuhe nachschicke. Das Wetter ist zu nass, um schon die Sommerschuhe hervorzuholen. In verschiedenen Briefen erkundigen sich Soldaten, was sie tun müssen, um von der Militärversicherung entschädigt zu werden, oder bitten direkt um finanzielle Hilfe. Später wird das Bundesamt für Statistik errechnen, dass in der Schweiz 1918 21 000 Menschen an der Spanischen Grippe starben. Es fielen der Seuche mehr Männer als Frauen zum Opfer und die Sterberate für Männer im Alter zwischen 20 und 40 Jahren war besonders hoch.

Mitrailleur John Pouly dankt für «den ausgezeichneten Honig, den Sie uns liebenswürdigerweise zukommen liessen».

Der Gefreite Meylan beruhigt auf einer Ansichtskarte von Le Brassus *mon capitaine*, dass er «vollständig von der Grippe erholt, nach Hause zurückgekehrt» ist:

> Ich bin bereit, den Kampf gegen diese abscheulichen Bolschewisten wieder aufzunehmen; weh ihnen, wenn sie wieder anfangen; sie werden nicht lebend davonkommen. *Recevez mon capitaine mes amitiés très sincères et patriotiques salutations App. Meylan Robert.*

23. Die Treppe hinauf

Der Generalstreik und die Fronde der jungen Radikalen, die oft mit den Sozialisten gemeinsame Sache machen, hat die Parteiführung aufgeschreckt. Sie will die abspenstige junge Generation zurückgewinnen und hat zu diesem Zweck die *Jeunesse Progressiste Lausannoise* ins Leben gerufen, die sich alle 14 Tage trifft, um aktuelle politische und soziale Fragen zu besprechen. Der Verein hat zum Ziel «die erworbenen Freiheiten zu verteidigen und auf den Wegen des Fortschritts und der notwendigen Reformen fortzugehen». Der Bürgersinn soll geweckt und zwischen den Mitgliedern «Bande gesunder Kameradschaft» geknüpft werden. Der 29-jährige Anwalt Pilet wird mit dem Aufbau des Jugendvereins beauftragt.

Am 17. Juni 1919 diskutiert die Jugend im «Café du Midi» die Einführung der 48-Stunden-Woche. Die Arbeitszeitverkürzung geht den meisten Bürgerlichen zu weit, aber Marcel Pilet-Golaz befürwortet sie. Im nächsten Jahr verteidigt er «in einer ebenso eleganten wie soliden Rede» im *Cercle Démocratique*, ein Gesetz zur Verkürzung der Arbeitszeit im öffentlichen Verkehr und «widerlegt die Argumente seiner Gegner».

Während ihr Mann meist im Militärdienst abwesend war, bildete sich Tillette Pilet an der Ecole supérieure de commerce weiter. 1919 erwirbt sie das Diplom und erhält einen Preis von 18 Franken. Ob sie eine berufliche Tätigkeit ausgeübt hat, ist unbekannt. Am 27. Juli 1922 – sieben Jahre nach ihrer Hochzeit – wird sie von einem gesunden Buben entbunden. Marcel Pilet hat schon als Student einen eigenen Sohn gewünscht. Jacques wird das einzige Kind des Ehepaars Pilet-Golaz bleiben. Wie es in gutbürgerlichen Familien üblich war, kümmert sich Tillon um Heim und Familie. In Lausanne schätzt man sie als aufmerksame und gebildete Gastgeberin.

Obschon der von Marcel Pilet-Golaz aufgebaute Jugendverein bald wieder verschwindet, sind die Parteigrössen mit der Arbeit des jungen Anwalts zufrieden. Sie setzen ihn bei den Grossratswahlen 1921 im Kreis Lausanne auf die gemeinsame Liste von Radikalen, Liberalen und nationalen Sozialisten – wie sich die Rechtssozialisten nach der Spaltung der Partei nennen.

Der Neuling wird im zweiten Wahlgang gewählt. In Morges schafft sein Freund Henry Vallotton-Warnery den Einzug in den *Grand Conseil* ebenfalls. Dank dem Majorzsystem verbleiben die Radikalen mit 145 von 237 Sitzen die dominierende Partei, auch wenn im Kreis Lausanne die Sozialisten den «nationalen Block» um ein Haar überflügelt hätten.

Alle Parteien sind sich einig, dass in der folgenden Legislaturperiode die Sanierung der chronisch defizitären Staatsfinanzen Vorrang hat. Ein neues Gesetz über die Besteuerung von Einkommen und Vermögen soll das alte von 1886 ersetzen. Man strebt nach einer verträglichen Lösung, die dem Staat neue Einkünfte erschliesst, ohne grosse soziale Härten nach sich zu ziehen. Der autoritäre Präsident der Waadtländer Radikalen Emile Gaudard will, dass das wichtige Geschäft speditiv erledigt wird. Deshalb lässt er den 33-jährigen Anwalt Marcel Pilet-Golaz zum Berichterstatter der vorbereitenden Kommission wählen.

Einwände gegen das neue Steuergesetz kommen von Seiten des «Zentrums», wie die inzwischen ziemlich rechts stehenden Liberalen genannt werden (die Radikalen sind die «Linke», die Sozialisten die «extreme Linke»). Die liberalen Wortführer sind gegen eine übertriebene Besteuerung des Vermögens und gegen ein übereiltes Durchpeitschen der Vorlage. Berichterstatter Pilet, der sein Dossier *à fond* kennt, ist ihnen gewachsen. Auf Einwände, die ihm berechtigt scheinen, geht er ein, andere weist er zurück.

Als die Liberalen vor der Abwanderung vermögender Personen aus dem Kanton warnen, beruhigt sie Pilet. Natürlich sei die Kapitalflucht eine ärgerliche Eventualität. Aber da es den öffentlichen Verwaltungen *überall* an Geld mangle, würde ein «Steuerpflichtiger, der dem Fiskus entkommen möchte, Mühe haben, seinen Wanderungen ein Ende zu setzen.» Der Berichterstatter begründet, wieso er eine Steueramnestie ablehnt und wieso er nicht zwischen Steuerbetrug und unabsichtlichen Fehlern beim Ausfüllen der Steuererklärung unterscheiden will, selbst wenn «das Gesetz zu Ungerechtigkeiten führen kann.» Der Staat braucht das Geld.

Die *Gazette,* Sprachrohr der Liberalen, misstraut dem neuen Gesetz. Immerhin lobt sie den «sehr gut gemachten» von «äusserst instruktiven Tabellen begleiteten» Kommissionsbericht und gesteht dem «ehrbaren Berichterstatter» Pilet-Golaz zu, dass er

> beinahe alle ihm gestellten Fragen mit viel Klarheit und Präzision beantwortet hat: Er hatte hinter sich eine grosse Wandtafel aufstellen lassen, auf der er mit den Zahlen spielte und gab für komplizierte Probleme einfache und manchmal elegante Lösungen.

Einmal quittiert ein Spassvogel im Rat eine seiner Rechenkünste mit dem Ausruf: «Note 10 für den Schüler Pilet!»

Pilet setzt sich für die rückwirkende Geltung des Gesetzes ein: «Das neue Gesetz bringt 1½ Millionen ein; es ist dringlich, sie einzukassieren.» Ganz zum Schluss – so die *Gazette* – meldet sich «die grosse Artillerie, die bisher geschwiegen hat, jetzt aber endlich aus den Schützengräben herausgekommen ist». Die grosse Artillerie, lies: Parteipräsident Emile Gaudard, spricht ein Machtwort: Das Budget muss ins Lot, das Gesetz muss rückwirkend in Kraft treten. Ein Liberaler begehrt auf: «Wir sind nicht mehr in der Zeit wie vor 20 oder 25 Jahren, als, nachdem Monsieur Gaudard gesprochen hatte, es einem Abgeordneten nicht mehr erlaubt war, etwas zu sagen.» Doch, man ist immer noch in der Zeit. Mit grosser Mehrheit nimmt der Rat das Gesetz an.

Anders als sein redefreudiger Freund Vallotton-Warnery ergreift Pilet-Golaz im Halbrund nur spärlich das Wort. Wenn er redet, ist er gut dokumentiert und argumentiert klar. Seine Kommissionsberichte machen Eindruck. Parteigrössen, die seine Fähigkeiten erkannt haben, fördern ihn.

Der mächtigste Politiker, der seine schützende Hand über Pilet-Golaz legt, ist Ferdinand Porchet, der nach seiner Wahl in den Staatsrat 1920 die Kantonspolitik dominieren und zwei Jahrzehnte lang der starke Mann, der Waadt bleiben wird. Als Porchet noch Direktor der kantonalen Landwirtschaftsschule Champ de l'Air, später Marcelin-sur-Morges, war, hatte er den jungen Juristen Pilet als Lehrer für landwirtschaftliches Recht an sein Institut geholt und ihn dort als tüchtigen Mitarbeiter schätzen gelernt. Pilet wird seinem Mentor bis zu dessen Tod 1951 in treuer, immer sehr respektvoller Freundschaft verbunden bleiben. Mit keinem anderen Politiker wird er einen regeren Briefverkehr führen als mit dem elf Jahre älteren Porchet.

27. Februar 1923: Hauptmann Pilet hat im Militärdienst ein Erlebnis, das er seiner Frau unbedingt erzählen muss.

Im Gespräch mit Kameraden hat er angedeutet, dass er kein Interesse am Fliegen hat. Der ihm vorgesetzte Oberstleutnant vernimmt dies. Er hält Pilet für seinen besten Schüler, will ihn fördern und vielseitig ausbilden.

> Kurzum, heute Morgen um 10 Uhr 15 überreicht er mir den Befehl zur sofortigen Ausführung eines Rekognoszierungsflugs. Ich war ein wenig überrascht, aber nach drei Sekunden Staunen habe ich die Hacken zusammengeschlagen und mich vorbereitet. Ich habe dann schnell ein paar Zeilen an deine Adresse hingekritzelt für den Fall eines unglücklichen Ausgangs. Du findest sie im beiliegenden kleinen Umschlag, den ich nicht mehr wieder geöffnet habe,... Ich bat Gott unsere Liebe zu beschützen, gab euren

> Fotos einen letzten Kuss und um 10 Uhr 35 verliess ich die Kaserne. Um 10 Uhr 53 startete das von Leutnant Hotier pilotierte Flugzeug Richtung Bern. Ich musste in einem bestimmten Sektor die Brücken über die Aare rekognoszieren. Am Anfang geht alles gut, aber einmal auf der Höhe von Münsingen haben uns einige Wirbel und «Luftlöcher» schaukeln lassen. Um 11 Uhr 16 sind wir in Bern vor dem Hangar gelandet.

Auch wenn Pilet ein «kleines Gefühl der Beunruhigung» hatte, war er froh über den erhaltenen Befehl:

> Ausser dem ziemlich unangenehmen Luftstrom des Propellers nichts von dem, was ich erwartete. Kein Gefühl von Höhen (ungefähr 1500 m) oder von Geschwindigkeit (ungefähr 120–140 km) oder Schwindel. Es ist ganz verschieden von dem, was man annimmt. Dagegen hat man eine Idee von Ohnmacht und Fatalität. Der Pilot hat uns in seiner Hand und in seinem Blick. Es gibt nichts anderes, als sich gehen zu lassen und zu schauen.

Die Gattin von Ernest Vallon, Marcels Anwaltspartner, ist in Graphologie bewandert und hat für die mit ihr befreundet Mme Pilet-Golaz die Schrift von Marcel begutachtet. Sie findet «Vornehmheit! Einen delikaten Geschmack! Und einen raffinierten Geist!» Dazu: Loyalität, Vorsicht, Takt, Einsicht, Liebenswürdigkeit, Logik, Gerechtigkeitssinn und extreme Diskretion. Neben den grossen Tugenden, findet Madame Vallon bei Monsieur Pilet auch kleine: «Ordnung, sogar Genauigkeit, Geduld, Energie, Aktivität.» Kurz, er besitzt «alle Fähigkeiten, um sich selber und seine Nächsten glücklich zu machen. Monsieur Pilet besitzt zu einem hohen Grad *l'art de vivre*.» Kurz: ein Übermensch.

In Klammern bemerkt die Graphologin: «Entgegen dem, was Mme Pilet mir davon gesagt hat, habe ich kein Zeichen von Starrköpfigkeit gefunden.» Als Fehler sieht Frau Vallon höchstens Schüchternheit und dass er sich durch eine «Was-soll-es-bloss-Haltung» vom Handeln abhalten lässt, was die Schriftgelehrte «ungenügenden körperlichen Kräften» zuschreibt.

In der Schachtel, in der Frau Pilet das graphologische «Gutachten» aufbewahrt hat, findet sich noch ein anderes Charakterportrait ihres «Helden», das weitere Charaktereigenschaften aufzählt, die auch andern Leuten aufgefallen sind. Dieser Befund – wer ihn geschrieben hat, ist unerfindlich – beschreibt Pilet als «von Natur aus freimütig, hat sich aber Verheimlichung angeeignet – *dissimulation acquise*». Er ist «ein Spötter ohne Boshaftigkeit. Sieht sehr schnell die Lächerlichkeit. Sehr sensibel, aber panzert sich ein, ist auf der Hut.»

1925 wird Pilet zum Major befördert. Aus seiner Zeit als Bataillonskommandant ist folgende Anekdote überliefert. Major Pilet hält seinen Offizieren eine Theorie über Autorität – ein Thema, über das er auch als Bundesrat dozieren wird – und behauptet, dass Autorität natürlich sei und nicht vom militärischen Grad her komme: «Sie müssen Ihre Autorität immer bewahren, selbst wenn Sie nackt in Ihrer Badewanne liegen.» Am nächsten Tag sang das ganze Bataillon: *«Il est tout nu dans son baignoire, le commandant de bataillon.»*

Im Kanton ist Pilet ein gefragter Mann, Mitglied des kantonalen Rats fürs Lehrlingswesen, Präsident der zentralen Steuerkommission. Vereine und Verbände wollen ihn in ihren Vorständen. Er wird Mitglied des *Grand Bureau*, des Exekutivorgans der Radikalen. Ab 1925 präsidiert er dessen Vortragskommission, die vor Wahlen oder Volksabstimmungen die Auftritte der Redner an den verschiedenen Orten im Kanton koordiniert. Dadurch kommt Pilet zwanglos mit Kantons- und Gemeindepolitikern in Kontakt und verschafft sich ein wertvolles Beziehungsnetz.

Hat der viel beschäftigte Anwalt, Politiker und Offizier überhaupt Zeit für Familie und Privatleben? Im August 1925 gönnt er sich mit seiner Frau Ferien in Port-Navalo in der Bretagne: «Verloren in einem kleinen Badeort des Morbihan am Eingang des Golfs, geniesse ich friedlich das Meer und die frische Luft. Alles ist Ruhe, und nochmals Ruhe und immer Ruhe.» Im Brief an seine *chers cousins* entschuldigt er sich, dass er so lange nichts habe von sich hören lassen:

> Aber ihr wisst, wie die Tage eines Manns aussehen, der nichts zu tun hat: keine Minute zu verlieren. Das Wasser, das Bad, der Bummel, der Rundgang um den Hafen, das Gespräch mit den Fischern. Man hat kaum Zeit zu essen. Dazu kommt noch die unheilbare Faulheit eines Mannes, der sich ausruht, der dies noch nie zuvor getan hat, der sich der Ruhe voll und ganz hingibt, wie die braven Leute, die sich Ausschweifungen hingeben … kein Zügel hält sie zurück.

Die Pilets hatten eigentlich vorgehabt, durch «das wunderbare Zentrum Frankreichs – Tours, Nevers, Dijon; Früchte, Fleisch, Wein – «in die Heimat zurückzukehren und die «leuchtende Kapitale» auszulassen. Doch als der spätere Schweizer Eisenbahnminister den Fahrplan konsultiert, muss er feststellen, dass in Frankreich «alle Züge durch Paris gehen; wohlverstanden, diejenigen, die funktionieren, die einem Stundenplan folgen und die einen bekannten Bestimmungsort anvisieren». Also kein Abstecher ins französische Herzland, sondern direkte Heimreise via Paris. «Am Donnerstag, 27. August, werde ich, wenn es Gott gefällt, wieder anfangen, die

Prozesse meiner Klienten zu verlieren.» Unterschrieben ist der Brief an die Cousins nicht etwa mit «Marcel», sondern mit «Pilet-Golaz».

Am Parteikongress vom 4. Oktober 1925 setzen die Radikalen Marcel Pilet-Golaz auf ihre Kandidatenliste für die Nationalratswahlen. Die von der Galionsfigur der Genfer Sozialisten, Léon Nicole, gegründete und redigierte Parteizeitung *Le Travail*, die in der Waadt als *Le Droit du Peuple* erscheint, nennt spöttisch unter den «aufgehenden Sternen» der Radikalen *M. l'avocat* Pilet,

> der sich die Mühe genommen hat, seinen Namen von dem seiner Frau folgen zu lassen, der Tochter des Ständerats Donat Golaz selig aus Orbe. Und so kommt es, dass wir den Kandidaten Pilet-Golaz haben – man soll in der Politik nichts vernachlässigen –, im Moment Kandidat für den Nationalrat, morgen «Kronprinz» für Bundesrat Chuard, vorausgesetzt, dass dieser noch drei Jahre durchhält.

Die Spekulation von Nicoles Blatt über Pilets mögliche künftige Rolle ist nicht aus der Luft gegriffen. Der achtundsechzigjährige Ernest Chuard, der 1919 geradezu nach Bern «geprügelt» werden musste, um den Waadtländer Sitz im Bundesrat zu retten, wartet darauf, endlich in sein geliebtes *pays* zurückkehren zu können. Die Parteigewaltigen Gaudard und Porchet haben deshalb rechtzeitig Ausschau nach einem geeigneten Nachfolger gehalten. Sie haben festgestellt, wie geschickt der junge Anwalt Pilet die Anliegen der Partei vertritt, wie umsichtig er das Steuergesetz durch den Grossrat pilotierte, wie die anderen Parteien ihn respektieren.

Bei den Nationalratswahlen bleiben die Radikalen mit weiterhin 8 Sitzen stärkste Partei im Kanton. Hinter den Bisherigen Maillefer, Fazan und Chamorel rangieren die Neuen – Vallotton-Warnery und Pilet-Golaz – noch vor den andern Bisherigen Pitton, Grobet und Gaudard. Die Busenfreunde aus der Studienzeit, Marcel und Henry, repräsentieren – fünfzehn Jahre nachdem sie sich kennengelernt haben – die Zukunft der historischen Waadtländer Staatspartei.

24. Stich ins Wespennest

Am 7. Dezember 1925 tritt das neue Parlament zusammen. In seinen viel gelesenen *Lettres parlementaires* skizziert der Berichterstatter der *Gazette de Lausanne* Pierre Grellet mit spitzer Feder einige auffällige Figuren im Rund – den Genfer Kronjuristen Logoz, «distanziert und hieratisch wie ein Bild von Velázquez»; den Schaffhauser Kommunisten Bringolf, «ein schwarzer Ephebe, langhaarig und romantisch, wie man es in der weit zurückliegenden Zeit der roten Gilets war» –, bevor sein Blick auf zwei aufgehende Sterne fällt:

> Im Zentrum der welschen Deputation, gut umgeben von ihren Älteren, sitzen, getrennt durch einen dünnen Gang, die beiden *dauphins* der Waadtländer radikalen Deputation, M. Pilet-Golaz, der Bundesrat werden wird, und M. Vallotton-Warnery, der Minister werden wird.

Ist Grellet Hellseher? Es gibt in Bern keinen klügeren Beobachter des politischen Karussells als den gebürtigen Neuenburger und Wahlwaadtländer Pierre Grellet, der seit 1908 den Journalistenberuf ausübt. Mit seinen feuilletonistisch spritzigen parlamentarischen Briefen hat er die trockene Ratsberichterstattung aufgewirbelt.

Der Erfolg von Grellets parlamentarischer Chronik in der *Gazette* hat die radikale Waadtländer Parteizeitung *La Revue* veranlasst, eine ähnliche Rubrik einzuführen. In ihrem *Lettre du Parlement* kommentiert kein Journalist, sondern ein Ratsmitglied die Sitzungen. Dies tut im Ständerat *le docteur* Dind, der Familienarzt der Pilets, und im Nationalrat Paul Maillefer, Historiker, Ex-Stadtpräsident von Lausanne – und spektakulär gescheiterter Bundesratskandidat.

Auf die Wintersession 1925 hat Maillefer das Chronistenamt niedergelegt. Die *Revue* überträgt die Aufgabe dem Novizen Pilet. Kein Kinderspiel, sich mit dem brillanten Grellet, auch einem ehemaligen *Bellettrien*, zu messen. Pilet fehlt die journalistische Erfahrung und er kennt die politischen Gepflogenheiten in Bern nicht, die so anders sind als diejenigen in Lausanne.

Nach Ende der ersten Sessionswoche, am Freitag, 11. Dezember 1925, verfasst er seinen ersten «Brief aus dem Parlament.» Er beginnt, harmlos genug, mit einem impressionistischen Aperçu à la Grellet:

> Die erste Sessionswoche geht zu Ende. Die Koffer werden hastig gepackt. Die Abgeordneten eilen zum Bahnhof. In einigen kurzen Sätzen tauschen sie ihre Eindrücke aus, die für die «Neulinge» durchmischt sind. Sie haben, wohl oder übel, Wasser in ihren Wein tun müssen; als guten Waadtländern ist ihnen das Wasser im Hals stecken geblieben.

Und dann kommt er gleich zum politischen Thema der Woche, der Wahl von Robert Grimm zum Vizepräsidenten des Nationalrats. Der Marxist Grimm glaubt immer noch, dass das Proletariat dereinst im Staat die Macht übernehmen werde. Aber als Direktor der bernischen industriellen Betriebe ist er jetzt für konstruktive Mitarbeit mit den bürgerlichen Partien. Der scharfe Beobachter Pierre Grellet staunte nicht wenig, als er nach einem Parlamentarierausflug eine von Grimm gesteuerte Limousine vor dem Portal des Bundespalastes auffahren sieht. Der leidenschaftliche und oft halsbrecherische Autofahrer Grimm hatte in der bernischen Staatskarosse «eine ganze Gesellschaft von *grand bourgeois*» bei sich, unter ihnen

> M. Sulzer (Winterthur), einer der schwarzen Prinzen der Schwerindustrie, und einige dicke Agrarier, die ihre kostbare und ansehnliche Person dem Steuer des kommandierenden Generals des Generalstreiks anvertraut hatten. Das Schauspiel entbehrte nicht der Würze: *tempora mutantur*.

Die Zeiten hatten sich insoweit geändert, als neben den Sozialdemokraten auch die Bauern und einige bürgerliche Abweichler für Grimm stimmten, so dass dieser mit 77 zu 37 Stimmen gegen den Waadtländer Liberalen de Meuron obsiegte. Die *Gazette* und das *Journal de Genève* sind empört über die Niederlage ihres Kandidaten. Horace Micheli, parlamentarischer Korrespondent des *Journal* und selbst Nationalrat, behauptet, kein Einziger der Waadtländer Radikalen habe für ihren Landsmann gestimmt, den hervorragend qualifizierten Liberalen de Meuron. Micheli vermutet dahinter den «unendlich schäbigen Geist der Eifersucht des Chefs der Waadtländer radikalen Abordnung, M. Gaudard».

Pilet kann als loyaler Parteisoldat die gepfefferten Angriffe der Liberalen auf seine Fraktionskollegen nicht einfach stehen lassen. Keine dankbare Aufgabe für den journalistischen Novizen, sich mit den beiden angesehensten Blättern der Romandie anzulegen. Pilets Artikel beginnt ruhig: Niemand bestreite den Sozialisten das Recht auf den Präsidentensessel. Wenn sie einen gemässigten Romand portiert hätten, wäre dieser anstandslos gewählt worden. Aber nicht einen Deutschschweizer, wenn doch die Reihe an einem Welschen war, und nicht den «Mann des Streiks, den Nacheiferer Lenins, den Revolutionär Grimm».

Die Waadtländer Radikalen – *nous autres* – seien entsetzt gewesen und am Vorabend der Wahl hätten die Kollegen Pitton und Gaudard in der Fraktion energisch protestiert. Aber, *hélas,* weil ein Teil der Bauernvertretung – «ja, ihr lest richtig, die Bauern, genauer die Agrarier, diese angeblich geborenen Verteidiger der sozialen Ordnung» – für den «Diktator von Olten» gestimmt hätten, sei dieser gewählt worden. Es sei nichts anderes übriggeblieben, als nachzugeben: *«Il a fallu s'incliner.»*

Eine schmerzliche Niederlage, fährt Pilet fort, die durch die Bösartigkeit von Journalisten, die von ihm nicht namentlich genannten Micheli im *Journal* und Grellet in der *Gazette,* noch schmerzhafter gemacht worden sei:

> Insinuieren sie nicht, dass gewisse Waadtländer Radikale die Waffen niedergelegt und für M. Grimm gestimmt hätten? Als ob nicht schon beim alleinigen Gedanken das Blut in unseren Adern gefriert.

Gaudard hätte aus Neid gehandelt? Wissen diese Journalisten nicht, dass man Gaudard schon mehrfach den Präsidentensessel angetragen hat? Ausserdem wüssten diese Journalisten «besser als wir selber», dass die Deutschschweizer nicht bereit waren, die Präsidentschaft zwei Jahre nacheinander einer kleinen Fraktion [den Liberalen] zu überlassen. Es sei nichts zu machen gewesen. «Das Entscheidende ist, dass man persönlich ein ruhiges Gewissen hat.»

Pilets erster parlamentarischer Beitrag erscheint in der *Revue* am Montag. Tags darauf kommt in der *Gazette* die Retourkutsche.

«Il a fallu s'incliner» ist der Titel von Grellets Artikel. Er schreibt, die Radikalen hätten Mühe gehabt, die Wahl Grimms zu entschuldigen, und fährt dann fort:

> Glücklicherweise ist ein *deus ex machina* aufgetaucht, in Form des künftigen Waadtländer Bundesrats, der mit «erhabener Einfachheit» bereits Pilet-Golaz signiert, wie Jordan-Martin, Venosti-Venostu oder Waldeck-Rousseau [ein französischer Ministerpräsident]. Der designierte Nachfolger von M. Chuard gibt sein Début in der *Revue,* die früher ihre Spalten, gleich einer Säulenhalle des Ruhms, schon anderen hoffnungsvollen Triumphatoren wie M. Maillefer geöffnet hat. *Absit omen!*

Grellet spielt auf die 1919 danebengegangene Bundesratskandidatur von Paul Maillefer an und spricht den ironischen Wunsch aus, dass dies für dessen Nachfolger als *Revue*-Chronist kein böses Omen sein möge.

Zum Schluss dreht Grellet dem *Revue*-Chronisten noch das Messer in der Wunde um:

> «Man hat sich beugen müssen», schreibt M. Pilet-Golaz, wobei er auf Anhieb und mit grossartiger Disziplin die natürliche Haltung derjenigen einnimmt, die sich «wir anderen» nennen. Sich verneigen ist sehr wohl das Alpha und Omega einer gewissen Politik: Der Politik, die wir zur Empörung all jener, die ein allzu biegsames Rückgrat haben, seit Langem anprangern. Wenn der Bundesratskandidat der *Revue* schon beim Betreten des eidgenössischen Vorzimmers eine gebeugte Haltung einnimmt, darf man dann hoffen, dass er sich aufrichtet, wenn er im Regierungssessel sitzt? Die *Suisse romande* jedenfalls verdient Besseres, als in Bern von Leuten vertreten zu werden, die ihr bloss sagen können: «Man hat sich beugen müssen.»

Harte Worte. Marcel Pilet-Golaz sitzt gerade eine Woche im Parlament und schon wirft ihm Starkommentator Grellet Rückgratlosigkeit vor. Kein verheissungsvoller Einstieg für den «Kronprinzen».

In seinem nächsten Brief aus dem Parlament weigert sich Pilet vornehm, den ihm von Grellet zugeworfenen Fehdehandschuh, aufzunehmen – oder er tut zumindest so:

> Ihr werdet zweifellos nicht erwarten, dass ich auf die «Affäre Grimm» zurückkomme. Ihr wisst, dass ich sterile Polemiken nicht mag, und ich nehme nicht an, dass ich mir dies angewöhnen werde. Was auch immer gewisse Leute denken mögen, «wir anderen», die wir uns vor dem Unvermeidlichen beugten und uns nicht anmassen, die Welt in unserem Sinn neu zu erfinden, besitzen gleichwohl Willen und wir beabsichtigen, diesen Willen zu behalten. Journalisten mag es passen, sich in aller Bequemlichkeit mit unsereiner zu beschäftigen … wir hingegen verzichten darauf, ihnen Gleiches mit Gleichem zu vergelten.

Immerhin kann es sich Pilet nicht verkneifen, die Seitenhiebe Grellets auf ihn als «Dauphin» und auf seinen «Doppelnamen» zu parieren. Grellet hatte bezüglich «Pilet-Golaz» und «Vallotton-Warnery» genüsslich den Ausspruch eines Genfer Schriftstellers zitiert, wonach «in unserer egalitären Demokratie diejenigen besonders begünstigt sind, die darauf verfallen, zwei Namen zu tragen und nicht bloss einen». In einem Postskriptum schreibt Pilet:

> Werden mir unsere Leser die Eigenwilligkeit verzeihen, dass ich «mit erhabener Einfachheit» mit dem Namen zeichne, den ich trage? Aus Bescheidenheit habe ich selber daran gedacht, mich ebenfalls mit meinen Initialen zu begnügen. [Grellet zeichnet mit P.G.] Aber trotz meines eifrigen Wunsches, denen zu gefallen, die mit stetiger und desinteressierter Sorge darüber wachen, was sie für mein politisches Schicksal halten, habe ich zu viel Hemmungen, ihnen auf diesem Weg zu folgen. Die perfekten Modelle lassen sich nicht imitieren.

Replik eines *Bellettrien* an einen andern *Bellettrien*. In kurzen zwei Wochen hat der neue Nationalrat in der welschen Schweiz einigen Staub aufgewirbelt. Pilet, der sich gerne als *philosophe* sieht – das heisst für ihn so viel wie Stoiker –, hat seinen Hang zur Rechthaberei nicht zügeln können. Er hat sich erdreistet, mit den einflussreichsten Journalisten der Romandie die Klingen zu kreuzen.

25. In der Bundesstadt

In seinem ersten halben Jahr als Nationalrat meldet sich Pilet kein einziges Mal zu Wort. Er beobachtet, macht Notizen, hört aufmerksam zu. Er muss ja am Freitag jeweils seine Chronik für die *Revue* abliefern.

In Bern ist vieles anders als in Lausanne. Im Waadtländer *Grand Conseil* wird debattiert. Argumente werden vorgebracht, wer nicht einverstanden ist, versucht sie zu widerlegen. Man macht speditiv vorwärts, weil man seinem Beruf nachgehen muss. Wenn der Nationalrat das Budget berät, braucht er acht Tage allein für die Eintretensdebatte.

> Wenn wenigstens die Diskussionen lebhaft, neu, fruchtbar gewesen wären. Aber wie viele eitle Wiederholungen, wie viel nutzloses Geschwätz, hohle und gefährliche Phrasendrescherei.

Pilet hat das Gefühl, den Rednern gehe es nur darum, ihren Wählern zu imponieren: Im Sommer, als er schon mehr Erfahrung hat, wird er noch schärfer:

> Was mich, seit ich im Rat bin, immer wieder in neues Erstaunen versetzt, ist, dass man so viel reden kann, um nichts zu sagen, es schlecht zu sagen oder etwas Nutzloses zu sagen! Einige sind wahrhaftige Wortmühlen, die man nicht anhalten kann. Sie leiern herunter, leiern herunter, leiern unermüdlich, maschinell, immerwährend herunter.

Als Sohn einer Lehrerin und Enkel von Lehrern steckt Pilet das Benoten im Blut. Gute Zensuren kriegen – wie könnte es anders sein? – seine Waadtländer Fraktionskollegen, die er ziemlich gleichmässig rühmt. Dem ehrenwerten Bundesrat Chuard erweist Pilet die gebührende Ehre. Lobende Prädikate, mit kaum merklichen Vorbehalten, kriegen auch die andern Herren auf der Regierungsbank. Pilet zieht den Hut vor der Virtuosität des Finanzjongleurs Musy und des Tausendsassas Schulthess. Mottas Menschlichkeit und sein umfassendes Wissen beeindrucken ihn. Angetan haben es ihm auch die freisinnigen Deutschschweizer Bundesräte Haab, Häberlin und vor allem der Berner Militärminister Scheurer, dessen *bon sens* er geradezu «waadtländisch» nennen möchte.

Ein Mann fällt ihm sofort auf, der später im Bundesrat sein Duzfreund werden wird – Rudolf Minger:

> Dieser ausgezeichnete Landwirt hat den Sinn für die Realitäten nicht verloren und lässt sich nicht von den nebelhaften Utopien blenden, die gewissen Geistern lieb sind. Er hat festgestellt, dass Europa ehrbare Anstrengungen unternimmt, um den prekären Frieden zu sichern, dessen es sich gegenwärtig erfreut. Aber er erinnert auch daran, dass kein Monat, ja keine Woche vergeht, wo nicht irgendein blutiger Konflikt auszubrechen droht. Und er hat daraus geschlossen – die Logik ist noch nicht tot –, dass es unerlässlich ist, auf der Hut zu bleiben und zu wachen.

Mit Spott überhäuft Pilet die immer noch mit einer proletarischen Revolution liebäugelnden linken Sozialisten und Kommunisten wie den Genfer Léon Nicole oder den Schaffhauser Walther Bringolf. Als Bringolf ein Unglück in der Munitionsfabrik Altdorf zum Anlass nimmt, um wieder einmal über die kapitalistische Gesellschaft herzufallen, fasst Pilet dessen «kristallklare Argumentation» ironisierend so zusammen:

> Die Bürgerlichen unterhalten mit zu grossen Kosten eine nutzlose Armee. Die Armee braucht Pulver. Die Gefahren der Pulverherstellung hat mehreren Arbeitern das Leben gekostet. Folglich sind die Bürgerlichen schuld. Die Lösung? Sie ist einfach! Die Armee abschaffen. Auf das Pulver verzichten. Dann gibt es keine Toten mehr. Ihr seht, M. Bringolf ist ein grosser Denker und es ist ein Glück für die Nation, ihn im Parlament zu haben.

Noch ist der Gebrauch des Telefons unüblich und teuer. Deshalb berichtet Marcel seiner Frau schriftlich über sein Tun und Lassen:

> Ich schäme mich. Gestern fröhlicher Abend mit den Neuenburgern. Ich konnte mich nicht entziehen. Heute Morgen, anstatt Frühstück, gehe ich auf den Markt. Pittoresk. Aber das Wetter verschlechterte sich. Soeben Siesta bis 5 Uhr! Ein Skandal, nicht wahr? Sag es ja nicht meinen Wählern.

Scherzhaft versucht sich Pilet in den Briefen an die Frau gelegentlich auf Deutsch – mit bescheidenem Erfolg:

> Viel Dank für deines Briefes, der mir tiefe Freude angebracht hat. Morgen sind wir wahrscheinlich mit der parlamentarischen Arbeit fertig und fahren nach der Familie. Geliebte, gute Nacht und zärtliche Kusse.

Oder, wiederum wörtlich:

> Meine allerteuerste Frau
> Ich kann Ihnen die sehr angenehme Anmeldung thun, dass ich nicht das «kurze» Halma in Bern getroffen habe; gar keinen Brief auch von ihr gefunden. Befriedigen Sie ihre zarte Seele und glauben Sie dass ich Ihnen meine ganze und tiefe Liebe bewahre. Meine ehrenvolle Grüsse an Ihre werte Frau Mutter, bitte. Küssen Sie an meiner Stelle den lebhaften Jacques. Ich träume von Ihnen. Thun Sie es auch und ich werde den allerglücklichsten Ehemann.

Manchmal gibt es Neuigkeiten vom gemeinsamen Freund:

> Henry ist sehr müde. Am Freitag ist er ohnmächtig geworden. Nervös und schlafgestört. Er braucht Ruhe. Im Mai geht er für einen Monat nach Dresden.

Während Marcel Pilet-Golaz geduldig schweigt, tritt Henry Vallotton-Warnery schon bald ins Rampenlicht. Im Februar 1926 reicht er im Namen der Waadtländer radikalen Delegation eine Interpellation zu den «russischen Verhandlungen» ein. Die Frage der Beziehungen zum revolutionären bolschewistischen Regime erregt seit 1918 die Schweizer Gemüter. In der Waadt gehen die Wogen besonders hoch. 1923 erschoss in Lausanne der von den Sowjets enteignete Russlandschweizer Conradi den sowjetischen Diplomaten Worowsky. Ein Waadtländer Geschworenengericht sprach den Attentäter frei – für die Bürgerlichen ein begreifliches Urteil, für die Linke ein Skandal.

Es laufen Sondierungen zwischen Bern und Moskau, ob man nicht im Interesse gegenseitigen Handels zu einem Arrangement kommen könne. Als Mitunterzeichner der Motion Vallotton und als Parlamentschronist schenkt Pilet der Frage der Beziehungen zur Sowjetunion spezielle Aufmerksamkeit. Die beunruhigte Öffentlichkeit, schreibt er in seiner Chronik, erwartet vom Bundesrat Aufklärung über den Verlauf der geheimen Gespräche und die Zusicherung, dass es gegenwärtig unmöglich sei, «ein Regime anzuerkennen, das Familie, Vaterland, Ehrlichkeit und Religion mit Füssen tritt».

> Das Schweizervolk ist belesen. Es kennt die Fabel vom Wolf und dem Schäfchen. Es fürchtet die wilden Tiere und will von ihnen geschützt sein. Aber hier wird man mich schon wieder als Reaktionär beschimpfen, als einfältigen Waadtländer …

Unverfroren lobt Pilet in der *Revue* seinen Freund Henry:

> Mit der warmen und packenden Beredsamkeit, die ihr kennt, hat er eine aufrüttelnde, feste und treffende Rede gehalten, die auf die Versammlung einen tiefen Eindruck gemacht hat. Als sicherer Interpret des Volksgewissens hat er dem Bolschewismus den Prozess gemacht – dieser moralischen Pest, vor der unsere alte, ehrliche und freie Demokratie mit eifersüchtiger Sorge bewahrt werden muss.

Etwas freut Pilet besonders:

> Die Deutschschweiz – woran wir kaum gezweifelt haben – denkt in ihrer grossen Mehrheit in dieser Frage gleich wie wir und ihr Herz schlägt im gleichen Takt wie das unsrige.

Vallotton hatte sich sein Thema gut gewählt. Das Neuenburger *Feuille d'Avis:*

> Warmer Applaus. Unzählige Glückwünsche. M. Vallotton hat nicht genug Hände, um diejenigen zu drücken, die man ihm entgegenstreckt.

26. Der Dauphin ist gefunden

Das weitaus wichtigste Traktandum im Jahr 1926 ist das Beamtengesetz, das erstmals Rechte und Pflichten der Staatsangestellten umfassend ordnen soll.

In der *Revue* verkündet Pilet seine Meinung zur Vorlage: Staatsangestellte haben eine schwierige Aufgabe und erfüllen diese gewissenhaft und treu. Wenn man den Sozialisten zuhöre, müsse man allerdings glauben, unseren Beamten gehe es schlecht, sie seien «Opfer», die unter der Last der Arbeit zusammenbrächen und die Freuden des Lebens nicht geniessen könnten. Solch «lächerliche Übertreibungen» seien nicht ernst zu nehmen. Wieso sonst meldeten sich denn Hunderte für jede Beamtenstelle? Das Land brauche fähige Beamte, die gerne arbeiteten und anständig bezahlt würden. Wie man dies erreichen könne, sei die wahre, die einzige Frage. Alles andere sei Geschwätz.

Zum Streikverbot, dem umstrittensten Punkt im Beamtengesetz, hat Pilet eine klare Meinung:

> Meine Leser werden mir verzeihen, aber bei all meinen Befürchtungen, als Reaktionär zu gelten und die Jupiterblitze der extremen Linken auszulösen, habe ich nie begreifen können, dass man von einem «Recht» auf Streik spricht; mein bourgeoises Gehirn verweigert sich, es ist unvollkommen.

Das Streikverbot für Beamte – Artikel 22 – kommt in der Junisession zur Sprache. Die beiden wohl mächtigsten Gewerkschaftsführer des Landes, Robert Bratschi, Präsident des Föderativverbands, und Konrad Ilg, Zentralpräsident des Schweizerischen Metall- und Uhrenarbeiter-Verbandes, verlangen die ersatzlose Streichung des Artikels. Solange im Wirtschaftsleben das Faustrecht gilt, bleibt für Bratschi der Streik für die Arbeiterschaft ein nötiges Kampfmittel: «Der Krieg kann eben nicht dadurch beseitigt werden, dass eine Partei wehrlos gemacht und entwaffnet wird.» Ein Streikverbot zeige das Misstrauen des Bundesrats gegenüber seinem Personal, was dazu führe, dass das Personal den Behörden auch kein Vertrauen schenken werde. Artikel 22 sei «kein Element der Ruhe, sondern ein Element der Unruhe».

Ilg vermutet, dass sich «dieser Artikel 22 nur auf den Generalstreik» beziehe: «Im Jahre 1918, da waren doch ganz besondere Verhältnisse vorhanden, denken Sie doch alle an die revolutionären Erhebungen, an all die Not, das Elend, die Rationierung.» Sollten solche Verhältnisse wiederkehren, böte auch dieser Artikel keinen Schutzwall.

Nach den beiden Tenören der Arbeiterbewegung ergreift Ratsneuling Pilet-Golaz das Wort. Vier Monate nach Freund Henry Vallotton hält er seine Jungfernrede – zu einem Thema, das ihm am Herzen liegt und von dem er etwas versteht.

«Gibt es das Streikrecht?», fragt er und antwortet: «Nicht, dass ich wüsste.» Die Pflicht, eingegangene Verträge zu halten, sei eine fundamentale Vorschrift des Zivilrechts und eines der wesentlichen Prinzipien, auf denen die öffentliche Ordnung beruht. Aber selbst diejenigen, die in der Frage eines Streikrechts anderer Meinung seien, müssten zugeben, dass «die Situation der Angestellten und Arbeiter in Privatunternehmen und diejenige der Beamten nicht identisch ist».

> Ein Arbeitsvertrag der Angestellten in der Privatwirtschaft ist das Ergebnis von Diskussionen mit dem Arbeitgeber, während die Anstellungsbedingungen der Beamten gesetzlich geregelt sind. Und diese Regeln sind nicht das Ergebnis einer Vereinbarung, eines Kompromisses zwischen entgegengesetzten Interessen; sie werden vom allgemeinen Interesse diktiert. Wenn der Staat eine Dienstleistung übernimmt, dann tut er dies, weil er diese für die Gemeinschaft für wesentlich hält. Die Unterbrechung einer dieser Dienstleistungen gefährdet die Sicherheit des Staats. Die Beamten sind dazu da, die öffentlichen Dienste sicherzustellen; in keinem Fall dürfen diese Dienste zu funktionieren aufhören, folglich dürfen Beamte nicht streiken.

Gerade weil man in unsere Beamten Vertrauen habe, müsse man klar reden:

> Wir können uns nicht vorstellen, dass sie streiken: Verkünden wir dies also laut und deutlich. Die Beamten werden die Letzten sein, die sich darüber beklagen, denn in ihrer grossen Mehrheit sind sie keine Anhänger von Streiks. Ich spreche selbstverständlich von denjenigen, die ich bei uns sehe. 1918 haben unsere Pöstler nicht gestreikt, und wenn unsere Lokomotivführer in jenem Augenblick nicht grossteils ins französische Eisenbahnnetz abdetachiert gewesen wären, bin ich überzeugt, dass auch unsere Eisenbahner dem Streikbefehl nicht gehorcht hätten. (Mit Zwischenrufen bestreiten dies sozialistische Parlamentarier.)

Pilet beendet seine Rede mit einem eindringlichen Aufruf:

> Ein Beamtenstreik ist mehr als eine Gehorsamsverweigerung – er ist ein Aufstand. Wer setzt bei uns das Beamtengesetz fest, wenn nicht die Nation! Und man versteht nicht, dass eine Minderheit sich gegen den Souverän auflehnt. Dies wäre ein Verzicht auf unsere Traditionen, eine Absage an unsere demokratischen Institutionen. Die Beamten würden darin ein Zeichen der Schwäche erblicken und das Volk würde dies nicht verzeihen. Indem wir für den Artikel 22 stimmen – und davon bin ich überzeugt –, befinden wir uns in völliger Übereinstimmung mit der grossen Mehrheit der öffentlichen Meinung.

Für einmal hat der Saal einem Redner zugehört. Bundesrat Musy findet die Rede *remarquable*. Pierre Grellet, der Pilet ein halbes Jahr zuvor noch verhöhnt hat, ist recht beeindruckt. Mit seinem üblichen trockenen Humor beschreibt er den Auftritt des «neuen Waadtländer Abgeordneten, auf dem derart grosse Hoffnungen ruhen», und der «die Koketterie oder das Geschick» gehabt habe, «auf sich warten zu lassen». Wie die grossen Strategen habe er «sein Terrain und seine Stunde» klug gewählt. Pilets erste «Wortschlacht» vergleicht Grellet halb spöttisch, halb ernst, mit Bonapartes kühnem Brückenübergang, als dieser 1796 bei Arcole die Österreicher besiegte.

> Hier ist er, Fahne in der Hand, auf dem Ufer des Sieges: Die Sache wurde glänzend aufgezogen. Rede voller Schwung, Entschlossenheit, Klarheit, eine Intervention, die sehr beachtet wurde und die in der Debatte eine markante Rolle spielen wird.
> Der Redner setzt sich unter schmeichelndem Gemurmel. Von verschiedenen Seiten schreitet man auf ihn zu. Von seinem Fraktionschef M. Calame erhält er die Investitur in Form einer Akkolade. So ist es, wenn die Altgedienten auf ihre Dienstjünger zukommen, um sie nach dem Sieg umarmen. M. Gaudard selbst bequemt sich, seine Bank zu verlassen, auf dem er seit dreissig Jahren verkrustet ist, um dem jungen Triumphator auf die Schulter zu klopfen. M. Dind ist aus dem Ständerat herbeigeeilt und M. Maillefer tritt heran, die eine Hand offen, die andere ein Taschentuch zusammendrückend. Der Moment ist ergreifend und – zögern wir nicht, es zu sagen – historisch. Ein Dauphin ist uns geboren.

Auch in Genf hat man den Auftritt Pilets beachtet. Im *Journal* schreibt René Payot von einem «sehr brillanten Début»:

> Der vorzügliche Jurist M. Pilet ist ein prägnanter und nüchterner Redner. Es ist selten, dass ein neuer Abgeordneter sich auf Anhieb durchsetzt. M. Pilet machte da eine Ausnahme und seine Waadtländer Kollegen, für die er eine kostbare Verstärkung bedeu-

tet, müssen sich nicht mehr beunruhigt fragen, was geschehen könnte, wenn M. Chuard einmal den Bundesrat verlässt. Der Dauphin ist gefunden. Wünschen wir, dass die Begleitumstände – diese wertvollen Hilfen der Politiker – es ihm erlauben werden, sich zu bestätigen.

27. Schwanengesang einer historischen Figur

Anders tönt es aus der linken Ecke. Der Journalist Paul Golay, der gleichzeitig mit Pilet in den Nationalrat gewählt worden ist, widmet im sozialistischen *Droit du Peuple* dem ersten Auftritt seines Kollegen einen Artikel mit dem Titel: «Der Einstand und die Ideen des Dauphin». Ironisierend gesteht Golay dem «ehrenwerten M. Pilet-Golaz» unstrittige Gaben zu, die «seine Freunde durch die Gänge hinausposaunen, in denen sich die Richtung der günstigen Winde entscheidet». Pilet, so Golay, sei in dem Sinn ein Redner, als seine Sätze korrekt, seine Vortragsweise angenehm, seine Dialektik knapp, sehr geschmeidig und sehr geschickt sei. Ein Gerichtspräsident habe einmal vom Advokaten Pilet gesagt: «Er ist zu intelligent.» Maliziös bemerkt Golay dazu: «Vielleicht. Aber wer es zu sehr ist, kann es auch verstecken.»

Golay zeichnet dann ein Bild seines Grossrats- und Nationalratskollegen, das nicht unzutreffend ist:

> M. Pilet ist ein Vernunftmensch, kein Warmherziger. Ein Dialektiker, kein Wohlwollender. Er hat Sinn für Recht und Ordnung. Aber es fehlt ihm der Sinn für die Unwägbarkeiten, für dieses gewisse Etwas, das von der Intelligenz zum Herzen geht, dort erwacht und sich mit Leben füllt. Er kann notfalls bewegen, aber dank seines Talents, nicht aus einem spontanen Schwung heraus.

Ein anderer sozialistischer Nationalrat und Journalist, der Geschäftsleiter der *Sentinelle* Charles Naine reagiert auf Pilets Einstand nicht in der Zeitung, sondern ein paar Tage später im Ratsaal. Ursprünglich Uhrmacher, dann Anwalt und Redaktor, übt der in La Chaux-de-Fonds tätige Naine einen starken Einfluss auf die Arbeiterschaft in der Romandie aus. 1903 wurde er als Dienstverweigerer verurteilt und als Pazifist aus der Armee ausgeschlossen. 1910 holten die Waadtländer Sozialisten den begabten Organisator und Zeitungsschreiber nach Lausanne, wo er in der Partei bald die Führung übernahm. Als 1924 der revolutionäre linke Waadtländer Parteiflügel gegen den überzeugten Demokraten Naine putschte, zog sich dieser nach La Chaux-de-Fonds zurück und tauschte sein waadtländisches Nationalratsmandat gegen ein neuenburgisches ein. Der vielseitig gebildete Naine hat umfassendes Wissen über den Sozialismus, ist als Jurassier mit dem dort verwurzelten Anarchismus und Syndikalismus vertraut, kennt, teils aus eigenen Begegnungen, führende Gestalten des europäischen Sozialismus wie Bebel, Liebknecht, Jaurès oder Turati. Er war mit Lenin und Grimm in Zimmerwald, verteidigte als Anwalt die welschen Sozialisten im Generalstreikprozess. Charles Naine redet und schreibt klar, ist mit seinen 52 Jahren schon so etwas wie ein weiser alter Mann. Eine historische Figur.

Und dieser charismatische Arbeiterführer nimmt sich jetzt Pilet vor, indem er vorerst ausführlich die *Gazette de Lausanne* zitiert – «die, wie Sie wissen, eine exzellente waadtländische Zeitung ist». Er liest die Stelle vor, an der sein Journalistenkollege Grellet über die «Geburt des Dauphins» gewitzelt hat. Damit gelingt es Naine, einen Saal, der sonst wenig zu lachen hat, aufzuheitern. Auf der Journalistentribüne freut sich Grellet, dass «jedes von den erhabenen Lippen der Volksvertreter fallende Wort» für das amtliche Bulletin der Bundesversammlung «religiös stenografiert wird». Demnach werde die Lektüre seiner eigenen Sätze in diesem «faden Dokument vielleicht eines Tages irgend einen Forscher amüsieren». Was in mindestens einem Fall, nämlich hier, geschehen ist.

Dann wird der Jurist Naine ernst und «bringt M. Pilet-Golaz die Ehre meines Widerspruchs». Er zerpflückt dessen Rede.

Naine weiss, was ein Streik ist, nicht weil er im Wörterbuch nachgeschaut hat, sondern weil er «eine beträchtliche Anzahl gesehen und daran teilgenommen» hat. Für ihn ist der Streik «die kollektive und abgesprochene Einstellung der Arbeit während einer gewissen Zeit». Pilet gehe von der Annahme aus, dass der Streik eine Vertrags- oder Übereinkunftsverletzung darstelle und dass es deshalb das Streikrecht nicht gebe. Falsch, antwortet ihm Naine. Natürlich könne es Streiks geben, die einen Vertrag verletzen, aber dann seien Sanktionen die Folge. So im Fall der jurassischen, ohne Vorwarnung in den Streik getretenen Uhrengehäusemonteure, die von den Geschworenen verurteilt wurden – «was, wie ich glaube, vom juristischen Standpunkt aus völlig korrekt war».

Ist der Streik nicht gestattet, weil die Verfassung das Streikrecht nicht direkt erwähnt? Vieles steht nicht in der Verfassung, sagt Naine, und wir tun es trotzdem: Das Recht zu atmen, das Recht zu lachen. Wie er selbst, seien viele andere Juristen der Meinung, das Streikrecht leite sich aus der Vereins- und Versammlungsfreiheit ab. Dazu zitiert Naine einen Bundesgerichtsentscheid: «Damit die Versammlungsfreiheit überhaupt eine Wirkung haben kann, ist es unabdingbar, dass die vereinigten Arbeiter dem Arbeitgeber mit der kollektiven Arbeitsniederlegung drohen können.»

Wenn also das Streikrecht existiere, wieso sollte es für die Beamten nicht existieren? Es sei klar, sagt Naine, dass ein Streik der Postbeamten oder der Eisenbahner das Wirtschaftsleben einer Nation schwer beeinträchtigen kann. Aber angesichts der zunehmenden Arbeitsteilung und Interdependenz der Wirtschaftszweige könne beispielsweise auch eine Aktion der Hochfinanz die Wirtschaft eines Landes lahmlegen.

Pilet rechtfertige das Streikverbot für Beamte damit, dass die Staatsangestellten aufgrund eines Reglements, eines Gesetzes angestellt würden. Jedem stehe es frei, eine Staatsstelle anzunehmen oder nicht. Es könne weder Diskussionen noch Streiks geben. Pilet behaupte, dass der Staat nicht mit den Beamten diskutiere, dass das Beamtengesetz nicht das Ergebnis einer Diskussion zwischen zwei Parteien sei. Falsch, sagt Naine:

> Der Beweis, dass der Staat diskutiert, ist, dass er dies in einem gewissen Sinn schon getan hat: Er hat die Vertreter der Beamten angehört; er hört ihnen hier im Parlament zu und trägt der Meinung dieser Vertreter bis zu einem gewissen Grad Rechnung. Wieso sollte der Staat dies nicht tun?

Wenn der Staat einen Kredit aufnehme, müsse er auch mit den Bankiers verhandeln.

> Wieso wollen Sie, dass der Staat mit den Bankiers diskutiert, aber nicht mit den Lohnempfängern? Meist sind die Bankiers nur eine Handvoll, die Lohnempfänger sind 70 000.

Artikel 4 der Bundesverfassung sagt: «Alle Schweizer sind vor dem Gesetze gleich.» Ein guter Artikel, meint Naine:

> Wenn Sie, *Messieurs de la bourgeoise*, ihn neu formulieren müssten, könnten Sie es meiner Meinung nach nicht so gut. Ihre Vorfahren und unsere – damals vermischte sich dies – haben ihn geschaffen. Und sie haben keine Ausnahme vorgesehen.

Nun wolle das Parlament diesen Grundsatz umstossen. 70 000 Beamte sollten nun auf einen Teil ihrer Bürgerrechte verzichten? Man könne noch so viele Juristen zitieren, um diese neue Theorie des Streikverbots zu rechtfertigen, das Parlament dürfe nicht einfach tun, was es wolle.

> Man kann nicht der Argumentation von M. Pilet-Golaz folgen, ohne die Verfassung zu verletzen, ohne die Prinzipien der Gleichheit, auf denen unsere Gesellschaft fusst, umzustossen.

Weil Streiks tatsächlich die Interessen des Landes schwer gefährden können, was tun? Kann der Kampf zwischen Interessengruppen dadurch verhindert werden, dass das Sozial- und Wirtschaftsleben von der Mehrheit diktatorisch geregelt wird? Wie im Süden der Alpen?

> Glauben Sie, dass man in der Schweiz die Gesellschaft auf dieser Basis organisieren kann? Glauben Sie, dass Sie Hunderttausende schweizerische Individuen, Schweizer aus Tradition, Schweizer aus Gewohnheit, eingefleischte Demokraten unter ein solches Regime zwingen können – ein Regime, das sich übrigens noch nicht bewährt hat. *Non, messieurs*, wir glauben es nicht.

Naine sieht die Lösung des Streikproblems in kollektiven Arbeitsverträgen. Man solle sich an Amerika mit seinen immer harmonischer werdenden Beziehungen in der Arbeitswelt orientieren. Das Vermeiden von Arbeitskämpfen nütze allen: höhere Löhne, kürzere Arbeitszeit, grösserer Reichtum für die Kapitalisten.

Die Arbeiter, schliesst Naine seine Rede, hielten am Streikrecht fest. Solange es keine bessere Lösung von Konflikten gebe. Naine weiss aber auch, wie kostspielig, wie beklagenswert die Auswirkungen von Streiks seien, welchen Scherbenhaufen sie bei Arbeitern und Arbeitgebern hinterliessen. Der Streik sei ein grobes, rudimentäres Mittel, um Konflikte zu beenden, und er hoffe, dass man ihn mit der Zeit abschaffen könne.

> Aber wir schaffen ihn nicht durch die Gewalt ab; wir schaffen ihn durch die Verständigung ab und nicht indem wir dem Weg folgen, auf den uns M. Pilet-Golaz und andere uns verpflichten wollen.

Charles Naine hat am Anfang seines beeindruckenden Exposés den Kollegen Pilet-Golaz nicht ohne Ironie darauf hingewiesen, dass es den grossen Staatsmännern ein wenig wie den Generälen gehe, sie wüchsen an ihren Gegnern. Vergleicht man heute die Reden der beiden Nationalräte aus historischer Sicht, hatte Naine die schlüssigeren Argumente, auch wenn Pilet es war, der von den bürgerlichen Parlamentariern und ihrer Presse gefeiert wurde. Naines Vision eines Arbeitsfriedens ist später in Erfüllung gegangen.

Für Charles Naine ist das aus seinem tiefsten Innern kommende Plädoyer für das Streikrecht seine letzte Rede unter der Bundeskuppel. Am sozialistischen Parteitag im November widersetzt er sich einem Antrag des Genossen Grimm, der am Klassenkampf und der Diktatur des Proletariats festhalten will. Naine plädiert für die Demokratie und demokratische Kampfmethoden. Einmal mehr unterliegt er. Am Tag vor Weihnachten verlässt er, an Grippe erkrankt, vorzeitig den Nationalrat, nimmt aber an einer Weihnachtsfeier bei einem Freund teil, an der er sich mit einem von seinen politischen Gegnern versöhnt. Auf dem nächtlichen Fussmarsch zu seinem Heim im waadtländischen Préverenges zieht er sich eine Lungenentzündung zu. Er stirbt am 29. Dezember 1926.

28. Lehrgeld

In den Jahren nach dem Weltkrieg erhitzt die Sicherung der Getreideversorgung die Gemüter. Bis ins frühe 20. Jahrhundert hinein war Brot das Hauptnahrungsmittel des Volkes und machte über ein Drittel der Haushaltsausgaben einer Durchschnittsfamilie aus. Bereits in den 1870er Jahren wurde in der Arbeiterschaft der Ruf nach einer Verstaatlichung des Getreidehandels laut. Die bürgerliche Mehrheit des Landes hatte dafür kein Gehör. Als jedoch zu Beginn des Weltkriegs die lebenswichtigen Getreidelieferungen aus dem Ausland ausblieben, verhängte der Bundesrat 1915 für die Getreideeinfuhr ein staatliches Monopol. Weil sich die notrechtliche Massnahme bewährt hatte, beschloss der Bundesrat, das Monopol in einem Verfassungsartikel zu verankern.

Die Monopolvorlage verzichtet zwar auf das staatliche Einfuhrmonopol, hält aber an Preiskontrollen und Absatzgarantien fest. Im Abstimmungskampf 1926 kämpft Volkswirtschaftsminister Schulthess leidenschaftlich für seine Vorlage. Die für bäuerliche Anliegen empfänglichen Kollegen Chuard und Scheurer folgen ihm aus Überzeugung, Haab, Motta und Häberlin ohne besondere Begeisterung. Finanzminister Musy, der mit seinem Rivalen Schulthess in einem Dauerstreit liegt, hintertreibt heimlich die Vorlage. Auf seiner Seite hat Musy die Unternehmerverbände und die Hochfinanz.

Das Land ist gespalten, die Freisinnigen sind gespalten, die Katholisch-Konservativen sind gespalten. Im immer noch stark landwirtschaftlichen Kanton Waadt setzen sich die Radikalen, die ein Abdriften ihrer ländlichen Wähler zur Bauernpartei verhindern wollen, für das Monopol ein. Am 2. Juni 1926 findet im Lausanner Casino de Montbenon vor einer zahlreichen Zuhörerschaft eine «völlig objektive und höfliche» kontradiktorische Diskussion über das Getreidemonopol statt. Für das Monopol spricht «mit seinem gewohnten rhetorischen Talent» Nationalrat Pilet-Golaz.

Pilet erinnert daran, dass man zur Sicherung der Nahrungsmittelversorgung und der Förderung des einheimischen Getreideanbaus Lösungen vorgeschlagen habe. Die eidgenössischen Räte seien schliesslich zur Überzeugung gelangt, dass diejenige des Monopols die beste sei.

> Es gibt gute und schlechte Monopole. Das Getreidemonopol gehört zu den guten, weil es nur 62 Beamte braucht, um es zu betreiben. Man wirft ihm vor, es führe zu einer Verteuerung des Getreides. Dies ist ein Irrtum, denn das Monopol existiert und die Getreidepreise sind gesunken.

Am 6, Dezember 1926 verwirft das Volk das Getreidemonopol knapp. Pilet hat immerhin die Genugtuung, dass sein Kanton deutlich ja gesagt hat. Tags darauf tritt das Parlament zur Wintersession zusammen. Pilet in der *Revue*:

> Die Gesichter sind vom Wahlergebnis des Vortags verfinstert. Wir denken alle an die Betrübnis unserer Freunde auf dem Land, an ihre Angst vor der Zukunft, an die schweren Jahre, die vielleicht unserer Landwirtschaft bevorstehen, die tiefen und gefährlichen Erschütterungen, die unser Land davon erleiden kann. Die Mehrheit unseres Volkes hat auf eine der kostbarsten geistigen Nahrungen unserer Demokratie verzichtet, auf die Solidarität, die ein lebenswichtiges Prinzip unserer modernen Gesellschaften ist. Aber was nützt es, zu schimpfen? Das Bedauern und die Tränen sind der Ausdruck der Schwachen. Die Nation hat gesprochen: Fügen wir uns; oder wenden wir unsere Blicke lieber von der Vergangenheit in die Zukunft ... Suchen wir ohne Unterlass und ohne Hintergedanken eine neue Lösung für das Problem, das uns schwer bedrückt.

Regierung und Parlament werden eine pragmatische Lösung für die Sicherung der Brotversorgung finden, die drei Jahre später vom Volk klar angenommen wird.

Pilet kommentiert in seinen *Lettres du Parlement* regelmässig die Schweizer Aussenpolitik, wobei er allerdings gerne betont, dass er kein Fachmann sei. «Ich hätte Angst», schreibt er, «mich in eine so geschlossene Domäne zu wagen wie die internationale Politik.» Oder: «Aber ich bitte euch um Verzeihung, hier befinde ich mich wie mein Kollege und Freund M. Vallotton-Warnery mitten in der Aussenpolitik. Und ich habe Unrecht, denn keiner kann diese besser behandeln als er.»

Vallotton ist der aussenpolitische Fachmann der welschen Radikalen. Als parlamentarischer Chronist fasst Pilet die Ausführungen seines Freunds lobend zusammen: «Unsere Gesandtschaften», habe Vallotton im Nationalrat gesagt, seien «Organe der politischen Benachrichtigung unserer Regierung, Heimstätten, wo unsere Landsleute Schutz finden», sie sollten aber auch «wahre wirtschaftliche Zentren sein, die unsere kommerzielle Ausstrahlung erleichtern und unserer Industrie und unserer Landwirtschaft Absatzmärkte öffnen.» Als «Vorposten eines kleinen, neutralen und bescheidenen Landes» hätten unsere Gesandtschaften einen eigenen Charakter und verfolgten «ihre besonderen Ziele, die sie deutlich von den Botschaften der Grossmächte unterschieden». Genauso wird Bundesrat Pilet-Golaz denken, wenn er von 1940 bis 1944 dem Politischen Departement vorstehen wird.

Wenig hält Pilet von der Idee einer Beaufsichtigung der bundesrätlichen Aussenpolitik durch eine spezielle parlamentarische Kommission:

> Die ständige aussenpolitische Kommission wurde vor sehr langer Zeit von einem Abgeordneten ersonnen, der zweifellos den Wunsch hegte, ihr anzugehören. Aber sie sah nie das Licht der Welt. Eine Totgeburt.

Ständige Kommissionen, schreibt er, hätten etwas Gutes, «theoretisch». Ihre Mitglieder könnten oft die ihnen vorgelegten Projekte besser prüfen als andere Parlamentarier. Aber sie stellten auch eine Gefahr dar:

> Leicht werfen sie sich zum Vormund der Exekutivgewalt auf. Selber ohne Verantwortung, entreissen sie den verantwortlichen Ministern Kompetenzen. Welches Unheil haben sie im Laufe der Jahrhunderte angerichtet! Die Geschichte der Nachbarländer liefert zahlreiche Beispiele.

Und dann kommt Pilet zu einem Fazit, das sich als *ceterum censeo* durch seine ganze politische Laufbahn zieht:

> Das Prinzip einer guten Politik liegt darin, dass die Zuständigkeiten und die Verantwortungen vereint sind; die Regierung muss regieren, nicht graue Eminenzen. Das Parlament war glücklicherweise derselben Meinung ... es begrub die aussenpolitische Kommission auf lange Zeit, ohne sie zu betrauern.

Die «lange Zeit» sollte gerade bis 1936 dauern, wenn ausgerechnet Vallotton und Grimm sie ins Leben rufen werden. Als Aussenminister während des 2. Weltkriegs wird Pilet sein Misstrauen gegenüber der Kommission, der er regelmässig Rechenschaft ablegen muss, nie ganz ablegen.

Die Beziehungen zum Italien Mussolinis kommen im Rat oft aufs Tapet. Als faschistische Agenten den politischen Flüchtling Rossi aus dem Tessin entführten, schickte Bundesrat Motta, der im Umgang mit dem italienischen Diktator manchmal übertrieben nachgiebig war, eine energische Protestnote nach Rom. Faschistische Agenten wurden aus der Schweiz ausgewiesen. Pilet gefällt Mottas «Sprache der Vernunft: Festigkeit und Ausgleich».

Nicht immer ist Pilet mit Motta einverstanden, aber er versteht auch, dass die Rolle des Aussenministers «schwierig, heikel und belastend» sein kann:

> Die Hindernisse, denen er auf seinem Weg begegnet, sind zahlreich, besonders seit die Schweiz – zu Unrecht, meiner Meinung nach – den Eindruck macht, dass sie in der internationalen Politik eine Rolle spielen will, während sie sich früher begnügte, mit dem Beispiel voranzugehen, dem guten Beispiel.

«Zu Unrecht», befindet Pilet, der 1940 Mottas Nachfolge antreten wird. Selber wird er sich hüten, in der internationalen Politik eine Rolle spielen zu wollen. Ganz im Gegensatz zu den meisten seiner Nachfolger, die dies nur allzu gerne taten und tun.

Bei allen Vorbehalten gegenüber einzelnen Aspekten von Mottas Politik zollt Nationalrat Pilet dem Tessiner Lob:

> Wir sind uns der undankbaren Rolle unseres Aussenministers bewusst. Wir sind überzeugt, dass er sich ihr mit voller Hingabe widmet. Reden wir freimütig: Wir bedauern ihn, wie wir alle unsere Bundesräte bedauern. Man muss sie an der Arbeit sehen, um die Selbstlosigkeit, die Geduld und den Bürgersinn, die sie nötig haben, zu beurteilen, den enormen Arbeitsaufwand, den sie leisten müssen, die geringe Dankbarkeit, die sie kriegen, und die mageren Befriedigungen ihres Daseins – sei es auch nur diejenige der getanen Pflicht.

Pilet ist zum welschen Referenten für das komplizierte Enteignungsgesetz bestimmt worden. Wann darf die öffentliche Hand einem Eigentümer sein Grundstück enteignen, um dort ein Werk von allgemeinem Interesse zu bauen? Wie wird er entschädigt? Dies sind Fragen, die dem gewieften Juristen, der über das Baurecht dissertiert hat, liegen.

26. Juni 1928. Gelangweilt beobachtet der Berner Korrespondent des Neuenburger *Feuille d'Avis* das Geschehen. Draussen wartet die dösende Natur unter einem bleiernen Himmel auf das befreiende Gewitter. Schlimmer noch ist's drinnen. Man bespricht die 117 Artikel des Bundesgesetzes über die Enteignungen oder Expropriationen. Jedes Wort wird gewogen und nochmals gewogen. Das Gesetzeswerk ist notwendig, – «wie man uns sagt». Aber ach so undankbar und trostlos. Die beiden Kommissionsberichterstatter präsentieren, kommentieren, erläutern. Auf Französisch referiert Pilet-Golaz – «kühner Blick, lebhaftes Auge, das Haar schwarz und

glatt, Haar wie der Flügel des Raben». Bundesrat Häberlin hört mit gewohntem Ernst zu. *Les sténographes sténographent, les chronistes chroniquent.* Und die Versammlung versinkt im Dämmerschlaf.

Die Abgeordneten kleben reglos und erschöpft an ihrem Platz. «Höflich auch noch im Leid», bemühen sich einige, den Referenten kollegiale Aufmerksamkeit zu schenken. Die einen versuchen, ihre Augenlider mithilfe kleiner Zündholzstücklein offenzuhalten, andere kneifen sich alle zwei Minuten in den empfindlichsten Teil ihrer Hauthülle. Wieder andere halten eine Zeitung vor sich und «überfliegen sie mit reglos gleichgültiger Miene». Beobachtet man sie mit dem Opernglas, stellt man fest, dass ihre Augen geschlossen sind, «wie um den inneren Genuss, den ihnen die Reden verschaffen, besser auszukosten». Ein braver Abgeordneter klemmt seine Nase zwischen Daumen und Zeigefinger zusammen. Dann schläft er in dieser unbequemen Stellung ein.

Dies sind die unschuldigen Beschäftigungen der vier oder fünf Dutzend Anwesenden, die in diesem weiträumigen Saal so dünn gesät sind «wie die Haare auf dem Kopf Ihres Korrespondenten» – schreibt R.E. im *Feuille d'Avis*. Was die übrigen Abgeordneten betrifft, sind sie ... «anderswo». Nicht in den Wandelgängen, wo die Stimme der Berichterstatter sie durch die auf beiden Flügeln geöffneten Türen hätte erreichen können. Nein, weiter weg sind die Herren, viel weiter weg. Möglicherweise in den saftigen Wiesen. Oder in den smaragdgrünen Wellen der Aare, die von Badenden derart übervölkert ist, dass sie aussieht wie ein mit Gänseblümchen bedeckter Rasenteppich. Oder vielleicht laben sich die Herren Nationalräte im frischen Schatten einer gastlichen Pinte.

Heroisch fahren Pilet und sein Deutschschweizer Berichterstatterkollege gleichwohl mit ihrer «grossen und schönen» Arbeit fort. Kleine, nicht sehr wilde Debatten gehen los. So eine zwischen Kommissionsminderheit, vertreten durch den Zürcher Sozialisten Klöti, und der Kommissionsmehrheit, vertreten durch Pilet. Wenn es – wie beispielsweise beim Bau eines Bahnhofs – zur einer Teilenteignung kommt, jedoch der Rest der Liegenschaft einen bedeutenden Mehrwert erfährt, dann soll nach Meinung der Sozis die Entschädigung des Eigentümers reduziert werden? Pilet erklärt, wieso der Mehrwert unmöglich berechnet werden kann und wieso dies gegenüber anderen Eigentümern ungerecht wäre. Bundesrat Häberlin verteidigt «energisch, klug, gewissenhaft, eloquent» ebenfalls den ursprünglichen Text und obsiegt.

Die Debatte geht vor schwindendem Publikum weiter. Die wenigen braven Bürger, die sich auf die Zuschauertribüne gewagt haben, sind seit Langem geflohen. Auf den Galerien der Eingeladen und der Diplomaten keine Katze. Ein paar Journalisten und eine Handvoll Abgeordneter halten tapfer durch, die einen gegen die andern gedrückt, wie die Schiffbrüchigen auf Géricaults *Floss der Medusa,* «die beklommen auf die Ankunft des Schiffs warten, das ihnen den Sitzungsschluss bringt».

Der gut vorbereite Gesetzesentwurf wird vom Rat einstimmig angenommen. Pilet hat solide juristische Arbeit geleistet. In den Kommissionssitzungen und der Debatte hat sich der Waadtländer ein Bild von seinen Kollegen machen können. Er bewundert Bundesrat Häberlin und wird sich mit ihm persönlich anfreunden. Emil Klöti, der schon im nächsten Jahr von den Sozialisten als Bundesratskandidat portiert wird, schätzt er weniger.

29. Eine geprüfte Ehefrau

Marcel Pilet-Golaz bemüht sich, ein guter Ehemann und Vater zu sein. Wenn er als Nationalrat in Bern weilt, an Kommissionssitzungen in fremden Orten teilnimmt oder als Offizier Dienst tut, schreibt er Karten und Briefe nach Hause. Aus dem Jahr 1928 hat Tillon besonders viele Schreiben ihres Mannes aufbewahrt, denn in jenem Jahr verbrachte sie viel Zeit mit ihrer kranken Mutter im Waadtländer Ferienort Gryon.

Marcel erzählt vom Wetter, von seiner Gemütslage, von Landschaften und Dörfern, die ihm auf Reisen besonders aufgefallen sind. Kaum über Politik. Natürlich geht es oft auch um Praktisches, Alltägliches. Er hat einen Teil seines Dossiers über das Enteignungsgesetz verlegt und wahrscheinlich in Lausanne liegen gelassen. «Hättest du die Gefälligkeit, im Dienstmädchenzimmer, oben im Korridor und im Salon nachzuschauen, um mich zu beruhigen?»

Im Mai ist Pilet an einer Kommissionssitzung in Lugano. Im Tessin ist es kalt und regnet: «Gestern Abendessen bei Biaggi mit Deutschschweizern. Sie sind sehr fröhlich, *ma foi,* aber sie reden einen *jargon!* Selbstverständlich enden sie im Gambrinus.» Pilet wird mit den deutschschweizerischen Dialekten immer seine liebe Mühe haben. «M. Musy organisiert einen Ausflug auf dem See. Ich habe den Mantel genommen, um so mehr als meine Nase läuft, läuft, läuft ...»

Am Mittwoch, 15. August, erzählt Pilet, der in Lausanne in seiner Anwaltskanzlei arbeitet, seiner Frau von den Folgen eines vier Tage zuvor eingefangen Sonnenstichs: unlöschbarer Durst und heftiges Herzklopfen.

> Ich weiss nicht mehr, was ich alles getrunken habe, Wein, Limonade, Wasser, Café crème, Bier. Tags darauf hat der Magen protestiert. Zum Frühstück Kamillentee, am Mittag nichts, ich hätte nichts nehmen können ausser Wasser. Am Abend wollte ich eine Suppe versuchen, aber ich musste rechtzeitig aufhören ... nachher welche Nacht ... kein Fieber, glaube ich, aber ein aufmüpfiges Herz ... ich habe keine Minute lang ein Auge zugetan ... ich habe zwei Betten und zwei Hemden durchnässt.

Pilet beklagt sich über die unerträgliche Hitze, das Gewitter, das sich verzieht und keine Linderung bringt. Als er endlich Zeit findet, seine Frau in Gryon zu besuchen, ist auch sie leidend. Seine Tillon hat Kopfschmerzen, einen aufgeblähten Bauch, ist erschöpft und überempfindlich.

Was ist los mit Frau Pilet-Golaz? Der Entwurf zu einem nicht signierten Brief in ihrer Handschrift gibt vielleicht Aufschluss über die Ursache ihres Unwohlseins. Der an «*mon pauvre ami*» gerichtete und unvollständig «*Gryon, le ... 1928*» datierte Brief beginnt:

> Wie ich zögere, diese Zeilen zu schreiben und wie meine Hand zittert. Ich werde den Mut finden, weil es sein muss. Zwischen uns darf nur die Wahrheit Platz haben. Du hast mir die Augen geöffnet über die Gefühle, die Mlle R., die Stenotypistin, dir gegenüber hegt. Sie entsprechen kaum dem, was man in einer Kanzlei, die sich respektiert, von den Beziehungen einer Angestellten und ihrem Patron zu erwarten das Recht hat.

Sie hätte ja leicht rasch nach Lausanne herunterfahren können, schreibt Tillon weiter, um sich zu vergewissern, ob der Wunsch von Simone [Mlle R.] «nach einer engeren Zusammenarbeit ausserhalb der Bürostunden» in Erfüllung gegangen sei. Und fügt hinzu: «Ich werde mich nicht zu einer derart unwürdigen Spionage herablassen.»

Tillon wird dem mit «armer Freund» angesprochenen Marcel keine Vorwürfe machen, aber es ist klar, dass sie ihn eines Seitensprungs verdächtigt. Seit einiger Zeit seien sie beide «mit der Eindeutigkeit eines Uhrzeigers auf dem Zifferblatt» auf diese fatale Stunde zumarschiert.

Die betrogene Ehefrau – wenn sie es denn war – hadert mit dem Schicksal: Die Mutter am Sterben, kein Vater und kein Bruder, keine Schulter, auf die sie sich stützen kann. Sie kann auch der Schwiegermutter, die sie oft getröstet und ermutigt hat, nicht ihr Herz ausschütten; «sie wird die Wertschätzung und die Zuneigung, die sie ihrem *grand fils chéri* entgegenbringt, unangetastet behalten.»

Tillon schreibt von sich, sie gehöre zu der «Rasse von Menschen, die allein die Last ihres Kummers tragen und die Ehre ihrer Familie wahren». Nachdem sie viel geweint hat, fühlt sie sich ruhiger und hofft, die Kraft zu finden, nicht mehr über die Sache zu reden. Sie wird die «Flamme ihrer Liebe, diese wunderbare Blume, die ihr ganzes Leben gewesen ist», tief in sich selbst vergraben und daraus eine Art glühende Kapelle machen, ein Refugium.

Die Zeit heilt. Eine neue, durch die Prüfung gereifte, für das Verlangen des Mannes verständnisvollere menschlichere Tillon wird neu aufleben:

> Sie wird immer da sein, um deinen Schmerz und deine Sorgen zu teilen und nützlich zu sein. Wenn du später müde zu ihr zurückkehrst, wird sie den Himmel loben. Ich entschuldige mich für diese Zeilen … ich konnte dieses Geheimnis nicht länger für mich behalten.

Kein Gruss, keine Unterschrift. Sie steckt die Blätter in einen Umschlag und schreibt darauf: *«lettre non envoyé de T. à M.»* Marcel hat die nie abgeschickten Zeilen wahrscheinlich nicht gesehen. Aber es kann ihm nicht entgangen sein, dass Tillon misstrauisch geworden ist.

Die Briefe, die er im Spätsommer und Herbst aus dem Militärdienst, aus Bern und aus Reisen seiner Frau schickt, sind betont zärtlich.

30. Die Nachfolgefrage

Am letzten Augustwochenende 1928 reist Pilet mit einer parlamentarischen Kommission nach Heiden und am Montagmorgen, während der Vorsitzende sein Referat hält, schreibt er seiner Frau ein paar Zeilen:

> Hübsche Reise und reizvolle Gegend, diese Ecke von Appenzell. Aber wie weit weg. Die Fahrt ist endlos. Zürich ist kaum auf halbem Weg. Vor allem ist es beinahe der Endpunkt der Schnellzüge. Von Rorschach am Ende des *Bodan* [Bodensees] klettert der Zug erschöpft auf engem Geleise grünende Wiesen hinauf. Die Wagen haben ein Oberdeck, von dem aus man auf allen Seiten eine prachtvolle Aussicht entdeckt.

Pilet geniesst den Blick auf die mit Tannen geschmückten Höhenkuppen, schattigen Obstgärten, die adretten Häuser – eine Mischung aus holländischen Hütten und Schweizer Chalets. Die Appenzeller haben ein mühevolles Leben, arbeiten viel, verdienen wenig. Sie sind sympathisch, kleinwüchsig, «mit lebhaftem Gang und liebenswürdig im Umgang. Überall wechselt man Grussworte.»

Am nächsten Tag fährt die Kommission im Autocar durch das «entzückende Appenzeller Land», das «nichts Grandioses, nichts Imposantes, nichts Majestätisches, nichts Erschreckendes» an sich hat. Die Bauernhäuser sind sauber, übertrieben sauber «wie neues Spielzeug», man wagt kaum einzutreten oder etwas zu berühren, aus Angst, es zu verschmutzen. Nicht nur die Menschen sind klein, auch die Kühe.

Am 9. September 1928 gibt Bundesrat Chuard am freisinnigen Parteitag in Biel seinen unwiderruflichen Rücktritt auf Ende Jahr bekannt. Pilet schickt seiner Frau einen Zeitungsausschnitt, in dem es heisst, die Nachfolgefrage sei am Kongress das Hauptgesprächsthema gewesen. Die Meinung sei gewesen, dass die Waadtländer Radikalen sich auf den Namen Maillefer einigen werden und dass diesem der Weg in den Bundesrat nicht mehr versperrt sein werde. Er habe «viel Wasser in seinen etwas sehr starken Wein gegossen und seine Meinung über die Deutschschweizer beträchtlich gemildert». Maillefer soll geneigt sein, sich für eine Amtszeit von drei Jahren zur Verfügung zu stellen.

Major Pilet fehlt am Kongress, er ist bereits im Militärdienst, zuerst im Generalstabskurs – Leiter Divisionär Ulrich Wille –, anschliessend Wiederholungskurs mit seinem Bataillon. «Ich fühle mich in Form für die Manöver.» Die Manöver sind in der Gegend seines Geburtsorts Cossonay.

Herbstsession 1928. In seinem Parlamentsbrief gesteht Marcel Pilet-Golaz ein, dass er, eben zurück aus dem Wiederholungskurs, gewisse Mühe gehabt habe, sich wieder an den Nationalrat zu gewöhnen:

> Ein schönes Waadtländer Bataillon – schwungvoll, jung und diszipliniert – zu verlassen, um sich in einer heterogenen, müden und manchmal melodramatisch stürmischen Versammlung wiederzufinden: Der Sprung ist brüsk, der Übergang schmerzhaft.

Pilet schwärmt von der herrlichen Landschaft im Waadtländer Herzland – dem *Gros de Vaud* –, atmet in Gedanken noch einmal die «lebhaften Septemberlüfte der nebligen Felder» ein, «durchquert im fröhlichen Galopp der Pferde Wiesen und Brachland» und fällt dann mit einem Schlag zurück «ins Kunstlicht des Bundeshauses, um in seiner schweren Atmosphäre fast zu ersticken, im langsamen Rhythmus der Wahlreden stecken zu bleiben, das ist schwer, sehr schwer».

Die Nationalratswahlen stehen vor der Tür. Pilet ist nicht sicher, ob er wiedergewählt wird – oder ob er überhaupt noch einmal antreten will:

> Meine Schubladen in Bern sind leer; die Schlüssel unter der Türvorlage. Man wird ohne mich gut leben können. Ich würde jedoch wahrhaftig bedauern, wenn ich meine parlamentarischen Plaudereien mit euch aufgeben müsste. Diese machen mir viel Spass und es würde mich freuen, wenn der Spass geteilt wird. Doch es ist Zeit, uns zu verlassen. Auf Wiedersehen, lieber Leser, oder adieu! *Chi lo sa?*

Am 25. September stellt er spätabends seinen Bericht über die Enteignung fertig. Am nächsten Tag muss er am Morgen und am Nachmittag referieren. Am Mittag ist er Gast bei Schulthess, isst kaum etwas. Er ist erkältet, schnäuzt sich, hustet und spuckt. «*Bien en forme, le dauphin?*», fragt der Bundesrat ihn spöttisch. Es ist ihm egal, wie er seiner *Petite Tillon chérie* schreibt. Die Politik lasse ihn gleichgültig. Die Intrigen in der Waadtländer Politik seien ihm zuwider. Wenn sein Freund Louis Chamorel zurücktrete, werde auch er gehen.

> Das Freimaurer-Triumvirat Maillefer, Bosset, Chaudet will nach eigenem Gutdünken führen und ich bin entschlossen, nicht ein Hampelmann in ihrer Hand zu sein. Hier

> herrscht ein Schlamassel. Bei den Waadtländer Radikalen murrt alles, ist beunruhigt und entmutigt. Eine schöne Vorbereitung ist das auf den Sieg [bei den bevorstehenden Wahlen]! Ich ärgere mich nicht; übrigens habe ich den Eindruck, dass der Abszess noch diese Woche aufgestochen wird und dass Chamorel das Skalpell führen wird. Wir haben gestern Abend lange in seinem Zimmer mit Pitton, Fazan und Henry diskutiert.

Die radikale Waadtländer Abordnung in Bern ist demnach gespalten. Auf der einen Seite Parteipräsident Maillefer, der einflussreiche Staats- und Ständerat Norbert Bosset und der nicht dem Parlament angehörende junge Parteisekretär Gustave Chaudet. Auf der anderen Seite die Nationalräte Pitton, Fazan, Vallotton und Pilet. Die Uneinigkeit rührt auch daher, dass der grosse alte Mann, der 72-jährige Emile Gaudard, der bisher in Bern seine Delegation mit eiserner Hand geführt hat, sich zurückzieht. «Kann die Waadtländer radikale Abordnung ihren Kompass wiederfinden, nachdem sie ihren Nordpol verloren hat?», fragt sich Grellet in der *Gazette*:

> Was wird aus ihr ohne ihren *grand électeur*? Ohne Erzbischof von Reims zu sein, hat er manchen republikanischen König gekrönt, nachdem er ihn zuerst geheimen Herzens ausgelesen und dann dank den geschickten Kunstgriffen seines politischen Geistes hat wählen lassen.

Am Mittwoch steht Pilet als Referent für das Enteignungsgesetz am Rednerpult des Nationalrats und muss mehrfach intervenieren. Er glaubt sagen zu können, dass er «sich nicht allzu schlecht aus der Affäre gezogen» hat. Bei den Waadtländer Radikalen hat sich die Lage glücklicherweise beruhigt, wie er Tillon schreibt:

> Simon unterbreitet mir ein Briefprojekt; Pitton lässt mich einen Nachrufartikel korrigieren; Chamorel übergibt mir ein Militärdossier; Fazan will von mir einen Artikel zur Abstimmung vom Sonntag und redet mit mir über die Anleihe; Henry unterbricht mich mit ständigen Spässen und Neuigkeiten betreffend den Bundesrat.

Die Nachfolge Chuard ist zur Mittagszeit am Samstag, 29. September 1928, Gegenstand einer Sondersitzung der radikalen Waadtländer Nationalräte. Ort der Handlung: das Bundesratszimmer. Vallotton hat das Treffen angeregt. Anwesend sind Bundesrat Chuard, Maillefer, Fazan, Pilet, Grobet, Pitton, Vallotton, Chamorel. Alles Stützen der Gesellschaft: vier begüterte Landwirte, ein erfolgreicher Unternehmer, zwei geachtete Professoren, zwei renommierte Anwälte. Drei sind in der Armee

Oberst, zwei Major. Protokollführer ist Chamorel, genannt *le colonel,* einer von Pilets besten persönlichen Freunden.

Vallotton möchte die möglichen Kandidaturen – Maillefer, Porchet, Pilet – «in aller Unvoreingenommenheit» sichten. Was ihn selber betreffe, sei er, obwohl von einigen Ratsmitgliedern dazu gedrängt, «in keinem Fall Kandidat für den Bundesrat». Gerüchteweise veranlasst ihn die Scheidung von Blanche Warnery, deren Vermögen seinen politischen Aufstieg begünstigt hatte, vorläufig auf eine Kandidatur zu verzichten.

Aus seinen Gesprächen mit einflussreichen Nationalräten der verschiedenen Parteien hat Vallotton den Eindruck gewonnen, dass Porchet zweifellos gewählt würde. Hingegen halte man Maillefer für zu alt. Die Kandidatur Pilet, die in einigen Kreisen gut aufgenommen werde, stosse wegen dessen jungen Alters auf Vorbehalte. Wenn man Maillefer oder Pilet vorschlage, gehe man das Risiko ein, dass ein anderer welscher Kanton einen Gegenkandidaten aufstelle.

Maillefer beruhigt Vallotton. Er nehme keine Kandidatur an. Dies aus Gründen der Gesundheit, des Alters, der Familie und persönlicher Natur. 1919 sei er von den Räten desavouiert worden. Man habe ihm den Dolch in den Rücken gestossen. Auch wenn die Situation heute anders liege, ziehe er sich zurück: «Ein Mann von Herz kann diesen Versuch nicht zweimal wagen.»

Bundesrat Chuard beschwört die Abordnung, sich auf einen «einzigen und denselben» Kandidaten zu verständigen. Die Waadt müsse unbedingt das Privileg eines Sitzes im Bundesrat behalten. Pilet erklärt, er habe die Kandidatur nicht gesucht, sei nicht Kandidat. Für Chamorel gibt es nur eine Lösung: Porchet. Die andern pflichten ihm bei. Vallotton schlägt vor, sofort bei Porchet vorstellig zu werden, damit dieser eine Kandidatur annehme.

Tags darauf spricht die Delegation bei Porchet vor. Der mächtige Staatsrat, der nie daran gedacht hat, von Lausanne nach Bern zu wechseln, ist auf den Schritt seiner Parteifreunde vorbereitet. Er dankt für die grosse Ehre und legt die Gründe für seinen ablehnenden Entscheid dar. Dann liest er den Anwesenden eine bereits abgefasste Erklärung vor:

> Im höheren Interesse der Schweiz ist es notwendig, die Tradition der Mitarbeit eines Waadtländers bei der Tätigkeit des Bundesrats aufrechtzuerhalten. Unter den Bürgern, die als eventuelle Nachfolger von M. Bundesrat Chuard genannt wurden, bin ich nach bestem Wissen und Gewissen der Ansicht, dass Nationalrat Pilet-Golaz der Qualifizierteste ist.

Porchets Parteikollegen wollen sich nicht mit seinem Entscheid abfinden. Pilet versucht anlässlich eines «langen Spaziergangs in Vidy» am Seeufer «mit allem, was meine respektvolle Freundschaft an Dringlichkeit erlaubte», ein letztes Mal Porchet umzustimmen. Vergeblich.

Bei den Wahlen vom 28. Oktober kommt es nicht zu dem erwarteten starken Linksrutsch. In der Waadt bleibt die Sitzverteilung unverändert: 8 Radikale, 4 Sozialdemokraten, 2 Liberale und 2 Agrarier im Nationalrat, 2 Radikale im Ständerat. Pilet-Golaz wird mit einer guten Stimmenzahl auf Platz vier der radikalen Liste wiedergewählt, hinter den altgedienten Maillefer und Fazan, auch ganz knapp hinter seinem Freund Vallotton.

Am 5. November sprechen die acht radikalen Waadtländer Nationalräte und die Ständeräte Bosset und Dind erneut bei Porchet vor, um ihn zur Annahme der Bundesratskandidatur zu drängen. Unbeeindruckt liest der Staatsrat zuhanden der drei seit den Wahlen neu dazugestossenen Nationalräte noch einmal seine Erklärung vom 30. September vor. Dazu habe er kein Wort beizufügen. Knirschend muss sich die Delegation mit seinem «weiterhin unwiderruflichen Entscheid» abfinden. Sie beschliesst einstimmig, die Kandidatur von Nationalrat Pilet-Golaz zu präsentieren.» *Porchet locutus, causa finita.*

Nach einer Bedenkzeit von drei Tagen teilt Pilet der Waadtländer Parteiführung brieflich mit, dass er die Nomination als Bundesratskandidat annimmt. Seine Aufstellung als Bundesratskandidat ist – wie Vallotton und andere vorausgesagt haben – nicht unumstritten. Klar, dass die Sozialdemokraten den «Reaktionär» Pilet, nicht wählen werden. Aber auch im bürgerlichen Lager gibt es Vorbehalte. Hat das Gewohnheitsrecht, das den drei grossen Kantonen Zürich, Bern und Waadt einen Sitz in der Landesregierung zugesteht, nicht ausgedient? Ist der junge unerfahrene Pilet wirklich die beste Wahl?

Die Mitglieder der Waadtländer radikalen Abordnung werben für ihren Kandidaten. Die Reaktion ist ermutigend. Der mächtige Aargauer Parteipräsident Emil Keller schreibt Vallotton:

> Ich freue mich, Dir mitteilen zu können, dass die Stimmung bei uns für die Bundesratskandidatur des Herrn Pilet durchaus günstig ist, sowohl bei den Nationalräten der bürgerlichen Parteien als bei den beiden Ständeräten. Was mich persönlich anbetrifft, so werde ich aus Überzeugung für Herrn Pilet stimmen. Wir werden mit ihm einen guten Bundesrat bekommen, eine junge tüchtige Kraft. Das tut not.

Am Montag, 3. Dezember 1928, beginnt die neue dreijährige Legislaturperiode. *Lettres du Parlement:*

> Selbstbewusste Gesichter der Habitués, schüchterne oder neugierige Blicke der «Rekruten». Ununterbrochenes Redegemurmel. Händedrücke, Glückwünsche, Komplimente, gegenseitiges Sichvorstellen. Die Alten zeigen den Neuen das Haus und begleiten sie mit beschützender Miene, auch wenn sie selber erst eine Legislatur und weniger Frühlinge hinter sich haben als diese. Sie geben ihnen Erklärungen, die vielleicht gar nicht erwünscht sind. Doch die jungen Kollegen sind zu höflich, um auch nur die geringste Ungeduld zu zeigen. Sie hören zu, nicken, danken und setzen sich brav auf den Sitzen nieder. Den ach so begehrten Sitzen, wie gewisse Leute behaupten. Sehr bald werden sich die Neuen wohlfühlen und als alteingesessene Parlamentarier gebärden. Enttäuschungen werden dazu beitragen, dass sie bald nichts mehr von den Älteren mit ihrer abwechslungsweise autoritären und desillusionierten Haltung unterscheiden wird.

Niemand würde aus der Lektüre von Pilets Parlamentschronik erraten, dass in den Wandelgängen die bevorstehende Bundesratsersatzwahl und seine eigene Kandidatur das Hauptgesprächsthema sind.

Am Abend schreibt er wie üblich seiner Frau. Die Bauernfraktion sei im Prinzip einverstanden, ihn zu wählen, aber zwei Waadtländer Nationalräte verlangten von den Radikalen Zugeständnisse in der kantonalen Agrarpolitik. «Wir sind entschlossen, keine Verpflichtungen einzugehen und persönlich will ich mich keiner Bedingung unterziehen.» Fröhliches Mittagessen mit den Waadtländer Radikalen. Die Kollegen scheinen sicher, dass Pilet gewählt wird, seiner Meinung nach «viel zu sicher».

> Zahlreiche *confédérés* drücken mir die Hand und bekunden mir ihre Sympathie. Ich versuche, so natürlich wie möglich zu bleiben. Motta ist gekommen und hat mich mit ganz südländischen Gefühlsausbrüchen begrüsst.

In seiner Samstagschronik schreibt Pilet zur Wahl von Heinrich Walther als Nationalratspräsident:

> Glänzende Wahl, und wie sehr verdient! Sie wäre möglicherweise noch schöner ausgefallen, wenn sie eine Woche später stattgefunden hätte: Alle Abgeordneten konnten nämlich in der Zwischenzeit die Meisterschaft – dies ist das richtige Wort – bewundern, mit der er die Debatten führt.

Die Nachfolgefrage | 169

Ahnt Pilet, dass Walther, den man den «Königsmacher» nennt, für seine Kandidatur die Fäden zieht? In der kurzen Zeit, in der Pilet im Rat sitzt, ist der Neuling dem mächtigen Fraktionsführer der Katholisch-Konservativen kaum aufgefallen. Anders verhält es sich mit Walthers engem Vertrauten Franz von Ernst, dem Bundeshauskorrespondenten der Parteizeitung *Vaterland,* der schreibt:

> Die Klassifizierung der Kandidatur Pilet als «zweite Garnitur» oder gar dritte wird deshalb nicht richtiger, weil sie von nichtqualifizierter Seite erhoben wird. Uns scheint, es sei ganz und gar nicht zuungunsten Pilets zu deuten, wenn er während der ersten drei Jahre Mitgliedschaft im Nationalrat sein Licht nicht so auffällig leuchten liess, dass sein Ehrgeiz oder sein Selbstbewusstsein offenbar geworden wären. Wo es am Platz war, hat er sich zu Wort gemeldet und dabei in allen Kreisen des Parlamentes den Eindruck einer guten juristischen Bildung, einer wohlvorbereiteten Sachkenntnis und einer hervorragenden Rednerbegabung erzielt.

In seinen nach seinem Rücktritt aus dem Nationalrat abgefassten Erinnerungen erzählt Walther, dass es «mein Freund und Berater» von Ernst war, der ihn auf Pilet aufmerksam machte:

> Herr von Ernst, ein vorzüglicher Menschenkenner, war der bestimmten Ansicht, dass sich Herr Dr. Pilet in vorzüglicher Weise als Bundesrat eigne. Für die Katholiken wäre seine Wahl besonders günstig, da er Gegner jeder Kulturkämpferei sei. Von Ernsts Freund Pierre Grellet, der bekannte, hoch angesehene Berner Redaktor der liberalen «Gazette de Lausanne», teile diese Meinung, obwohl er nicht der gleichen Partei wie Pilet angehöre. Gestützt auf diese beiden Gewährsmänner machte ich bei unsern Leuten Stimmung für Pilet und suchte unsere welschen Fraktionsmitglieder zu veranlassen, auch bei den freisinnigen Welschen im gleichen Sinn zu wirken.

Am Dienstag, 11. Dezember 1928, gibt der Luzerner Stadtpräsident Zimmerli an der Vorstandssitzung der freisinnigen Fraktion zu bedenken, dass eine «Niederlage der Kandidatur Pilets im Kanton Waadt und auf die schweizerische Freisinnig-Demokratische Partei eine ungünstige Wirkung haben» würde. Maillefer erklärt, dass der Kanton Waadt selten oder nie so einmütig gewesen sei wie heute. Nationalrat Pilet habe überall sein Bestes gegeben: Im Grossen Rat, wo er als Referent die Steuergesetzrevision durchbrachte, als Rechtsberater der Regierung, als Präsident der Steuerrekurskommission, als öffentlicher Redner, der im Volk Anklang und Verständnis findet. Der Präsident der Freisinnig-Demokratischen Partei der Schweiz, Nationalrat und NZZ-Chefredaktor Albert Meyer, der ein Jahr später Bundesrat wird, würdigt mit warmen Worten «die Gediegenheit und den Weitblick» des Waadtländer Kandidaten. Die Kandidatur Pilet wird vom Vorstand und tags darauf auch von der Gesamtfraktion mit «lückenloser Einstimmigkeit» gutgeheissen.

Wie angesichts der klaren Haltung Walthers nicht anders zu erwarten ist, spricht sich die konservative Fraktion ebenfalls einstimmig für Pilet aus, allerdings bei «mehreren Enthaltungen.»

Harziger verläuft die Diskussion bei der Bauern-, Gewerbe- und Bürgerpartei. Gemäss Léon Nicole habe die Fraktion anfänglich gegen die Kandidatur Pilet aufzumucken versucht:

> Dann wurden ihre Männer der ersten Garnitur einer nach dem andern bearbeitet – cuisiné –, und man sagt, dass M. Minger, ihr Chef, für gewisse Versprechen für später keineswegs unempfänglich war … wenn Herr Scheurer sich müde fühlen wird, was, wie es scheint, nicht lange auf sich warten lassen wird.

Neben der Aussicht, dass die Freisinnigen bäuerliches Wohlverhalten demnächst mit einem Bundesratssitz für Minger belohnen könnten, sprechen aber auch andere Argumente für Pilet. Kein Geringerer als der unbestrittene Führer der Schweizer Bauern, Prof. Ernst Laur, fasst sie zusammen:

> Alles, was man von ihm hört, bestätigt, dass er ein hervorragender Mann ist, der würdig und fähig ist, diese hohe Stellung einzunehmen. Er hat an der waadtländischen landwirtschaftlichen Schule den Unterricht in Rechtslehre erteilt und seine Kollegen heben sein Verständnis für landwirtschaftliche Fragen hervor. Er stand im Kampf um das Getreidemonopol in vorderster Linie. Wir haben zudem das grösste Interesse, dass der bäuerliche Kanton Waadt im Bundesrat vertreten ist.

31. Gewählt und gefeiert

Mittwoch, 11. Dezember. Frau Pilet-Golaz schreibt ihrem Mann:

> Versehen mit der zu selten geöffneten Bibel von unserer Hochzeit, habe ich gestern allein in meiner Wohnung gelernt zu sagen: Dein Wille geschehe, nicht der unsrige; ich lege unser Schicksal in Seine Hände. Ich bin sehr nahe bei dir, mein *chéri*, mein Alles, mein Leben. In Gedanken bin ich diesen über alles mühsamen Stunden des Wartens ständig bei dir. Am Donnerstag, was auch immer das Resultat sein wird, und vor allem, wenn du Kummer haben solltest, wirst du deine liebende, anschmiegsame *petite Tillon* von immer wiederfinden. Wie abgemacht nehme ich den 3-Uhr-Zug.

Ein düsterer, feuchter Dezembermorgen. Lange Zuschauerreihen vor den Treppen zu den öffentlichen Tribünen. Seit Tagen hat man sich um Karten bemüht, um an dem denkwürdigen Anlass dabei sein zu können. Sie sind aus allen Ecken und Enden der Waadt hergereist: die von den Abhängen des Lavaux, die aus der Broye, die aus Lausanne, die aus Bex, gar ein Combier, wie die Bewohner des Vallée de Joux heissen, der es aus den Schneewächten des Mollendruz bis nach Bern geschafft hat, und natürlich eine vom Präfekten *lui-même* würdig angeführte Delegation aus Cossonay, der «Wiege unseres Kandidaten». Die Tore zur Diplomatentribüne öffnen sich. Schöne, in Silberfuchspelze gehüllte Damen rauschen herein. Herren mit der blasierten Miene, die ihrem hohen Berufsstand angemessen ist, nehmen Platz.

Die Wahlen sind eröffnet. Mit Rekordzahlen schneiden die drei ersten zur Wiederwahl anstehenden populären Bundesräte Motta (177 Stimmen), Schulthess (184) und Haab (183) ab. Die bürgerlichen Fraktionen zeigen Geschlossenheit. Gut, aber etwas weniger gut, sind die Resultate Scheurers, der das undankbare Militärdepartement leitet (151 Stimmen), des «Sparvogts» Musy (152) und des volkstümlichen Thurgauers Häberlin (160), dem viele Linke immer noch die Lex Häberlin, das vom Volk abgelehnte Staatssicherheitsgesetz, nachtragen.

Die von Wahlgang zu Wahlgang steigenden Stimmenzahlen für den von den drei Mitgliedern der «sozialpolitischen Gruppe» inoffiziell vorgeschlagenen parteilosen

Genfer Nationalrat Professor Paul Logoz lösen Getuschel und Heiterkeit aus: 3, 7, 8, 20, 35, 38. Logoz hat als hervorragender juristischer Lehrer, Rechtsberater des Bundesrats und als perfekter Bilingue in der Deutschschweiz einen guten Ruf. Die wachsende Stimmenzahl für Logoz wird im Saal als eine schlau geplante Störaktion aufgefasst. Die Sozialisten wollen einen Bandwagon-Effekt erzeugen. Sie hoffen, dass im 7. Wahlgang – der Ersatzwahl Chuard – auch viele Bürgerliche Logoz ihre Stimme geben werden. So möchten die Sozialisten die Kandidatur Pilet zu Fall bringen. Eigentlich ist die wilde Kandidatur Logoz politisch wenig sinnvoll. Hätte sie nämlich Erfolg, würde die Linke einen mit korporatistischen Ideen liebäugelnden Vertreter der Rechten in die Regierung hieven. Hauptsache für die Sozialdemokraten, die antisozialistischen Waadtländer Radikalen kriegen eins aufs Dach.

Nachdem jedoch am Vortag Logoz – nach einigem Zögern – erklärt hat, er stehe nicht zur Verfügung, ist das Manöver zum Scheitern verurteilt. Als im Saal das Ergebnis für die Wahl Musys bekannt gegeben wird, bei der 35 Stimmen auf Logoz entfielen, erhebt sich der Professor von seiner Bank, geht zu Pilet und drückt diesem die Hand. «Eine sehr schöne Geste», lobt die *Revue*.

Die Sache ist gelaufen. Pilet erhält 151 Stimmen, Logoz 66, verschiedene 7. Bei der Verkündigung des Resultats brechen Bravo-Rufe aus. Pilet verlangt das Wort. Schweigen erfüllt den Saal. «Langsam und fest, mit beherrschtem Gefühl, das jedes Wort vibrieren lässt, hält er eine kurze Rede, wie er dies so gut zu tun versteht: vollständig, kein Wort zu viel, ohne falsche Theatralik und ohne Tamtam.» Neuer Applaus. Ein Weibel schmückt das Pult des Gewählten mit einem Blumenstrauss in den Schweizer Farben, der von einem grünweissen Band zusammengehalten wird – eine Hommage der Waadtländer Ratskollegen.

Zeit zum Feiern. Zuerst geht es zu einem Ehren-Déjeuner ins Bahnhofbuffet Bern. Glückwünsche des Waadtländer Regierungspräsidenten im Namen des *in corpore* angereisten Staatsrats. Eine Zürcher Delegation mit dem neu gewählten Bundespräsidenten Haab gesellt sich zu den Waadtländern. Liebenswürdige Worte werden gewechselt.

Am Freitag besteigt Marcel Pilet-Golaz gegen 17 Uhr den Sonderzug. Die *Gazette*:

> Auf den ersten Blick hat man Mühe, ihn unter dem prächtigen grauen Hut zu erkennen, der seit gestern seine legendäre kleine schwarze Kopfbedeckung ersetzt, welche die männlichen und prononcierten Gesichtszüge des Nationalrats derart gut hervorhob und ihn auch für diejenigen, die ihn nur vom Sehen kennen, von Weitem identifizieren liess.

Zwischenhalt in Fribourg, Blumensträusse, Musikdarbietungen, Ansprachen. Marcel Pilet-Golaz trinkt «auf die Freundschaft unserer beiden *patries de Fribourg et de Vaud*». In Romont – zweiter Zwischenhalt – erinnert der im benachbarten Cossonay geborene neue Bundesrat, dass ein Jean de Cossonay «eure Kirche erbaut hat» und erhebt das Glas aufs Wohl der Stadt. In Oron spricht Pilet vom Schmerz, «den ihm die dauerhafte Trennung von der Heimat bereitet». Waadtländerinnen in heimischer Tracht servieren den Wein der Gegend.

Beim Lausanner Bahnhof hat sich eine enorme Menschenmenge auf den Bahnsteig gedrängt: Greise und Kinder, Frauen und Männer aus allen Milieus, eine wahre Synthese des Waadtländer und Lausanner Volkes. Aus der Ferne der Pfiff einer Lokomotive. Fehlalarm. Man wartet weiter: Plötzlich gegen 20 Uhr ertönt Jubel entlang des Perrons. Die Ovation übertönt den schwungvollen Marsch, den die Musik angestimmt hat. *M. le conseiller fédéral* Pilet-Golaz – er ist sehr bleich – grüsst die Menge. Madame Pilet-Golaz und *M. le président* Pilet – Papa Edouard – verstecken ihre Gefühle unter einem Lächeln. Grussworte einer Delegation der *Bellettriens*, die zweifellos nur M. Pilet-Golaz hört, denn sie werden von den Beifallsrufen der feiernden Menge übertönt.

Dann im Saal der XX Kantone der eigentliche Festakt, in dem sich der Kanton Waadt selber zelebriert. Die Liste der Redner, die dem neuen Bundesrat ihre Reverenz erweisen, ist lang. Im Namen der Partei spricht Maillefer, für die *Bellettriens* Staatsrat Paschoud. Dazwischen spielt die Union Instrumentale – Pilet ist Mitglied – *L'Hymne vaudois, Roulez tambours*. Kräftig, «aus hundert Brüsten» wird mitgesungen.

Für die persönlichen Freunde von M. Pilet-Golaz, die Kollegen im Grossrat, die Berufskameraden in der Anwaltskammer freut sich Henry Vallotton-Warnery, «dass ein lange gehegter Wunsch in Erfüllung gegangen ist und dass sich eine den Waadtländern liebe Tradition fortsetzt». Andererseits ist er traurig, dass man den geschätzten Kollegen mit seinem charakteristischen schwarzen Béret nicht mehr in Lausanne sehen wird. Mit einer «eloquenten Hommage» würdigt Vallotton Frau Pilet-Golaz, die Tillette seiner Jugend. Er zitiert das Wort von Liszt: «Die liebende Frau ist der Schutzengel ihres Mannes.»

Der Chor *Echo du Léman* stimmt energisch einen weiteren patriotischen Gesang an, bevor Oberstdivisionär Grosselin an die Rolle erinnert, die Hauptmann Pilet als sein Adjutant bei den Manövern der 1. Division spielte:

> Jedes Mal, wenn ich fragte: «Wo ist diese Einheit, diese Unterabteilung?», hat mein Stabschef geantwortet: «*Le capitaine* Pilet kümmert sich darum.» Und ich war beruhigt.

Marcel Pilet-Golaz beginnt seine Rede – Höhe- und Schlusspunkt der feierlichen Veranstaltung –, indem er seinen Gefühlen Ausdruck gibt – eine Mischung von Glück, Bedauern, Unruhe und Hoffnung. Seine Freude rühre nicht von seiner schmeichelhaften Wahl her. Für den Glanz der Ämter und die Eitelkeit der Titel sei er nicht empfänglich:

> In meinen Augen zählt allein die Tat. Wichtig ist allein das Resultat und ich werde mich erst darüber freuen, Bundesrat zu sein, wenn ich es verdient habe.

Die Freude, die er empfinde, beruhe auf der Zuneigung seiner Freunde, ihrer Treue, der Sympathie der Mitbürger und des Vertrauens des Waadtländer Landes. Bedauern?

> Dass ich meine Heimaterde verlassen muss, das Land meiner Kindheit, das Land, wo ich eine Familie gegründet habe, wo ich das Glück gekannt habe, eine dieser Waadtländer Frauen zu heiraten, welche die Stützen unserer Häuser, die Flammen unserer Herde, die friedliche Armee der Nation sind.

Vor dem neuen Bundesrat liegt die Fahrt ins Unbekannte. Wie kann er die auf ihn wartende delikate Mission ausführen.

> *Comment?* Wenn ich diese Frage beantworten könnte, wäre ich ein Wohltäter, ein Wunderkind, ein Halbgott. Aber ich bin nur ein armes Menschlein, das wie seinesgleichen hin und her geschüttelt wird.

Pilet warnt vor überstürztem Handeln. *Précipitation* ist für ihn ein schlimmes Übel, das er zeit seines Lebens anprangern wird:

> Voreiliger Fortschritt ist kein Fortschritt. Das ist «Bluff», Sand in die Augen, Schwindel und ich kenne keine verabscheuungswürdigere Politik. Wer ohne Kontrolle und Vorsicht auf Reformen zueilt, geht dem Abgrund entgegen. Aber hier schliesse ich. Ich habe schon zu viel geschwatzt. Ans Werk also alle – Grosse und Kleine, Starke und Schwache –, vereint in gleichem Elan für den materiellen Wohlstand und die moralische Vervollkommnung unseres geliebten Vaterlands.

32. Kleine Geschäfte

Pilet übergibt seine Anwaltsgeschäfte den Kollegen in der Kanzlei, löst den Haushalt in Lausanne auf und richtet sich mit Frau und Söhnchen in einem gediegenen Haus am Scheuerrain 7 im Berner Monbijouquartier ein. Das auf einem Landvorsprung über der Aare gelegene Haus war damals noch *dans la campagne,* wie sich Mme Pilet-Golaz später erinnerte, mit Blick auf Wiesen und Kühe. Ein Vorteil ist, dass in der Nachbarschaft auch einige Welsche leben. Die Bundesräte Haab und Häberlin, wohnen beide nur ein paar hundert Meter weit weg an der Schwarztorstrasse. Das Bundeshaus kann Pilet bequem zu Fuss oder mit dem Tram erreichen.

Keiner der bisherigen Bundesräte hat Lust, das Departement zu wechseln. Der Neuling Pilet-Golaz übernimmt deshalb dasjenige seines Vorgängers Chuard, das Departement des Innern. Dem ehemaligen Bellettrien gefällt es, jetzt die Aufsicht über das Kulturwesen und die ETH zugeteilt zu erhalten. Viel Zeit und Energie wird der Pilet, Seebub aus Ouchy, dem ihm unterstellten Amt für Wasserkraft widmen.

Der neue Bundesrat lernt seine Mitarbeiter im Departement kennen und studiert die anstehenden Dossiers. An den Bundesratssitzungen hält er sich zurück – die neuen Kollegen sind alle seit mindestens neun Jahren im Amt und mindestens 13 Jahre älter. Der Benjamin hört zu und beobachtet.

Am 6. März 1929 gibt er im Nationalrat seinen Einstand auf der Bank der Bundesräte. Es ist ungewohnt, dort ein «jugendliches Gesicht zu sehen», wie Grellet feststellt. Obschon erst einige Wochen im Amt, wirkt Pilet auf diesem «wie eine Festung exponierten, strategischen Posten» locker und natürlich. In kurzer Zeit hat er sich mit neuen Materien vertraut gemacht. «Seine Zuhörerschaft hatte den angenehmen Eindruck über das, was man wissen muss, genau informiert zu werden.»

Es geht um eine eher banale Sache. Der Bundesrat hatte beantragt, für eine Rheinkorrektur dem Kanton Graubünden eine Subvention von 40 Prozent der Kosten zuzuerkennen. Der Ständerat stimmte für eine Erhöhung des Bundeszuschusses auf 45 Prozent, doch der Bundesrat will am niedrigeren Prozentsatz festhalten. Der Unterschied ist gering, aber zu einem Zeitpunkt, wo nach 16 Jahren Defizit der

Bundeshaushalt endlich wieder im Lot ist, wächst die Begehrlichkeit der Subventionsjäger.

Für die Erhöhung des Bundesbeitrags «läutet» der Bündner Nationalrat Vonmoos «mit voller Kraft die Glocken seines Kirchturms. Auf diesem Gebiet sind die Bündner allgemein, Vonmoos speziell, die grossen Virtuosen.» Seine Kollegen stimmen nur allzu gerne einer Erhöhung der Subvention zu. Dann spricht Pilet. Er erinnert daran, dass der Bund vor zwei Jahren dem von Überschwemmungen heimgesuchten Kanton Graubünden mit 5½ Millionen zu Hilfe kam. Im gegenwärtigen Fall gehe es bloss um Reparatur- und Instandstellungsarbeiten am Rhein. Wenn man den üblichen Prozentsatz übersteige, schaffe man einen gefährlichen Präzedenzfall. Überraschend gibt der Nationalrat Pilet mit 70 zu 52 Stimmen recht. Worauf auch der Ständerat mit 18 zu 10 Stimmen Bundesrat und Nationalrat folgt. Ein kleiner Sieg für den neuen Bundesrat, aber immerhin ein Sieg.

Am 13. Juni fährt Pilet mit den freisinnigen Bundesräten Haab, Häberlin und Scheurer nach Langnau, wo die radikale Fraktion sich trifft. Nachher fahren die vier über Sumiswald, Affoltern und Kaltacker nach Bern zurück. Scheurer notiert in sein Tagebuch:

> Das Ganze ist etwas nass; aber der Wein ist gut, und das Zusammensitzen hat auch seine Berechtigung, namentlich auch gegenüber Pilet, den wir ja eigentlich noch so wenig kennen.

Bei den Auftritten Pilets vor den eidgenössischen Räten geht es in seinem ersten Amtsjahr fast immer um Subventionen. Mehr Bundesgeld wünschen auch die Schriftsteller. Für einmal, spottet Grellet, rede man im Parlament über Literatur, was «die aus Beamten und Landwirten bestehende Kammer, die der Nationalrat nun einmal ist, offen gesagt nur mässig interessiert», Die Herren hätten Mühe zwischen Schriftstellern, Gereichtsschreibern, Schreiberlingen und Notaren zu unterscheiden. Der Luzerner Stadtpräsident Zimmerli plädiert für eine Erhöhung der Subvention an den Schriftstellerverein von fünftausend auf dreissigtausend Franken:

> Wir haben uns gegen eine geistige Invasion der Schweiz zu wehren. Ausländische Kinoromane werden unseren Zeitungen nicht nur gratis, sondern sogar mit Draufzahlung zu Reklamezwecken angeboten. Der Schweizerische Schriftstellerverein sorgt dafür, dass gute Feuilleton-Literatur angeboten wird.

Pilet nimmt das Postulat entgegen, ist aber mit Zimmerli nicht ganz einverstanden.

> Auf literarischem Gebiet werden wir die Massenproduktion, die ihre Erzeugnisse wie Sardinenbüchsen auf den Markt wirft, nicht unterdrücken können. Wir können höchstens die guten Schriftsteller ermutigen. Dies ist aber in erster Linie Aufgabe der Kantone und der Universitäten. Sie sind die Brennpunkte unseres geistigen Lebens. Seitdem das günstige Ergebnis der letzten Staatsrechnung durch die Presse bekannt geworden ist, bricht eine wahre Sintflut an Subventionsgesuchen über mein Departement herein. Vergessen wir nicht, dass – mehr als das Geld – die geistige Kraft die Grundlage für das Wohlergehen einer Nation ist.

Schliesslich zeigt sich der Bundesrat gleichwohl grosszügig. Im Budget für 1930 wird die Subvention für den Schriftstellerverband um 25 000 Franken auf 30 000 Franken erhöht. Ausserdem erhält die Schillerstiftung zu ihrem 50. Geburtstags eine Schenkung von 50 000 Franken.

Im August gönnt sich Pilet zusammen mit Frau und Söhnchen am Adriastrand im Palace Hotel von Portorose, damals noch in Italien, seine ersten Sommerferien als Bundesrat.

Im Herbst geht es im Parlament um die Gefährdung der italienischen Kultur in der Schweiz – ein Dauerthema. Zwei Drittel der Hotels im Tessin gehören Deutschschweizern, von den 32 Zahnärzten im Kanton sind 22 Deutschschweizer. Kommt dazu die Entvölkerung der Bergtäler. So ist im Maggiatal zwischen 1850 und 1920 die Einwohnerzahl um die Hälfte geschrumpft.

Bundesrat Pilet-Golaz zeigt Verständnis: Das Tessin ist nicht einfach ein Kanton, sagt er, sondern die Hüterin eines wesentlichen Teils unseres geistigen Erbes. Getrennt vom Rest der Schweiz und ohne Hinterland, muss es an Ort Widerstand leisten. Deutschschweizer Kaufleute, Industrielle und Hoteliers bilden je länger, je mehr das Bürgertum des Kantons und verdrängen die Einheimischen. Die italienische Sprache ist auf dem Rückzug, weil die deutschsprachigen Einwanderer nur unter sich leben. Die von der Tessiner Regierung unternommenen Anstrengungen zur Erhaltung von Sprache und Kultur sind teuer. Pilet-Golaz will ein verfassungsmässiges Mittel suchen, um den *ticinesi* zu helfen.

Das Tessin hat keine eigene Hochschule, die Tessiner Studenten müssen Deutsch lernen, wenn sie in Zürich am Poly den Vorlesungen folgen wollen. Pilet empfängt eine Delegation eines Fördervereins, die um Subventionen für Deutsch-Fortgeschrittenenkurse an Tessiner Gymnasien nachsucht. Der Bundesrat will sehen, was sich tun lässt. Typisch Pilet, lässt er einen seiner Sprüche fallen: «Ich habe einen

Sohn, der die deutsche Sprache lernen muss. Ich werde ihn nach Locarno oder Lugano in die Schule schicken.»

33. Departementswechsel

In seinem ersten Amtsjahr arbeitet sich Pilet gewissenhaft in die Geschäfte des Departements ein und unterzieht sich brav den Repräsentationspflichten eines eidgenössischen Magistraten. Zusammen mit anderen Bundesräten besucht er das eidgenössische Schützenfest in Bellinzona, wohnt der Enthüllung eines Wandgemäldes im Bahnhof Luzern bei und sieht sich mit den Kollegen eine Aufführung von *Romeo und Julia* im Théâtre du Jorat in Mézières an. Er ist dabei, als der Bundesrat die gekrönten Häupter Fuad von Ägypten und Wilhelmine von den Niederlanden empfängt. Er nimmt an auswärtigen Sitzungen parlamentarischer Kommissionen teil, an denen es um die internationale Fischerei auf dem Doubs oder um den Ausbau des Rheinhafens in Kleinhüningen geht. Am Fussball-Länderspiel Schweiz – Österreich beweist er «seinen demokratischen Geist», indem er unbeachtet allein zu seinem Tribünenplatz auf dem Berner Neufeld steigt, während die für die Ehrengäste Spalier stehenden Polizisten vergeblich auf den hohen Magistraten warten. Sportfreund Pilet hat übrigens die Präsidentschaft von Lausanne-Sports, die ihm im Oktober 1928 übertragen wurde, wegen seiner Wahl in den Bundesrat schon zwei Monate später wieder niedergelegt.

Die Abteilung, der Pilet besondere Aufmerksamkeit schenkt, ist das Amt für Wasserkraft. Als Einwohner von Ouchy hatte sich schon Vater Edouard im Lausanner Stadtrat mit Schifffahrt- und Hafenfragen befasst. Auch Sohn Marcel wurde Mitglied der *Société Vaudoise de Navigation,* der *Union Nautique – Ouchy Lausanne,* der *Société de Sauvetage du Lac Léman,* der *Société de développement d'Ouchy.*

Nach dem grossen Krieg hat man in der welschen Schweiz begonnen, sich ernsthaft mit der Frage einer Schiffsverbindung zwischen Genfersee und Mittelmeer zu befassen. Es muss allerdings noch viel Wasser unter den Brücken der Rhone herunterfliessen, bis «majestätische Lastkähne ihren Lauf herauffahren und uns die Produkte des Midi und aus Übersee bringen werden».

Vor dem Nationalrat referiert Pilet-Golaz über die Vorarbeiten für die erwünschte Schiffsverbindung. Sein Wasseramt hält den vorgeschlagenen Bau eines Schiffstunnels unter der Stadt Genf für riskant. Weitere Abklärungen sind erforderlich.

Frankreich will aus dem Léman ein Speicherbecken für seine Rhone-Kraftwerke machen und offeriert als Gegenleistung die Schiffbarmachung der Rhone zwischen Lyon und der Schweizer Grenze. Es möchte den Seespiegel des Léman um 1,20 m erhöhen, was bei den Uferanwohnern und den Schifffahrtsgesellschaften Alarm auslöst. Neue Vorschläge werden studiert. Wallis und Waadt stellen Bedingungen, die Stadt Genf muss sich noch äussern. «Es ist wichtig, dass wir uns einigen», fordert Pilet. «Sobald dies geschieht, können wir die Verhandlungen mit Frankreich beginnen.»

Im September kündigt Haab seinen Rücktritt an. Ist die Zeit für einen sozialdemokratischen Bundesrat gekommen? Scheurer notiert:

> Schulthess redet über die Folgen des Rücktrittes von Haab, wie wenn er allein zu befehlen hätte. Er sagt Pilet, er müsse das Eisenbahndepartement übernehmen, man könne es nicht einem Sozialdemokraten überlassen, usw. Pilet fragt mich über meine Auffassung der Sachlage. Ich antworte ihm, dass es aussergewöhnlich wichtig und gut für unser Land wäre, wenn man die Sozialdemokraten zur Mitarbeit heranziehen würde; es sei für ein kleines Land wie wir gefährlich, einen Viertel der Wähler in grundsätzlicher Gegnerschaft gegen das Staatswesen in seiner gegenwärtigen Form zu sehen. Wenn sich die Sozialdemokraten von ihrem unvernünftigen revolutionären Programm trennen könnten, so wäre das einen Bundesratssitz wert. Pilet ist auch dieser Ansicht; er glaubt, dass, wenn keine bestimmte Erklärung über getreue Mitarbeit gegeben werde, es ausgeschlossen sei, einen Sozialisten zu wählen.

Am 14. November stirbt Scheurer nach einer Kropfoperation an Herzversagen. Für die beiden Vakanzen, den Berner und den Zürcher Sitz, wird eine Doppelwahl nötig. Die Freisinnigen sind bereit, einen ihrer fünf Regierungssitze abzugeben, jedoch nicht beide. Aber wem? Den Sozialisten oder den Bauern? An den geachteten sozialdemokratischen Zürcher Stadtrat Emil Klöti oder den populären Berner Bauernführer Rudolf Minger? Ausschlaggebend ist schliesslich die Haltung der Katholisch-Konservativen. Ihr Fraktionschef Walther steuert am Wahltag die Bundesversammlung so, dass sie mit 111:110 Stimmen die vorgesehene Reihenfolge umstösst und zuerst den Nachfolger Scheurers wählt. Dies sichert die Wahl Mingers und besiegelt die Niederlage Klötis. Im Kampf um den Zürcher Sitz unterliegt der offizielle Kandidat der freisinnigen Fraktion, der linksfreisinnige Ständerats- und Regierungsratspräsident Oskar Wettstein, seinem rechtsfreisinnigen Rivalen Albert Meyer, Parteipräsident der FDP und Chefredaktor der NZZ.

Minger übernimmt wie erwartet das Militärdepartement, Meyer das Departement des Innern, während Pilet ins Post- und Eisenbahndepartment übersiedelt. Der abtretende Haab hat den ihm nahestehenden Pilet als seinen Nachfolger vorgeschlagen. Beide waren Seebuben – der eine aus Wädenswil, der andere aus Ouchy –, beide zeichnen sich durch elegantes Auftreten und ihren «kaustischen» Witz aus. In seiner Antwort auf einen «überaus liebenswürdigen Brief», den er zu seinem Abschied von Pilet erhalten hat, erklärt sich Haab «glücklich über die darin enthaltene freundschaftliche Gesinnung, die mich mit Stolz und Dankbarkeit erfüllt»:

> Es ist für mich ein schöner Gedanke, dass mein Wunsch in Erfüllung ging, dass Sie nunmehr der Leiter des von mir so geliebten Departments werden. Ich bedaure nur, dass es die Verhältnisse mir nicht ermöglichen länger mit Ihnen zusammen im Bundesrat zu arbeiten, mit Ihnen, den ich im abgelaufenen Jahr so hoch schätzen gelernt habe. Empfehlen Sie mich bitte auch Ihrer Frau Gemahlin, deren Liebenswürdigkeit mir gegenüber ich nie vergessen werde.

Pilets Mitarbeiter und die Organisationen, mit denen er zu tun hatte, sehen ihn ungern aus dem Departement des Innern scheiden. Daniel Baud-Bovy, Präsident der Eidgenössischen Kunstkommission, schreibt Pilet, die Nachricht von seinem Übertritt ins Eisenbahndepartement habe ihm «wahren Kummer» bereitet: «Mich hat die ausserordentlich rasche Art beeindruckt, mit der Sie sich über die Aufgabe der Kunstkommission ins Bild gesetzt haben.» Gerne habe er unter einem Chef gedient wie Pilet – «jung, klar denkend, temperamentvoll und ohne Angst».

Ähnlich lobend äussert sich der Präsident des ETH-Verwaltungsrats. Die kurzen elf Monate der Zusammenarbeit zwischen Pilet und ETH seien besonders fruchtbar gewesen. Es werde schwer halten, ihn durch jemanden zu ersetzen, der eine «so grosse und genaue Vision der Fragen hat, die unsere Schule betreffen, und die so entschlossen ist, diese Vision zu realisieren».

Die Präsidenten der Ligue vaudoise contre la tuberculose, des Verbands der Schweizerischen Studentenschaften, der Schweizerischen Naturforschenden Gesellschaft schreiben Pilet ähnlich liebenswürdige Abschiedsbriefe. Der Vorstand der Hydrologischen Abteilung, Oberingenieur Otto Lütschg, ist besonders überschwänglich:

> Was Sie für mich getan, werde ich nie vergessen. Ich pflege einen grossen Freundeskreis, im In- und Ausland. Der Name von Bundesrat Pilet-Golaz hat schon heute in all diesen Kreisen den hellsten Klang.

Deutlich weniger von Pilet hält der junge interimistische Leiter des Bundesarchivars, Edgar Bonjour. Wie Bonjour es mehr als 40 Jahre später in seinen Erinnerungen darstellen wird, träumte er damals «in jugendlichem Schwung davon, die vernagelten Fenster zu öffnen, das Archiv zu lüften, den hintersten Winkel auszukehren, den verschlafenen Geist zu wecken, dem eingerissenen Schlendrian zu wehren». Leider habe unter seinen Mitarbeitern der Wille zu Reformen gefehlt. Was dem Unternehmungsgeist Bonjours jedoch den entscheidenden Dämpfer versetzte, waren die Bemerkung, die der damalige Departementsvorsteher anlässlich einer Audienz fallen liess. In «seiner zynisch-geistreichelnden Art» soll Bundesrat Pilet-Golaz damals gesagt haben, die Hauptsache sei, dass man von aussen «die Räder der Archivmühle sich drehen sehe; was sie male, ob sie überhaupt etwas male, sei gleichgültig ... Mein «grand dessein» war ins Wasser gefallen.»

Der gleiche Edgar Bonjour wird in seiner von der Schweizer Regierung bestellten offiziellen Geschichte der Schweiz im 2. Weltkrieg Pilet-Golaz' Rolle ausgesprochen negativ darstellen.

In seiner Sitzung vom 18. Dezember 1929 beschliesst der Bundesrat zwei wichtige organisatorische Neuerungen. Die Abteilung für Wasserwirtschaft wird vom Departement des Innern losgelöst und zusammen mit einem neu zu schaffenden Bundesamt für Elektrizitätswirtschaft dem Post- und Eisenbahndepartement angegliedert. Damit tritt Pilet an die Spitze eines grossen Verkehrsministeriums, das Post, Telegraf, Eisenbahn, Luftschifffahrt, Flussschifffahrt, Wasserwirtschaft und Elektrizitätswesen umfasst.

Im Dezember 1929 hat Bundeshausjournalist Pierre Grellet erstmals Gelegenheit, Pilet-Golaz unter vier Augen zu sprechen. Er bat um Auskunft über das neue Elektrizitätsamt.

> Ich hatte nur die vagesten Kenntnisse in Sachen Elektrizität. Vielleicht wusste auch Pilet einige Wochen zuvor nicht viel mehr als ich, aber er hatte sich das Thema derart gut angeeignet, dass er mich während einer Stunde darüber informierte, und dies mit einer Leichtigkeit und Klarheit, die mir das Gefühl gaben, dass sein Gehirn wie ein Präzisionschronometer funktionierte.

Am Palmsamstag 1930 erhalten die Pilets – *mes chers amis* – einen nostalgischen Brief von Henry Vallotton, der in Rheinfelden im Hotel Schützen zur Rekonvaleszenz weilt.

> Wie gut wäre es, heute Nachmittag mit Euch drei und *Maman* von Orbe im viereckigen Haus zusammen zu sein. Die Damen hätten ihre Hausarbeiten fertig, Marcel hätte seinen Hausrock angezogen, wir würden unsere Pfeifen rauchen und unser Gespräch würde tausend Themen streifen und wir würden so viele Erinnerungen aufleben lassen! Aber nun will es das Leben, dass Marcel starke Lokomotiven fährt und dass ich ein schwaches Bein pflege! So schade!

Vallotton klagt über den eintönigen Tagesablauf – medizinische Behandlung, Bäder, heisse und kalte Duschen, Massage, Alkoholkompressen, Spaziergänge, Arbeit, Deutschstunde. Mit der Genesung geht es nicht recht vorwärts. Der Fuss ist «wie gestorben», hat ihm der betrübte Masseur eben gesagt. Der frisch Geschiedene berichtet, dass die Kinder mit ihrer Mutter in Frankreich sind. Am 15. hat die Kleine Geburtstag, «und dies wird wieder ein schlimmer Tag sein».

> Die Moral? Schlecht. Es gelingt mir nicht, mich aufzurichten. Ich habe kein Vertrauen mehr ins Leben und ich würde es mit bestimmtem Schritt verlassen, wenn nicht die Kinder wären. Meine vier Kinder und Mama. Für den Sommer denke ich an eine weite Reise. Ich muss weggehen, endlich Wasser sehen, andere Horizonte suchen, um mich dort zu verlieren, wenn dies möglich ist. Die Scheidung ist ein sehr grosser Irrtum, wenn Kinder da sind.
> Aber ich bin ungeduldig, von Euch zu hören. *Frau Bundesrat, bitte vergessen Sie mich nicht* [der Satz ist deutsch geschrieben]. Und vergessen Sie nicht, Ihre Mutter von mir zu umarmen.

Als neuer Eisenbahnminister muss Pilet oft triviale Fragen beantworten. Parlamentarier klagen über die angebliche Bevorzugung von Welschschweizern bei der Stellenvergabe bei der SBB, über die unterschiedlichen Weinpreise in den Bahnhofbuffets, über die Verspätungen bei Schnellzügen. Soll der Bahnhof Schaffhausen ausgebaut werden? Braucht es im Bahnhof Morges eine Unterführung? Ein heisses Thema ist die Sprachregelung in den SBB. Soll man «Billet» oder «Fahrkarte» sagen? «Bahnsteig» oder «Perron»? «Schaffner» oder «Kondukteur»? Pilet plädiert für «vernünftige» Lösungen: *De la correction, pas de purisme*.

In der 4. Woche der Junisession 1930 – alle sind müde und gereizt – sorgt ein für Schweizer Verhältnisse ungewöhnliches Intermezzo, ein «stürmischer Zwischenfall», für Aufregung. In der Debatte geht es um Opiumschmuggel und das internationale Betäubungsmittelabkommen, für das sich der Tessiner Dollfus einsetzt. Der Basler Kommunist Welti behauptet nun, die «kapitalistischen Kreise, denen Herr

Dollfus nahesteht», seien schuld, dass das Genfer Abkommen nicht strikte eingehalten werde. Dollfus, Oberstbrigadier, Unternehmer und begüterter Besitzer des Schlosses Kiesen, weist darauf hin, dass gemäss den dem Völkerbund vorliegenden Akten keine einzige Übertretung des Abkommens durch Schweizer Fabrikanten bekannt sei. Hingegen seien Anhänger von Sowjetrussland, dem die Schweizer Kommunisten ja so nahe stünden, in den Handel mit Betäubungsmitteln verwickelt. Dann ist Bundesrat Motta an der Reihe. Kaum hat er das Wort «*messieurs*» ausgesprochen, unterbricht ein Tumult auf der linken Saalseite die Verhandlungen. Der Schaffhauser Kommunist Bringolf ist auf Dollfus losgestürmt. Es kommt zum Boxkampf zwischen den beiden Parlamentariern. «Der breiten Schulter des Luzerners Walther zusammen mit einer der Säulen im Saal» gelingt es vorerst, die Streithammel zu trennen.

Nationalratspräsident Graber klingelt für Ordnung. Dollfus ignoriert die Glocke und erklärt erregt, er habe Bringolf geohrfeigt, weil dieser ihn «Lügner» genannt habe. Mit Stentorstimme brüllt Bringolf, Dollfus sei ein Feigling. Tumult. Präsident Graber unterbricht die Sitzung und verlässt den Saal. Nicole ergreift in wilder Aufregung von sich aus das Wort und stimmt ein von einem Pultdeckelkonzert und Protestrufen übertöntes «Wutgeheul» an. Ein allgemeines Handgemenge droht. Soll man die Polizei rufen, um den Saal zu leeren, oder einen Arzt um Monsieur Nicole zu pflegen? Chaos. Die Weibel, die solches noch nie erlebt haben, sind ratlos. Inzwischen hat Bringolf das Tohuwabohu ausgenützt, um Dollfus die Ohrfeige zurückzugeben. Neuer Boxkampf zwischen den beiden. Der Luzerner Moser, ein robuster Geselle mit einem grossen Kapuzinerbart, packt die biblische Mähne Bringolfs und schmettert ihn gegen die Glastür. Zwei stämmige Berner fangen den misshandelten Kommunisten auf und helfen ihm aus dem Saal. Die NZZ rügt:

> Herr Dollfus hätte aus Respekt vor dem Parlament nicht schlagen sollen und trägt deshalb die grössere Hälfte der Schuld. Herr Bringolf hat eine provokatorische und flegelhafte Haltung eingenommen und verdient deshalb kein Bedauern. Gesamtresultat: Das Ansehen des Nationalrates erleidet wieder eine Einbusse, das Parlament ist im Begriff, einen neuen Ton einzuführen, an dem das Volk wenig Freude haben wird.

In der letzten Woche der Wintersession 1930 vertritt Pilet im Parlament erstmals den Haushalt der Staatsbahnen. Für ihn war das Jahr 1929 der «Gipfelpunkt der wirtschaftlichen Prosperität». Das folgende Jahr werde um etwa 20 Millionen Franken schlechter abschliessen – 10 Millionen weniger Einnahmen, 10 Millionen mehr Ausgaben. In Deutschland rechne man für 1930 für die Reichsbahn mit einem Defizit von 100 Millionen Mark. Wir müssten froh sein, dass wir bei uns immer noch einen Gleichgewichtszustand haben, den es zu bewahren gilt.

34. Krieg der Häuptlinge

Am Samstag, 15. November 1930, empfängt Pilet «auf dessen Wunsch» Oberst Robert Jaquillard, Kommandant des Infanterieregiments 1 und im Zivilleben Chef der Waadtländer Kantonspolizei. Jaquillard, ein Duzfreund, beklagt sich über seinen Vorgesetzten Charles Sarasin, den Kommandanten des 1. Armeekorps. Sarasin, ehemaliger Geologieprofessor in Genf und nun Berufsmilitär, hat Streit mit verschiedenen ihm unterstellten hohen Offizieren, darunter Divisionär Ernest Grosselin von der 1. Division, Pilets ehemaligem Chef, und Roger de Diesbach, dem Kommandanten der 2. Division. Jaquillard erklärt, dass, wenn Sarasin bleibt und Grosselin seine Rücktrittsdrohung wahr macht, auch er gehen werde. Pilet versucht seinen erregten Freund zu beruhigen.

Gleichentags triff er in Lausanne Oberst Perrier, der sich ebenfalls über Sarasin beschwert. Auch er will gehen, wenn Sarasin bleibt. Das welsche Offizierskorps sei zutiefst demoralisiert. Grosselin dürfe nicht zurücktreten und müsse weiter die 1. Division führen.

Pilet und sein ehemaliger Chef Grosselin sind befreundet. Wenn Divisionär Grosselin Geschäfte in Bern hat, besucht er seinen ehemaligen Adjutanten Pilet am Scheuerrain. Sie schreiben sich regelmässig. In seinen Briefen spricht Grosselin den Bundesrat mit *mon colonel* an. Pilet will sehen, was er tun kann. Er empfiehlt den welschen Offizieren, vorläufig jede Pressepolemik, jede Interpellation im Parlament und jede Opposition gegen die Militärkredite zu unterlassen. Am Montag, 17. November, schickt er dem Kollegen Minger einen handgeschriebenen Brief, der so endet:

> Die Ruhe wird erst einkehren, wenn Sarasin gegangen ist. Durch seine oft oberflächlichen und ungerechten Urteile, die fast immer bösartig sind, durch seine ewige und bissige kritische Haltung, durch seine sonderbaren Kehrtwendungen, seine Widersprüche am Rande der Illoyalität, durch die Entmutigung, die er im Offizierskorps säte, hat er einen solchen Hass auf sich gezogen, dass früher oder später sich nolens volens seine Beurlaubung aufdrängen wird. Karthago muss zerstört werden.

> Unnötig zu sagen, dass viele die unter unseren *grands chefs* ausgetauschte Korrespondenz kennen; es genügte ein ... Nichts, dass sie veröffentlicht würde. Das wäre eine schöne Geschichte! Ich habe mein Bestes getan, die Wogen zu glätten.

Minger ist natürlich über den Krieg der Häuptlinge auf dem Laufenden. Im Moment, wo er mühsam dem Parlament Kredite für eine Modernisierung der Armee abzutrotzen versucht, wäre ein Skandal unter seinen höchsten Offizieren das Letzte, was er braucht. Während Pilet kategorisch die Entlassung Sarasins fordert, geht der sonst für sein stürmisches Temperament bekannte «Rüedu» Minger besonnener vor. Er lässt Generalstabschef Roost die näheren Umstände des Konflikts abklären und beauftragt ein Ehrengericht mit der Schlichtung des Streits zwischen Korpskommandant Sarasin und Divisionär de Diesbach. Beide sind ehemalige Kavalleristen, wie auch der Präsident des Ehrengerichts, der für sein Verhandlungsgeschick bekannte Korpskommandant a. D. Wildbolz. Wildbolz beruhigt die Streithähne. Sie reichen sich die Hand.

Wenn welsche Offiziere mit Entscheiden des Militärdepartements oder des von Deutschschweizern geführten Generalstabs nicht einverstanden sind, wenden sie sich an ihren Kameraden im Bundesrat, Oberstleutnant Pilet. Ärger bereitet das neue «Dienstreglement 1933», das von den Welschen als zu «preussisch» empfunden wird. Sie laufen Sturm gegen den «lächerlichen» Taktschritt. Major Roger Masson, der spätere Chef des Nachrichtendiensts, schreibt: «Unsere welschen Truppen sind instinktiv gegen den Drill, der den Menschen seiner Persönlichkeit beraubt und ihn zu einem niedrigeren Wesen macht.»

Pilet muss dem besonders insistierenden Nationalrat Pierre Rochat mitteilen, dass der Bundesrat leider nun auch die französische Fassung des Dienstreglements genehmigt habe. Er hat nichts machen können. Minger werde allerdings Weisung geben, dass beim Taktschritt nicht übertrieben werde und dieser nur auf dem Feld und nicht bei Défilés in Städten ausgeführt werde. Spöttisch schreibt Pilet von einem Vorbeimarsch in Zürich, wo die Soldaten auf dem Bahnhofplatz derart stark mit ihren Nagelschuhen auf den Boden gestampft hätten, dass man die Musik nicht mehr hören konnte. «Überhaupt kein Rhythmus mehr, völliges Durcheinander, Gelächter in der Menge, um nicht von Pfiffen zu reden.»

35. Service public

Das Radio steckt 1930 noch in den Kinderschuhen. Seit 1909 liegt die Oberaufsicht über Telegrafie- und Telefonverkehr und damit auch über dem Radio beim Post- und Eisenbahndepartement. Man will in der Schweiz keine «amerikanischen Verhältnisse» und kein «Chaos im Äther» mit Tausenden frei aus dem Boden schiessenden Radiostationen. Bis 1926 haben sich fünf lokale Radiosender etabliert, die sich darauf einigten, zusammenzuarbeiten und die vom Bund verordneten Konzessionsgebühren unter sich zu verteilen. Nach dem Muster der britischen BBC soll der Schweizer Rundfunk ein *service public* werden. Der Bundesrat beschliesst den Bau zweier Landessender, einen für die welsche und einen für die deutsche Schweiz.

Am 21. März 1931 spricht Bundesrat Pilet-Golaz zur ersten Delegiertenversammlung der eben gegründeten Schweizerischen Rundspruchgesellschaft (SRG):

> Denken wir daran, dass der Rundfunk für das Publikum gemacht ist und nicht das Publikum für den Rundfunk. Seine Wünsche, sein Geschmack, seine Bestrebungen gilt es zu verstehen. Wir sollen das Publikum leiten, bereichern, inspirieren. Aber wir dürfen ihm keine Ethik aufzwingen, die es nicht will oder die ihm fremd ist. Schönheit, die sich aufdrängt, tut dem Menschen Gewalt an. Erklimmen wir jene Höhen, die jeder erreichen sollte, aber gebärden wir uns nicht als Himmelsstürmer.

Pilet zeigt sich liberal und tolerant. Gleichzeitig hat der vom Weltkrieg Gebrannte eine chronische Angst vor Zwietracht und Chaos:

> Der Rundfunk darf nichts unternehmen, was die politische und moralische Ruhe der Bürger, ihre Einsicht und ihr Einvernehmen trüben könnte. Kein Kampf, keine Propaganda und keine Polemik …

In der Junisession 1931 geht es um Radiofragen. Der St. Galler Sozialistenführer Johannes Huber kritisiert, dass ein Redner am schweizerischen Rundfunk vorher sein Manuskript zeigen muss. Er vergleicht den schweizerischen Telegrafenminister Pilet-Golaz mit Metternich, wirft ihm Verrat an den Waadtländer Freiheitsbegriffen vor und versucht «den höflich, heiter, mit einem roten Röschen im Knopfloch zuhörenden Herrn Pilet aus der Contenance zu bringen». Pilet beharrt auf der Vorzensur:

> Diese Regel muss natürlich auch auf die Aussenpolitik angewendet werden, weil der Rundfunk bei uns einen offiziellen Charakter hat und weil man den Staat für jedes Wort verantwortlich machen kann, das allenfalls die internationalen Beziehungen kompromittieren könnte.

Huber möchte, dass vor den Oktoberwahlen jeder Partei jeweils an einem Abend pro Woche Sendezeit erhalte. Pilet will nichts davon wissen. Wenn man das Radio in den Dienst der Politik stelle, bestehe die Gefahr, dass die Partei, die an der Macht ist, es gegen die Minderheiten missbrauche.

Auch im Dezember muss Pilet Interpellationen zum Radio beantworten. Zu den häufigen Pannen, über die sich die Hörer beklagen, erklärt Pilet, dass ein Radiosender eben kein einfacher Apparat sei, wie etwa ein kleiner Heizkörper, der ein Arbeitszimmer wärme, sondern eine «komplizierte, ich würde sagen, beinahe lebende Installation». Welsche Hörer reklamierten eher als die Hörer von Beromünster.

> Wieso? Wahrscheinlich wegen des Temperaments. Unsere *confédérés* leiden im Stillen. Dies ist bemerkenswert. Ich gratuliere ihnen. Aber vielleicht ist dies auch nicht ganz glücklich. Wenn nämlich die Romands leiden, protestieren sie. Und weil sie protestieren, hören sie auf zu leiden. Dies ist vielleicht besser so. Die Freude am Protestieren lässt Kummer und Leid vergessen.

Zu den Programmen hat Pilet wenig sagen. Die Rolle des Bundes sei rein technisch:

> Wir haben noch nicht daran gedacht – und ich hoffe, wir werden noch lange nicht daran denken –, aus der Verwaltung die grosse geistige Herrin des Rundfunks zu machen. Eine offizielle Kultur! Eine offizielle Kunst! Was gibt es Langweiligeres als ein Auftragsgedicht? Was gibt es Öderes als ein Bild, das im Voraus für ein Lokal bestellt worden ist, um ein bestimmtes Sujet zu feiern? Und die offiziellen Reden erst? Sprechen wir nicht davon.

36. Privates

Pilet neigt zu einer gewissen Hypochondrie und hält seine Gesundheit für *fragile*. Wie auch Tillon ist er oft erkältet und leidet an Magenverstimmungen. Jacques Pilet wird sich erinnern, dass sein Vater jeweils an Weihnachten bemerkte, dies könne seine letzte sein.

In seiner Sitzung vom 25. März 1931 entscheidet der Bundesrat, Witwen und Waisen zu unterstützten, deren Männer oder Väter in der Übergangszeit vor dem Inkrafttreten eines Gesetzes über die Alters- und Hinterlassenenversicherung sterben. Pilet denkt an die eigene Familie. Am darauffolgenden Sonntag macht er sein Testament. Für den Fall seines Ablebens hält er einige Punkte fest, die nichts mit der Verteilung seines Besitzes zu tun haben:

1. Wenn mein Sohn Jacques Vollweise ohne Vater und Mutter bleiben sollte, wünsche ich, dass mein Vater Edouard Pilet-Schenk in Lausanne als Vormund bezeichnet wird; bei seiner Verhinderung oder nach ihm mein alter und sehr lieber Freund, Louis Déverin, Professor an der Universität Lausanne.
2. Ich verlange nicht, eingeäschert zu werden, aber ich widersetze mich dem auch nicht. Die Umstände werden zweifellos den Entscheid bestimmen, den die Meinen in dieser Hinsicht treffen werden. Dagegen wünsche ich inständig, in waadtländischer Erde zu ruhen, wenn möglich in der Familiengruft, die im Bois de Vaux reserviert ist und für die mein Cousin Alexandre Pilet, Architekt, die Pläne vorbereitet. Ich hoffe, dass später, viel später, meine viel geliebte Frau dort zu mir stossen wird.
3. Ich bitte die Meinen und allenfalls meine Kollegen im Bundesrat — denen ich für ihre Freundschaft und das Vertrauen, das sie mir weiterhin bezeugen, dankbar bin, ganz besonders Monsieur Häberlin — bei meinem Ableben auf jede offizielle Trauerfeier zu verzichten. Ein Gottesdienst in kleinem Kreis, nichts mehr.
Dieser Wunsch ist mir nicht von einem Gefühl der Verachtung eingegeben worden. Ich verachte die Menschen nicht, ich bedaure sie oft, ich bewundere viele unter ihnen. Aber es gibt viele, die, von Eitelkeit erfasst, aus Geltungsdrang, um, wie man in meinem Kanton sagt, sich «*honneurs*» zu sichern, aufgehört haben, aufrecht,

> ehrlich und mutig zu sein, das Volk zu führen und nicht ihm zu schmeicheln. Deshalb sehe ich mit Schrecken, was diesen abscheulichen Hang, Zeichen einer gefährlichen Schwäche, begünstigen kann. Ist nicht alles neben Gott Nichtigkeit?
> 4. Auf meinem Grab beschränke man sich auf folgende Aufschrift, ohne Titel und ohne Erwähnung irgendwelcher Ämter:
> Marcel Pilet-Golaz
> 1889 – 19..
> 5. Meine Frau soll wissen, dass sie das grosse Glück meines Lebens war und mein Sohn soll meiner strengen – vielleicht? –, aber tiefen Zuneigung versichert sein.
> Pilet-Golaz

Der Herr Bundesrat hat Vaterpflichten. Jacques, knapp neun, hat seinen eigenen Kopf und muss gelegentlich zurechtgewiesen werden. Am 18. Juli schreibt der Papa seinem bei einer Mademoiselle Vuilleumier im Welschland in den Ferien weilenden *cher enfant*:

> Kennst du deinen Vater wirklich so schlecht, um zu glauben, dass er auf einen einmal gefassten Entscheid zurückkommt, einzig, weil du es wünschst und insistierst? Du wärest sehr erstaunt – und, hoffe ich, enttäuscht –, wenn ich es täte. Ich habe dir erklärt, wieso ich dir nicht erlauben konnte, deinen Kinoapparat mitzunehmen. Nur weil deine Kameraden anderer Meinung sind, haben meine Argumente nichts von ihrem Wert eingebüsst.

Der Vater ist auch enttäuscht über die schludrigen und von Fehlern strotzenden Mitteilungen des Jungen. Fünf Fehler auf fünf Zeilen! Wenn das so weiter gehe, werde er ihn täglich ein Diktat machen lassen. Die fehlerhafte Karte inklusive Korrekturen schickt der Vater Jacques zurück. Erinnert er sich an die ihm einst von der Mutter verordneten Diktate? Pilet möchte auch, dass der Sohn nicht nur schreibt, um irgend etwas von den Eltern zu verlangen, sondern auch kurz sagt, ob es ihm gut gehe. Aber der Vater will den Brief nicht «saursüss» enden:

> Wir, die Mutter und ich, wünschen euch allen gute Gesundheit. Möget ihr euch im guten und warmen Licht herumtollen, bald auch baden. Iss und schlaf gut. Laufe mit vollen Lungen in der frischen Luft, bereite Mademoiselle Freude und sei fröhlich.

Er unterzeichnet den Brief mit dem Übernamen, den ihm der Sohn gegeben hat: «*Tendrement, La Pape*».

Im Oktober wird der Wahlkampf mit harten Bandagen geführt, doch im Ergebnis bleibt alles mehr oder weniger beim Alten. Verschiebungen bei den Mandaten beschränken sich auf ein bis zwei Sitze.

Fern vom politischen Rummel kann sich Marcel Pilet-Golaz mit Frau und Sohn einige Felientage im Tessin gönnen. *La Suisse* hat seinen Ferienort Cassarate erraten, was ihm «trotz getroffener Vorsichtsmassnahmen» die unerwünschte Zustellung von Briefen einträgt. Wahre Ruhe, so schreibt er seinem Vater, hat ein Politiker eben nur im Ausland. Das Wetter ist schön, die Temperatur angenehm. Bei einer Wanderung der Familie über den San Salvatore muss man sich zur Mittagszeit wie in den Hundstagen den Schweiss abwischen.

> Wir waren nicht die Einzigen, die die Sonne schätzten. Auf dem engen und holprigen Pfad, dem wir entlanggingen, begrüsste uns mit ihrem Rascheln eine von Stein zu Stein hüpfende prächtige Viper. Von da an schauten wir trotz der Schönheit der Landschaft brav, wohin wir unsere Füsse setzten.

Auch seine Meinung über den Gang der Welt tut Sohn Marcel dem Vater Edouard kund:

> Wenn Russland nicht über alle Übel der alten kapitalistischen Welt höhnte, wenn Deutschland nicht zwischen zwei Diktaturen zauderte, wenn England nicht auf die Prinzipien, die während Jahrhunderten seine Grösse und seinen Stolz ausmachten, verzichtete, und wenn China und Japan nicht zeigten, wie leicht Macht anstelle des Rechts tritt, wenn ich nicht wäre … was ich bin, wäre der kurze Ferienaufenthalt in Castagnola köstlich …

Er hat dem Vater geschrieben, weil er ein Anliegen hat: «Du weisst, dass ich seit Langem ein kleines Bauerngut suche, am liebsten an der Côte zwischen Aubonne und der Promenthouse.» Er habe nun über eine vorgeschobene Berner Person ein Inserat aufgegeben. Unter den Antworten dünkte ihn eine interessant:

> Das Bauerngut scheint gut gebaut und relativ gut gelegen. Bleibt herauszufinden, ob der Boden gut ist und die Gebäude gut erhalten. Der Preis scheint auf ersten Blick normal, sogar günstig. Aber all dies muss nachgeprüft werden. Da es sich um eine Gegend handelt, die du gut kennst, würdest du dies übernehmen, ohne vorerst zu sagen, dass es mich betrifft? Danke zum Voraus.

37. Kampf um die AHV

Ein am 6. Dezember 1925 von Volk und Ständen 1925 angenommener Verfassungsartikel verpflichtet den Bund, eine Alters- und Hinterlassenenversicherung einzuführen. Offen blieben damals die Art der Finanzierung und die Frage, ob die Versicherung für alle obligatorisch sein solle.

Zuständig für das Ausführungsgesetz ist Volkswirtschaftsminister Edmund Schulthess, der in der AHV ein Werk sieht, «das den breiten Massen des Volkes nach einem Leben voller Arbeit Sicherheit gegen Not und Elend bietet». Die Vorlage, die im Sommer 1931 vor die Räte kommt, sieht für die Finanzierung ein Umlageverfahren vor, zudem das Obligatorium, öffentliche Kassen, Einheitsprämien und bescheidene Einheitsrenten ab dem 66. Altersjahr. Im Juni stimmt der Nationalrat dem «Projekt Schulthess» mit 163 zu 12 Stimmen zu. Mit 30 zu 5 Stimmen sagt auch der Ständerat ja. Offenbar trügt das Ergebnis. Chefredaktor Georges Rigassi behauptet in der *Gazette,* das klare Resultat sei «keineswegs ein Indikator für die Volksgefühle». Das Referendum wird ergriffen.

Der November 1931 steht im Zeichen des AHV-Abstimmungswahlkampfs. Im Bundesrat beginnt man am Erfolg zu zweifeln. Schulthess eilt von Veranstaltung zu Veranstaltung, hält schwungvolle Reden und imponiert den anspruchsvollen Welschen mit seinem ausgezeichneten Französisch. Auch Motta, Häberlin, Minger und Pilet legen sich ins Zeug. Meyer als Exponent des skeptischen Zürcher Freisinns eine Spur weniger. Musy gar nicht. Wie schon beim Getreidemonopol schert der Freiburger aus. Obwohl er im Bundesratskollegium keinen offenen Widerstand gegen die Vorlage geleistet hat, zieht er für die Gegner die Fäden.

In der welschen Schweiz sieht man im «unföderalistischen» AHV-Gesetz einen Schritt auf dem Weg zum Staatssozialismus. Der von Musy angestachelte rechte Flügel der Katholisch-Konservativen und die meisten Liberalen bekämpfen die Vorlage. In vorderster Front der Gegenseite stehen katholische Geistliche und die liberalen Blätter *Gazette de Lausanne* und *Journal de Genève.* Einflussreiche welsche Journalisten, die gewöhnlich Pilet gut gesinnt sind – Grellet, Payot, Rigassi, Savary und Béguin –, setzen sich für das Nein ein.

An einem ausserordentlichen Kongress der Waadtländer Radikalen verteidigt Pilet das AHV-Gesetz.

> Die Krise ist hier. Sie hat sich in unserem Land eingenistet. Sie ist über unsere Nord- und Ostgrenzen eingedrungen. Sie hat in Amerika und England angefangen und sich dann breit und tief verteilt. Sie wird uns erschüttern. Machen wir uns in dieser Beziehung keine Illusionen, aber lassen wir uns nicht kleinkriegen … Die Krise, sei sie nun wirtschaftlich, politisch oder moralisch, ist fast so alt wie die Welt selbst. So alt wie die biblische Geschichte, in der die menschlichen Erfahrungen zusammengefasst sind und die uns lehrt, dass nach den fetten Jahren die mageren kommen; sie lehrt uns aber auch, dass nach den mageren Jahren wieder die fetten kommen.

Die Krise, fährt Pilet fort, kann überwunden werden. Die einfachen, aber nicht leichten Mittel dazu liegen nicht in «Vorschriften, Organisationen, Mechanisierungen und Überlagerungen», sondern erst einmal in der Arbeit und im Sparen. Dies heisse nicht, auf alle Ausgaben verzichten, nur auf die überflüssigen. Nützliche Aufgaben gibt es immer noch, wie eben die Altersversicherung. Dabei gehe es um mehr als ein Prinzip, es gehe um «die Zivilisation, auf die wir stolz sind».

> Glauben wir, dass die Zivilisation aus Lokomotiven, Autos, Flugzeugen und Radios, aus Gas und chemischen Produkten besteht? Vielleicht. Glauben wir, dass alle diese technischen Errungenschaften genügen, um zivilisiert zu sein, dass der Starke weiter den Schwachen ausbeutet, dass der reife, gemachte Mann sich nicht ums Kind und den Greis kümmern soll? Soll das die Zivilisation sein? Das wäre eher Barbarei, eine glänzende Barbarei, aber grausamer und zynischer als die primitive Barbarei. Nein, die Zivilisation, und Ihr wisst dies so gut wie ich, liegt ganz im geistigen Bereich, im moralischen Fortschritt. Die Zivilisation ist die Grundlage zu allem. Sie ist die Achtung vor dem Recht, sie ist die Sorge um die Gerechtigkeit, sie ist die Solidarität. Die Zivilisation ist die Unterstützung, die der Starke dem Schwachen gibt und die Dankbarkeit des Schwachen gegenüber dem Starken; die Zivilisation ist der kluge Mensch, der das Menschlein, das auf die Welt kommt, fürsorglich empfängt und den Menschen, der die Welt verlässt, zärtlich begleitet.

Pilet predigt nicht nur, er argumentiert auch als gewandter Jurist. Vom föderalistischen Standpunkt aus «der uns allen so sehr am Herzen liegt», gebe es nichts zu bemängeln. Die Kantone kassieren die Prämien ein, die Kantone bestimmen die Höhe der Renten, alle Details werden von den Kantonen geregelt. Das Gesetz bringt keine neuen Beamten, keine fernen Büros, keine Beschwerdegänge nach Bern. «Alles spielt sich im Kanton und in der Gemeinde ab, mit Leuten, die man kennt.» Zum Schluss sagt Pilet, er sei sicher, dass das Schweizervolk mit *bon sens* handeln und ja stimmen werde.

Je näher es dem Abstimmungstag zugeht, desto unsicherer scheint der Ausgang. Die Verschärfung der Wirtschaftskrise und die rückläufigen Steuer- und Zolleinnahmen lassen Zweifel aufkommen, ob das Sozialwerk sich überhaupt finanzieren lässt. Angesichts rapid steigender Arbeitslosigkeit haben die Leute andere Sorgen, als ans Alter zu denken.

Dann platzt ein politisches Bömbchen. Vier Tage vor der Abstimmung kündigt Musy einen bevorstehenden Lohnabbau beim Bundespersonal an. Eine der Extratouren des Freiburgers, im Widerspruch zum ausdrücklichen Bundesratsbeschluss. Die Kollegen sind empört. Häberlin stellt Musy telefonisch zur Rede. In der Bundesbahnkommission distanziert sich Pilet vom Freiburger. Am vierten Dezember notiert Häberlin:

> In der Bundesratssitzung geht es zahm zu und her. Musy hat sich nämlich vorher entschuldigt ... Dann sagt er noch, er hätte Auftrag gegeben, den Absatz über Lohnabbruch wegzulassen, was durch ein Versehen unterblieben sei. *Das glaube nun, wer wolle.*

Zwei Tage später folgt für sechs der sieben Bundesräte die Ernüchterung. Das Abstimmungsergebnis am Sonntagabend ist – in Häberlins Worten – «ganz bös». 511 656 Nein gegen 493 565 Ja. Die Waadt verwirft wuchtig im Verhältnis drei zu eins bei einer Stimmbeteiligung von 89 Prozent. Eine schmerzhafte Niederlage für ihre staatstragende Radikale Partei und deren Bundesrat Pilet-Golaz.

38. Ein Bauernhaus im Waadtland

Im März 1931 kauft Pilet im Namen seiner Frau für 55 000 Franken den Bauernhof Les Chanays, auf den er ein Auge geworfen hat. Einschliesslich eines Wäldchens im Umfang von 40 Aren, umfasst das Gut 12 Hektaren. Es liegt in der Nähe von Essertines, fern der grossen Verkehrsadern hinter dem Hügelzug, der den Genfersee umringt. Pilet lässt das «alte, baufällige, ungenügende» Wirtschaftsgebäude renovieren. Inklusive Nebenkosten kommt das Anwesen auf 80 000 Franken zu stehen, was «es reichlich wert ist». Mathilde Pilet-Golaz nimmt beim Crédit Foncier Vaudois eine Hypothek von 50 000 Franken auf.

Pilet hat mit drei Brüdern Gaillard einen auf sechs Jahre befristeten Pachtvertrag abgeschlossen. Die Pächter verpflichten sich, den Hof «als gute Landwirte zweckmässig und rational zu führen». Nach Ende der Pacht «müssen die Bauern bei ihrem Auszug den ganzen nicht gebrauchten Misthaufen, insbesondere den während der Wintersaison erzeugten, das nicht verwendete Stroh und mindestens 50 Kubikmeter Viehfutter zurücklassen».

Der Verpächter behält sich das Benützungsrecht für ein Zimmer vor. Wenn er, ob allein oder von Mitgliedern seiner Familie oder Dritten begleitet, sich in diesem Zimmer aufhält, kann er das WC und die Waschküche benutzen. «Ausserdem müssen die Bauern ihm zu dem in der Gegend gängigen Tagespreis die aus dem Bauerngut stammenden Nahrungsmittel – Wurstwaren, Geflügel, Eier, Milch, Gemüse, Früchte etc. – liefern, ebenso wie das Brennholz, das er benötigen wird.» In den nächsten Jahren wird der neue Gutsbesitzer Ferientage und, wenn immer möglich, das Wochenende in Les Chanays verbringen. Sein Sohn erinnerte sich später:

> Ganz am Anfang schliefen, kochten, assen und wohnten wir in einem einzigen mit Holz geheizten Zimmer ohne fliessendes Wasser. Im Lauf der Jahre hat mein Vater das Bauernhaus nach und nach vergrössert, den Wirtschaftsteil umgestaltet und unsere Wohnlokalitäten geräumiger und bequemer gemacht.

Nachdem Vater Edouard Pilet im Namen seiner Schwiegertochter ein angrenzendes Feld von 200 Aren für 6000 Franken dazugekauft hat, beträgt der Pachtzins für Les Chanays 2300 Franken. Knapp ein Jahr nach dem Kauf des Bauernhauses erhält Monsieur Pilet-Golaz, *conseiller fédéral,* einen unerwarteten Brief. Darin bittet ihn der Präsident der «Schlichtungskommission in Sachen landwirtschaftlicher Pacht», sich am Montag, 27. März 1932, um 14 Uhr 15 an der Sitzung der Kommission vertreten lassen zu lassen. Pilets «Bauer in Essertines s/Rolle» hat der Kommission ein Gesuch zur Reduzierung seiner Pacht um Fr. 10.– per *pose* (Jucharte) gestellt.

Am 31. März schreiben auch die Brüder ihrem Verpächter: «Monsieur muss sehr erstaunt gewesen sein, von der Schlichtungskommission einen Brief erhalten zu haben.» Sie begründen ihr Gesuch um Herabsetzung der Pacht mit der desolaten Situation der Landwirtschaft. Alles hat abgeschlagen, die Milch zweimal und das Vieh um die Hälfte. Die Ernte war schlecht: «Wir haben dem Bund nur sechs Säcke liefern können, gerade genug, um das Dreschen zu bezahlen.» Nach Zahlungen für Miete und Dünger bleibe für sie nichts übrig. Deshalb habe man sich an die Kommission gewandt, wo man ihnen gesagt habe, sie hätten sich zuerst an den Eigentümer wenden sollen. Was sie hiermit täten:

> Wir wollen gegenwärtig die Pacht nicht kündigen, nachdem wir alle Unannehmlichkeiten des Umbaus ertragen mussten. In der Hoffnung, die gute Harmonie zwischen uns beizubehalten, *recevez Monsieur et Madame Pilet nos respectueuses salutations.*

Die Antwort des bundesrätlichen Verpächters hat sich gewaschen:

> *Messieurs,* wie Sie mir schreiben, hat mich die Mitteilung, die ich vom Präsidenten der Schlichtungskommission erhalten habe, überrascht. Überrascht ist allerdings nicht das Wort; verblüfft wäre richtiger, um nicht zu sagen entrüstet.

Die Pachtbedingungen, so Pilet weiter, gehörten zu den «mildesten». Für gleichartige Böden mit einer oft weniger leichten Bewirtschaftung würden pro Jucharte üblicherweise nicht 75, sondern zwischen 80 und 90 Franken bezahlt.

> Es versteht sich von selbst, dass Sie im ersten Jahr gewisse Mühe und gewissen Ärger haben. Dies ist immer so. Sie sind nicht die Einzigen gewesen. Der Besitzer hat seinen Anteil daran gehabt, in einer vielleicht teureren Form. Übrigens lehrt die landwirtschaftliche Erfahrung, dass man säen muss, bevor man erntet. Ich weiss wohl, dass man

in der heutigen Zeit ernten will, bevor man sät. Dies ist vermutlich der Grund, wieso man nichts findet.

Pilet ist auch deshalb wütend, weil vierzehn Tage zuvor, als er sein Bauernhaus besuchte, die Gebrüder Gaillard ihm kein Wort über ihre Unzufriedenheit gesagt haben, obschon sie ihr Gesuch an die Kommission bereits abgeschickt hatten. Der Bundesrat wirft den Pächtern Mangel an Loyalität, Offenheit und Korrektheit vor, «die allein die Beziehung zwischen Eigentümer und Bauer angenehm und vertrauensvoll gestalten». Jetzt sei er gewillt, die Pacht zu kündigen: «Wie ich mich kenne, wird es mir schwerfallen, ein Vertrauen wieder zu finden, das ich verloren habe.»

Die Schlichtungskommission tagt und kommt zu einem salomonischen Entscheid. Die Gebrüder Gaillard hätten wegen der schlechten Ernte tatsächlich einen «ziemlich beträchtlichen» Verlust gemacht. Aber mit ihrem Gesuch um Herabsetzung der Miete hätten sie die elementarsten Anstandsregeln verletzt. Sie hätten die Sache zuerst ihrem Besitzer unterbreiten müssen. Die Kommission sei einstimmig der Ansicht, dass die Pacht von Fr. 75.– absolut gerechtfertigt und das Gesuch der Bauern unzulässig sei. Trotzdem bittet sie Herrn Pilet, «die Möglichkeit zu prüfen, Ihren Bauern, als Entschädigung für die im ersten Jahr erlittenen Verluste, eine Ermässigung von Fr. 300.– zu gewähren.»

Ende gut, alles gut. Zwischen Bauer und Bundesrat findet man eine einvernehmliche Lösung. Einmal mehr hat Waadtländer *bon sens* – oder ist es gut eidgenössischer Kompromissgeist? – gesiegt.

39. Dichter müsste man sein

1931 heiratet Henry Vallotton in zweiter Ehe die 30-jährige Bernerin Yvonne (Renée), geborene von Freudenreich, die sich von ihrem ersten Mann, dem Juristen Erich von Wattenwyl, hat scheiden lassen. Als Rainer Maria Rilke 1919 in Bern aufgetaucht war, um eine Bleibe in der Schweiz zu suchen, wurde Renée seine gute Fee. Der Dichter korrespondierte mit ihr bis zu seinem Tod 1926. Nach seiner Heirat mit Renée spielt Henry mit dem Gedanken, die politische Laufbahn aufzugeben, und teilt dies auch Marcel mit. Ein Telefongespräch zwischen den beiden Freunden ist dann – wie Vallotton Pilet schreibt – entscheidend für seinen Entschluss, in der Politik weiter zu machen.

Die Waadtländer Radikalen haben nach dem altersbedingten Rücktritt Gaudards und dem Tod Maillefers Vallotton bitter nötig. Bei den Nationalratswahlen im Oktober 1931 erzielten die Sozialisten in der Waadt deutliche Stimmengewinne. In bürgerlichen Kreisen befürchtet man, dass die Stadt Lausanne wie zuvor Zürich, Biel, La Chaux-de-Fonds und Le Locle ins rote Lager kippen könnte, was dann im November 1933 auch geschehen wird. Mit Schwung macht sich Vallotton Anfang 1932 daran, den zerstrittenen Bürgerblock in Stadt und Kanton zu einen. Er gründet die überparteiliche Association Patriotique Vaudoise mit dem Ziel, «Vereine, Männer, Frauen und Jugendliche zusammenzubringen, die für die Aufrechterhaltung unserer nationalen Institutionen kämpfen, sich jedem Programm mit revolutionärer Tendenz widersetzen und das Vaterland und die Ordnung, welche die Grundlage unserer Demokratie sind, verteidigen wollen». Einer der Vizepräsidenten der von Vallotton geführten neuen Gruppierung ist der Kommandant der 1. Division, Henri Guisan. Vallotton will die Taufe der neuen Vereinigung gebührend feiern und wählt den Tag des Eintritts der Waadt in die Eidgenossenschaft, den 14. April, als Datum für eine grosse Kundgebung aus. Anwesend sind die Waadtländer und Lausanner Regierungen in corpore, sämtliche Präfekten des Kantons, hohe Militärs, Bundespräsident Motta, Bundesrat Pilet-Golaz und alt Bundesrat Chuard. Die Feier findet nicht in einem der Säle statt, in denen sonst politische Veranstaltungen abgehalten werden, sondern in der festlich von Scheinwerfern beleuchteten Kathedrale.

Nach Grussworten an Motta würdigt Vallotton den Waadtländer Bundesrat, seinen Freund Marcel Pilet-Golaz, mit dem ihm eigenen Pathos:

> Hier, auf diesem seit vierzehn Jahrhunderten gottgeweihten Stück Erde, dieser Kathedrale, die Zeuge ist der ganzen Geschichte dieses *pays*, haben Sie Ihren ersten Treueschwur geleistet, 1921 als Abgeordneter im Waadtländer Grossen Rat. Acht Jahre später wurden Sie Bundesrat. Sie stehen an der Schwelle Ihrer Karriere in Bern. Aber bereits jetzt trägt Ihre glänzende Intelligenz, Ihre grosse Arbeitskraft, Ihre erstaunlich rasche Auffassungsgabe, Ihr zäher Wille und die Sicherheit Ihres Urteils Ihnen die Wertschätzung all derer ein, mit denen Sie zusammenarbeiten. In den schwierigen Augenblicken Ihrer Karriere, in den Stunden der Beklommenheit oder des Zweifels, denken Sie daran, dass das Waadtländer Volk Sie liebt und dass Sie ganz auf seine Treue zählen können.

Die Schmeicheleien sind des Guten etwas gar viel. Nach der von der *Union chorale* gesungenen «Invocation» Mozarts folgt die ungeduldig erwartete Ansprache von *M. le conseiller fédéral* Pilet-Golaz. Man habe ihn gebeten, das Waadtländer Vaterland zu feiern, beginnt er, «welch riskante Ehre!». Denn, «um die unzähligen Schönheiten unseres Landes zu besingen, müsste man Dichter, Maler, Musiker sein. *Hélas!* Ich bin nichts von alledem.»

Trotzdem hebt Pilet zu einer Hymne auf das *pays de Vaud* an. Er feiert die vier Jahreszeiten seines schönen Kantons: Winter, «das raue Vallée der kalten Januare. Die bittere Bise, die aufs Gesicht prasselt, das Blut durchpeitscht, den Schritt zur sicheren Wohnung beschleunigt …»; es folgt «der zärtliche Frühling der hübschen Côte, am Rand des klaren Gestades, wo die Wellen auf den feinen Sand plätschern …»; dann der Sommer des Jorat. «Die langsame Glocke des Weilers lässt zwölf Schläge auf die zitternde Luft niederfallen. Der grosse Bauernhof mit dem roten Dach schlummert im Heu sanft ein.» Schliesslich der «flammende Herbst» des Lavaux. «Die Lieder klingen fröhlich in den Reben. Die Freude lacht, der Tanz dreht sich. Das Leben hüpft aus den gezuckerten Bottichen.»

Nach seiner Hymne auf die Natur malt Pilet das Bild des Waadtländers, der oft weich scheine, weil die Vorsehung ihn verwöhne:

> Die Schwierigkeiten sind nicht seine Sache. Er versucht lieber, sie zu umgehen, als sie zu bezwingen. Wenn er sie anpacken muss, dann zögert er, drückt sich vor ihnen. Er weiss ja, dass die Zeit nachsichtig ist, dass sie es übernimmt, die Dinge ins Lot zu bringen.

Der Waadtländer ist Geniesser, er veorschmäht die Güter dieser Welt nicht. Sie sind vergänglich, pflücken wir sie!

> Der Ärger stellt sich von selbst ein, belasten wir unsere Existenz nicht damit! Ist dies nicht ein wenig unsere tägliche Philosophie? Deshalb, glaube ich, bleiben wir gerne auf der Hut. Wir öffnen uns nur mit berechneter Vorsicht. Wir lieben es gar nicht, uns zu kompromittieren. Wir misstrauen selbst dem Enthusiasmus! Weiss Gott, wohin er uns führen könnte. Don Quijote ist für uns keine Versuchung.

Der «gebieterische Wille», führt Pilet weiter aus, «ist auch nicht unsere Stärke und überbordende Energien beunruhigen uns. Wir haben Mühe, uns aufzuraffen.»

> Als *terriens* [Landleute], die wir sind, als Realisten lehnen wir uns nicht gegen die grossen natürlichen und menschlichen Gesetze auf. Wir erdulden sie mutig, ohne mit dem Wunder zu rechnen, das das Unvermeidliche von uns abwenden könnte. Was wir überhaupt nicht schätzen, sind Scharlatane, Phrasendrescher, die alles versprechen und nichts halten. Wir sind uns bewusst, dass die Welt die Welt ist, ungeachtet der Systeme oder der Regime. Wir vergessen auch nie, dass jedes Leben, ob glänzend oder jämmerlich, auf die gleiche Weise zu Ende geht, und aus dieser Überlegung schöpfen wir die Weisheit, ruhig und besonnen zu sein.

Unter Absingen des Schweizerpsalms endet die *manifestation grandiose*. Zu den Persönlichkeiten, die Pilet zu seiner Ansprache beglückwünschen, gehört auch sein Förderer Ferdinand Porchet, der ihm tags darauf auch noch brieflich für die «bewegende und bewundernswerte Rede» dankt: «Glücklich das Land, das Männer hervorbringt, die seine Stimme verstehen. Glücklich die Männer, die zu sagen wissen, was sie dank dieser Stimme begriffen haben.» Auch Henry Vallotton greift zur Feder. Marcels Rede sei glänzend gewesen «und – erstmals in meinem Leben – habe ich die Note zehn gegeben! Renée hat dir mit Entzücken gelauscht; sie war von deiner Eloquenz und deiner wunderbaren Sprache ergriffen. Ich bin nur traurig, das Tillon an diesem Abend nicht hat bei uns sein können.» War sie wieder einmal unpässlich?

Keine Höchstnote erhält der Bundesrat von Gustave Neuhaus, dem Chefredaktor der Neuenburger Parteizeitung *La Suisse libérale*. Im Gegenteil. In seinem Leitartikel «M. Pilet-Golaz zelebriert das Vaterland» macht sich Neuhaus einen Spass daraus, Stilblüten der bundesrätlichen Ansprache kritisch unter die Lupe zu nehmen: «Man möchte, so wie es Brauch ist, gerne sagen, dass M. Pilet eine schwungvolle

Rede hielt. *Hélas!* Schauen wir uns diesen schönen Schwung des sympathischen Bundesrats an.» Dann zitiert Neuhaus die Worte, die Pilet dem Winter widmete, und macht dazu in Klammer seine spöttischen Anmerkungen:

> Das raue Vallée der kalten Januare (warum nicht warm!), die bittere Bise, die aufs Gesicht prasselt (oh! Ja). das Blut durchpeitscht (und wie!), den Schritt zur sicheren Wohnung beschleunigt. Stellen Sie sich diese Bise vor, die den Schritt zur sicheren Wohnung beschleunigt: welch bösartige Kreatur, allerdings!

Über Pilets Ode auf den waadtländischen Herbst spottet der Kritiker:

> *Die Lieder klingen fröhlich in den Reben,* als ob die Winzer Glöcklein in ihren Kehlen hätten. Und, ausserordentliche Tatsache, *die Freude lacht.* (Oh ja, sie weint nicht.) Was den Tanz anbelangt, *er dreht sich,* auch etwas, das wir nicht wussten und das wir glücklich sind zu lernen. Kurz und gut: *Das Leben hüpft aus den gezuckerten Bottichen.* Welch Genuss!
> Was hat doch Pilet zu Beginn seiner Rede gesagt? *Um die unzähligen Schönheiten unseres Lands zu besingen, müsste man Dichter, Maler, Musiker sein. Hélas! Ich bin nichts von alledem.* Ein völlig unnötiges Eingeständnis. M. Pilets Zuhörer haben dies selbstverständlich gemerkt. Aber wenn man weder Dichter, Musiker noch Maler ist, versucht man nicht Lyrik zu machen und den Mitbürgern den peinlichen Eindruck zu vermitteln, dass man den ersten Flugzeugen aus dem Jahre 1910 ähnelt, die kräftig brummten, ohne dass es den Maschinen je gelang, vom Boden abzuheben.

Ein Bundesrat brauche nicht Dichter, Musiker oder Maler zu sein, meint der Chefredaktor der *Suisse libérale*, es genüge, wenn er seine Barke gut lenke. Wenn es ihm allerdings eines Tages gelingen sollte, «die Tarife der SBB und diejenigen der Telefonabonnements sowie die Posttaxen ernsthaft zu senken, dann, ja dann, werden wir ihm seinen *zärtlichen Frühling* und seinen *Goldbarren der Liebe* gerne verzeihen».

Pilet bewahrt den schnippischen Artikel auf. Einzelne Stellen zeichnet er am Rande mit Rotstift an.

40. Pilet-Cervelat

Henry Vallotton und Marcel Pilet-Golaz gewinnen im Jahr 1932 beide an politischer Statur.

Vallotton wird vom Bundesrat zum schweizerischen Vertreter in der Luftfahrtkommission der im Februar eröffneten Genfer Abrüstungskonferenz bestimmt. Die von über 4000 Personen aus 64 Staaten besuchte Konferenz soll das Rüstungsniveau ihrer Teilnehmer «in dem höchsten, mit der jeweiligen nationalen Sicherheit vereinbaren Maße», zurückzufahren und damit den Weltfrieden auf alle Zeit hin sichern. Vallotton sieht für seine Luftfahrtkommission zwei Hauptziele: erstens einen Luftangriff überhaupt zu erschweren und zweitens Frauen, Kinder und Greise vor Bomben zu schützen. Es braucht ein Verbot des Bombenkrieges, des chemischen Kriegs und der bakteriologischen Waffen.

Als der Präsident der Kommission, der bedeutende spanische Diplomat, Schriftsteller und Historiker Salvador de Madariaga, unerwartet zurücktritt, wählen die Delegierten den Schweizer zu seinem Nachfolger. Die langwierigen Genfer Verhandlungen werden im Oktober 1933 schliesslich scheitern, als Hitler die deutsche Mitgliedschaft im Völkerbund aufkündigt. Immerhin hat Vallotton wertvolle Erfahrungen auf dem internationalen Parkett sammeln können.

In Bern widmet sich Pilet der sich von Monat zu Monat verschlechternden Finanzlage der SBB. Die Krise, die nun auch die Schweiz voll erfasst hat, lässt die Einnahmen schwinden, während die Kosten trotz Sparbemühungen kaum gesenkt werden. Der Bundesrat sieht als einzige Lösung einen Lohnabbau, der auf Beginn 1933 in Kraft treten soll.

Im April stimmen alle sieben Bundesräte einem von Finanzminister Musy vorgeschlagenen Programm zu, das eine Senkung der Personallöhne um 10 Prozent vorsieht. Um ein Referendum zu verhindern, schlägt Schulthess einen befristeten dringlichen Bundesbeschluss vor. Minger pflichtet ihm bei, aber Musy, Motta und Pilet sind dagegen: Musy, weil er keine Angst vor einem Referendum hat, Motta, weil man dem Personal einen Volksentscheid versprochen hat, Pilet, weil er glaubt, dass sich die vom Lohnabbau betroffenen Bundesbeamten nur dem Volkswillen beugen würden.

Die Gewerkschaftsvertreter lehnen die Vorschläge des Bundesrats rundweg ab. Für Robert Bratschi, Präsident des Föderativverbands und der Eisenbahnergewerkschaft, würde der Lohnabbau bei einem Grossteil der Bevölkerung zu einem Kaufkraftverlust führen und die Krise verschlimmern. Er fordert Arbeitsbeschaffung durch die öffentliche Hand, eine Krisensteuer, ausreichende Arbeitslosenunterstützung und die Reduktion der Arbeitszeit.

Über Pfingsten verbringen Marcel und Tillon Pilet-Golaz einige Ferientage auf Cap Ferrat an der Côte d'Azur. Pilet schickt seinem *cher fils* eine Ansichtskarte:

> Habt ihr für euer Lager leidliches Wetter? Bist du zufrieden heimgekehrt? Ist Grossmama geblieben und sind die Lausanner gekommen? Fragen, auf die du uns nach unserer Rückkehr antworten wirst. *Tendrement La Pape.*

Später erhält Jacques von der Mutter eine Ansichtskarte:

> Mon grand fils, einer der Reize dieser Halbinsel sind einerseits die Pinienwälder und die üppigen Gärten: Alles blüht dort: Rosen, Jasmine, Zyklamen, Löwenmäulchen und tausend Arten, die unter unserem rauen Klima nicht wachsen. Jeden Tag strahlender Sonnenschein und wir hoffen, dass alles für euch so gut geht wie hier.

Kein strahlender Sonnenschein, sondern düstere Wolken und Regengüsse begleiten Anfang Juni die eindrucksvollen Feiern zum 50. Jahrestag des Gotthard-Durchstichs. Ein Denkmal zur Erinnerung an die bei den Tunnelarbeiten Umgekommenen wird eingeweiht, graubärtige überlebende Ingenieure und Arbeiter, die am Jahrhundertwerk beteiligt waren, werden geehrt. Es wird gegessen, getrunken, gesungen und geredet. Zusammen mit Bundespräsident Motta, Kollege Häberlin, einem italienischen Regierungsmitglied, Generaldirektor Schrafl und der ganzen SBB-Führung nimmt auch Eisenbahnminister Pilet an den imposanten Feierlichkeiten in Luzern, Göschenen, Airolo und Lugano teil.

Pilet schickt einem alten Lausanner Freund eine Karte, die an das Jubiläum erinnert. Der Adressat, Staatsrat Henri Simon, entschuldigt sich mit einem handgeschriebenen Dankesbrief, dass er mit einiger Verspätung – es war bloss eine Woche – antworte, weil es ihm am Tag, als er die Karte erhielt, nicht sehr gut ging:

> Mein lieber Bundesrat und Freund,
> es ist mir nicht möglich, die Worte zu finden, um auf genügende Weise die Freude auszudrücken, die mir die liebenswürdige und rührende Aufmerksamkeit gemacht hat,

> deren Urheber du bist, und an der sich die Herren Motta und Häberlin sowie der Vertreter der italienischen Regierung beteiligt haben. Ich war glücklich über den perfekten Erfolg dieser Gedenkfeiern. Sie waren übrigens in den schwierigen Zeiten, die wir durchmachen, notwendig, wäre es auch nur, um daran zu erinnern, dass die Zeit des Wohlstands, die unsere Vorgänger gesehen haben, wieder kommen können und müssen. Ich denke fast ständig an die ungeheuren Schwierigkeiten, mit denen die Regierung unseres Landes sich auseinandersetzen muss, Schwierigkeiten, die man in gewissen Kreisen unseres Volkes nicht verstehen will oder kann.

Der von Freunden und Gegnern geschätzte Staatsrat Simon leidet an einer unheilbaren Krankheit. Keine drei Wochen später ist er tot.

Ende Juni erhält Marcel Pilet-Golaz noch einen anderen persönlichen Brief, den er aufbewahren wird:

> *Monsieur le conseiller fédéral*, sehr gerührt von Ihrem liebenswürdigen Telegramm, danke ich Ihnen von ganzem Herzen. Unter den erhaltenen Botschaften betrachte ich es als ein glückliches Omen für die Zukunft. Wenn ich die Ehre zu schätzen weiss, die mir der Bundesrat erwies, indem er mich an die Spitze des 2. Armeekorps berufen hat, geschieht dies jedoch nicht ohne lebhaftes Bedauern, dass ich die 1. Division schon jetzt verlasse, die ich zutiefst lieb gewonnen habe und die sich so sehr eingesetzt hat. Ich tröste mich mit dem Gedanken, dass mir eines Tages das Kommando des 1. Armeekorps zufallen wird, wie mir der Vorsteher des Militärdepartments zu verstehen gegeben hat.

Gezeichnet mit dem Stempel «Der Kommandant der 1. Division» und der Unterschrift *Guisan*. Zweifellos ist der kontaktfreudige und ehrgeizige Milizoffizier Henri Guisan darüber im Bild, dass sein Waadtländer Bundesrat mit dem für militärische Ernennungen zuständigen Minger gut steht. Sein Wunsch auf Übernahme des westschweizerischen 1. Armeekorsps wird schon sehr bald in Erfüllung gehen. Im Juni gibt der ungeliebte Sarasin aus Gesundheitsgründen seinen Rücktritt. Er wird schon sechs Monate später sterben.

In der Junisession werden die verschiedensten Vorschläge zur Bekämpfung der Arbeitslosigkeit gemacht. So verlangt der populäre Stadtpräsident des «roten Biel», der Sozialist Guido Müller, selber ehemaliger Eisenbahnangestellter, die sofortige Elektrifizierung der kohlebetriebenen Bahnen im Berner Jura. Pilet weist darauf hin, dass das Defizit der SBB, das 1931 noch 10 Millionen betrug, wahrscheinlich 1932 auf 40 Millionen ansteigen werde. Es werden schliesslich 49 Millionen sein.

Woher das Geld nehmen? Die Elektrifizierung der Strecken erfordert lange Vorbereitung, technische Studien, zu deren Ausarbeitung es keine Arbeitslosen braucht. Das Geld würde vor allem für Material verwendet und nicht für Löhne. Neue Lokomotiven zu bauen, ergibt laut Pilet auch keinen Sinn. Für unseren gegenwärtigen Verkehr haben wir genügend elektrische Lokomotiven. Die SBB hätten getan, was sie könnten, um Arbeitslosen Arbeit zu verschaffen. Müller zieht sein Postulat zurück.

In seinen Erinnerungen wird Guido Müller schreiben:

> Unstreitig der glänzendste Redner der Versammlung war Marcel Pilet-Golaz, wogegen die wuchtige Beredsamkeit Robert Grimms sich nicht von gleicher Durchschlagskraft erwies wie in Volksversammlungen. Robert Bratschi vertrat sachkundig und beredt, nicht immer ohne Weitschweifigkeit, die Belange der Arbeiterschaft.

Das Besoldungsgesetz – Lohnabbau 10 Prozent – kommt in der Herbstsession zur Sprache. Der Post gehe es gut, sagt Pilet, aber die Situation bei den Bundesbahnen sei schwerwiegend. Da die Personalkosten fast 70 Prozent aller Auslagen ausmachen, müsse man vom Personal Opfer verlangen, die tragbar seien, weil die Lebenskosten zurückgegangen sind. Die Schweiz zahle ihre Eisenbahner besser als Deutschland, Holland, Norwegen und Schweden. Im Vergleich zum Ausland, so Pilet weiter, seien die Abbauvorschläge des Bundesrats bescheiden:

> Wir wollen nicht in die Lage kommen, das Personal nicht mehr bezahlen zu können. Dann könnte uns wirklich ein Vorwurf gemacht werden. Darum tun wir heute unsere Pflicht, tun Sie die ihre!

Als es um die Herabsetzung einiger Zulagen geht – darunter der Mahlzeitenvergütung für Eisenbahner, die auswärts essen müssen –, sagt Pilet:

> Für den Preis von Fr. 1.70 oder Fr. 1.80 können Sie in den Buffets unserer Bahnhöfe normale Mahlzeiten haben. Gewiss, man wird Ihnen keine Ortolane servieren, aber ein Fleisch, ein Gemüse, plus etwas, um den Durst zu löschen, und ein kleines Dessert. Was wollen Sie mehr?

Unter den Deutschschweizern hat wohl kaum einer eine Ahnung, was ein Ortolan ist, ein winziger Singvogel, der als Delikatesse gilt. Ihr Genuss blieb früher Königen vorbehalten. (Im Januar 1996 wird der auf dem Sterbebett liegende französische

Staatspräsident Mitterrand eine ganze Reihe der mittlerweile geschützten raren Vögel verschlingen.)

Manch ein Nationalrat wird über diese süffisante Bemerkung den Kopf geschüttelt haben. Vorausgesetzt, sie haben zugehört.

Gemäss Georges Perrin, der als Berner Korrespondent der *Revue* Pilets Arbeit von 1930 bis 1944 aus nächster Nähe beobachten konnte, ging Pilets spätere Unbeliebtheit auf diese Debatten über den Lohnabbau zurück. Perrin erzählt, in einem Interview 1970, von einer andern «unglücklichen Äusserung» Pilets:

> Die Eisenbahner geniessen in den Bahnhofbuffets oder auch in den eigens in den grossen Werkstätten für sie eingerichteten Kantinen besondere Vergünstigungen und ein Eisenbahner kann sich von einem Cervelat-Salat ernähren, der 60 Rappen kostet.

Pilet hätte dies nicht so sagen dürfen, meinte Perrin. Die Linkspresse habe sich auf ihn gestürzt: «Monsieur Pilet-Golaz verurteilt die Eisenbahner dazu, sich von Cervelat-Salat zu ernähren.» Von daher rühre sein Spitzname «Pilet-Cervelat» Deutschschweizer Gegner nennen ihn auch einfach «Wurstsalat».

Im bürgerlichen Lager ist man sich über das Ausmass des Lohnabbaus nicht einig. Nach langwierigen Verhandlungen hinter den Kulissen einigen sich Bundesrat und Bürgerliche auf 7½ Prozent. In der Schlussabstimmung vom 15. Dezember 1932 dringt das Gesetz im Nationalrat mit 77:57 und im Ständerat mit 29:0 durch. Musy freut sich auf ein Referendum: «In einer Demokratie befiehlt das Volk; es sind nicht die Personalorganisationen, nicht das Parlament, nicht der Bundesrat, welche die Souveränität innehaben. Folglich warten wir auf das Urteil des Volks.» Sein Kollege Pilet-Golaz teilt diese Auffassung.

Der von Bratschi geführte Föderativverband ergreift das Referendum. In kurzer Zeit wird eine Rekordzahl von etwa 325 000 Unterschriften gesammelt.

41. Die Schüsse von Genf

In Genf, das den Völkerbund und die internationale Abrüstungskonferenz beherbergt, herrscht seit ein paar Jahren ein äusserst angespanntes politisches Klima. Die vom Volkstribun Léon Nicole autoritär geführte Genfer Sozialistische Partei (P.S.G.) situiert sich am äusseren linken Flügel der Schweizer Sozialdemokratie und strebt die proletarische Revolution an. Im Grossrat sind die Sozialisten mit 37 von 100 Abgeordneten die stärkste Fraktion, aber die Regierung ist rein bürgerlich. 1931 erschüttert ein Skandal um die Banque de Genève die Stadt. Als die Bank ihre Schalter schliessen muss, verlieren viele Kleinsparer ihr Geld. Hohe bürgerliche Politiker werden wegen Betrugs unter Anklage gestellt. 1932 zählt die Stadt 8000 Arbeitslose, von denen bloss ein Fünftel versichert ist. Die Wirtschaftslage ist desolat, die Not der kleinen Leute gross.

Im rechten Lager arbeiten die traditionellen bürgerlichen Parteien – die Radikalen und die Demokraten (wie die Liberalen in Genf heissen) – mit der von Georges Oltramare nach faschistischem Muster organisierten Union Nationale zusammen. Wie Léon (Nicole) im linken Lager ist Géo (Spitzname nach seinen Initialen G.O.) eine charismatische Führerpersönlichkeit. Kein aufrüttelnder Redner wie Nicole, aber ein geistreicher Schriftsteller, dessen Komödie *Don Juan ou la solitude* den Schillerpreis erhielt und der sogar in Paris gespielt wird. In seiner satirischen Zeitschrift *Le Pilori* (der Pranger) nimmt er Marxisten, Spekulanten, die grossen Warenhäuser und vor allem die Juden aufs Korn. Oltramare hat bei einem Aufenthalt in München die Nazis beobachtet. Seine Stosstruppen marschieren zu Trommeln und Trompeten durch Genfs Gassen. Es kommt zu Schlägereien zwischen den Anhängern Géos und denjenigen Léons.

Am 23. Oktober 1932 erleiden die Sozialisten in der Volksabstimmung über die von ihnen lancierte Steuerinitiative eine überraschende Schlappe. Triumphierend erklärt Oltramare: «*Et maintenant passons à l'offensive.*» Nicole (ein gebürtiger Waadtländer!) und seine rechte Hand, der wohlhabende Anwalt Dicker (ein Ostjude!) sollen gedemütigt werden. An einer Versammlung im Gemeindesaal von Plainpalais will Oltramare die sozialistischen Führer *«les sieurs* («Herrschaften») *Nicole et Dicker»* unter «öffentliche Anklage» stellen.

Die Sozialistische Partei Genfs verlangt ein Verbot der «unerträglichen Provokation», doch der Staatsrat will geschlossene Versammlungen wie bisher erlauben. Die von Nicole geführte Parteizeitung *Le Travail* fordert zur Massenmobilisation auf: «Die faschistische Canaille versucht in Genf zu wüten ... Diese Herren werden Gesprächspartner finden; wir fordern die Genfer Arbeiterklasse auf, sie ohne Schonung zu bekämpfen.» Ein anonymes Flugblatt erteilt die Antwort: «Der ekelhafte Nicoulaz, der Jude Dicker und ihre Clique bereiten den Bürgerkrieg vor. Sie sind die Lakaien der Sowjets. Bringen wir sie zur Strecke! Nieder mit der revolutionären Clique.»

Der Genfer Staatsrat, der gewaltsame Zusammenstösse befürchtet, glaubt die eigenen Ordnungskräfte überfordert und sucht am Morgen des 9. Novembers – dem Tag des geplanten «Tribunals» – um militärische Unterstützung nach. Nach einigem Zögern schickt das Eidgenössische Militärdepartement die einzig kurzfristig verfügbare Truppe nach Genf, die in Lausanne stationierte Rekrutenschule. Gegen Abend versammeln sich ein paar Tausend Demonstranten und Schaulustige in der Umgebung des Gemeindesaals von Plainpalais. Die Polizei hat um das Lokal herum fünf Strassensperren mit Eisenketten errichtet und lässt nur Personen mit Einladungsschreiben der Union Nationale in den Saal.

Auf Geheiss der sozialistischen Führung haben sich Partei- und Vereinsmitglieder gruppenweise in und vor den Cafés der Umgebung versammelt. Mit über 300 Trillerpfeifen, teils auch mit Schlagstöcken und Pfeffersäcklein ausgerüstet, machen sie sich auf den Weg zu den Strassensperren. Als Nicole zurückgehalten wird, hieven ihn kräftige Genossen auf ihre Schultern und der Volkstribun setzt zu einer Brandrede an. Laut dem nicht unbedingt glaubwürdigen Bericht im *Journal de Genève* soll er geschrien haben:

> Was es jetzt braucht, um den Provokationen der Regierung zu begegnen, welche die Gendarmerie, die Polizei und die Armee gegen uns mobilisiert hat, ist die Revolution! Und dies soll nicht bloss eine Genfer Revolution, eine Schweizer Revolution, sondern eine Weltrevolution sein. Genossen! Nieder mit der unter dem Befehl eines Mamelucken stehenden Regierung! Alle auf zur Revolution!

Die Manifestanten marschieren zur Polizeisperre an der Rue de Carouge. Unter dem Druck von Hunderten von Drängenden gibt die Kette nach und die Menge dringt in die Bresche hinein. Mit flachem Säbel jagen die Polizisten die Demonstranten zurück und erstellen die Sperre neu. Sie scheinen Herr der Lage. Doch der vor dem Gemeindesaal postierte Polizeidirektor Frédéric Martin glaubt, es seit nur eine Frage der Zeit, bis die Ordnungskräfte von den Demonstranten überwältigt werden: «Frauen wurden zertrampelt und nach hinten getragen, Gendarmen wurden verletzt und kriegten Pfeffer ins Gesicht.»

Martin ruft das Militär zu Hilfe. Um 21.20 Uhr marschieren 108 Offiziere, Unteroffiziere und Soldaten aus der Kaserne los und versuchen in Einerkolonne bis zur Sperre zu gelangen. Anfänglich versuchen Manifestanten die Rekruten von ihrer Aufgabe abzulenken oder sie gegen ihre Offiziere aufzubringen: «Komm ein Glas trinken, *camarade*» – «Gib mir dein Gewehr und deine Munition. Ich will den Major niederknallen.» – «Schiesst auf eure Chefs!»

Als die Soldaten weiter vordringen, werden sie von kleinen Grüppchen misshandelt. Man zerrt ihnen den Helm vom Kopf, schlägt auf sie ein, entreisst ihnen die Karabiner und zerbricht diese auf dem Trottoir. Zwei Demonstranten packen den kommandierenden Oberleutnant Burnat von vorn, zwei von hinten, sie halten ihn am Pistolenriemen, traktieren ihn mit Schlagstöcken und werfen ihn zu Boden. Er ruft um Hilfe und drei seiner Männer befreien ihn mit ihren Gewehrkolben. Die Menge schreit den Soldaten zu: «*A la caserne!*» Aber statt abzuziehen, stellt sich die Truppe an der Mauer des Palais des Expositions neu auf.

Ungefähr 150 Personen bilden einen Halbkreis um die Soldaten, beschimpfen und bedrohen sie. Ein Hagel von Steinen fällt auf die Truppe nieder. Es ist kalt, die Nacht längst hereingebrochen, der Platz schlecht beleuchtet. Die auf ihre Aufgabe schlecht vorbereiteten und von der Gewaltsamkeit der Menge überraschten Rekruten sind verunsichert, einige haben Todesangst. Sie fragen die Offiziere, ob sie nicht schiessen dürfen. Kompaniekommandant Oblt. Burnat bemerkt zu dem neben ihm stehenden Major Perret. «Ich werde gezwungen sein zu schiessen.» «Nein, warten Sie!» Als die Menge weiter auf die Truppe eindringt, sagt der Oberleutnant: «Diesmal warte ich nicht mehr, ich schiesse.» Major Perret überlegt. Weil von der zur Verstärkung angeforderten 3. Kompanie immer noch nichts zu sehen ist, erwidert er: «*Allez-y.*»

Der Oberleutnant gibt den Befehl zum Laden. Der Major lässt die Trompeter das Warnsignal blasen, das jedoch keiner kennt, nicht einmal der Oberleutnant. Burnat ruft: «Zurück oder wir schiessen!» Im allgemeinen Lärm hört man nichts. Die Schreie und Pfiffe werden nur noch lauter. Niemand weicht zurück. Der auf einem Taxidach stehende Gewerkschaftsführer Tronchet sieht, wie die Soldaten laden, und ruft: «Genossen, werft euch nieder, sie werden schiessen.» Oberleutnant Burnat befiehlt: «Einen Schuss, niedrig zielen, Feuer!»

Ungefähr 150 Schüsse gehen los, darunter eine Maschinengewehrsalve. Alles dauert 15 Sekunden. Am Boden bleiben 10 Tote liegen, etwa 60 Verletzte, von denen später drei sterben. Die Menge, die geglaubt hatte, es würde mit blinder Munition geschossen, kann es nicht fassen. Leichen, stöhnende Verwundete. Der Anblick im Lampenlicht ist grauenhaft. Es ist 21.34 Uhr. Nach einigem Zögern kehren einige Manifestanten, die zuerst geflüchtet sind, wieder an den Ort des Schreckens zurück: «Sag mal, Oberleutnant, können wir unsere Toten auflesen?»

Als gegen 22 Uhr Staatsrat Martin und seine Begleiter ihren Kommandoposten verlassen, werden aus einem gegenüberliegenden Wohnhaus mehrere Revolverschüsse auf sie abgefeuert. Polizisten durchsuchen das Haus, aber finden keinen Täter. Während Verwundete in nahegelegene Cafés getragen werden, telefoniert Nicole aus einer Kabine einem ihm bekannten sozialistischen Arzt. Sobald die medizinische Versorgung der Opfer organisiert ist, geht der Sozialistenführer heim in seine Wohnung an der Rue Mont-Blanc. Zwischen elf und ein Uhr bespricht ein Grüppchen sozialistischer Führer in Nicoles Wohnung das weitere Vorgehen. Soll ein Generalstreik ausgerufen werden, wie die Kommunisten verlangen? Nicole ist nicht dagegen, will aber zuerst die Zustimmung der Gewerkschaften einholen. Dann schreibt er seinen Bericht über die Geschehnisse des Abends, der am nächsten Nachmittag in *Le Travail* erscheinen wird.

Um 0.15 Uhr unterzeichnet Justiz- und Polizeidirektor Martin einen Haftbefehl gegen Nicole. Er wirft ihm Anstiftung zum Aufruhr, Gefährdung der öffentlichen Sicherheit und Beamtenbeleidigung vor. Der Staatsrat tritt um 1 Uhr zusammen und billigt einmütig den Haftbefehl gegen Nicole.

Um 5 Uhr wird Nicole geweckt. Aus Bern ist eine Delegation des Vorstands der SPS eingetroffen: Grimm, Reinhard, Ilg. Seit einiger Zeit ist Nicole mit der pragmatischen nationalen Parteiführung heillos zerstritten. Grimm und Genossen missfällt, dass Nicole die Sowjetführung vorbehaltlos verteidigt, mit den Kommunisten in Genf gemeinsame Sache macht und politische Extratouren unternimmt. Aber angesichts der blutigen Niederschlagung der Demonstration solidarisieren sich die angereisten Sozialistenführer mit ihm. Allerdings raten sie von einem Generalstreik ab.

Motta – er ist Ehrenpräsident der Abrüstungskonferenz – hat die Nacht in Genf verbracht. Von der Schiesserei in Plainpalais hat er nichts mitbekommen. Als er am Morgen davon erfährt, geht er zum Rathaus und lässt sich vom Regierungsrat den Hergang der Ereignisse erzählen. Er reist nach Bern zurück und erstattet dem Bundesrat Bericht:

> Zahlreiche Rekruten wurden in die Menge hineingerissen und geschlagen, vielen wurden die Waffen entrissen und unbrauchbar gemacht. Auch ein leichtes Maschinengewehr wurde vernichtet. Schliesslich blieb der in die Notwehr gedrängten Truppe nichts anderes übrig, als nach vorschriftsgemässer Verwarnung und Abgabe der Trompetensignale auf die Menge scharf zu schiessen, wobei es 10 Tote und circa 40 Schwerverletzte gab.

Die bürgerlichen Genfer Zeitungen sind auch der Ansicht, dass die Armee aus berechtigter Notwehr gehandelt hat. Für sie gibt es *einen* Schuldigen an der Tragödie: Léon Nicole. «Genug!», lautet der Titel von René Payots Leitartikel im *Journal de Genève*. Nicole, so Payot, hat den Aufruhr provoziert.

> Nicole wollte sich zum Herrn der Strasse machen. Dieser düstere Agitator nahm eine Versammlung zum Vorwand, um eine Politik anzuwenden, die er seit Jahren in seiner Zeitung vertritt. Er dachte, der Moment sei gekommen, um zur Tat zu schreiten, um die Früchte seiner unablässigen Scharfmacherei zu pflücken … Wenn man die Revolution predigt, ist man gezwungen, sie auszulösen, wenn man die Stimmung seiner Truppen anheizt, entfesselt man sie schliesslich.

Payot verlangt, dass sofortige Sanktionen gegen die grossen Verantwortlichen für diesen tragischen Abend ergriffen werden. Nicole und seine kommunistischen Freunde hätten Leichen auf dem Gewissen. Nicole muss ausserstand gesetzt werden zu schaden.

Nicole ist im Bad, als um 10 Uhr Inspektor Flotron und seine Polizisten in seiner Wohnung erscheinen, um ihn zu verhaften. Vor dem Untersuchungsrichter bestreitet Nicole ausdrücklich, dass er versucht habe, einen Aufruhr zu provozieren. Im Gegenteil, er habe den Demonstranten abgeraten, Waffen mitzubringen:

> Ich erkläre, dass es eine Beleidigung meiner ganzen bisherigen politischen Karriere wäre, mich dafür fähig zu halten, dass ich gestern versucht habe, die Regierung zu stürzen. Folglich ist die Anklage, die Sicherheit des Staates gefährdet zu haben, eine wahre Niedertracht.

Die Genfer Ereignisse sind die grösste Zerreissprobe für die Eidgenossenschaft seit dem Generalstreik von 1918. Die Emotionen gehen hoch. In der Dezembersession wird hitzig über die tragischen Vorfälle gestritten. Die bürgerliche Mehrheit und die Rechtspresse teilen die Einschätzung der Genfer Regierung: Es war ein von Nicole angestifteter Umsturzversuch, ein «Putsch», wie die NZZ schreibt. Fritz Joss, BGB Bern, fordert gesetzliche Massnahmen gegen die linken Rädelsführer:

> Aus Hunderttausenden von Schweizerherzen ist die Frage an den Bundesrat gerichtet worden, ob denn eigentliche keine Möglichkeit bestehe, dem revolutionären Treiben inländischer und ausländischer Hetzer Einhalt zu gebieten, bevor es zur gewaltsamen Auseinandersetzung kommt, ob keine Möglichkeit besteht, die masslose Schreibart einer aufwieglerischen Presse und die unerhörten Reden gewisser revolutionärer Elemente auf ein vernünftiges Mass zurückzubinden.

Selbst der Waadtländer Pierre Rochat, ein eher zurückhaltender Politiker, verlangt gesetzliche Bestimmungen, um «revolutionäre Bewegungen rechtzeitig zu unterdrücken und überhaupt jede Propaganda zu verhindern, die auf den gewaltsamen Umsturz unserer demokratischen Einrichtungen hinzielt».

Für den gemässigten Genfer Sozialisten Charles Rosselet war es für seine Partei legitim, an dem gegen die «Angeklagten» Nicole und Dicker ausgerufenen sogenannten Tribunal ihr Recht auf Verteidigung wahrzunehmen. Deshalb hätten die Sozialisten beschlossen, an der Versammlung teilzunehmen, um dort ihre Meinung zu sagen. Den bürgerlichen Nationalräten ruft Rosselet zu: «Sie hätten dasselbe getan, wenn sie in eine ähnliche Lage versetzt worden wären.»

Die Schläger der Union Nationale, so Rosselet weiter, seien mit Gummiknüppeln bewaffnet gewesen und mit 144 Büchsen, die übel riechende chemische Substanzen enthielten, wie sie in Deutschland von den Hitlerianern verwendet würden. Auch einige Arbeiter hätten Knüppel und Pfeffer mitgebracht, aber man habe bei ihnen keine Waffen gefunden. Wären die Demonstranten bewaffnet gewesen, hätte es auch bei den Truppen Tote gegeben und nicht nur Leichtverletzte. Den Rekruten macht Rosselet keine Vorwürfe: «Diese jungen Leute hatten keine Vorbereitung für die Aufgabe, die man ihnen erteilt hatte.»

Wenn nur noch die offizielle Wahrheit gälte und niemand mehr das Recht hätte, an ihr zu rühren, was wäre dann? Rosselet:

> Aber ihr seid ja ungewollte Bolschewisten! (Lachen und Bewegung im Saal.) Ihr seid ungewollte Russen und ihr praktiziert genau dasselbe wie am andern Ende Europas das sowjetische Russland oder über den Alpen das faschistische Italien.

Die bürgerliche Mehrheit hat kein Gehör für Rosselets Argumente. Scharfe Notmassnahmen müssen her, und zwar sofort! Bundesrat Häberlin, der als Justizminister, das stürmisch geforderte Bundesgesetz zum Schutz der öffentlichen Ordnung ausarbeiten soll, ist in keiner beneidenswerten Lage. Für das schweizerische Strafrecht, an dem seit dem vorigen Jahrhundert gearbeitet wird und dessen Zustandekommen er als sein Lebenswerk betrachtet, braucht Häberlin die Unterstützung der Arbeiterschaft und der Sozialdemokratie. Jetzt will er diese Unterstützung nicht durch einen dringlichen Bundesbeschluss gefährden. Folglich muss er die «Stürmi» im eigenen Lager zurückhalten und auf Zeit spielen. Am 20. Dezember notiert er in sein Tagebuch:

> Die Genferei plätschert weiter, Vallotton wird etwas ausfällig mit seinem *oui ou non*, ich antworte deshalb auch etwas bissiger, als ich es sonst getan hätte. Mit Stähli, Schüpbach und Walther [den drei bürgerlichen Fraktionsführern] einige ich mich auf einen von mir suggerierten Zwitter von Motion und Postulat, worin wir zu einem Bericht auf die nächste Session eingeladen werden. Den starken Mann zu spielen, lehne ich ab.

Da man Häberlin mangelnde Entschlossenheit im Kampf gegen die Linke vorwirft, erklärt er im Nationalrat:

> Man hat die Worte Schwäche und Mangel an Mut gebraucht. Mit diesen Worten wird recht viel Unfug getrieben. Braucht es mehr Mut sich von der Leidenschaft tragen zu lassen, von der Aufwallung der öffentlichen Meinung und ihr sofort nachzugeben oder braucht es nicht viel mehr Mut, in einem solchen Moment der Leidenschaft, die man an sich sehr wohl versteht, Raum und Zeit für besonnene Überlegung zu verlangen? Der starke Mann ist der, welcher seine Besonnenheit nie verliert.

Was denkt der mit Häberlin befreundete Pilet? Kann er die Genfer Vorfälle anders beurteilen als seine Waadtländer Parteikollegen? Denkt er anders als sein Freund Vallotton der schon im November vor dem Waadtländer Grossen Rat ausgerufen hat:

> Heute, wo wir Frieden brauchen, sät man Unruhe und Revolution! Suchen wir jetzt die Urheber der Revolution! Es sind die Kommunisten unter dem Befehl von Moskau. Allen voran Léon Nicole, der die welsche Schweiz vergiftet. Wir erröten, wenn wir daran denken, dass er Waadtländer ist.

Das Protokoll der Bundesratssitzung vom 5. Dezember gibt Aufschluss über Pilets Einschätzung der Genfer Ereignisse. Im Interesse der vor einer katastrophalen Auftragslage stehenden Schweizer Maschinenindustrie schlägt Schulthess die Aufnahme von Handelsgesprächen mit der Sowjetunion vor. Häberlin, Minger, Meyer und Motta sind dafür, die beiden Welschen, Musy und Pilet, dagegen. Für Pilet ist es eine Frage der Moral: «Zweifellos werden wir Russland nicht ewig ignorieren können. Aber man darf Russland nicht mit den Sowjets verwechseln.» Nur um unmittelbarer materieller Vorteile willen, dürfe man das Land nicht «der revolutionären Tätigkeit aussetzen, die die sowjetische Regierung unter dem Deckmantel der III. Internationale methodisch auf der Welt» verfolge:

> Im Übrigen ist der Moment, um sich Moskau anzunähern, denkbar schlecht gewählt. Als Folge der [Genfer] Ereignisse des letzten Monats, deren Ursprung klar auf die Sowjets zurückgeht, werden wir in der Tat gezwungen sein, vom Volk energische Massnahmen zu verlangen, um Unruhen zu verhindern. Unser Volk sieht ein, dass dies eine Notwendigkeit ist, es ist gewillt, uns zu vertrauen.

Pilets Glaube, dass der Ursprung der Genfer Unruhen «klar auf die Sowjets zurückgeht», wird durch keine Fakten erhärtet. Er wiederholt bloss, was die bürgerlichen welschen Zeitungen, andere welsche Politiker und Freund Vallotton behauptet haben.

Nach Wiederaufnahme der Sitzung sagt der Direktor der Handelsabteilung Walter Stucki, dass es bei den Gesprächen in Berlin um rein technische Fragen gehen werde. Keine Anerkennung der sowjetischen Regierung sei vorgesehen. Darauf ändert Pilet seine Meinung und pflichtet dem Vorschlag zur Aufnahme direkter Besprechungen mit der russischen Handelsvertretung bei.

42. Ungute Nachrichten aus dem Norden

Am 30. Januar 1933 macht Reichspräsident Hindenburg den «böhmischen Gefreiten», wie er Hitler gerne nannte, zum neuen Kanzler. «Die Zigarre muss doch mal geraucht werden», murrte er, ohne zu ahnen, welche katastrophalen Folgen sein Entscheid für Deutschland und die Welt haben würde.

Die Schweiz, die, wie meistens, vorwiegend mit sich selbst beschäftigt ist, nimmt die Ernennung Hitlers nicht allzu tragisch. Der Berliner Korrespondent der *Gazette* denkt wie Hindenburg:

> Man soll nicht meinen, dass das Kabinett Hitler unter Theatercoups regieren wird. Wir glauben im Gegenteil, dass er versuchen wird, alle die Befürchtungen zu beruhigen. Wir haben noch keine Fälle von gehenkten Juden oder von Sozialisten mit abgeschnittenen Ohren verzeichnet. Die Massaker der «Nacht der langen Messer», das «Geräusch der von der Guillotine rollenden Köpfe» werden uns wahrscheinlich erspart bleiben.

Der von Pilet geschätzte aussenpolitische Kommentator des Blatts – die Wertschätzung ist gegenseitig – Geschichtsprofessor Edmond Rossier, staunt über den riesigen Enthusiasmus, der die «gute Stadt Berlin» plötzlich gepackt hat:

> Fackelzug, eine unübersehbare Menschenmenge in den Strassen, Umzüge vor der Reichskanzlei, vaterländische Gesänge, endlose Beifallskundgebungen ... All das, weil Adolf Hitler, ehemaliger Korporal in einem bayrischen Regiment, ehemaliger Flachmaler, deutscher Bürger seit nur einem Jahr, den Sessel Bismarcks besetzt hat.

Rossier erinnert daran, dass die Nationalsozialisten bei den letzten Wahlen einen Rückgang verzeichneten und dass Hitlers Stern am Sinken schien.

> Es bot sich ihm eine letzte Gelegenheit, er packte sie und er hat gutgetan. Er ist nicht der absolute Herr, aber er ist gleichwohl in der Lage, grosse Dinge zu tun. Er hat einen

> der Seinen im Innenministerium platziert; er verfügt über alle Polizeikräfte; er hat eine Leibgarde von 300 000 Braunhemden, die er auf Staatskosten aushalten will; er kann mit Stahlhelmen in noch grösserer Zahl rechnen; und aufgrund seines hohen offiziellen Rangs werden alle die Anordnungen, die er treffen wird, einen legalen Schein haben. Er hat vor allem die ungeheure Autorität, die ihm die Hoffnung und der Beifall der Massen verleiht. Jetzt ist der entscheidende Moment gekommen. Derjenige, der bisher bloss ein Volkstribun war, ist aufgerufen, seine Qualitäten als Staatsmann zu enthüllen. Er ist in der Lage, dem Reich eine neue Richtung zu geben. Was wird geschehen?

Einen Monat später kriegt man Klarheit, wohin Hitlers neue Richtung führt. Am Abend des 27. Februar geht der Reichstag in Flammen auf. Göring verkündet, dass es sich um ein kommunistisches Komplott handle, und schon am nächsten Tag erlässt das Reichskabinett eine Notverordnung «Zum Schutz von Volk und Staat». Sie setzt die Grundrechte ausser Kraft und ermöglicht die Verhaftung zahlreicher linker Politiker, Gewerkschafter und Intellektueller. Maurice Muret, Auslandredaktor der *Gazette,* meint, dass Hitler sich kaum um die Gefühle der Schweizer kümmere, und fügt hinzu:

> Geziemt es sich nicht gleichwohl für die Schweizer Presse, mit Mass, aber mit Festigkeit ihr lebhaftes Bedauern zu markieren, dass das «Volk der Dichter und Denker» jener Freiheit den Rücken kehrt, die ihm einst so lieb war und seine besten Söhne inspirierte? Was würden Lessing und Schiller zu den «Menschenjagden» sagen, die uns um Jahrhunderte zurückwerfen?

43. Liberalismus gegen Etatismus

1933 ist Pilet mit Projekten zur Sanierung und Reorganisation der defizitären SBB beschäftigt. Er geht sorgfältig zu Werke, konsultiert weite Kreise, lässt Abklärungen durch Betriebswirtschafter und Juristen machen. Nichts überstürzen ist seine Devise.

Zudem hält der Eisenbahnminister zahlreiche Referate. Am 20. Mai feiert die *Union des voyageurs de commerce de la Suisse romande* in Genf ihren 50. Geburtstag und Pilet gratuliert: «Sind die Handelsreisenden im weiteren und vollen Sinne des Wortes nicht inbrünstige Konservative, Traditionalisten von Berufs wegen, *citoyens,* die die Stabilität lieben?» 1907 hat der verehrte Genfer Alt-Bundesrat Adrien Lachenal den 25. Jahrestag des Vereins präsidiert. «Welch Unterschied zwischen 1907 und heute!», konstatiert Pilet:

> Damals eine Epoche des Wohlstands und des Glücks, gekennzeichnet durch den Aufschwung von Handel und Industrie, durch eine liberale Zollpolitik, durch den geheiligten Charakter rechtsverbindlicher Beziehungen, durch eine lange Periode des Friedens in Europa, die es reich gemacht hat.

1933 hingegen: Rückgang des Geschäftslebens, politische und wirtschaftliche Instabilität. Pilet spricht vom Verkehrswesen, das am Boden liegt, und vom Handel, der stirbt, «erwürgt vom Etatismus, Nationalismus und Protektionismus». Der heutige Wirtschaftskrieg ist gemäss Pilet «arglistiger und verheerender als der militärische Krieg».

Drei Prinzipien sind für den Redner die Grundlage einer wirtschaftlichen und sozialen Renaissance: erstens die *Freiheit,* Voraussetzung von Handel und Verkehr, zweitens das *Vertrauen,* Basis aller Beziehungen, drittens die *Ehrlichkeit,* die Mutter des Vertrauens, das in der Respektierung des gegebenen Wortes liegt.

Ist es Zufall oder Absicht, dass Pilet seine liberale Überzeugung in Genf verkündet, wo der Liberalismus von links und rechts – von Léons Anhängern und von Géos Anhängern – wild bekämpft wird. Und wo der im Moment laufende Prozess gegen «Nicole und Konsorten» praktisch das einzige Gesprächsthema ist.

Die sich verschärfende Wirtschaftskrise und die Genfer Ereignisse haben zu einer neuen Polarisierung zwischen Bürgerblock und Linken geführt. Im Bundesrat gibt Musy, der die öffentliche Meinung hinter sich weiss, den Ton an. Das nach ihm benannte Gesetz über den Lohnabbau beim Bundespersonal, über die das Volk am 28. Mai abstimmen muss, dominiert in den ersten Monaten des Jahres 1933 die öffentliche Debatte. Sie wird mit seltener Leidenschaft geführt.

Für den Verband des Personals öffentlicher Dienste VPOD geht es «um Sein oder Nichtsein einer freiheitlich regierten Schweiz».

> Man muss an diesem Tag nicht nur jene Finanzpolitik schlagen, die das Volk in das Verderben der Deflation führt; sondern jenen der Demokratie feindlichen und gefährlichen Geist, der sich ankündet. Mit der Ablehnung des Lohnabbaus stehen wir für die Demokratie.

Auf Seiten der Befürworter sieht sich die NZZ ebenfalls als Verteidigerin der Demokratie:

> Es gilt heute nicht allein den Staat, sondern auch seine beamteten Diener vor der Diktatur der Sekretäre zu schützen. Der Terror eines jede freie Meinung knebelnden Syndikalismus muss am 28. Mai gebrochen werden, oder soll Herr Bratschi die Schweiz regieren?

Der von den Bürgerlichen angefeindete Bratschi schreibt vom «schwersten Kampf, den die schweizerischen Eisenbahner bis anhin auszufechten hatten». Er spricht vom Abbauwahn der «politisch und wirtschaftlich Mächtigen»:

> Die Behauptung, das Bundespersonal sei privilegiert, ist geradezu eine Gemeinheit; ist aber auch das denkbar schlechteste Zeugnis für die heutige Wirtschafts- und Gesellschaftsordnung. Denn wenn ein regelmässiges Einkommen ein Privileg bedeutet in einer Gesellschaft, dann ist diese nicht mehr wert, als dass sie verschwinde. Das Normale wäre nach Meinung der Gegner, dass der Mensch Hunger leiden, sich nicht kleiden und aufs Primitivste wohnen solle.

Zwei Tage vor der Abstimmung erhält Pilet überraschend den Brief eines alten Schulfreunds, des Lausanner Fotografen Gaston de Jongh, der ihm «das kleine Postskriptum eines Briefs» sendet, «den ich von meinem wackeren Freund, dem Dr. Hausamann aus St. Gallen, erhalten habe». Hausamann, Sekretär des schweizerischen Photographenverbands, hatte Pilet-Golaz in St. Gallen reden gehört und war beeindruckt.

> Sein Vortrag war inhaltlich ausgezeichnet, rhetorisch eine Glanzleistung und ich bin überzeugt, dass er bei dem sehr zahlreich erschienenen Publikum einen durchschlagenden Erfolg gehabt hat. Er sprach französisch, aber so klar und straff, dass ihn jedermann mühelos verstehen konnte. Im kleinen Kreis zeigte er sich frei von jeder Pose, als geistreicher Causeur und es war wirklich sehr wertvoll, ihn kennenzulernen, und ich kann nicht anders als Ihnen zu diesem Landsmann bestens zu gratulieren.

Zehn Jahre später wird derselbe Hausamann, mittlerweile Hauptmann Hausamann, mit einer raffinierten Intrige versuchen, Aussenminister Pilet-Golaz zu stürzen.

Am 28. Mai 1933 lehnt das Schweizervolk mit 505 190 Nein zu 411 536 Ja und mit 13 zu 9 Ständestimmen den Lohnabbau – die Lex Musy – eindeutig ab. Für Pilet bleibt der Trost, dass seine Waadt angenommen hat. Die Linke kann sich über ihren Sieg gegen eine mächtige Koalition von Arbeitgeberorganisationen, bürgerlichen Parteien und Bundesrat freuen. Die *Tagwacht* fordert Bundesrat Musy auf, zu gehen. Bratschi zu dem in der Woche nach dem Sieg stattfindenden Eisenbahnerkongress: «Die Solidarität der Privatarbeiterschaft mit dem eidgenössischen Personal hat standgehalten auch im schlimmsten Trommelfeuer der Gegenpropaganda.» Die Deflationspolitik müsse jetzt aufhören, das Volk habe sie abgelehnt.

Musy geht nicht. Die Deflationspolitik hört nicht auf. Bereits am 31. Mai stimmt der Bundesrat einem von Musy entworfenen umfassenden Finanzprogramm zu. Es will eine Erhöhung der Stempel-, Tabak- und Alkoholsteuern, Einführung einer allgemeinen Getränkesteuer, eine ausserordentliche, vorübergehende Besteuerung hoher Einkommen, aber auch Herabsetzung der Subventionen und der Gehälter des Bundespersonals. Wie Pilet in seiner St. Galler Rede gesagt hat: «Die Macht der Verhältnisse wird den Lohnabbau diktieren.»

44. Ein Schauprozess?

In Genf läuft der Prozess gegen Nicole und Mitangeklagte. Weil das Militär involviert war, findet er vor den Bundesassisen statt. Nicole ist der Anstiftung zum Aufruhr und der Aufforderung zum Widerstand gegen die Staatsgewalt angeklagt. Der wegen seiner Unparteilichkeit geachtete Tessiner Bundesrichter Agostino Soldati leitet die Verhandlungen. Die mehrstündigen Plädoyers des ausserordentlichen Bundesanwalts Sillig und des Verteidigers Dicker – Nicoles engstem politischem Bundesgenossen – stossen auf grosses Interesse. Sillig schliesst mit den Worten:

> Wenn wir unsere Demokratie verteidigen wollen, dann müssen wir die Leute verurteilen und bestrafen, die mutwillig Ruhe und Ordnung stören und Strassenschlachten anzetteln mit dem Ziele, den permanenten Bürgerkrieg und den Umsturz zu erreichen. Die Ereignisse vom 9. November waren für einen Mann wie Nicole nur eine Art Hauptprobe. Wenn wir ihn heute nicht verurteilen, sondern freisprechen, wird er seine kriminelle Tätigkeit umso fanatischer fortsetzen, und es wird zu immer neuen Unruhen und Blutbädern kommen.

Sillig beantragt Verurteilung des Angeklagten und zehn Monaten Gefängnis. Was er nicht beantragt, ist die Einstellung von Nicoles Bürgerrechten. Viele Bürgerliche können dies nicht verstehen.

Verteidiger Dicker plädiert für Freispruch:

> Die Arbeiterklasse würde eine Verurteilung Nicoles nie begreifen können. Der einfache Mann auf der Strasse, der diesem Prozess nicht beiwohnen konnte, der alle die Finessen des Gerichtsprozesses nicht kennt, sagt sich und ich sage es auch: Es ist ungerecht, Nicole zu verurteilen, während die, die 13 Tote auf dem Gewissen haben, nicht einmal zur Rechenschaft gezogen werden.

Am Schluss ermahnt Gerichtspräsident Soldati die Geschworenen:

> Ihr seid nicht aufgerufen, eine grosse Affäre zu beurteilen, sondern einen bescheidenen Strafprozess. Im Verlauf der Verhandlungen hat man viel von Revolution geredet. Nun hat die Revolution mit diesem Prozess nichts zu tun. Sie, *messieurs les jurés*, haben die Frage zu beantworten: Gab es die Bildung eines Menschenauflaufs, um den Befehlen der kantonalen Behörden zu widerstehen?

Die Geschworenen erklären Nicole und drei Mitangeklagte schuldig, sprechen acht andere frei. Das Bundesgericht verurteilt Nicole zu sechs Monaten Gefängnis. Keine Einstellung der Bürgerrechte, was bedeutet, dass Nicole im Herbst für den Staatsrat kandidieren kann. Das Echo in der Presse ist geteilt. *Le Travail:*

> Die Diebe der Banque de Genève laufen frei herum, demjenigen, der den Mut hatte, sie anzuprangern, sind sechs Monate Gefängnis aufgebrummt worden. Die Genfer Bankenbourgeoisie geniesst ihre Rache ... Die Präsidentschaft der Assisen hat es gewagt, von einem Urteil der Beruhigung zu sprechen. Welcher Hohn!

Für den katholisch-konservativen *Courrier de Genève* ist die Strafe zu leicht. Mit dem Verzicht auf einen Entzug von Nicoles Bürgerrechten habe das Gericht sich geirrt und einen *acte d'apaisement* gemacht.

«Im Bundesrat herrscht Befriedigung über das Genfer Verdikt», notiert Justizminister Häberlin in seinem Tagebuch, fügt dann aber hinzu:

> Sehr enttäuscht bin ich dann freilich, als ich mittags in den Pressenachrichten über die Sitzung der Kriminalkammer keinen Antrag Silligs auf Entzug der Ehrenrechte für Nicole finde.

Häberlin versteht nicht, dass Sillig Bundesanwalt Stämpfli mit keinem Wort darüber informierte, dass er den Antrag unterlassen werde, dies auch, nachdem er gehört hatte, «dass diese Haltung auf einem Techtelmechtel mit der Kriminalkammer beruhte».

Einige Tage nach der Urteilsverkündigung erhält Bundesrat Pilet-Golaz einen Brief aus Vevey:

> Lieber Freund, danke für dein Telegramm. Die Aufgabe war zweifellos hart, aber die Sympathie, von der ich umgeben war, hat mir sehr geholfen, sie zu erfüllen ... Ich umarme dich. *Vive la Cp. Mitr. Inf. I/3* [die Infanterie-Mitrailleur-Kompanie I/3]

Unterzeichnet «Sillig». Der ausserordentliche Bundesanwalt im Nicole-Prozess ist ein ehemaliger Berufskollege und Offizierskamerad von Pilet. Im Weltkrieg haben sie Hunderte von Tagen gemeinsam Dienst getan. Ganz am Anfang musste Pilet Sillig einmal einen Verweis erteilen, weil sich dieser unerlaubt «auf die Suche nach Süssigkeiten und Rahm» gemacht hatte. Zuerst schmollte Sillig, aber man versöhnte sich rasch und die beiden wurden gute Freunde.

Im Vorfeld des Nicole-Prozesses hatte die Bundesanwaltschaft lange vergeblich nach einem erfahrenen Richter oder Juraprofessor gesucht, um die Anklage zu vertreten. Pilet muss Sillig seinem Kollegen Häberlin empfohlen haben.

Im Brieflein an Pilet schreibt Sillig noch, dass er von «dieser ganzen Affäre einen Eindruck schrecklicher Trauer und grosser Freude» zurückbehalten habe. Trauer über die durch schmutzige Demagogie und Lügen irregeführten Geister, Freude über «das nationale Erwachen unserer Jugend».

> Die «Fronten» mögen taktische politische Fehler begehen, aber sie sind trotzdem der Ausdruck eines grossen Patriotismus, der mein Herz erbeben lässt. Ich wünsche Dir guten Mut, um eine Pflicht zu erfüllen, die weit schwerer ist, als diejenige, die ich erfüllt habe. Möge Gott wollen, dass Du lange an Deinem Posten bleibst und dass Du eines Tages der Erneuerung unseres lieben Landes vorstehst.

Histoire de la Suisse

Racontée au peuple

1-Januar 1901
Für unseren lieben Sohn Marcel Pilet
Lies, bedenke und arbeite, dann wirst Du
ein wahrer Schweizer Bürger; suche in der
Geschichte die edlen Taten und inspiriere
Dich am Beispiel, das sie Dich lehren,
dann wirst Du ein seinem Land nützlicher
Mann von Ehre.
Papa und Mama

Mama Ella mit Sohn Marcel.

Papa Edouard.

Francis de Jongh

Marcels Liederbuch Belles-Lettres: Silvesterfeier mit Freunden
(darunter Tillette Golaz und Henry Vallotton) 1909.

Letzte Hauptrolle, Pilet sitzend in der Mitte als Harpagon in Molières «L'Avare».

Pilet tirumphiert als L'Intimé in Racines «Les Plaideurs», links, und als Gringoire im gleichnamigen Boulevarstück.

Francis de Jongh

Leutnant Pilet, hoch zu Ross, in Galauniform und bei Teepause mit Kameraden.

Tillon.

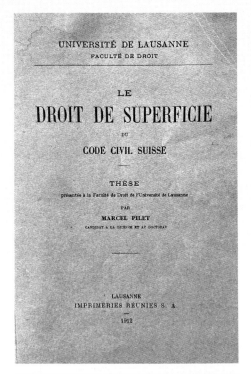

Doktorarbeit mit Widmung «Für Sie, Kleine Tillon, meine Arbeitskollegin gewidmet im Dezember 1912».

Junger Advokat mit Ehefrau.

Mit der Familie.

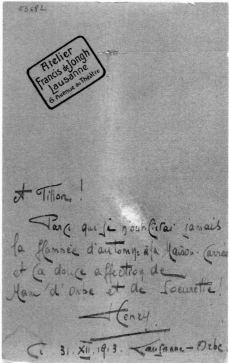

Aus den Augen, nicht aus dem Sinn: Henry Vallotton schickt seiner alten Freundin Tillon sein Bild mit lieber Widmung.

Jacques Pilet schickt eine Postkarte mit Ferienfoto aus Italien an Onkel Henry.

St. SULPICE VAUD
le 14.XI.36

Mon Cher Marcel,

J'ai bien reçu ta lettre et t'en remercie. Nous aurons sans doute l'occasion de nous en entretenir au cours de la prochaine séance. — Je ne veux pas rallonger le débat. Deux mots seulement:

En ce qui concerne ce que tu as dit — ton propos entendu par un député alors assis à côté de moi: "estomaqué" et l'intéressé indigné. Je t'assure que je ne me suis pas trompé.

Quant à tes paroles contre les partis politiques: j'ai relu ton discours in extenso après avoir reçu ta lettre. Je te l'avoue franchement, tes explications ne me paraissent pas acceptables. En effet tu as dit: "Je parle d'une manière générale et non pas, dire, et non point en particulier de notre petit pays". En d'autres termes, tu parlais aussi de notre pays, soit des partis politiques suisses. — Quant à ta phrase: "Considérez l'Europe...", elle vient bien plus loin dans ton discours aux chrétiens. — Non, Marcel, ton excuse est mauvaise et je ne puis changer mon opinion sur le passage de ton discours relatif aux partis politiques — Je continue à le déplorer. —

Si vraiment ta malédiction ne s'adressait pas aux partis politiques suisses, du moins pas aux partis nationaux, tu es trop maître de

ta pensée et de ton style pour n'avoir pas précisé, — surtout un discours si soigneusement médité & préparé.

Je le répète, nous pourrions de tout ça en discuter, si tu le désires.

Mes cordiaux messages.
Henry

Ende einer Freundschaft:
Henry weist Marcels Entschuldigungsbrief brisk zurück. Das Zerwürfnes wird bis ans Lebenende der beiden dauern.

13.12.1928: Pilet-Golaz zum Bundesrat gewählt.

Zeichnung von G. Rabinowitsch im Nebelspalter.

Im Ständerat.
Carl Jost

Zeichnung Lindi zu Gerüchten über Pilets Rücktritt aus dem Bundesrat.

Erster Genfer Aviatik-Salon 1934: Bundespräsident Pilet-Golaz mit Gattin und Sohn landet nach dem Flug aus Bern-Belpmoos.

Photo-Métropole

Der Bundespräsident auf der Ehrentribüne am Concours hippique in Luzern 1934 mit Gattin, rechts, im Gespräch mit Nationalrat Heinrich Walther.

H. Niedecken

Schützenfest Luzern – offizieller Tag 22. Juni 1939.

O. Grieger

Pilet-Golaz mit Bundespräsident Motta und Marschall Philippe Pétain am Défilé der 1. Division, November 1937. Sohn Jacques schwänzte das Gymnasium.

«Er hört sich gerne reden».

Pressekonferenz im Bundeshaus. Carl Jost

G. Schuh

45. Harus!

Der Ruf nach Erneuerung hat weite Volkskreise erfasst. Die Machtlosigkeit von Bundesrat und Parlament gegenüber der sich verschärfenden Wirtschaftskrise führt dazu, dass «eine starke Welle der Bewegung durch das Schweizerland» geht. Der Zuger Journalist, Regierungsrat und Ständerat Philipp Etter – kommender Mann in der Katholisch-Konservativen Partei – fragt sich, was man «von den wie Pilze aus dem Boden schiessenden» sogenannten neuen «Fronten» halten soll. Etter lobt die positive Seite der Erneuerungsbewegungen: «Es kann gar keinem Zweifel unterliegen, dass ein frischer, neuer Zug durch die Schweizerjugend weht.»

Etter sieht aber auch, dass die Bewegungen durch die Entwicklungen in Deutschland «mächtigen Auftrieb» erhalten haben:

> Wir wissen ja aus der Geschichte, wie stark geistige und politische Bewegungen und Umwälzungen in unseren Nachbarstaaten immer Wellen auch hereinschlugen in unser Land.

Man dürfe jedoch das Aufkommen der Fronten nicht nur als Reaktion auf die ausländischen Ereignisse werten. Die Bewegung läge in der Schweiz schon seit vielleicht zehn Jahren in der Luft. Die katholische akademische Jugend interessiere sich «für den Neuaufbau der Gesellschaft auf dem Boden der von grossen Päpsten der letzten Jahrzehnte vorgezeichneten Gesellschaftsreform». Die protestantische jungakademische Bewegung wende sich ebenfalls von den geistigen Grundlagen des Liberalismus ab.

Auch ein anderer späterer Bundesrat, der BGB-Politiker und Chefredaktor des Parteiblatts *Neue Berner Zeitung,* Markus Feldmann, nimmt im Frühjahr 1933 in einer Artikelserie die Fronten unter die Lupe. Positiv beurteilt er den «bewussten Appell an das nationale Empfinden, an das Heimatgefühl», negativ die Neigung zur Kopierung ausländischer Vorbilder. Für Feldmann sind die Aussichten, dass «faschistische oder nationalsozialistische Strömungen nach italienischem oder deutschem Muster in der Schweiz irgendwie zum Erfolg führen, aus inneren und äussern Gründen begrenzt».

Bedeutend misstrauischer beobachtet man die Fronten im linken Lager. Robert Grimm, wie immer ein wacher Beobachter neuer Entwicklungen, analysiert ihr Entstehen:

> Träger der Frontenbewegung sind Studenten, angeekelt durch die mit der kapitalistischen Entwicklung verbundene Materialisierung der Politik, Intellektuelle, verbittert durch die aus gleichen Gründen entstandene Verflachung des geistigen Lebens, Jungbauern, angewidert durch die offizielle Politik der Bauernparteien.

Die Anhänger der Frontenpolitik rekrutierten sich vorab aus dem Mittelstand wegen der «Bedrohung der kleinen, scheinbar selbstständigen Existenzen durch die Auswirkungen, der Grossbetriebe, des Grosskapitals und seiner Finanzherrschaft». Ursprünglich, so Grimm, seien die Fronten Diskussionsklubs gewesen, die keine Rolle spielten. Die Wirtschaftskrise und die faschistischen Staatsumwälzungen hätten ihnen neuen Auftrieb gegeben:

> Zu den Anhängern der Fronten gehören gescheiterte Existenzen, gesellschaftlich Entwurzelte, die im Untertauchen in die neue Bewegung ihrem Leben eine Wendung zu geben hoffen.

Anzubieten hätten die Fronten Phrasen, Demagogie und Versprechungen, mit denen man – siehe Hitler – auch zur Macht gelangen könne. Die Arbeiterschaft, erklärt Grimm, müsse dem Volk mutig und entschlossen die haltlosen, unsozialen Forderungen der Frontisten darlegen und ebenso mutig und entschlossen die eigenen gesellschaftlichen Ziele aufzeigen.

Die Fronten haben verschiedene Ziele. Sie wollen den Klassenkampf durch einen nationalen Schulterschluss überwinden. Der freie Markt soll von einer korporativen Ordnung, die parlamentarischen Demokratie vom autoritären Führerstaat ersetzt werden. Die Fronten sind antimarxistisch und antiliberal, zumeist stark antisemitisch.

Am ehesten ernst zu nehmen sind die Nationale Front und die Neue Front, die sich im April 1933 zu einem Kampfbund zusammenschliessen. Die elitäre Neue Front ist aus Diskussions- und Arbeitskreisen bürgerlicher Studenten an der Universität Zürich hervorgegangen. Führende Leute sind der Rechtsanwalt Robert Tobler und Hans Oehler, Schriftleiter der *Schweizer Monatshefte für Politik und Kultur*, beide aus «gutem

Haus» stammende deutschfreundliche, rechts stehende Intellektuelle. Die extremere, grobschlächtige und mitgliederstärkere Nationale Front unterstützt das nationalsozialistische Regime des «wahren Arbeiterführers Adolf Hitler» und fordert eine ähnliche Umgestaltung der Eidgenossenschaft. Ihr Chefideologe Alfred Zander, Redaktor des aggressiven Parteiorgans *Eiserner Besen,* will die modernen Landvögte, die «in Villen, Banken und Parteisekretariaten» sitzen, in einem revolutionären Aufbruch der schweizerischen Bauern- und Arbeiterschaft stürzen.

«Marschiert auf, national gesinnte Schweizer! Zeigt, dass ein neuer Wille durch unser Volk geht!» Auf Samstag, den 22. April 1933, lädt der «Kampfbund der Neuen und Nationalen Front» zum Vortrag «Ordnung im Staate» von Oberstdivisionär Emil Sonderegger ein. Blond gelockte, strammstehende Blauhemden sorgen für Ruhe und Ordnung unter den zuströmenden Schweizerbürgern. Der Kaufleuten-Saal zu Zürich ist überfüllt. Tausend Enttäuschte müssen draussen bleiben. Dr. Tobler teilt mit, dass der Kampfbund seine Schutzabteilungen nach altschweizerischem Vorbilde «Harst» nenne und nach alteidgenössischer Landknechtsmanier zum Gruss mit erhobener Hand den Kampfruf «Harus» gewählt habe.

Als der frühere Generalstabschef Sonderegger, elastisch, jovial lächelnd, den Saal betritt, schiessen die grauhemdigen Ärmel zum römischen Gruss empor. Die nicht uniformierte Versammlung bringt dem volkstümlichen Offizier eine stürmische Ovation dar. Man erinnert sich in Zürich, dass Sonderegger «in den kritischen Tagen des Novembers 1918 die damals schwach gewordene Zürcher Regierung energisch und mit Erfolg «in die Hosen gestellt» und damit Stadt und Land in schwerer Stunde vor höchster Gefahr bewahrt hat. In seinem zweistündigen Vortrag ergeht sich der Redner, so die NZZ leicht süffisant, «in kulturpolitischen Betrachtungen, zu denen ihm Oswald Spenglers 'Untergang des Abendlandes' die Grundlage geboten hat; die Quintessenz des von ihm vertretenen Vulgär-Spenglerismus bildet die Überzeugung von der Schädlichkeit der überalterten jüdischen Kultur für die jüngeren Völker». Aber die «alte Tante von der Falkenstrasse» sieht auch Positives: «Abgesehen von dieser ausgeprägt antisemitischen Note seines politischen Bekenntnisses, zeugte das, was er über die notwendigen Massnahmen zur Wiederherstellung der Ordnung im bestehenden Staate sagte, durchaus für seine politische Einsicht.»

Zum Schluss schliesst Tobler stolz die Versammlung: «Heute hat eine neue Schweizergeschichte angefangen!» In den nächsten Wochen zieht Sonderegger mit seinem Vortrag durch die Lande und wird überall begeistert gefeiert: Olten, Zürich-Aussersihl, St. Gallen, Steffisburg, Bern.

Über Presse und Briefe erreicht die Kunde von den Frontenveranstaltung den als Lehrer auf einer ostfriesischen Insel tätigen Peter Dürrenmatt. Der spätere Nationalrat und Chefredaktor der *Basler Nachrichten* hat dort die Machtübernahme der Nazis miterlebt. Gottlosigkeit und Brutalität der Nazi-Methoden stossen ihn ab. Zu den Schweizer Fronten in der Schweiz schreibt er am 3. Mai 1933 seinem Vater, dem konservativen Berner Regierungsrat Hugo Dürrenmatt:

> Das ist ja Fasnacht! Ich glaube niemals, dass das Schweizervolk sich mit ausgestreckten Händen und «Harus» begrüssen wird. Stelle ich mir dabei unsere Berner Bauern vor, so muss ich lachen. Was da in Zürich verzapft wurde, ist politisch vollkommener Blödsinn. Die Leute hören etwas von Faschisten und Nazis und Juden und machen einen Salat daraus, von dem es einem übel werden kann.

Wie die Katholiken, Bauern und Sozialisten müssen sich auch die Freisinnigen klar werden, wie sie sich gegenüber den Fronten verhalten sollen. In der Deutschschweiz, speziell in Zürich, liebäugeln sie mit einem Einbezug der Erneuerer in eine bürgerliche Wahlallianz. Die Waadtländer Radikalen wollen davon nichts wissen. Anlässlich einer Volkskundgebung der *Association patriotique vaudoise* im Lausanner Comptoir erklärt Nationalrat Vallotton, wieso die Fronten die Romands beunruhigen müssen:

> Gewisse dieser Fronten germanischer Inspiration borgen von den Hitlerschen Phalangen Konzepte und Methoden, die mit unseren helvetischen Traditionen unvereinbar sind. Wir wollen kein Hakenkreuz auf unserem Boden: Das weisse Kreuz auf rotem Feld genügt uns.

Wie Vallotton begrüsst Bundesrat Marcel Pilet-Golaz zwar das «sich unter unseren Augen abspielende Aufwachen» des Volks. Wie Vallotton ist auch er misstrauisch:

> Hüten wir uns jedenfalls vor Demagogie und einer Leidenschaft, die zur Gewalt führt, der Gewalt, die ihrerseits das Chaos erzeugt. In der Schweiz wollen wir keine Diktatur!

Kritisch wertet Pilet «gewisse Tendenzen» in unseren Nachbarstaaten:

> Der vor zehn Jahren geborene Faschismus, der Italien umgewandelt hat, hat uns gleichgültig gelassen. Hingegen hat es genügt, dass jenseits des Rheins der Hitlerismus entsteht, dass man bei uns plötzlich aufwachte. Ist denn der Hitlerismus wirklich so weit weg vom Bolschewismus? Vergleicht und denkt darüber nach! Von Anfang an hat der Hitlerismus den Rassismus beinhaltet – was der Faschismus nie gesucht hat. Liegt darin nicht der Wunsch nach Herrschaft?

46. Sticheleien

Am erwähnten Anlass der A.P.V. – *Association patriotique vaudoise* – hat es Misstöne gegeben. Dem aufmerksamen Berichterstatter der Sozialistenzeitung *Droit du Peuple* ist aufgefallen, dass sich das Verhältnis zwischen Vallotton, «der darauf wartet, seine Koffer zu packen, um die Schweizer Botschaft in Paris zu besetzen», und seinem Freund im Bundesrat abgekühlt hat:

> Im feierlichen und pedantischen Ton, der seinen ungeheuren Ehrgeiz verrät, geisselte M. Vallotton die «Schwächen» des Bundesrats. Der hinter ihm sitzende M. Pilet-Golaz, dem es noch nicht gelungen ist, ihm den Ambassadorenposten in Paris zu verschaffen, steckte seine «Gerade», ohne mit den Wimpern zu zucken, ein.

Vallotton hatte tatsächlich den Bundesrat nicht geschont:

> Wir gratulieren dem Bundesrat, dass er im Juni 1933 endlich die Subvention an den [Arbeitersportverband] Satus bekämpft hat, aber wir bedauern, dass er ihn während Jahren unterstützt hat. Wir sind mit dem Gesetzesprojekt über die öffentliche Ordnung, das die Regierung den Kammern jetzt vorgelegt hat, einverstanden, aber wir sind zutiefst enttäuscht gewesen über ihre derart schwache Antwort [auf die Genfer Ereignisse] im Dezember 1932.
> Was wir wollen, ist eine energische, starke Regierung, die regiert, eine Regierung, welche die Schwierigkeiten löst, und nicht einen Verwaltungsrat, der sich mit ephemeren und trügerischen Halbmassnahmen begnügt.

Pilet blieb seinem alten Freund die Antwort nicht schuldig. Gemäss *Droit du Peuple* war der Bundesrat «viel beredter und geschickter» als «*le petit ‹Führer›* de l'A.P.V.». Er parierte Vallottons Angriffe mit einer scharfen Kritik an den «Parlamentariern, die sich in allzu viele Dinge einmischen und deren Interpellationen in neun von zehn Fällen nutzlos sind. M. Vallotton, der im Nationalrat oft interpelliert, blieb reglos.»

Pilets gepfefferte Antwort auf Vallottons Attacke wörtlich:

> Unsere Exekutive ist gemacht, um zu regieren und allein zu regieren. Nun aber regiert sie nicht mehr allein, weil sie von Seiten des Parlaments von einem Regen von Interpellationen und Motionen überschüttet wird, die seine Macht schwächen. In der heutigen Zeit hat das Parlament seine wirklichen Pflichten und Aufgaben vergessen! Aber, wie das Sprichwort sagt, jedes Volk hat das Parlament, das es verdient, und es liegt am Schweizervolk, Abgeordnete nach Bern zu schicken, die ihre Pflichten gegenüber Staat und Allgemeinheit kennen.

Marcel und Henry, einst ein Herz und eine Seele, haben sich auseinandergelebt. Keiner der beiden scheut davon zurück, den Freund öffentlich zu kritisieren.

Eben gerade – acht Tage zuvor – hat Vallotton in einer seiner zahllosen Interpellationen die Herabsetzung der Bahntarife verlangt. Für ihn geht es um Sein oder Nichtsein der Schweizer Hotellerie. Im März 1933 waren von 100 Hotelbetten gerade noch 12 besetzt. Kleine Pensionen machen der Reihe nach zu. Den Bahnen geht es nicht besser. Vallotton versteht, dass gegen die Weltwirtschaftskrise, die Konkurrenz der andern Fremdenverkehrsstaaten und das Wetter nichts zu machen ist. Wohl aber gegen die hohen Bahnpreise in der Schweiz! Vallotton gibt Beispiele: Wenn ein Genfer auf der Canebière in Marseille spazieren gehen wolle, koste ihn das Fr. 17.00, wenn er aus Geschäftsgründen nach Zürich fahren müsse, zahle er Fr. 31.85. Der Transport von 80 kg Gepäck von London nach Basel koste Fr. 15.30, derjenige für dasselbe Gepäck von Basel nach St. Moritz Fr. 31.20, also das Doppelte.

Vallotton will auch wissen, wieso es im Winter Sportbillette gibt, im Sommer keine?

> Dies verstehe ich nicht und ich erlaube mir, den Herrn Departementschef zu fragen, wieso man ein Wintersportbillett für die Skifahrer zulässt, aber den Kletterern ein Sommersportbillett verweigert?

Der Herr Departementschef pariert elegant. Man sei erstaunt, dass es keine Sommersportbillette gebe? Aus einem einfachen Grund, sagt Pilet:

> Im Sommer kann man nicht leicht feststellen, welches in der Schweiz die Sportstationen sind. Im Winter, zur Not ja, aber im Sommer wird das ganze schweizerische Gebiet zum Sportgebiet. Wer Wassersport, Bergsport betreibt, kann ins Mittelland, in den Jura, in die Alpen gehen. Es gäbe bei uns keinen Bahnhof, der sich nicht auf seine Sporteigenschaft berufen könnte; *même* Bümpliz, *avec son Bubenseeli*.

Das Wortgefecht zwischen den beiden alten Freunden bleibt manierlich. Aber Zeit und Politik haben der einstigen Seelenverwandtschaft zugesetzt. Vallotton glaubt, dass er es als Eisenbahnminister besser machen würde als Pilet. Pilet lässt Vallotton spüren, dass er die Dossiers besser kennt. Ihre Rolle ist verschieden. Als Mitglied der Exekutive kann oder muss Pilet entscheiden. Als Angehöriger der Legislativen kritisiert Vallotton und macht Vorschläge. Pilet kümmert sich um das Gesamtwohl der Schweiz, Vallotton vertritt die Partikularinteressen seines Kantons und einzelner Wirtschaftsgruppen. Vallotton wurmt es, dass der Bundesrat mehr Macht hat als er. Pilet verträgt Kritik schlecht.

Zurück von seinem Wochenendabstecher in die Waadt, erwartet Pilet eine Enttäuschung: das Zeugnis des Fünftklässlers Jacques. Weil der Sohn in der Schule weilt und der Vater gleich wieder wegfahren muss, schreibt Marcel Pilet-Golaz dem Filius einen Brief:

> Du hast «versagt», mein Junge, im Sinne, dass dein Trimesterzeugnis nicht genügend ist und dass, wenn das ganze Jahr gleich aussehen wird wie die ersten drei Monate, du nicht promoviert wirst. Hauptsächlich wegen zwei Fächern – Deutsch, Lateinisch – hast du nicht den Durchschnitt. Ich mache dir keine Vorwürfe, es wäre zweifellos nutzlos und gefährlich. An dir ist es, an die Vergangenheit zu denken und deine Zukunft zu retten.
> Es kommt nicht infrage, dass du ins Pfadfinderlager gehst. Du wirst am Samstag, den 8., den Zug nach Château-d'Œx nehmen, wo du deine ganzen Ferien verbringen wirst … Wenn dein zweites Zeugnis, das erste nicht kompensiert und der Durchschnitt der beiden nicht genügend ist, wirst du das Progymnasium verlassen und ins Internat gehen. Ich brauche nicht hinzuzufügen, dass deine Mutter und ich sehr traurig sind. Ich bitte dich bloss, wirklich an dich zu denken und ich umarme dich. Papy.

47. Disziplin muss sein

Bei den Staatsratswahlen in Genf erzielen die Sozialisten einen sensationellen Erfolg. Bisher in der Regierung nicht vertreten, gewinnen sie gleich vier der sieben Sitze. Der im Oktober aus dem Gefängnis entlassene «Revolutionär» Léon Nicole wird als Justiz- und Polizeidirektor die Kantonsregierung präsidieren. Das demokratische Verdikt des Genfer Volkes verunmöglicht es dem Nationalrat, den unbequemen Genfer Volkstribun weiter von seinen Sitzungen auszuschliessen.

In der Nacht auf den 4. Dezember fahren siebzehn mit treuen Sozialisten gefüllte Autocars von Genf nach Bern, um Nicoles triumphalen Einzug ins Bundeshaus zu feiern. Es ist dunkel, neblig und unfreundlich, als kurz nach sechs Uhr der Genfer Sozialistenchef, von einigen Damen begleitet, sich einen Weg durch die auf dem Bundesplatz wartende Menge bahnt. Vor vollen Tribünen eröffnet der abtretende Präsident Ruggero Dollfus die Sitzung. Drei rote Blumensträusse werden von den Weibeln wie Kerzen in den Saal getragen. «M. Nicole – *noblesse oblige* – erhält rote Rosen. Nur die Königin der Blumen war würdig, seinen Aufstieg aufs Kapitol zu schmücken.» Zwei andere sozialistische Genfer Nationalräte, «Würdenträger zweiten Ranges», kriegen Nelken.

Die Stimmung unter der Bundeskuppel bleibt an den folgenden Tagen moros. Beherrschendes Thema ist die Rettung der vom Bankrott bedrohten Volksbank und ihrer halben Million Sparer mit einem Bundesbeitrag von 100 Millionen Franken. Der Bundesrat ist sich einig: Der Bankenplatz Schweiz darf nicht gefährdet werden, die Schweizer Wirtschaft hängt von ihm ab.

Pilet muss eine unliebsame, von 32 Sozialdemokraten mitunterzeichnete Interpellation des Waadtländer Nationalrats Paul Perrin zum Disziplinarwesen in der Bundesverwaltung beantworten. Perrin ist stellvertretender Generalsekretär des Eisenbahnerverbands und ehemaliger Leiter des Telegrafenamts der SBB in Neuenburg. Weil er gelegentlich selbst als Amateuranwalt gemassregelte Bundesbeamte vertritt, kennt er das Disziplinarwesen in der Verwaltung bestens.

Als Pilet erfährt, dass die Interpellation auf den Fall des von Perrin vertretenen Lokomotivführers Daudin zurückgeht, lässt er sich von der SBB-Generaldirektion ein Dossier über kontroverse Disziplinarfälle zusammenstellten. Sorgfältig studiert er vor allem die Akte Daudin.

Im vergangenen März hatte der aktive Gewerkschafter Daudin in der Pause eines Tanzanlasses in St-Maurice eine politische Brandrede gehalten, in der er Regierung und Militär wegen ihres Verhaltens bei den Genfer Ereignissen angriff. Dabei sprach er von einem «Massaker» und einem «Racheakt gegen Nicole». Er trug die Bähnler-Uniform. Zwei lokale Zeitungen empörten sich, eine Untersuchung wurde eingeleitet und Daudin mit 10 Tagen Suspension vom Dienst, Versetzung nach La Chaux-de-Fonds, Auferlegung der Umzugskosten und Androhung fristloser Entlassung bestraft. Die vom Betroffenen angerufene unabhängige Disziplinarkommission milderte das Urteil ab – 5 Tage Suspension, keine Auferlegung der Umzugskosten und keine Entlassungsandrohung. Doch der Präsident der SBB-Generaldirektion Schrafl wies den Antrag der Disziplinarkommission persönlich zurück und bestätigte die ursprünglichen Sanktionen.

In der Begründung seiner Interpellation kommt Perrin ohne Namensnennung zur Geschichte des Zugführers Daudin: «In einem Disziplinarfall, den Herr Bundesrat kennt, ist die Verwaltung kürzlich gegen einen ihrer besten Beamten in den Krieg gezogen.» In der Untersuchung habe man anonymen Zeugen der Anklage blind Glauben geschenkt. Die Aussagen der Entlastungszeugen habe man bezweifelt und diese gar verspottet. Auf solch zerbrechlicher Grundlage habe man ein Anklagegerüst gezimmert und den Beamten und mit ihm seine unschuldige Familie schwer bestraft. Perrin ist vor allem empört, dass die SBB-Generaldirektion den Anträgen der Disziplinarkommission auf Milderung der Sanktionen nicht gefolgt ist.

Weiter nennt Perrin Fälle, in denen Beamte entlassen oder pensioniert wurden, nur weil sie dem Vorgesetzten nicht behagten. Departementschef Pilet-Golaz möge sich künftig vermehrt persönlich dieser Disziplinarfälle annehmen und einen *bon coup de joran ou de vaudaire* (einen tüchtigen waadtländischen Windstoss) über die Grosse Schanze und das Brückfeld hinwegfegen lassen. An beiden Orten standen Dienstgebäude der SBB.

In seiner Antwort belehrt Bundesrat Pilet-Golaz Nationalrat Perrin, dass er, «Gott sei gelobt», nicht Direktor der Bundesbahnen ist und sich dort nicht in Disziplinarfälle einmische. Schrafls Sturheit im Fall Daudin hat auch ihm offensichtlich nicht gefallen. Als «Herr der Post» obliegt Pilet jedoch die Kontrolle über alle Disziplinarmassnahmen in der PTT. Nur in einem Fall habe er selber eingegriffen. Es ging um Telegrafisten, die in der Arbeitszeit betrunken waren. Die Rekurskommission hatte die gegen die Beamten verhängten Bussen herabgesetzt und für den Vorgesetzten und die Untergebenen eine gleich hohe Busse vorgeschlagen. «Nie», erklärt

Pilet, «würde ich diese Theorie annehmen, denn ich war Vorgesetzter und bin es immer noch.» Deshalb habe er die Busse für den Vorgesetzten von 40 Franken auf 75 erhöht. Die Strenge, mit der man in der Verwaltung gegen den Alkoholismus vorgehe, werde von vielen Beamten geschätzt. «Übrigens tun wir dies nicht allein für die Beamten und die Verwaltung, sondern für ihre Familien, von denen M. Perrin eben gesprochen hat.»

In der Interpellation wird der Bundesrat gefragt, ob die Disziplinarvorschriften nicht weitherziger angewendet werden könnten. Pilets Antwort: Weder grosszügig noch engherzig, sondern gerecht. Nicht nachsichtig, auch nicht zu streng.

> Wenn ich zwischen Strenge und Nachsicht wählen müsste, würde ich übrigens im Interesse der Beamten selber die Strenge wählen. Die grosse Mehrheit der Beamten wird von keinen disziplinarischen Sanktionen getroffen, weil diese für sie nicht nötig sind.

Tags darauf schon wieder eine Interpellation des unermüdlichen Vallotton. Dieser will, dass 1934 zum «Jahr der Schweiz» erklärt wird. Zweck: Belebung des Tourismus, Verbesserung der «tragischen Lage» der SBB und der Hotels.

In seiner Antwort macht Pilet kurzen Prozess. Er will vom vorgeschlagenen «Jahr der Schweiz» nichts wissen: Was würde ein Rekordjahr im Fremdenverkehr bringen? «Es würde ihr nichts nützen, ein Rekordjahr zu haben, und dann die Leere.» Man wolle auch keinen gefährlichen Präzedenzfall schaffen. Wenn man 1934 zum Jahr der Schweiz erkläre, habe man dann 1935 und 1936 plötzlich das Jahr Österreichs, Belgiens oder Schottlands. Nötig seien kontinuierliche, permanente, dauerhafte Massnahmen. Die Schweiz müsse den «internationalen Ruf zurückgewinnen, den wir teilweise verloren haben». Die nötigen Instrumente seien bereit und würden zu Jahresende in Kraft treten. Pilet hat den neuen Angriff von Freund Henry elegant abgeschmettert.

48. Abfuhr für den Bundesrat

Am 14. Dezember 1933 wird Marcel Pilet-Golaz mit 137 von 152 Stimmen achtbar zum Bundespräsidenten gewählt. Die Sozialdemokraten legten leer ein. Geradezu schwärmerisch würdigen zwei herausragende politische Federn der welschen Schweiz den neuen Mann an der Spitze unserer Regierung. René Payot lobt den «unparteiischen Geist» des neuen Bundespräsidenten, die Sicherheit, mit der er den Übelstand bei den SBB diagnostizierte, und den Mut, mit dem er für Abhilfe eintrat:

> Das Portrait von M. Pilet wäre unvollständig, wenn man sich darauf beschränken würde, in ihm einen souverän intelligenten, grossen Verwalter zu sehen. Die, die ihn kennen, wissen, dass unter seiner Reserviertheit, bei der es sich um Würde handelt, tiefe Eigenschaften aufleuchten, ein ausgeprägtes Pflichtbewusstsein, die Verehrung grundlegender Ideen und die Verbundenheit mit geistigen Werten, die eine Persönlichkeit adeln.

Grellet ist beeindruckt, weil Pilet sich mit erstrangigen Mitarbeitern umgibt und sie sinnvoll arbeiten lässt. Er lobt die «starke und attraktive Persönlichkeit des neuen Bundespräsidenten».

> Dieser Waadtländer, der die höchsten Qualitäten seines Volksschlags verkörpert – Mass, professionelle Gewissenhaftigkeit, Vorliebe für das Verständliche, klare Sicht des Notwendigen –, weiss auch, welche erste Rolle in der Lenkung der Menschen die moralische Erhöhung und die Achtung vor den ewigen Werten spielt, ohne die hier auf Erden nichts Dauerhaftes sich gründet.

Die Sozialdemokraten haben gegen das «Bundesgesetz über den Schutz der öffentlichen Ordnung» das Referendum ergriffen, nachdem es unter dem Druck der bürgerlichen Fraktionen verschärft worden ist. Loyal, aber auch aus Überzeugung, setzt sich Pilet in den ersten Monaten seines Präsidialjahres für die Vorlage seines Mentors Häberlin ein. Am letzten Februarmontag redet er in Biel vor 2000 Personen. Dabei macht er nähere Bekanntschaft mit dem kommenden Mann in der BGB, Markus Feldmann. Dieser notiert in sein Tagebuch:

> Auf der Fahrt im Automobil von Bern nach Biel und zurück (der Bundespräsident holte mich zu Hause ab und brachte mich wieder heim) angeregtes Gespräch über die landwirtschaftliche Entschuldungsfrage, die Pilet als das wichtigste politische Problem der Gegenwart bezeichnet. Pilet hat kürzlich Bergbauern in der Waadt persönlich besucht, er war erschüttert über die dort herrschende Notlage. Familien mit Kindern konsumieren nach seinen eigenen Wahrnehmungen nichts als Kaffee und Kartoffeln. Pilet erklärte mir, er habe sich, zu Hause angelangt, wegen seines reich besetzten Tischs vor sich selbst geschämt.

Auf der Rückfahrt reden Feldmann und Pilet noch über die frontistische Bewegung «Heimatwehr», die unter Berner Kleinbauern viele Anhänger hat und der auch der Waadtländer Oberstdivisionär und Mussolini-Verehrer Arthur Fonjallaz angehört. «Pilet bezeichnet Fonjallaz als italienischen Agenten und Spion, im Übrigen verrückt, er sei ja auch in einer Irrenanstalt geboren.»

Seine Hauptreden für das Staatsschutzgesetz hält Pilet in der Woche vor der Abstimmung in Freiburg und in Lausanne. Freiburg ist die katholische Hochburg des konservativen Denkens. Freiburger intellektuelle Führungsfiguren wie Musy und Gonzague de Reynold verehren den portugiesischen Diktator Salazar fast blind. Mit Seitenblick auf de Reynold verteidigt Pilet in seiner Freiburger Rede die Demokratie:

> Wir dürfen bei uns keine Diktatur haben. Man spielt ein wenig mit dieser Idee. Passen wir auf! Die Diktatur wäre das Todesurteil für die Schweiz. In der Schweiz wäre sie aus sehr einfachen Gründen unmöglich, die ihr so gut kennt wie ich. Die Diktatur ist unitarisch, sie ist totalitär. Sie verlangt die nationale Einheitlichkeit, die Einheitlichkeit der Rasse, die Einheitlichkeit des Ideals. Nun ist aber die Schweiz vielfältig. Die Schweiz ist kein Volk. Sie ist ein aus verschiedenen Völkern zusammengesetzter Staat. Kann sich jemand vorstellen, dass man aus allen Völkern der Schweiz ein Volk machen könnte, ein einziges Volk mit den gleichen Institutionen, der gleichen Disziplin, der gleichen Mentalität? Dies würde bedeuten, dass man ihm mit Gewalt eine Zwangsjacke anzieht. Wollen wir etwa Deutsche, Österreicher, Italiener, Franzosen sein? Nein, wir wollen wir selber sein.

Den Waadtländern erklärt Pilet, dass das Ordnungsgesetz alles in allem viel weniger drakonisch sei als in den meisten anderen Staaten. Man brauche eine bewaffnete Polizei, die alte behäbige «*pépère*» Gendarmerie genüge nicht. Wie man in Genf gesehen habe, sei die Truppe nicht für den Ordnungsdienst gemacht, «sie ist gemacht für die Verteidigung des Landes». Der Bundesrat erinnert sich daran, wie er als Hauptmann 1918 während des Generalstreiks eine aufgebrachte Kompanie befehligen musste:

> Wisst ihr, wovor ich Angst hatte? Nicht Angst, dass meine Soldaten nicht schössen, sondern die Angst, dass sie ohne Befehl schössen. Diese Befürchtung hat sich – *hélas!* – in andern Einheiten bewahrheitet. Ich habe daraus den Schluss gezogen, dass eine auf ihre Verantwortung bedachte Regierung alles tun muss, um ein Eingreifen der Truppe zu vermeiden. Man muss vorbeugen, um nicht durch Töten zu heilen.

Pilet geht dann auf umstrittene Artikel ein, so denjenigen über verbotene Versammlungen und Umzüge:

> In der Schweiz soll man das Recht haben, seine Meinung auszudrücken und sich zu versammeln, um zu diskutieren, ohne dass man gestört wird, ohne dass man mit Gummiknüppeln angegriffen oder wie Banditen zur Türe hinausgeworfen wird.

Artikel 5 bestraft denjenigen, der im Namen einer ausländischen Regierung behördliche Handlungen begeht. Pilets Zuhörer haben von den Spionage- und Sabotageakten im Tessin gelesen, die die italienische Polizei organisierte, und von Übergriffen der Nazis gegen auf Schweizer Gebiet sich befindende Personen. Pilet: «Wir wollen selber *faire notre police*. Wir wollen nicht, dass das Ausland sie macht.»

Andere Artikel im Gesetz richten sich gegen bewaffnete Gruppen. Pilet sagt, man habe soeben in Österreich gesehen, wozu es führe, wenn man die Anhäufung von Waffen und Munition zulasse. Er spielt auf den «Februaraufstand» an, als blutige Kämpfe zwischen staatlichen Ordnungskräften und sozialdemokratischen Schutzbündlern über 300 Tote forderten. Zum Schluss verteidigt Pilet seinen besten Kollegen im Bundesrat:

> Man nennt dies Gesetz das Gesetz Häberlin. Es ist keine Unehre, es auf den Namen eines loyalen und aufrechten Magistraten zu taufen. Aber in Wirklichkeit ist es das Werk des Parlaments. Es ist kein Klassengesetz oder, wenn schon, ist es das Gesetz der Klasse der ehrlichen Leute. Es stimmt, dass die Sozialisten ihm gegenüber zögerlich

> und geteilt sind. Was die Gewerkschaften anbetrifft, die den wichtigsten Kern der sozialistischen Stimmbürger ausmachen, bin ich überzeugt, dass sie für das Gesetz sind, und ich könnte dafür Beweise liefern, denn in meinem Amt bin ich in Kontakt mit den Gewerkschaftsführern.

In der gleichen Woche, in der Pilet diese Rede hält, führen die Sozialisten in Lausanne eine von 3500 Sympathisanten besuchte Versammlung gegen das «Maulkorbgesetz» durch – oder das «Zuchthausgesetz», wie die Kommunisten es nennen. Hauptredner Nicole begeistert die Massen. Neben den Sozialdemokraten bekämpfen auch die meisten Frontisten das Gesetz – Ausnahme Divisionär Sonderegger, der als *law and order*-Mann dafür ist. Die Gewerkschaften stehen offiziell Gewehr bei Fuss.

Zwei Tage vor der Abstimmung verteidigt Häberlin am Radio noch einmal eindrücklich sein Ordnungsgesetz, das vor «Sichel und Hammer» auf der einen, dem «Taktschritt der frontistischen Sturmtruppen» auf der andern Seite schützen soll. Das Gesetz wolle nicht Ideen unterdrücken, sondern die freie Äusserung der Ideen schützen, die durch Lüge, Prügel, Stahlruten und das Sprengen öffentlicher Versammlungen gefährdet sei.

Am 11. März 1934 kommt für Regierung und Bürgertum der Schock. Mit 486 168 Nein zu 416 064 Ja lehnt das Schweizervolk die Lex Häberlin II ab. Das Nein siegt in den Städten Zürich, Basel, Bern, Lausanne, Genf, St. Gallen. Ja sagen bloss die welsche Schweiz, auch Pilets Waadt, das Tessin, Graubünden, Thurgau, Häberlins Heimatkanton, Uri, Glarus und Appenzell-Innerrhoden.

Die *Gazette* glaubt zu wissen, worauf dieses «bedauerliche Resultat» zurückzuführen ist.

> Das Gesetz ist an der latenten, aber tiefen Unzufriedenheit gegenüber den Bundesbehörden gescheitert, die in einem grossen Teil unseres Volkes herrscht. Zahlreiche Bürger, die keine Art von Sympathie für den Sozialismus haben, gute Patrioten und resolute Ordnungsanhänger, konnten ihre Abneigung gegen ein neues aus Bern kommendes Gesetz, in dem sie einen weiteren Zentralisierungsschub sahen, nicht abstreifen.

Nach AHV und Lohnabbaugesetz hat der Bundesrat, der mit einer knappen Annahme gerechnet hatte, zum dritten Mal innert drei Jahren eine Abfuhr erlitten. Nicht in nebensächlichen Abstimmungen, sondern in Fragen der Sozial-, Finanz- und Sicherheitspolitik, die für den Bundesrat richtungsweisende Bedeutung haben. Kann ein vom Souverän derart desavouierter Bundesrat überhaupt noch regieren?

49. Regierungskrise nach Schweizerart

Montag, 12. März 1934

Häberlin hat genug. «Ich künde dem Schweizervolk», soll er nach der verlorenen Abstimmung bemerkt haben. Vor der ordentlichen Bundesratssitzung teilt er Bundespräsident Pilet-Golaz mit, dass er zurücktreten werde. Für Pilet ist dies keine gute Nachricht, politisch nicht und menschlich nicht. Häberlin wird sich nicht umstimmen lassen, dies weiss er. Er wird seinen besten Freund im Regierungskollegium verlieren.

Als der Bundesrat um 9 Uhr zu seiner ordentlichen Sitzung zusammentritt, kommt Musy wie üblich zu spät. Sarkastisch bemerkt er: *«Comment, vous êtes encore là?»*. Häberlin teilt dann mit, dass er heute dem Ratspräsidenten sein Rücktrittsschreiben schicken wird. Er habe schon im letzten Oktober in den Ruhestand gehen wollen, sich dann von den Kollegen umstimmen lassen – allerdings mit dem Vorsatz, sich am Ende des laufenden Jahres zur Ruhe zu setzen. Das gestrige Abstimmungsresultat habe seinen Entschluss beschleunigt. Der Volksentscheid sei vor allem wegen des Geisteszustands, den er verrate, beunruhigend. Wäre er jünger, er ist 65, würde er der öffentlichen Meinung die Stirn bieten. Aber die körperlichen Kräfte hätten ihre Grenzen und diese seien bei ihm erreicht.

Minger, Motta und Schulthess trösten ihren Kollegen. Der Volksentscheid richte sich in keiner Weise gegen seine Person. Er möge sich den Rücktritt noch einmal überlegen. Zur Verblüffung aller schlägt Musy dann vor, der Bundesrat müsse gesamthaft zurücktreten: Dies sei die einzig mögliche Antwort auf die Volksabstimmung. «Die Regierung ist solidarisch, und es gibt keinen Grund für Häberlin, allein zurückzutreten.» Musy will, dass der Bundesrat am nächsten Tag die kollektive Demission bespricht. Häberlin wendet ein, dass sein Rücktritt aus persönlichen Erwägungen erfolgt sei, was für die andern Bundesräte nicht gelte. Die Kollegen sollten auf keinen Fall einen Entschluss fassen, dessen politische Folgen unabsehbar wären.

Bundespräsident Pilet-Golaz erklärt, er wäre froh, wenn angesichts der neuen, durch den Vorschlag von Herrn Musy geschaffenen Lage Herr Häberlin seinen Entscheid auf den nächsten Tag verschieben würde. Er, Pilet, werde Musys Vorschlag, wonach der Bundesrat gesamthaft zurücktreten solle, nicht Folge leisten. Es gehe hier nicht um persönliche Befindlichkeiten: «Es geht darum, das Schiff im Sturm nicht zu verlassen.»

Darauf erklärt Musy, dass, wenn der Bundesrat nicht gesamthaft zurücktrete, er dies jedenfalls tun werde. Pilet und Motta legen ihm nahe, nichts über seine Rücktrittsabsicht durchsickern zu lassen. Musy ist damit einverstanden.

Was bezweckt Musy mit seiner Forderung nach einer Demission des gesamten Bundesrats und seiner eigenen Rücktrittsdrohung? Politischen Freunden verrät er seine Ideen: Die Schweiz benötigt dringlich eine Erneuerung. Sie braucht eine dynamische, straffe Regierung, die ein rigoroses Sparprogramm durchsetzen kann und nicht allen Begehren um neue Ausgaben nachgibt. Der Bundesrat muss verjüngt werden, Motta und vor allem Schulthess, die beide schon seit vor Beginn des Weltkriegs im Amt sind, müssen weg. Musy erhofft sich, dass die bürgerliche Parlamentsmehrheit einen neuen Bundesrat von ihm Gleichgesinnten wählen wird, einen Bundesrat, in dem er selber die eindeutige Führungsrolle spielen kann.

Für den Nachmittag hat Bundespräsident Pilet Musy, Motta und Minger in sein Büro geladen, um die Lage zu klären. Motta ist Parteikollege von Musy und von allen Bundesräten steht Minger politisch dem Freiburger noch am nächsten. Das Gespräch endet erfolglos.

Dienstag, 13. März 1934
Der Wunsch des Bundespräsidenten, dass Musy über seine Rücktrittsabsichten schweigen soll, ist illusorisch. Selbstverständlich redet der Freiburger mit Familie und Vertrauten darüber. Und natürlich wird auch Musys Feind Schulthess plaudern. Das Rücktrittsgerücht verbreitet sich wie ein Lauffeuer. Musys Gegner frohlocken.

Mittwoch, 14. März 1934
Im freisinnigen «Hofblatt» *Bund* zündet Chefredaktor Erich Schürch ein politisches Bömbchen. Die Zeitung fragt, ob an der Nachricht von Musys bevorstehendem Rücktritt wirklich «nichts dran» sei, und erwähnt auch noch ein anderes Gerücht:

> Es betrifft ein in seiner Wirkung ausgesprochen antimilitaristisches Verhalten, das darin bestanden haben soll, dass mit dem ganzen Gewicht der höchsten amtlichen Stellung in einen militärischen Disziplinarfall eingegriffen wurde, um einen jungen Herrn, der sich verfehlt hatte, den Folgen zu entziehen, die von der militärischen Disziplin verlangt wurden ... Wir haben nun nachgerade des Getuschels genug und meinen, dass es an der Zeit ist, Klarheit zu schaffen, damit man weiss, ob wirklich die Armee

gegen Untergrabung der Disziplin sich auch noch gegen ein Mitglied des hohen Bundesrats hat verteidigen müssen.

Für informierte Leser ist unschwer zu erraten, dass mit dem «Mitglied des hohen Bundesrats» Musy gemeint ist. Wütend telefoniert dieser dem *Bund*-Chefredaktor und droht ihm mit einem Prozess, worauf Schürch antwortet: «Wir warten darauf, Herr Bundesrat.»

Nationalrat Ernst Reinhard, Präsident der Sozialdemokratischen Partei der Schweiz, nimmt den *Bund*-Artikel zum Vorwand, um einen Angriff auf den verhassten Musy zu lancieren. In einer Kleinen Anfrage verlangt er Auskunft über das «Eingreifen eines Bundesrats in einen militärischen Disziplinarfall». Gemeint ist damit die als unzulässig empfundene Reaktion Musys auf eine Bestrafung seines Sohns, Leutnant Pierre Musy.

Am Mittag ist der Zuger Ständerat Etter mit anderen Parlamentariern bei den Pilet-Golaz am Scheuerrain 7 zum Mittagessen eingeladen. Wie gewohnt, berichtet er seiner Frau in Menzingen schriftlich über die Erlebnisse des Tages:

> Als wir einen Augenblick allein waren, sagte der Bundespräsident zu mir: «*Vous viendrez chez nous!*» Ich fragte ihn: «*Où?*» «*Au conseil fédéral!*» Ich sage: «*Mais non, mais non.*» Er antwortet: «*Mais oui, ça c'est sûr.*» Ich weiss nicht, ob du das verstehst. Mir scheint, es gehe etwas hinter den Kulissen.

Wenn Pilet sich derart auf die Äste hinauswagt und sagt, es sei «sicher», dass Etter Bundesrat werde, dann hat er im Gespräch mit Musy, Motta und Minger den Eindruck erhalten, dass der Freiburger zurücktreten wird.

Donnerstag, 15. März 1934
Vor der Bundesratssitzung drückt KK-Fraktionschef Walther dem Bundespräsidenten ein Papier in die Hand, in dem Musy sein Wirtschafts- und Finanzprogramm darlegt. Pilet informiert den Bundesrat, dass Musy bereit sei zu bleiben, wenn die Kollegen sein Programm annehmen.

Dann erläutert Musy seine Vorstellungen:

> Trotz des Finanzprogramms wird die Bundesrechnung dieses Jahr wieder mit einem Defizit abschliessen. Auch die Lage der SBB verbessert sich nicht. Ende 1934 werden ihre Schulden im Vergleich zum Beginn des Vorjahrs um 200 Millionen zugenommen haben. Dem Land ist schwerlich eine neue fiskalische Anstrengung zuzumuten, wenn die

> Getränkesteuer schon jetzt auf ernste Schwierigkeiten stösst. Die Arbeitslosigkeit kommt zu teuer zu stehen. So kann man unmöglich fortfahren. Eine Herabsetzung der Preise ist das einzige Mittel, um die Abwertung des Frankens zu vermeiden. Zudem muss der Bundesrat eine Organisation unseres Wirtschaftslebens im Sinne einer berufsständischen Ordnung prüfen. Dies ist das einzige Mittel, um dem sterilen Arbeitskrieg, der das Land erschöpft, ein Ende zu setzen. Man muss aus der wirtschaftlichen Anarchie herauskommen und den Staat entschlacken. Ansonsten wird der Staatsinterventionismus sich in neuen Steuererhöhungen niederschlagen, die unsere Volkswirtschaft schliesslich erdrücken werden. Der Volksentscheid vom vergangenen Sonntag darf den Bundesrat nicht entmutigen. Wir haben die Verpflichtung, hinsichtlich der Ausländer noch strenger zu sein als bisher.

Wenn der Bundesrat seinem Programm beipflichten könne, sagt Musy, werde er keinen Grund haben, ihn zu verlassen. Wenn nicht, würde er es vorziehen, zurückzutreten.

Bundespräsident Pilet will wissen, ob Musy dem Bundesrat Zeit lasse, sein Programm zu studieren. Musy verlangt, dass der Bundesrat bis spätestens morgen (Freitag) erklären müsse, ob er mit den grossen Linien seines Programms einverstanden sei.

Häberlin kann es nicht verstehen, dass ein Bundesratsmitglied für den Fall, dass sein Programm nicht innert vierundzwanzig Stunden angenommen wird, mit Demission droht. Ein solches Vorgehen sei mit der Würde und dem Prestige des Bundesrats unvereinbar. Wenn Musy an seinem Standpunkt festhalte, werde er, Häberlin, sich weigern, die Einzelheiten des Programms überhaupt zu diskutieren.

Pilet dankt Häberlin für seine Intervention,

> denn besser als er könne keiner das Zögern und die Befürchtungen ausdrücken, welche die Regierungsmitglieder erfüllen. Monsieur Musy wird zweifellos verstehen, dass dies die Sprache der Vernunft ist und dass er seinen Kollegen Zeit lassen muss, seine Vorschläge zu überdenken, ohne sie unter Druck zu setzen.

Musy gibt darauf dem Bundesrat bis Montag Zeit zu entscheiden, ob er mit den grossen Linien seines Programms einverstanden ist. Diese geringfügige Konzession genügt Schulthess nicht. Unter einer Rücktrittsdrohung kann er kein Programm diskutieren. Musys neues Programm enthalte zwar viele richtige Dinge, könne aber nicht in einer Sitzung behandelt werden. Zum Studium werde man mehrere Monate brauchen.

> Es ist der Wunsch aller Bundesratsmitglieder, das Land durch einen kollektiven Akt zu retten. Wir sind bereit, das Programm von Herrn Musy gewissenhaft zu studieren, und bitten ihn inständig, auf seinen Rücktritt zu verzichten.

Auch Pilet bittet Musy dringlich, dem Bundesrat genügend Zeit zu lassen. Wenn er vom Bundesrat bis im Juni die erwünschten Zusicherungen nicht erhalten werde, könne er die Konsequenzen ziehen. Motta, Minger und Meyer wollen ebenfalls mehr Zeit zum Studium von Musys Vorschlägen. Musy will Bedenkzeit bis zum nächsten Morgen. Häberlin erwartet von Musy eine sofortige Antwort. Musy bleibt hart und behält sich seine Antwort bis zum morgigen Freitag vor.

Freitag, 16. März 1934
Nach einer kurzen Morgensitzung verreisen die Parlamentarier ins Wochenende. Sie sind überzeugt, dass Musy zurücktreten werde. In den Zügen wird die Nachfolgefrage diskutiert. Um 10 Uhr Bundesratssitzung. Pilet gibt seinem Missfallen Ausdruck, dass die verabredete Geheimhaltung verletzt wurde. Man dürfe die Meldung in *La Suisse* nicht stehen lassen, wonach Musy dem Bundesrat ein Ultimatum gestellt habe. Musy verteidigt sich. Er habe mit den fraglichen Meldungen nichts zu tun. Seine Rücktrittsabsichten seien im In- und Ausland auf eine Art ausgelegt worden, die negative Auswirkungen auf unsere Wertpapiere haben könnten. «Unter diesen Umständen und um zur Entspannung der Geister beizutragen», verliest Musy folgende Erklärung:

> Aufgrund des vom Bundesrat ausgesprochenen Wunsches, wonach er meine weitere Mitarbeit wünscht, habe ich beschlossen, meinen definitiven Entscheid zu verschieben, bis der Bundesrat Zeit gehabt hat, meine Vorschläge zu prüfen und diesbezüglich Stellung zu beziehen.

Musy geht davon aus, dass dies «sehr bald» geschehen werde. In seinem Entwurf hatte er «unverzüglich» geschrieben.

Pilet erklärt sich befriedigt, dass die Krise sich auf diese Weise entspannt hat, «wenigstens vorläufig». Auf Antrag von Schulthess wird der Bundespräsident beauftragt, ein Communiqué zu redigieren, aus dem namentlich hervorgehen soll, dass Musy kein Ultimatum gestellt habe. Pilet formuliert ein schwammiges Communiqué, das Differenzen im Regierungskollegium verneint.

Gleichzeitig billigt der Bundesrat – und mit ihm Musy – die vom Departement Minger entworfene schriftliche Antwort auf die «Kleine Anfrage Reinhard i. S. Leutnant Pierre Musy». Darin wird dementiert, dass Bundesrat Musy Druck auf die Offiziere ausgeübt habe, die seinen Sohn bestraft hatten. Die Angelegenheit sei korrekt und ohne Einmischung erledigt worden. Entgegen den von Bundesrat Musy erhobenen Vorwürfen sei den Offizieren nichts vorzuwerfen. «Dagegen musste ein Offizier zur Verantwortung gezogen werden wegen des ungebührlichen Tons, dessen er sich in seinem direkt an Bundesrat Musy gerichteten Briefe schuldig gemacht hatte.»

Die bundesrätlichen Mitteilungen werden am Nachmittag der Depeschenagentur zugestellt. Pilet kann damit rechnen, dass sich die Wogen glätten werden. Musy wird noch bis im Juni bleiben. Die Anfrage Reinhard ist entschärft. Gegen aussen steht der Bundesrat wieder «einmütig» da. Der Bundespräsident hat seine Sache als Krisenmanager gut gemacht.

Montag, 19. März 1934
Als die Parlamentarier am Nachmittag nach Bern zurückkehren, ist der «Fall Leutnant Pierre Musy» plötzlich wieder in aller Leute Mund. Der Chefredaktor der Schulthess nahestehenden *Aargauer Zeitung* hat nämlich auf die als «schmerzlich empfundene» bundesrätliche Stellungnahme mit einem Artikel «Die Wahrheit im Falle Musy – Straumann» reagiert. Das Blatt ist entrüstet, dass

> der «Privatmann» Musy wegen solcher Eingriffe und schwerer Beleidigungen nicht zur Rechenschaft gezogen wird, dass man im Gegenteil dem Offizier [Straumann] einseitig einen Verweis erteilt. Wir und mit uns jeder, der Gefühl für Recht und Gerechtigkeit hat, kann sich mit einer solchen Erledigung dieses Falles nicht zufriedengeben! Sollen wir noch deutlicher werden?

Für die Sozialdemokraten ist der Artikel ein gefundenes Fressen. Gestützt auf den «verdienstlichen Tatsachenbericht» über den «unglücklichen Hofbescheid» Mingers, reicht Reinhard eine zweite Kleine Anfrage ein. Die linke Presse startet eine neue Polemik gegen Musy und auch gegen den ihn verteidigenden Minger. «Eine kleine Antwort auf eine Kleine Anfrage», titelt die Zeitung der Zürcher Sozialisten, das *Volksrecht*. Untertitel: «Minger deckt Musy und gibt einen korrekten Offizier preis – das Regime der Extravergünstigungen und der Vertuschung». Das Blatt meint:

> Dass ein Mitglied der höchsten exekutiven Landesbehörde sich so benimmt, wie Bundesrat Musy sich gegenüber den vorgesetzten Offizieren seines Sohnes benommen hat,

dass ein Bundesrat dermassen vergisst, was er seiner Stellung und der primitivsten Anstandspflicht schuldig ist, wird im ganzen Schweizervolk als wahrhaft skandalös empfunden.

Anders sehen Rechtskreise die Sache. In der *Gazette* empört sich Pierre Grellet über die «Hetzjagd» der Meute, die über Musys Entscheid, auf seinem Posten zu bleiben, enttäuscht ist:

Unter seiner garstigen Maske verfolgt der Hass weiterhin den Mann, der die Kühnheit hatte, den Marxisten zu trotzen. Neulich hat einer der Leithetzhunde, M. Reinhard, versucht, M. Musy über seinen Sohn zu treffen. Dies sind neue und wilde Sitten in unserem politischen Leben ... Am Montag ist M. Reinhard zu einem neuen Angriff geschritten. Er hat eine Sammlung von Gerüchten zusammengetragen und sie in kleine Fragen an den Bundesrat zerschnitten. Nichts Widerlicheres als diese Art, einen öffentlichen Mann durch Hinabsteigen in sein Privatleben zu diskreditieren.

Obschon die *National-Zeitung* am Morgen mit fingerdicken Buchstaben verkündet hat: «Bundesrat Musy erkrankt», hält ein «prosper und munter» aussehender Finanzminister am Abend im Nationalrat eine fünfviertelstündige Rede, in der er sein Programm erläutert. Die Räte hätten seit dem letzten Budget Neuausgaben von über 40 Millionen beschlossen, trotz der im Finanzprogramm eingegangenen Verpflichtungen. Er weigere sich, für eine derartige Politik die Verantwortung zu übernehmen. Die SBB müssen Kosten sparen. Sie verlangen eine Milliarde. Wo soll man diese Milliarde finden? Das Land hat nur eine Chance, aus der Finanzkrise herauszukommen, wenn billiger gelebt und mit dem zentralisierenden Etatismus Schluss gemacht wird. Sein Achtpunkteprogramm sei kein Ultimatum. Es sei für ihn Gewissenspflicht gewesen, seine Sorgen auszudrücken und die seiner Meinung nach einzigen Lösungen zur Bewältigung der Krise dem Bundesrat zu unterbreiten. Applaus aus den bürgerlichen Rängen quittiert Musys Appell an Volk und Regierung. Der Freiburger hat einen sanfteren Ton angeschlagen und einen Schritt zur Entspannung getan.

Am gleichen Montag diskutiert der Zentralvorstand der Freisinnigen die Nachfolgefrage Häberlin, die schon in der Vorwoche in der Presse und in den verschiedenen Fraktionen viel zu reden gab. Verschiedene Namen sind im Gespräch – darunter auch der Leiter der Handelsabteilung, Minister Walter Stucki –, aber schliesslich wird ersichtlich, dass nur zwei Kandidaten eine reelle Chance haben: der liberale 45-jährige Basler Regierungsrat Carl Ludwig und der freisinnige Ausserrhoder

Ständerat Johannes Baumann. Henry Vallotton verlangt die rasche Verjüngung und eine Verstärkung der Autorität. Er ist der Meinung, dass die «älteren Mitglieder Musy, Motta, Schulthess, Meyer im Laufe des Jahres ihren Rücktritt nehmen sollten». Er ist für den Liberalen Ludwig. Der freisinnige Zentralvorstand nimmt Vallottons Resolution an.

Dienstag, 20. März 1934
Das *Aargauer Tagblatt,* die Hauszeitung von Schulthess, kritisiert Musy erneut scharf. Gleichzeitig verteidigt die Zeitung Schulthess gegen die Angriffe, die ihn der «Verschwendung» ziehen, wodurch der Sparwille Musys durchkreuzt werde, während es doch Musy war, der «als Herr der Finanzen» in gewissen Gebieten mehr zusprach, als von den entsprechenden Ressortchefs verlangt wurde.

> Wenn das weiter so geht, wird der Chef des Volkswirtschaftsdepartements anhand von Zahlenmaterial nachweisen, dass er sehr oft mit geringeren Krediten auszukommen trachtete, als der Bundesrat ihm zuhielt.

Pilet sieht, dass der Brand gelöscht werden muss. Auf den Nachmittag arrangiert der Bundespräsident ein formelles Gespräch zwischen Musy und Schulthess. Zu dem Versöhnungsversuch lädt Pilet als Vertreter der Bundesratsfraktionen auch die Nationalräte Walther und Vallotton, die den beiden bundesrätlichen Streithähnen ins Gewissen reden. Schulthess und Musy sollen sich bis im Juni auf ein gemeinsames Wirtschafts- und Finanzprogramm einigen. Musy schluckt einstweilen die Verschiebung.

In ihrer Abendsitzung vom 20. März beschliesst die freisinnige Fraktion entgegen dem Wunsch ihres Fraktionsvorsitzenden Vallotton mit 30 zu 25 Stimmen, dass sie ihren vierten Bundesratssitz nicht preisgeben will, und nominiert den bereits im 60. Altersjahr stehenden Ausserrhoder Ständerat Johannes Baumann. Er ist tüchtig, aber ein eher farbloser Verlegenheitskandidat.

Mittwoch, 21. März 1934
Der jugendliche, zupackende Ludwig (45) gefällt Erneuerern jeder Art und, was wichtiger ist, auch vielen Katholisch-Konservativen. Er ist Musys Wunschkandidat. Motta und Fraktionschef Walther glauben jedoch nicht an Ludwigs Wahlchancen und treten für Baumann ein. Sie wollen das gute Einvernehmen mit den Freisinnigen nicht aufs Spiel setzen. Gegen Walthers Willen entscheidet sich seine Fraktion mit 28 zu 26 Stimmen jedoch für den liberalen Aussenseiter Ludwig. Erstmals folgt

sie bei einer Bundesratswahl nicht dem «Königsmacher». Sie wird sich bis zu dessen Rücktritt 1943 hüten, diesen «Fehler» noch einmal zu begehen.

Im Auftrag der Fraktion redet Walther anschliessend noch mit Musy. Musy klagt über Schulthess, dem der Wille zu einer konsequenten Sparpolitik fehle. Auch im Bundesrat und Parlament fehlte ihm oft die Unterstützung. Walther setzt Musy auseinander, wieso er diese Unterstützung vielfach nicht kriege. Man stosse sich an der Sprunghaftigkeit seiner Finanzpolitik und vermisse ein Dauerprogramm. Mit gutem Willen müsse es doch möglich sein, sich mit Schulthess auf gewisse Richtlinien zu einigen.

Gegen sieben Uhr abends gibt Musy Walther die Hand:

> Ich bin bereit, im Bundesrat zu verbleiben und alles zu tun, um eine erspriessliche Zusammenarbeit zu fördern. Wollen Sie Herrn Dr. Motta und Herrn Bundespräsident Dr. Pilet umgehend von meinem Entschluss in Kenntnis setzen.

Walther dankt Musy «warm» und informiert Motta, der mit Musys Entschluss sehr zufrieden ist. Pilet ist schon gegangen, aber Walther trifft zufällig Häberlin, der es übernimmt den Bundespräsidenten, mit dem er am Abend noch zusammenkommt, zu orientieren. Alles scheint sich einzurenken.

Am späteren Abend sitzt Musy mit seiner Familie und ein paar befreundeten Journalisten zusammen. Madame Musy, der sehr rechts stehende Leiter der Agentur *Schweizer Mittelpresse* Samuel Haas und der später ins nationalsozialistische Fahrwasser abdriftende *Berner Tagblatt*-Chefredaktor Heinrich Wechlin raten zum Rücktritt. Madame Musy glaubt, dass der Rücktritt ihres Mannes auch den Sturz Schulthess nach sich ziehen werde. Wechlin prophezeit Musy für den Fall seiner Demission einen triumphalen Wiederaufstieg. Franz Wäger, Chefredaktor der *Schweizerischen Katholischen Korrespondenz,* ist gegenteiliger Meinung: «Wenn Sie morgen demissionieren, so wird sich weiter niemand um Sie kümmern und Sie sind übermorgen nichts mehr als ein gewöhnlicher schwarzer Freiburger.» Auch Musys älteste Tochter ist gegen den Rücktritt.

Donnerstag, 22. März 1934
Mit Unterstützung der Bauern und Sozialdemokraten wird Johannes Baumann mit 141 Stimmen zu 73 für Ludwig gewählt. Aus Trotz, weil die katholisch-konservative Fraktion sich für den Liberalen Ludwig ausgesprochen hat, portieren die Freisinnigen für die Ersatzwahl des zurückgetretenen Bundeskanzlers Käslin im letzten Moment Vizekanzler George Bovet, einen ehemaligen Parlamentsberichterstatter der

Revue. Dank sozialdemokratischer Hilfe siegt der Freisinnige Bovet über Musys Schützling, den Freiburger katholisch-konservativen Vizekanzler Oskar Leimgruber – «Schleimgruber» wie ihn der verstorbene Bundesrat Scheurer unliebenswürdig zu nennen pflegte. Musys Wunschkandidaten sind von einer freisinnig-sozialistischen Ad-hoc-Koalition zu Fall gebracht worden.

Während in der Vereinigten Bundesversammlung die Wahlen vor sich gehen, tagt im Bundesratszimmer die Regierung und bespricht, wie man die zweite Kleine Anfrage Reinhard «in Sachen Leutnant Musy» beantworten soll. Der sozialdemokratische Vorstoss enthält neuen Zündstoff. So fragt Reinhard, ob Leutnant Musy im Dienst besondere Vergünstigungen erhalten und ob Bundesrat Musy dem Schulkommandanten am Telefon die gröbsten Vorwürfe gemacht habe.

Pilet will vom Bundesrat wissen, ob die Antwort auf Reinhard schon heute (Donnerstag) oder morgen (Freitag) erfolgen solle. Er selber möchte die Angelegenheit sofort erledigen. Minger und Motta ebenfalls. Pilet erläutert in groben Zügen, was er dem Nationalrat sagen will: Die Verfehlungen des Lt Musy seien nur geringfügig gewesen. Angesichts der beunruhigenden Mitteilungen des Hausarztes über den Gesundheitszustand seines Sohns sei die Aufregung von Bundesrat Musy verständlich gewesen. Immerhin bedaure der Bundesrat, dass Kollege Musy sich an die militärischen Vorgesetzten seines Sohnes gewandt habe, statt den Dienstweg einzuschlagen.

Musy gibt zu, dass er tatsächlich sehr aufgebracht gewesen sei, besonders, als er erfahren habe, dass vor einiger Zeit ein Rekrut gestorben sei, weil er nicht die richtige ärztliche Behandlung erhielt. Er habe zwar am Telefon energisch gesprochen, aber das Gespräch sei im Rapport des Schulkommandanten unrichtig wiedergegeben worden. Pilet bittet Musy um Ermächtigung zur Formulierung: «Herr Musy bedauert, dass er in der Aufregung etwas scharf gewesen sei.» Er fügt bei, eine sofortige Antwort auf die Kleine Anfrage würde zur Beruhigung beitragen. Er möchte sie schon am Nachmittag abgeben.

Musy möchte das Wort «scharf» durch «lebhaft» ersetzen. Vor allem will er, dass mit der Antwort zugewartet wird. Er möchte bis am Nachmittag über die Sache nachdenken und dann endgültig sagen, ob er mit der geplanten bundesrätlichen Antwort an Reinhard einverstanden sei. Die der Antwort Pilets zugrunde liegende Dokumentation müsse ergänzt werden. Man solle noch seinen Hausarzt befragen, der beim fraglichen Telefongespräch (in dem Musy die Vorgesetzten seines Sohns beleidigt hatte) zugegen war.

Hätte der Bundesrat Musys Wunsch stattgegeben, wäre in der am Freitag endenden Session nicht mehr Zeit für Pilets Antwort gewesen und sie hätte auf Juni verschoben werden müssen. Bis dann würden sich die Gemüter beruhigt haben. Der Bundesrat ermächtigt jedoch Pilet, dem Nationalratspräsidenten Johannes Huber mitzuteilen, er sei zur Beantwortung der Kleinen Anfrage Reinhard bereit. Um 11.35 Uhr ist die Wahlsitzung der Vereinigten Bundesratssitzung zu Ende. Pilet geht zu Huber und dieser setzt eine sofortige Sitzung des Rats an. Bundespräsident Pilet hat den ausdrücklichen Wunsch Musys auf Verschiebung eigenmächtig übergangen.

Schon um 11.55 Uhr wird die Sitzung eröffnet und Pilet äussert sich in einer fast einstündigen Rede zum Fall Leutnant Musy. Die Geschichte sei «aufgebauscht, übertrieben und verdreht» worden:

> Hier nun, was genau passiert ist. Der junge Lt Musy ist als Instruktionsaspirant der Kavallerierekrutenschule in Aarau zugeteilt. Dazwischen absolviert er im September 1933 seinen regulären Wiederholungskurs, wobei er sich stark erkältet. Bei seinem Wochenendurlaub in Bern diagnostiziert Dr. Dardel, der Hausarzt der Musys, eine Bronchitis und verordnet Bettruhe. Nach ein paar Tagen nimmt Lt Musy seinen Dienst bei der Rekrutenschule wieder auf. Er logiert im vornehmen Aarauerhof, weil die junge Madame Musy dort abgestiegen ist. Instruktionsoffiziere sind nicht immer der gleichen Ordnung unterstellt, wie gewöhnliche Offiziere, und der Schulkommandant hat keinen Grund gesehen, die jungen Eheleute zu trennen.
>
> Am 22. September erhielten die Offiziere den Befehl zu einer Nachtpatrouille. Dies ist nichts Ungewöhnliches. Der Sprechende hat viele solche Patrouillen gemacht und sie gehören zu den mühseligen und manchmal glorreichen Erinnerungen seiner Karriere. Nach einem 50-km-Parcours ist Leutnant Musy um 5 Uhr 45 zurück, schreibt seinen Rapport, legt seine Ausrüstung nieder – «seinen Tannenbaum, wie man gemeinhin sagt» –, frühstückt in der Kantine und begibt sich zu seiner Schwadron, deren Arbeit um 6.30 Uhr beginnt. Auf dem Weg begegnet er dem Veterinäroffizier, der sich darüber beklagt, dass die Pferde nicht in einem völlig befriedigenden Zustand zurückkamen. Ich muss nebenbei bemerken, dass ich noch nie von einem Veterinäroffizier gehört habe, dass man ihm die Pferde in gutem Zustand zurückgegeben habe. Er hat immer Kritiken anzubringen.

Im gleichen Ton setzt sich die weitschweifige Erzählung von Bundesrat und Oberstleutnant Pilet fort. Weil Leutnant Musy wegen seines Gesprächs mit dem Pferdearzt zehn Minuten zu spät kommt, erstellt sein Vorgesetzter beim Schulkommandant Rapport. Dieser verknurrt Leutnant Musy fürs Wochenende zum Dienst als Tagesoffizier. Sein Instruktor Hptm Straumann hatte 5 Tage Arrest beantragt.

> Die Strafe war nicht besonders streng. Natürlich ist es für einen Offizier nicht angenehm, in der Kaserne zu bleiben, wenn die Truppe im Urlaub ist. Aber man benutzt dies allgemein, um sich auszuruhen und seine Korrespondenz zu erledigen. Alles nicht sehr schlimm. Der Leutnant schlug die Absätze zusammen und gehorchte. Am Dienstag taucht Dr. Dardel, der Hausarzt der Familie Musy, in Aarau auf und untersucht den Leutnant. Diagnose: Bronchitis, die man im Viktoriaspital in Bern kurieren solle, was dann auch geschieht.

Da er den Eindruck habe, die Kleine Anfrage und die Zeitungsartikel richteten sich nicht gegen den Leutnant, sondern gegen Bundesrat Musy, «werde ich Ihnen die Informationen liefern, die ich über die Haltung meines Kollegen M. *le conseiller fédéral* Musy habe».

> Als er von der gesundheitlichen Gefahr hörte, die seinem Sohn drohte, machte er sich grosse Sorgen, wie Sie alle es an seiner Stelle auch getan hätten. Er telefonierte dem Schulkommandanten Oberst de Charrière und drückte sich mit einer Heftigkeit – *vivacité* – aus, die sich aus seiner Erregung erklärt. Ich bin überzeugt, dass, wenn es sich um jemand anderes als seinen Sohn gehandelt hätte, Herr Bundesrat Musy nicht so geredet hätte, wie er es tat. Er liess sich offensichtlich zu Äusserungen verleiten, die man nicht unter Kontrolle hat, wenn man sich in Furcht, Sorge und Beklommenheit – das Wort ist nicht zu stark – befindet, aber die man, bei mehr Kaltblütigkeit, lieber weggelassen hätte.

Pilet erzählt, wie es weiterging. Schulkommandant de Charrière erinnerte sich in einem Brief an Minger an die telefonischen Beschimpfungen Musys, die er wörtlich so wiedergibt: «Herr Oberst, ich kann nicht verstehen, wieso Sie in Ihrer Schule einen Flegel wie Hauptmann Straumann tolerieren können ... Ich habe das Gefühl, dass man sich seit Beginn der Schule systematisch auf meinen Sohn eingeschossen hat, und auf mich, der sich bemüht, die Millionen für die Armee zu finden.» Musy schrieb auch Straumann einen beleidigenden Brief, in dem er es für wünschenswert erklärte, dass man ihn, der eine Gefahr für die Armee darstelle, «aus dem Instruktionsdienst entfernt, für den Sie weder die Qualitäten des Geistes und vor allem nicht die unerlässlichen Qualitäten des Herzens haben».

Straumann antwortete umgehend:

> Als Chef des Eidgenössischen Finanz- und Zolldepartements und vor allem als Nichtmilitär ist es nicht Ihre Sache, meine Eignung als Instruktionsoffizier zu beurteilen. Im

> Übrigen verbietet mir die Achtung vor dem Amt, das Sie bekleiden, die direkte Aussprache mit Ihnen in der von Ihnen angeschlagenen Tonart fortzusetzen. (Kein Gruss.)

Pilet erzählt in seiner langen Rede weiter, dass Kollege Minger nach einer eingehenden Untersuchung der Sache zum Schluss gekommen sei, dass die von Musy angegriffenen Offizieren keine Schuld treffe. Allerdings müsse er Hptm Straumann wegen des Briefs an Bundesrat Musy bestrafen (Verweis und zeitweise Versetzung).

Als an dieser Stelle in Pilets Rede einzelne Nationalräte ihr Missfallen über die Bestrafung Straumanns mit Gemurmel ausdrücken, verlangt der Bundespräsident Ruhe:

> Nur diejenigen, die nie in der Armee gedient haben und nicht wissen, was militärische Disziplin ist, staunen über die Bestrafung. Ein Soldat, der sich ungerecht behandelt fühlt, darf nicht Selbstjustiz üben, sondern muss auf dem Dienstweg Schutz suchen. Wer eine Unkorrektheit begeht, muss die Folgen tragen. Niemand hat das besser begriffen als Hauptmann Straumann, der sich fügte.
> Sie werden mir sagen: «Und M. Musy?» Er war natürlich nicht Gegenstand der Untersuchung über die Vorfälle in Aarau. Es stimmt jedoch, dass er sich hat hinreissen lassen. Derjenige, der nie gesündigt hat, werfe den ersten Stein. Ich weiss nicht, was ich tun würde, wenn ich meinen Sohn in Gefahr glaubte. Zweifellos war Leutnant Pierre Musy weniger krank, als er sich einbildete. Aber stellen Sie sich die Besorgnis der Familie, des Vaters vor, Sie, meine Herren, die Sie in Ihrer Mehrzahl auch Familienväter sind! Vielleicht hätten Sie sich auch zu einem Augenblick der Heftigkeit gehen lassen, den sie als Erste später bereut hätten. M. Musy bereut selber seine Heftigkeit.

Pilet verteidigt auch den Gesamtbundesrat, dessen Antwort auf die erste Anfrage Reinhard nichts enthalten habe, «das nicht der Wahrheit entspricht».

> *Voilà, Messieurs,* was ich Ihnen zu sagen hatte. Erlauben Sie mir eine Überlegung hinzuzufügen. Glauben Sie, dass es für Sie, für uns, für den Bundesrat und für das Land gut ist, wenn in den schwierigen Zeiten, die wir durchlaufen,… es angebracht ist, sich mit Fragen zu beschäftigen, von Fragen absorbieren zu lassen, wie die eben aufgeworfenen … Ist es angebracht, die öffentliche Meinung mit einer solchen Agitation zu beunruhigen? Ich für meinen Teil antworte Ihnen: Nein!
> Was das Land braucht, sind nicht Fragen dieser Art und auch nicht Antworten wie diejenige, die Sie eben gehört haben, was es braucht, ist Ruhe, Einigkeit, Uneigennützigkeit und Solidarität (Beifall).

Damit ist die Kleine Anfrage erledigt. Schluss der Sitzung: 12.45 Uhr.

Pilet hat die Reifeprüfung als Bundespräsident bestanden. Er hat alle Klippen umschifft. Die Offiziersgesellschaft, die sich bei Minger beschwert hat, Minger selber, das Militärdepartement, der gesamte Bundesrat, die meisten Parlamentarier und die meisten Zeitungen sind von Pilets Rede beeindruckt. Der Obwaldner Ständerat Amstalden schreibt ihm am nächsten Tag und dankt ihm

> für die ritterliche Art, wie Sie Herrn Bundesrat Musy im Nationalrat verteidigt haben. Ich kann Ihnen versichern, dass Ihnen diese wahrhaft staatsmännische Tat bei dem katholischen Schweizervolk die grössten Sympathien eingebracht hat.

Hat Pilet Musy wirklich ritterlich verteidigt? Oder hat er ihm – bewusst oder unbewusst – den Dolch in den Rücken gestossen?

Musy jedenfalls ist ungehalten. Wie Markus Feldmann später aus zuverlässiger Quelle erfuhr, «besteht bei der Familie Musy eine Bombenwut auf Pilet, weil er überhaupt auf die Affäre Straumann eingetreten ist und die Beantwortung der bezüglichen Anfragen nicht auf die Junisession verschoben habe».

Um 15 Uhr tritt der Bundesrat erneut zusammen, um die Antwort auf drei Interpellationen über die Verhältnisse im Bundesrat zu besprechen. Telefonisch entschuldigt sich Musy. Er sei verspätet, weil er zu Hause Besuch habe. Kurz darauf taucht er im Bundeshaus auf und übergibt dem Ratspräsidenten sein Rücktrittsschreiben:

> Während 14 Jahren war ich bestrebt, inmitten grösster Schwierigkeiten, die eidgenössischen Finanzen zu leiten. Da ich das dringende Bedürfnis zu einem längeren Erholungsurlaub empfinde, den ich im Hinblick auf die schwierigen Verhältnisse der Gegenwart nicht rechtfertigen könnte, bitte ich die Bundesversammlung, von meinem Rücktritt Kenntnis nehmen zu wollen.

Motta, gerade im Gespräch mit einigen Parlamentariern und Journalisten, kann sich den plötzlichen Rücktrittsbeschluss nur dadurch erklären, dass Musy am Ende seiner Nervenkraft angelangt ist. Man stehe vor einer bedauerlichen menschlichen Tragödie.

Tragödie? Musy sieht es anders. Freunden erklärt er, er sei überarbeitet gewesen und schalte deshalb auf Anraten seiner Ärzte und seiner Familie eine dreimonatige Ruhepause ein. Er ist überzeugt, dass er, getragen von einer Volkswelle, in naher Zukunft wieder in die Regierung zurückkehren werde.

Am Palmsonntag, 25. März, schreibt Häberlin in seinem Tagebuch von einer «Musy-Tragikomödie»:

> Wenn er wirklich so abgehundet ist, wie er sagt, und das seinen Termin-Entscheid herbeigeführt hat, so fehlt ihm mein Mitleid nicht, denn geschuftet hat er wirklich unheimlich und technisch gut. Soweit er aber darauf ausgig, auf dem Buckel seiner Kollegen sich einen triumphalen Abgang zu verschaffen – und das hat er vorbereitet –, ist er eben der gleiche unvertraute Kollege geblieben, der er seit etwa acht Jahren war. Ich habe ihm allerdings mit Pilet zusammen diese Versuche, den Gesamtbundesrat auf den Esel zu setzen, jeweils gestoppt.

50. Etter kommt

14 Jahre später erinnerte sich «Königsmacher» Walther an den denkwürdigen Donnerstag, 22. März 1934:

> Nach den langwierigen Vormittagsverhandlungen hatte ich mein Mittagsschläfchen im Hotel etwas ausgedehnt. Gegen vier Uhr wollte ich mich in den Nationalratsaal begeben. Unterwegs passierte mir ein kleines Intermezzo. Als ich am Warenhaus Loeb vorbeiging, sah ich in einem Schaufenster Puppensachen ausgestellt. Bei meiner Abreise von Kriens hatte mir mein jüngstes Enkelkindchen nachgerufen: «Grossvaterli, du musst mir Dittistrümpfli und Dittischüeli heimbringen!» Um den Wunsch der lieben Kleinen zu erfüllen, machte ich rasch die nötigen Einkäufe. Mit einer ziemlich grossen Schachtel kam ich ins Bundeshaus.

Schon auf der Treppe trifft Walther auf den mit ihm befreundeten Bundeshausjournalisten Franz von Ernst, der ihn fragt:

> Wo hast du auch gesteckt? Umsonst habe ich dich überall telefonisch zu erreichen versucht. Wie eine Bombe ist die Nachricht vom Rücktritt Musy geplatzt, dass Musy die Demission – ohne Kenntnisgabe an Bundesrat und Fraktionsleitung – direkt dem Nationalratspräsidenten Johannes Huber eingereicht hat, welcher diese triumphierend entgegennahm. Im Bundesratszimmer sind schon der Bundespräsident und die anderen Fraktionspräsidenten zur Besprechung der Situation versammelt. Man wartet nur auf dich!

Walther vergisst, seine Sachen in der Garderobe abzugeben, eilt samt Puppenschachtel ins Bundesratszimmer, wo Pilet über die Lage spricht. Die Ersatzwahl, meint er, sollte noch in dieser Session vorgenommen werden, was eine Verlängerung der Session nötig machen wird. Pilet hat den Rücktritt Musy vorausgesehen und sich seine Gedanken über die Nachfolge gemacht. Wenn den Konservativen kein geeigneter welscher Kandidat zur Verfügung stehen sollte, dürften sich die Romands damit abfinden, dass diesmal ein Deutschschweizer gewählt würde. Walther ist über diesen «loyalen und klugen Vorschlag», mit dem «Herr Pilet sofort Klarheit in die Sitzung gebracht» hat, erfreut.

Vallotton schliesst sich Pilet an. Er zweifelt nicht daran, dass die freisinnige Fraktion seine Auffassung teilen werde. Walther dankt und fügt hinzu: «Wir werden selbstverständlich bei erster Gelegenheit zur Verstärkung der welschen Vertretung im Bundesrat mithelfen.»

Nachdem am Vormittag Freisinnige und Katholisch-Konservative bei den Wahlen uneins gewesen sind und die Freisinnigen die andere Bundesratspartei bei den Bundeskanzler- und Bundesrichterwahlen brüskiert, gedemütigt haben, wird der von Pilet gemachte Schritt zur Versöhnung dankbar entgegengenommen.

Am Mittwochabend stellt die KK-Fraktion den Zuger Ständerat Etter als Kandidat auf, der 41 Stimmen auf sich vereinigt, gegenüber dem St. Galler Mäder und dem Walliser Escher mit je 7 Stimmen. Etter hatte sich zuerst einer Kandidatur widersetzt: «Die Leute überschätzen mich», schrieb er seinem Freund Josef Andermatt:

> Heute braucht es in die oberste verwaltende Behörde ... Leute mit neuen schöpferischen Ideen, vor allem auch gewiegte Wirtschaftspolitiker, und gerade das bin ich nicht. Und dann sprechen auch gewichtige familiäre Gründe mit. Von meinen zehn Kindern müssen acht noch in die Volksschule besuchen. Hier in Zug haben wir gute christliche Schulen.

Auch Etters Mutter ist gegen einen Wegzug ihres Sohns von Zug nach Bern. Motta und Walther überzeugen den Zögernden jedoch, dass er im Interesse von Land und Partei die Kandidatur annehmen müsse. Am Tag vor der Wahl empfängt ihn Bundespräsident Pilet. Etter schreibt seiner Tochter Maria:

> Ich kann dir nicht sagen, mit welcher Offenheit und Herzlichkeit er mich begrüsste und mit mir die Fragen besprach, die für den Amtsantritt von Bedeutung sind. Am 1. Mai soll ich antreten.

Walthers und Pilets Wunschkandidat wird am 28. März 1934 im ersten Wahlgang mit 115 Stimmen gewählt.

In der Bundesratssitzung vom gleichen Tag legt Pilet den Entwurf zu einem Communiqué vor, das die durch den Rücktritt Musys hervorgerufene Unruhe an den Märkten beseitigen soll: An der Finanzpolitik des Bundesrats wird sich nichts ändern. Währungsmachenschaften werden verurteilt. Am Grundsatz der Goldwährung wird nicht gerüttelt. Der Franken wird auf seiner heutigen Parität belassen.

Der Bundesrat nimmt an Pilets Text «einige wenige redaktionelle Änderungen» vor. Möglicherweise wird ein Passus gestrichen, wonach, laut Häberlins Tagebuchaufzeichnung, «die Mitglieder des Bundesrats dem Präsidenten quasi einen Treueid leisten», den «Motta sanft beanstandet, weil der Stellung des Primus inter Pares nicht entsprechend. Vielleicht bremst das Pilet mit seinen unschuldigen Coquetterien mit der Staatsoberhauptschaft.» Häberlin im Tagebuch weiter:

> Mit mir ist er [Pilet] übrigens, wie seine ganze Familie, andauernd herzlich. Ich werde wie sein Vater behandelt und musste froh sein, dass seine Beantwortung der Motion Aeby in der er mich über die Hutschnur loben wollte, durch die Demission Musys unter den Tisch gewischt wurde.

51. Chef und Mitarbeiter

Nach der dramatischen und überladenen Session geht es für Parlament und Bundesrat in die Osterferien. Am Montag gewinnen die Grasshoppers vor 15 000 Zuschauern im Wankdorfstadion, den Cupfinal gegen Servette mit 2:0 und ihr Captain, der spätere Rekordinternationale Severino Minelli kann aus den Händen von Bundespräsident Pilet-Golaz den Pokal entgegennehmen.

Zurück im Büro gibt's für Pilet Ärger mit Abteilungsleiter Fritz Keller. Ein seit ein paar Monaten schwelender Streit zwischen Departementschef und Mitarbeiter ist eskaliert. Pilet fragt Häberlin, ob er ihm nicht «als Unparteiischem» die Untersuchung übertragen dürfe. Häberlin:

> Ich rate ihm hiervon ab. Hier muss er selber den Weg finden. Selbst wenn er im Unrecht wäre, dürfte er nicht einen Dritten entscheiden lassen, sondern sich dann überlegen, ob er das nicht durch ein Wort gutmachen könne … Er wird's nun aber selber an die Hand nehmen.

Was war passiert? Pilet hatte in der Eisenbahnabteilung einen H. Tapernoux als Kellers Stellvertreter eingesetzt, was diesem nicht behagte. Tapernoux beklagte sich bei Pilet über seine Behandlung durch Keller. Darauf gab der Bundespräsident Keller einen schriftlichen Verweis. Wenn der Departementschef einmal seinen Entscheid getroffen habe, sei es Kellers Pflicht, sich zu fügen. Stattdessen habe Kellers «Unzufriedenheit die Grenzen dessen überschritten, was mit der intelligenten und loyalen Erfüllung in Ihrer Aufgabe vereinbar ist».

Die «Tadelnote» ärgerte Keller und er sagte Pilet, dass er von der Behandlung durch ihn genug habe. Keller war zudem verstimmt durch Pilets

> unfreundliche Bemerkungen zum Geschäftsbericht, wobei ich der Sündenbock für andere sein sollte. In dieser Stimmung traf mich Ihre dunkel, aber deutlich beschuldigend und drohend gehaltene Anspielung wegen Tapernoux wie ein Hieb ins Gesicht. Ganz besonders aufreizend war der Umstand, dass Sie sie fallen liessen in einem Moment,

> wo Sie keine Zeit hatten, mich anzuhören, und mich auf meinen Protest sogar herauswiesen.

Keller möchte jetzt die Vergangenheit ruhen lassen: «Ich wünsche auch nichts als eine Liquidation des 26. März auf dem kürzestmöglichen Weg, und das wäre ein Händedruck, der gegenseitiges Verzeihen bedeuten würde.» Offenbar hat Pilet dann, wie Kollege Häberlin ihm geraten hatte, ein versöhnliches Wort gefunden. Der Händedruck scheint stattgefunden zu haben. Jedenfalls erhält Keller zum Jahreswechsel von Bundespräsident Pilet schriftlich Worte der Anerkennung, die er mit den Worten verdankt: «Gestatten Sie mir, Ihnen zum neuen Jahr Gesundheit, Glück und Gottes Beistand in Ihrem schweren Werk zu wünschen.»

Beamte, Parlamentarier und Zeitungsschreiber, die Pilet gut kennen, überrascht es nicht, wenn der Waadtländer mit seinem manchmal hochfahrenden Wesen und seinen bissigen ironischen Bemerkungen aneckt. Georges Perrin, *Revue*-Bundesstadtkorrespondent, der Pilets Wirken über Jahre hinaus genau verfolgt hat und ihn, zusammen mit anderen in Bern domizilierten welschen bürgerlichen Journalisten, regelmässig traf, wird rückblickend schreiben:

> Er erfasste alle Probleme sehr gut, zog daraus die Hauptelemente hervor, sah, wie sich die Frage stellte, organisierte all dies vollkommen richtig. Aber er hatte nicht das psychologische Gespür, das es ihm erlaubt hätte, seine Argumente auch weniger geschmeidigen Geistern als den seinen zugänglich zu machen. Als Aristokrat der Intelligenz waren ihm gewisse Formen geistiger Schwerfälligkeit zuwider ... Er war unfähig, die Leute auf seine Wellenlänge zu bringen. In Kommissionen machte er glänzende Exposés, deren Klarheit alle Nationalräte bewunderten, aber es fiel ihm schwer, Einwände oder überhaupt eine Diskussion anzunehmen. Er glaubte, dass seine Autorität durch die Mühe, die er sich genommen hatte, um die Probleme zu studieren und klar darzustellen, genügend gesichert sei und dass es sich erübrige, darauf zurückzukommen. Seine Erklärungen mussten akzeptiert werden.

Zwischen Pilet und Anton Schrafl, dem 17 Jahre älteren, autoritären Direktionspräsidenten der SBB, stimmte die Chemie nicht. Der erfahrene Verwaltungsmann Schrafl, der seit Ende des 19. Jahrhunderts diverse wichtige Aufgaben im Bahnwesen erfüllte, wird es nicht geschätzt haben, wenn ihn Pilet gelegentlich schulmeisterte. So, als Schrafl mit konkreten Preisvorschlägen ein Postulat beantworten wollte, das eine Senkung der Generalabonnementspreise verlangte. Brieflich wies ihn Pilet wenig elegant zurecht: «Ihre Absicht lässt sich in meinen Augen nur durch eine ungenügende Kenntnis des Unterschieds zwischen einer Motion und einem Postulat im parlamentarischen Verfahren erklären.» Bei einem Postulat brauche sich die Regierung auf nichts zu verpflichten, sondern bloss zusichern, dass man das Problem studieren werde. Genau das tat dann Pilet in der Nationalratssitzung.

Der kluge Menschenkenner Heinrich Walther konnte als Verwaltungsratspräsident der SBB fast ein Jahrzehnt lang beobachten, wie Pilet und Schrafl miteinander umgingen. Er stellte fest, wie die Zusammenarbeit zwischen den beiden «an Intensität und Intimität» stark abnahm. Walther war auch aufgefallen, dass der Waadtländer im Gegensatz zu seinem Vorgänger Haab Mühe hatte, mit Leuten «Fühlung zu finden».

> Dr. Pilet war stets reserviert und trat nicht leicht aus sich heraus. In persönlicher Beziehung liess er sich etwas stark von Sympathien und Antipathien leiten.

Ein ausgezeichnetes Verhältnis hatte Pilet mit Alois Muri, dem Chef der Technischen Abteilung der Obertelegrafendirektion, später PTT-Generaldirektor und Direktor des Weltpostvereins. In einer Festschrift zum 75. Geburtstag Muris wird alt Bundesrat Pilet-Golaz von einem Ereignis im Jahr 1934 berichten. Muri leitete damals mit grossem Geschick den Ausbau des Telefonnetzes, wobei seine aussergewöhnlichen Managerqualitäten der Industrie nicht verborgen blieben. Eine ausländische Firma machte ihm ein verlockendes finanzielles Angebot. Das Beamtenstatut gestattete es Pilet nicht, seinen wertvollen Mitarbeiter mit einem ähnlich hohen Gehaltsangebot zurückzuhalten. Was tun? Pilet bat Muri in sein Büro. Es entwickelte sich folgendes Gespräch:

> «*Alors, mon cher Muri*, Sie werden uns wohl verlassen?» «Wieso euch verlassen? Was wollen Sie damit sagen?» Was ich sagen will, ist, dass man Ihnen eine Stellung anbietet, die auszuschlagen man ein Held oder Heiliger sein müsste.» «Wie wissen Sie das? Nicht einmal meine Frau weiss es; ich habe mit niemandem darüber gesprochen.» «Wie ich das weiss? Dies ist meine Sache. Hauptsache, ich weiss es. Ist es — übrigens — nicht meine Sache zu wissen, um vorauszusehen und manchmal vorzubeugen?» «Ich habe noch keinen Entscheid getroffen und ich verhehle Ihnen nicht, dass ich zögere.» «Sie wissen, dass ich Ihnen nichts Vergleichbares offerieren kann.»

Das Materielle steht für Muri nicht im Vordergrund, das Werk, das er angefangen habe, liege ihm am Herzen, er möchte es fortführen. Pilet: «Ich bin froh, dies zu hören, *mon cher Muri*. Wie kann ich Ihnen den Entscheid erleichtern?» Muri möchte gerne dem Departmentvorsteher direkt verantwortlich sein und nicht über die Generaldirektion der PTT. Pilet will mit Generaldirektor Furrer reden.

> Ich kannte M. Furrer zu gut, um an seiner Antwort zu zweifeln. Furrer war ebenfalls ein grosser Staatsdiener – *grand commis*. Wir hatten damals einige und, Gott sei gedankt, hat es immer noch solche. Furrer besass eine derartige Autorität, dass sich für ihn Fragen von Eigenliebe oder Prestige nicht stellten. Er war sofort einverstanden. Die Partie war gewonnen. Muri blieb an seinem Posten, er war zufrieden.

Nicht zufrieden war Pilet. Ihm schien, Muris Selbstlosigkeit verdiene eine gebührende Anerkennung. So setzte er sich mit ETH-Präsident Rohn in Verbindung, der sogleich auf Pilets Vorschlag einging. Bald darauf beschlossen die ETH-Professoren, Muri den Ehrendoktortitel zu verleihen. Als Muri davon hörte, telefonierte er dem Departementsvorsteher und fragte, ob er ihn dringlich ein paar Minuten sprechen könne. Selbstverständlich.

> Ich sehe noch, wie er in mein Arbeitszimmer trat, dieses lange und tiefe Büro des Post- und Eisenbahndepartements, das nicht enden wollte. Kaum hatte er die Tür geschlossen, schwenkte er einen Brief und rief zutiefst gerührt aus: «Dieser Brief, das sind Sie.» Ja, dieser Brief war ich und ich war beinahe so glücklich wie er. Von da an war Muri Dr. Muri und würde es immer bleiben.

Damals war ein Doktortitel etwas.

Noch bevor Etter überhaupt in den Bundesrat gewählt ist, heben bereits die Mutmassungen über die künftige Departmentsverteilung an. Grellet glaubt, dass Pilet-Golaz das «schwere Portefeuille der Finanzen» übernehme werde. Das *Journal de Genève* wünscht sich an der Spitze des Finanzdepartementes «einen Mann, der sich durchsetzen kann, der gleichzeitig Mut, Prestige und technische Kompetenz besitzt. Wir sehen nur einen: M. Pilet-Golaz.»

Obwohl die NZZ nach beschlossener Departementszuteilung am 13. April mitteilt, im Bundesrat seien «nur drei Minuten nötig gewesen zur Verteilung der sieben Ressorts», hatte die Frage unter den freisinnigen Bundesräten zuvor einiges zu reden gegeben. Die Tagebuchaufzeichnungen Häberlins verraten, wie die Diskussion verlief.

Man ist sich einig, dass Motta, Schulthess und Minger auf ihren Posten bleiben. Der mit Häberlin befreundete Jurist Baumann übernimmt dessen Justiz- und Polizeidepartement. Wohin mit Etter? Infrage kommen für den Neuling entweder das

Innere oder Post- und Eisenbahn. Weil Etter als kulturkämpferischer Katholik gilt, zögert man, ihm das für Bildung und Religion zuständige «Kulturministerium» anzuvertrauen. Schulthess und Pilet wollen ihn aus unterschiedlichen Gründen nicht als Eisenbahnminister. Schliesslich sieht man ein, dass der hochgebildete Etter der geeignete Mann für das Innendepartement ist. Dies heisst, dass Meyer in ein anderes Ressort wechselt. Eisenbahn oder Finanzen? Pilet, der Finanzminister werden möchte, versucht, Meyer sein bisheriges Departement mundgerecht zu machen. Auch Schulthess tut dies, und versucht, Meyer «das Gruseln vor dem Finanzdepartement» beizubringen. Ohne Erfolg. Meyer will das dornenvolle Eisenbahnressort nicht.

Häberlin, der selber nicht mehr dem Bundesrat angehören wird, findet das Ei des Kolumbus: Da er es für unklug hält, Pilet «aus der sorgfältig geplanten SBB-Reorganisation herauszunehmen», fragt er ihn, bis wann diese beendigt sein könnte. Pilets Antwort: Bis Ende 1935 oder im Jahr 1936. Häberlin macht nun folgenden Vorschlag: Meyer soll «für zwei bis drei Jahre» das Finanzdepartement leiten. Pilet bleibt vorläufig an seinem Posten, übernimmt aber die Stellvertretung für Meyer. Damit sind alle einverstanden. Auch Schulthess, der den eigenen Sessel für den befreundeten Aargauer Finanzdirektor Emil Keller warmhalten will.

Pilet ist über den Ausgang der Sitzung nicht unglücklich. Schielt er auf das bald frei werdende Volkswirtschaftsdepartement? Franz von Ernst schreibt dazu: «Es war viel davon die Rede, dass Pilet zu den Finanzen hinneige, tatsächlich bleibt er ... abwartend, ob nicht ein anderes wichtiges Departement nach einer zu Ende des Jahres möglicherweise eintretenden Vakanz ihm anvertraut wird.»

Zu seinem Abschied schickt Pilet Häberlin einen sauber handgeschriebenen Brief:

> Mein lieber Kollege, und erlauben Sie mir beizufügen, Freund.
> Ich möchte nicht, dass Sie ihr Amt ablegen, ohne dass ich Ihnen einmal mehr sage, welch grossen Kummer ich empfinde, Sie weggehen zu sehen, und die Dankbarkeit, die ich Ihnen für die grossen geleisteten Dienste bewahre. Nicht nur sind Sie in meinen Augen ein in jeder Beziehung der hohen übernommenen Aufgabe würdiger Bundesrat, sondern ein Mensch, dessen Qualitäten der Geradheit, der Loyalität, der Selbstlosigkeit, der Hingabe und des Herzens ein Vorbild sind und bleiben. Wenn ich, seit ich im Bundesrat sitze, viel gelernt habe, dann verdanke ich dies zum grossen Teil Ihnen. Ich weiss nicht, ob ich mich täusche, aber ich habe das Gefühl, Ihre väterliche und herzliche Achtung gewonnen zu haben. Darauf bin ich sehr stolz. Indem ich mich stets bemühen werde, diese zu verdienen, werde ich ihnen meine Dankbarkeit am meisten

> bezeugen können. Glauben Sie, lieber Kollege und Freund, an meine treue Verbundenheit. Pilet-Golaz

Mitte Juli erhält Pilet eine Ansichtskarte aus Sils Maria. Sie beginnt mit der Anrede: «*Ave imperator, moriturus – ah, non – vivus, vivissimus te salutat!*» Auf Französisch berichtet Häberlin Pilet über sein Leben als nunmehr alt Bundesrat:

> Er ist ein bisschen vernachlässigt, dieser Pensionierte. Wenn Sie ihn sehen könnten, würden Sie von einem Skandal reden. Auf dem Kopf ein alter Schlapphut, auf dem keine Federn die Löcher verdecken. Aber ich kann doch nicht die *marmottes* mit dem Zylinder des Eidgenössischen Schützenfests erschrecken! Wir verstehen uns gut, die Murmeltiere, die Blumen, die Bächlein und ich. Ich schicke Ihnen demütigste Grüsse und ich küsse die Hand der charmantesten aller Präsidentinnen. Ihr ergebener Häberlin.

An dem von Häberlin erwähnten Eidgenössischen Schützenfest lernt der französische Botschafter Clauzel den Bundespräsidenten näher kennen und fragt ihn, ob es wahr sei, dass Ulrich Wille Kandidat auf das Generalsamt sei, das sein Vater im Grossen Krieg ausgeübt hatte. Pilet antwortet, dass dies tatsächlich Willes Bestreben sei, aber dieser habe nach den jüngsten Ereignissen überhaupt keine Chance, General zu werden – auch weil dies den in der Schweiz geltenden, eifersüchtig gehüteten demokratischen Regeln widersprechen würde, der höchsten Armeefunktion einen erblichen Charakter zu verleihen.

Selbst die von Hitler befohlene Ermordung seiner Gegner beim sogenannten Röhm-Putsch hat Wille nicht von seiner positiven Einstellung gegenüber der Innen- und Wirtschaftspolitik des dritten Reichs abgebracht. Dem italienischen Militärattaché sagt Pilet: «*Wille, c'est un danger pour notre neutralité.*»

52. Die Sowjets in Genf

Die Westmächte Frankreich und Grossbritannien sind beunruhigt über Japans expansionistische Politik und über die von Hitler betriebene deutsche Aufrüstung. Sie suchen deshalb eine Annäherung an die Sowjetunion. Paris, unterstützt von London und Rom, setzt sich für die Aufnahme Moskaus in den Völkerbund ein. Maxim Litwinow, Stalins Volkskommissar des Äusseren, ist bestrebt, das Land aus seiner diplomatischen Isolierung heraus und in den Völkerbund hineinzuführen. Litwinow ist ein brillanter, erfahrener Diplomat mit hervorragenden Sprachkenntnissen, den viele westliche Kollegen schätzen.

Wie soll die Schweiz sich verhalten, wenn in Genf über die Aufnahme der Sowjetunion abgestimmt wird? Am 3. September 1934 bespricht die aus Motta, Pilet und Schulthess bestehende aussenpolitische Delegation des Bundesrats diese Frage mit Mitgliedern der Schweizer Völkerbundabordnung und andern Experten. Frankreich, Grossbritannien und Italien sind beim Bundesrat vorstellig geworden, um für die Stimmenthaltung der Schweiz zu werben, wenn sie aus innenpolitischen Gründen nicht ja stimmen könne. Motta meint, dass die Stimme der Schweiz keine praktische Bedeutung habe, da es ohnehin klar sei, dass Russland aufgenommen werde: «Wir haben also nur zu verlieren und nichts zu gewinnen, wenn wir uns einer Aufnahme widersetzen.» Motta findet, eigentlich sollte die Schweiz ja stimmen. Weil dies angesichts unserer öffentlichen Meinung aber kaum möglich sei, solle sie sich der Stimme enthalten. William Rappard, der Direktor des Genfer *Institut de Hautes Etudes Internationales*, teilt Mottas Meinung.

Anders tönt es von Seiten der nachfolgenden Redner. Minister Walter Stucki erinnert daran, dass die sowjetische Führung immer einen offenen Kampf gegen den Völkerbund geführt habe und dass sie nun bloss wegen ihrer Spannungen mit Japan dabei sein wolle: «Selbst wenn wir die Einzigen sind, stimmen wir nein.» Für Nein sind auch Ständerat Robert Schöpfer und Nationalrat Albert Oeri. Camille Gorgé, Abteilungsleiter im Politischen Departement, befürwortet Stimmenthaltung. Schulthess plädiert für Nein, will es aber Motta überlassen, die Lage neu zu überprüfen, wenn sich ein Nein für die Schweiz als politisch gefährlich erweisen sollte. Dann spricht Pilet:

> Man muss Nein stimmen. Der Bundespräsident [das heisst er Pilet selbst] hat M. Rappard mit grossem Interesse zugehört, aber er ist nicht imstande, die Lage mit dem gleichen Abstand zu betrachten. Er fragt sich, wozu der Völkerbund überhaupt noch dient. Dieser ist ja bisher mit allen seinen Versuchen gescheitert. Er ist ein Instrument der Grossmächte geworden und die Demarche, welche drei von ihnen beim Bundesrat gemacht haben, ist sehr unangenehm. Anderseits sind die innenpolitischen Erwägungen entscheidend. Wenn der Bundesrat sich der Stimme enthielte, würde er der Unzufriedenheit der nationalen Parteien Vorschub leisten. Indem er Nein stimmt, ist der Bundesrat in einer besseren Position, um eine allfällige Initiative für einen Austritt aus dem Völkerbund zu bekämpfen. Dem Völkerbund anzugehören, ist trotz allem zu unserem Vorteil.

Nach Anhörung Pilets und der anderen Redner erklärt Motta, dass er seine ursprüngliche Meinung – Stimmenthaltung – geändert habe und jetzt für das Nein sei. Die aussenpolitische Delegation des Bundesrats schlägt dem Gesamtbundesrat vor, einstimmig für ein Nein einzutreten. Was dieser tut. In Genf hält Motta eine auch im Ausland stark beachtete Rede gegen den Eintritt der Sowjetunion in den Völkerbund. Bei der Abstimmung im Plenum ist die Schweiz nicht allein, auch Portugal und Holland stimmen gegen die Aufnahme.

Der Einzug der von Litwinow geleiteten sowjetischen Delegation in Genf wird von der bürgerlichen Presse mit Missfallen registriert. Als Genfer Regierungspräsident will Nicole den frostigen Empfang wettmachen, indem er die russische Delegation am Eingang zum Völkerbundspalast mit Blumenstrauss begrüsst. Er schickt dem Bundesanwalt zudem Exemplare zweier rechtsgerichteter Genfer Zeitungen, die den sowjetischen Aussenminister beleidigt haben. Oltramares *Le Pilori* hatte eine Zeichnung veröffentlicht, auf der die russische Delegation durch ein Schädelspalier marschiert und dazu die Legende: «*Messieurs les assassins soyez les bienvenus.*» Der *Courrier* hatte Litwinow als «ehemaligen Gangster, Dieb und Mörder» beschimpft. Der Bundesanwalt erteilt den zwei Blättern einen Verweis.

An einer politischen Versammlung in Genf hält ein Nazigegner eine Rede auf Deutsch, die Nicole übersetzt und mit eigenen Kommentaren ergänzt. Dabei redet der höchste Genfer Magistrat vom «hitlerschen Stiefel» und vom «Naziterror». Er nennt den kurz vorher in Marseille ermordeten jugoslawischen König Alexander einen «Tyrannen» und meint, der beim Anschlag ebenfalls getötete französische

Aussenminister Barthou habe jetzt den Preis für den ungerechten Versailler Frieden bezahlt. Auf Nicoles Ausfälle aufmerksam gemacht, rügt ihn der Bundesrat in einem «vertraulichen Brief». Nicole habe die Grenzen überschritten, die eine mit Regierungsaufgaben betraute Person nicht übertreten dürfe:

> Wir bedauern, dem Präsidenten einer kantonalen Regierung mit diesen Worten schreiben zu müssen, und wir sind geneigt, diese Demarche mit aller Diskretion zu behandeln. Aber wir hoffen, dass Sie ihr aufs Ernsthafteste Rechnung tragen werden.

Nicole antwortet dem Bundesrat trocken, «er habe nur seine verfassungsmässig garantierten Rechte auf freie Diskussion und Kritik» wahrgenommen. Ausserdem publiziert er den bundesrätlichen Brief und seine eigene Antwort in *Le Travail*, wo er von einem neuen «germanophilen Akt» des Bundesrats spricht. Dies können sich Pilet-Golaz und seine Kollegen nicht gefallen lassen. Motta will, dass der Bundesrat Nicole antwortet und die ganze bisherige Korrespondenz mit ihm veröffentlicht. Der Bundesrat ist einverstanden und publiziert den Brief mit einigen von Pilet vorgeschlagenen stilistischen Änderungen.

Jede Diskussion mit ihm sei steril und wertlos, schreibt der Bundesrat an Nicole:

> Da es dabei um Weisheit und Takt geht, laufen unsere Argumente aneinander vorbei ... Eines der Mittel, die wir haben, um die Auswirkungen einer solchen Haltung abzufedern, besteht darin, sie öffentlich zurückzuweisen. Was wir hiermit tun.

Im November befindet sich der Kanton Genf in einer trostlosen Lage. Die Staatskasse ist leer, die Banken gewähren keine neuen Kredite. Finanzdirektor Albert Naine, wie sein verstorbener Bruder Charles ein gemässigter pragmatischer Sozialist, versucht das Menschenmögliche, um das Kantonsbudget ins Lot zu bringen. Trotzdem wird er Ende Monats die Löhne der Kantonsangestellten nicht mehr bezahlen können. Die Genfer Regierung hofft auf Hilfe vom Bund.

Am 22. November 1934 fährt der Genfer Staatsrat in corpore nach Bern, wo er um 15 Uhr von Pilet von oben herab – *de très haut* – empfangen wird, wie sich Albert Picot, Chef der Genfer Liberalen, dreissig Jahre später erinnern wird. Nicole klagt, dass der bürgerliche Grosse Rat alle Bemühungen seiner Regierung zur Verbesserung der Kantonsfinanzen hintertreibe. Pilet fragt Finanzdirektor Naine, was er kurz- und mittelfristig zu tun beabsichtige. Naine antwortet, der Kanton brauche bis zum 1. Januar unbedingt 4 Millionen vom Bund, um seinen Verpflichtungen nachkommen zu können. Pilet hat nicht Forderungen erwartet, sondern präzise

Vorschläge: «Wenn kein gemeinsames und dauerhaftes Handeln der Genfer Regierung zugesichert werden kann, dann ist die Lage ausweglos.» Der Bundespräsident lässt immerhin ein Türchen offen: Wenn es Naine gelinge, in Kürze einen von der sozialistischen Regierung und der bürgerlichen Opposition gebilligten Finanzplan vorzulegen, sehe er eine Lösung. Damit zwingt Bundespräsident Pilet die zerstrittenen Genfer zu einem Kompromiss.

Gemäss Picots späteren Erinnerungen soll Pilet «vielleicht mit einer gewissen Boshaftigkeit» dafür gesorgt haben, dass die Genfer Regierungsräte den letzten um 17.50 Uhr fahrenden direkten Zug nach Genf verpassten. Sozialisten und Bürgerliche, die jeweils in separaten Wagen reisen, sind gezwungen, in Neuenburg, wo der Bahnhof gerade umgebaut wird, einen langen Zwischenhalt einzuschalten. In der als Restaurant dienenden Notbaracke setzen sich die verfeindeten Brüder nolens volens an einem Tisch, um gemeinsam das Nachtessen einzunehmen. Man unterhält sich und redet auch über mögliche gemeinsame Lösungen zur Überwindung der Finanzkrise. Hat Pilet, der schon immer die SBB-Fahrpläne genau studiert hat, dies geplant?

Zurück in Genf macht sich jedenfalls Naine sofort an die Arbeit und legt dem Grossen Rat einen Finanzplan vor, der neue Einsparungen vorsieht. Der Bundesrat ist nunmehr bereit, der Genfer Regierung zu helfen. Pilets Rechnung ist aufgegangen.

53. Das Präsidialjahr geht zu Ende

Am 29. November 1934 spricht Bundesrat Edmund Schulthess in Aarau über «Lebensfragen der schweizerischen Wirtschaft»: Die Krise lastet schwer auf unserem Volk. Die jungen Leute finden keine Arbeit, verlieren Hoffnung und Vertrauen. Einzelne Industriezweige wie die Seidenindustrie sind vernichtet, die Uhrenindustrie auf einen Bruchteil ihrer früheren Bedeutung zurückgedrängt, die Maschinenindustrie in einem schweren Existenzkampf. Schulthess fürchtet, die Krise werde von Dauer sein. Die Lösung liege im «Anschluss an die Weltwirtschaft». Ob man es wolle oder nicht, die Umstände verlangten den Abbau von Preisen und Löhnen. Sonst drohe der Zusammenbruch unserer Staatsfinanzen.

Die Reaktion auf die «Aarauer Rede» ist gewaltig und vorwiegend negativ. Freisinnige verurteilen die «Preisdiktatur», Katholisch-Konservative halten Schulthess höhnisch vor, er wandle nun plötzlich auf den Spuren seines zurückgetretenen Erzfeindes Musy. Die Gewerkschaften sind entsetzt über die Lohnabbauforderung. Bisher hat die Linke Schulthess als ihren Freund im Bundesrat betrachtet. Jetzt glaubt sie, Schulthess habe in Aarau auf Druck der Grossindustriellen und Hochfinanz gesprochen.

Eine Woche nach der Aarauer Rede wird im Bundesrat auf Antrag von Schulthess eine Vorlage besprochen, die dem Bundesrat Vollmacht erteilt, «Preise für Waren, Dienstleistungen und Mieten zu überwachen». Schulthess ist für eine staatliche Senkung der Lebenshaltungskosten:

> Die Exportindustrie, die schliesslich für die Existenz lebenswichtig ist, kann nur weiter bestehen und wiederbelebt werden, wenn wir wiederum arbeiten und unsere Produkte im Ausland verkaufen können. Dies bedingt aber eine entsprechende Anpassung der Preise an diejenigen im Ausland, was wiederum die Reduktion der Löhne erfordert, was nur möglich ist, wenn auch die Inlandspreise für die verschiedenen Bedarfsartikel heruntergesetzt werden.

Der Bundesrat ist einverstanden, streicht aber den von Schulthess vorgeschlagenen «Preiskommissär», den das Welschland nie geschluckt hätte.

An der gleichen Bundesratssitzung setzt sich Pilet für die Erteilung neuer Konzessionen für eine Seilbahn auf die Diavolezza und eine solche von Crans auf den Mont La Chaux ein. Zugunsten einer Diavolezza-Bahn spricht, dass sie das Berninamassiv, «eine der gewaltigsten und schönsten unserer Alpengruppen», dem Touristenverkehr und Skisport, im Sommer wie im Winter, erschliessen wird.

> Der Aufstieg zu den weltbekannten Gipfeln dieses Gebiets (Piz Bernina, Crasta Güzza, Piz Zupò, Palü usw.) und die Erreichung der ausgedehnten Skifelder des Pers- und Morteratschgletscher wird durch die Bahn wesentlich erleichtert. Nun ist zu berücksichtigen, dass heute die Besucher unserer Fremdenorte stets abwechslungsreichere und längere Skiabfahrten und Skitouren verlangen, dass man überall die Skisportsaison zu verlängern sucht und dass die Skier auch im Sommer immer mehr benützt werden.

Die Diavolezzabahn werde helfen, die Nachsaison zu verlängern, weil die von ihr erschlossenen Skifelder hoch und klimatisch günstig gelegen sind. Im Ausland schläft man nicht, der Konkurrenzkampf «darf nicht unterschätzt werden». Die Gemeinde Pontresina und die Bündner Kantonsregierung sind für das Projekt, die Seilbahnen in St. Moritz (nach Corviglia) haben Bedenken. Das Department Pilet bejaht nun aber klar die Bedürfnisfrage, glaubt auch, dass andere Bahnen unter der Konkurrenz der Diavolezzabahn «wahrscheinlich kaum leiden», werden und hält diese für «ein wirtschaftlich lebensfähiges Unternehmen».

Bereits am ersten Tag der Wintersession verbreitet sich das Gerücht über einen bevorstehenden neuen Rücktritt im Bundesrat. Schulthess sei erschöpft, ein Kuraufenthalt habe seinen chronischen Katarrh nicht geheilt, er sei sichtbar älter geworden, er ist 66. Presseleuten sagt Schulthess, er gedenke auf die kommende Frühjahrssession zurückzutreten.

Jetzt, wo er eben eine neue Wirtschaftspolitik verlangt hat, will er sich drücken? Einflussreiche Persönlichkeiten können sich einen Bundesrat ohne seine dominierende innenpolitische Figur gar nicht denken. *«Non, Monsieur Schulthess, pas maintenant!»*, ruft William Rappard dem Aargauer zu. Er müsse unbedingt bleiben, um sein in Aarau vorgezeichnetes Programm auszuführen. Die bürgerlichen Fraktionspräsidenten, vor allem Walther, verteidigen Schulthess gegen die Anwürfe in der Presse und bitten ihn, «weiter an der Lösung der grossen wirtschaftlichen und sozialen Probleme der Stunde mitzuarbeiten».

Am Heiligen Abend erhält Heinz Häberlin, jetzt alt Bundesrat, einen «langen, schier etwas zu schmeichelhaften Brief» aus «Berne – Scheuerrain». Darin bedauert Pilet, dass er seinen ehemaligen lieben Kollegen seit dessen Wegzug aus Bern nicht mehr habe treffen können. Wie gern hätte er ihn um Rat gefragt, hätte er auf ihn gehört!

> Das Jahr war, zwar nicht physisch (ich habe es besser überstanden, als ich glaubte), aber moralisch schwierig. Nach der kurzen Entspannung des Frühlings haben sich die Schwierigkeiten wieder eingestellt, die vielleicht von anderer Art waren, mehr intern, weniger sichtbar, aber ebenso ernst. Widerstände, Konflikte, Nervosität, Absolutismus haben sich fast jede Woche bemerkbar gemacht, während es mehr denn je einer vertrauensvollen Zusammenarbeit, einer Solidarität einer gebietenden Ruhe bedurft hätte. Ich habe mich manchmal etwas verloren gefühlt, ein armes und einsames Ding, inmitten alter Willenskräfte und hitziger Energien. Ich hätte Ihre Hilfe und Ihre Führung gewünscht.

Mehr als zwei Jahrzehnte zuvor hat sich der in Leipzig lebende Student Marcel Pilet in Gedanken vorgestellt, was die ferne Geliebte wohl im Moment gerade tun könnte, und seine Fantasie laufen gelassen. Jetzt tut er dasselbe, wenn er an den Freund in Frauenfeld denkt.

> Oft reden wir von Ihnen, meine Frau und ich. Wir versuchen, uns Ihr Leben vorzustellen. Madame Häberlin im Garten, eine Schere in der Hand, ein Korb vor den Füssen, wie sie an einer Blume riecht. Wir sehen in seinem Büro, ein wenig im Hintergrund, leicht gegen die Lehne seines Fauteuils gestützt *Monsieur le Président*. Er liest. Seine Augen lösen sich vom Buch. Wohin schauen sie? Auf die Kürze der Vergangenheit? Die Unendlichkeit der Zukunft? Er dreht den Kopf. Vielleicht hat er gemerkt, dass wir ihn beobachten. Wird er uns lächelnd schelten? Nicht einmal. Enttäuschung. Es ist seine Katze, die auf den Tisch gesprungen ist und sich ihrem Meister genähert hat. Gleichzeitig schmeichlerisch und würdevoll streckt sie sich aus. Scherze ich? Oh, ja! Gelegentlich, wenn ich Vertrauen habe, tu ich das immer noch.

Zum Jahreswechsel loben Politiker, Diplomaten und hohe Beamte Pilets präsidiale Amtsführung über den Klee.

Rudolf Minger, *le brave* Minger, wie ihn Vallotton etwas gönnerhaft bezeichnet, übernimmt am 1. Januar die Präsidentschaft des Bundesrats. Pilet hat dem Kollegen telegrafisch mit einem «Sinnbild», das eine Schildwache darstellt, gratuliert, worauf der Berner seinem «verehrten, lieben Herrn Kollegen» handschriftlich antwortet:

> Ob es mir gelingen wird, den Schildwachbefehl ebenso geschickt auszuführen, wie das bei Ihnen der Fall war, das ist eine andere Frage. Gestatten Sie mir heute, Ihnen meine Bewunderung auszusprechen für Ihre überaus geschickte und glückliche Art, mit der Sie als Bundespräsident die Geschäfte geleitet und den Bundesrat geführt haben. Ihr Vorbild ist für mich ein Ideal, dem nachzuleben ich mich bemühen werde, von dem ich aber im Voraus weiss, dass es für mich nicht erreichbar ist. Sie sind konziliant und stark zugleich, zwei Eigenschaften, die ich leider nur mangelhaft auf mir vereinige. Ihnen das heute zu sagen, ist mir Herzensbedürfnis. Gestatten Sie mir, als Ihrem Nachfolger, dass ich Ihnen für Ihre aufopfernde und bewundernswürdige Tätigkeit, die Sie in Ihrem Präsidentenjahr zum Wohl unseres ganzen Landes vollbracht haben, meinen tief empfundenen Dank ausspreche.

54. Si vis pacem para bellum

Als alt Bundesrat Heinz Häberlin am 4. Januar 1935 die Pilets am Scheuerrain besucht, wird er wie immer herzlich empfangen. Beim Essen ist man unter sich und Pilet berichtet seinem Mentor, wie sich die einzelnen Bundesräte in den acht Monaten seit Häberlins Rücktritt «gemacht» haben: «Schulthess sei stets gereizt, sollte nicht mehr [vom Rücktritt] zurückgehalten werden, Etter vielversprechend, Baumann nur Ressortchef, Meyer flott, höchstens in Personalfragen zu wenig durchgreifend, Minger nicht so entgegenkommend, wie ich angenommen hätte.» Angesichts der wachsenden Kriegsgefahr hecheln die beiden Obristen a.D. auch die Armeespitzen durch. Pilet nimmt kein Blatt vor den Mund:

> Als General kann er sich nur Guisan denken. Er konstatiert grosse Widerstände gegen Wille. Gegen Bircher hat Pilet merkwürdigerweise keine grossen Bedenken. Er stutzte erst, als ich ihm die meinigen darlegte. Miescher schätzt er nicht hoch ein; Combe solle möglichst bald wieder zum Generalstab zurück. Roost sei physisch erledigt; Borel eine Kreatur Willes.

Geht er, geht er nicht? Der «stets gereizte» Schulthess erhält nicht überall die erhoffte Unterstützung. Der «nicht so entgegenkommende» Minger stösst in der Frage des für ihn sakrosankten Milchpreises mit dem Aargauer zusammen. Schulthess hält eine Senkung für unvermeidlich. Minger zu Schulthess: «Herr Kollege, wenn Sie mit Ihrer Auffassung durchdringen, dann werde ich die Konsequenzen ziehen.» Der Berner ist sicher, dass man ihn nicht «wegen des Milchpreises aus dem Bundesrat ziehen lassen werde». Minger hat genug von Schulthess und will, dass er geht. Freunde wie Nationalrat Roman Abt oder Karl Weber, der Bundeshausredaktor der NZZ raten dem Aargauer zum Rücktritt. Ebenfalls Grimm, der trotz aller weltanschaulichen Differenzen mit ihm gut auskommt. Am Mittwoch, 13. Februar, reicht Schulthess sein Demissionsschreiben ein. «Diese Nachricht rettet der Wehrvorlage Tausende von Stimmen», schreibt Feldmann in seinem Tagebuch.

Der Rest des Februars steht im Zeichen der Abstimmung über diese Wehrvorlage, die den Dienst in der Armee verlängert und die militärische Ausbildung neu ordnet. Minger und Pilet legen sich energisch dafür ins Zeug. Als einziger Romand im Bundesrat hält Pilet Reden in Nyon, Montreux, Genf. Im Lausanner Palais de Beaulieu spricht er zu 5000 Personen und zu weiteren Tausenden, die der Direktübertragung am welschen Radio lauschen. Das Gesetz an und für sich mit seiner Verlängerung der Rekrutenschule um 23 Tage ist, wie Pilet sagt, von geringer Bedeutung – *peu de chose* –, aber es geht um Grundsätzliches: Sind wir für oder gegen die Armee, für oder gegen die nationale Verteidigung, für oder gegen das Vaterland?

Scharf geht Pilet mit den «Defaitisten, den Faulen, den Nachlässigen» ins Gericht, die predigen, Widerstand sei nutzlos, die glauben, eine militärische Niederlage sei ohnehin unvermeidlich.

> Sie haben Unrecht. Die Stärke liegt nicht in der Zahl, sondern im Willen. Dies lehrt uns die Geschichte, dies lehrt uns auch die Bibel. David gegen Goliath, Sieg des Willens des Ersteren über die Masse des Letzteren. Das Beispiel Belgien aus der jüngsten Geschichte: Es hat dem Angreifer, der sein Gebiet durchqueren wollte, Nein gesagt und gekämpft. Es hat verloren, es wurde verwüstet. Heute ist Belgien immer noch da. Es hat sich aufgerichtet und den Respekt und die Bewunderung der Welt erworben.

Für Pilet ist es eine «unwiderlegbare Wahrheit, dass «die Arme die Schweiz gemacht hat».

> Ohne Armee wird die Schweiz verschwinden. Dies war so wahr zu den Zeiten von Morgarten und Sempach wie näher bei uns 1870. Damals drückte die französische Ostarmee gegen unsere Grenze. Wenn unsere Bataillone und unsere Geschütze nicht dort gewesen wären, wären die Franzosen zweifellos von den Preussen auf unser Gebiet verfolgt worden, und wir hätten bei uns den Krieg gehabt ... Wenn die Armee sich abschafft, bedeutet dies die Invasion. Wir haben diese Geissel am Ende des 18. Jahrhunderts erlebt, als unser Volk durch eine lange Zeitspanne des Glücks geschwächt und verdorben war. Es vertat sich mit internen Zänkereien. Das Ergebnis war, dass Frankreich, Deutschland und dann Russland bei uns eindrangen und unseren Boden zum Schlachtfeld machten. Fünfzehn Jahre lang haben die Stiefel Europas unsere Felder zerstampft ... 1914 hingegen ist man bei uns nicht eingedrungen, weil man unsere Armee fürchtete. Man fürchtete sie *en connaissance de cause*, nachdem man sie geprüft, beurteilt und beobachtet hatte. Nicht von ungefähr haben die ausländischen Staaten bei uns Militärattachés ... Gelegentlich kommt sogar ein Regierungschef vorbei, der in

Kenntnis gesetzt werden will, wie wir uns zu verteidigen gedenken. Dies hat Wilhelm II., getan, als er sich den Krieg überlegte.

1914 waren wir bereit. Heute? Seit dem Weltkrieg haben sich die Bedingungen des modernen Kriegs stark geändert.

Man kämpft nicht mehr bloss mit Gewehr und Kanone, sondern mit der Handgranate, dem leichten Maschinengewehr, dem Maschinengewehr, dem Raketenwerfer, der leichten Infanteriekanone, der leichten und der schweren Artilleriekanone, mit dem Auto, mit den motorisierten Truppen, dem Flugzeug, sogar mit dem Gas. Diese komplexen technischen Waffen ungenügend ausgebildeten Truppen anzuvertrauen, wäre, wie wenn man ein Auto einem Neulingschauffeur anvertraut.
Die neue Bewaffnung verlangt Beherrschung der Aufgabe *(du métier)* von Führung und Truppe. Dem Soldaten kommt mehr Initiative zu, der Unteroffizier und seine Gruppe sind von ihrem Chef unabhängiger als in der Vergangenheit, weil die Verbindungen in einer offeneren Gefechtsordnung schwieriger sind. Deshalb brauchen diese Soldaten Ausbildung wie in allen Berufen, in denen man gute Arbeit leisten will. Es wäre ein Verbrechen, unsere Soldaten in ihrem gegenwärtigen Zustand ausrücken zu lassen, das Schweizervolk will nicht, dass dieses Verbrechen geschieht.

Wollen wir uns einem fatalen Risiko aussetzen, nur weil wir nicht 23 mehr Diensttage wollen? «Sollen wir aus einer schlechten Laune heraus das Militärgesetz zurückweisen?» Auf die Frage gibt Pilet die ironische Antwort: «Wenn unser Land einmal überwältigt ist, werden wir noch genügend Zeit haben, uns zu zanken und unter uns zu diskutieren. Niemand wird uns dann um unsere Meinung fragen.»
Der Waadtländer Bundesrat ist zuversichtlich. Wenn es ums Vaterland geht, werden alle zusammenstehen. Die Beamten werden für das Militärgesetz stimmen. Die Arbeiter, mit ihrem *bon sens,* ebenfalls.

Sie wissen, dass die Vorteile, die sie bei uns geniessen und die sie nirgendwo anders finden würden, es verdienen, verteidigt zu werden. Es gibt keine sozialistische Regierung auf der Welt, die, wenn sie einmal an der Macht ist, auf die Landesverteidigung verzichtet. Nicht in England, Dänemark, nirgends. Unsere sozialistischen Führer der deutschen Schweiz wissen dies. Auch sie sind für die Landesverteidigung.

Schlusswort:

> An die Urnen, um unsere Herde, unseren Boden, unsere Freiheit zu verteidigen, um den Frieden zu verteidigen, denn was wir wollen, ist der Friede. *Tous debout!* Keine Fahnenflucht. Desertion ist Verrat, und ein Waadtländer verrät nicht.

Nie zuvor und auch nie nachher hat Pilet mit einer Rede grössere Zustimmung gefunden. In den Tagen danach wird er von Telegrammen, Briefen, Karten, Anrufen überhäuft. Politiker und einfache Bürger, Professoren, Pfarrer, Pöstler, Ingenieure, Bankdirektoren, Hausfrauen danken ihm mit einer kurzen Notiz oder einem mehrseitigen Brief.

«Eine grosse Schlacht ist geschlagen worden», schreibt am Montag die *Gazette*, «sie hat zu Ehre und Wohl unseres Landes geendet.» Die Wehrvorlage wird mit 506 845 zu 431 902 Stimmen angenommen. 15 Stände Ja, 10 Stände Nein. Die Kantone, in denen Pilet geredet hat, Genf und Waadt, nehmen deutlich an.

Nach gewonnener Schlacht schreibt Pilet zahlreiche Dankesbriefe. Einem ehemaligen Soldaten seiner Kompanie schreibt er auf einer Karte:

> *Mon cher* Hostettler, es ist Ihr alter Hauptmann mehr als der Bundesrat, der Ihnen antwortet. Der alte, weil mehr als zehn Jahre vergangen sind, seit wir zusammen die Waffen getragen haben, und weil zweifellos der eine oder andere zu ergrauen beginnt. Ihre Erinnerungsworte und Ihre Wünsche sind mir zu Herzen gegangen. Ich danke Ihnen. Bleiben Sie immer überzeugter Patriot und ziehen Sie Ihre Kinder, wenn Sie das Glück haben, solche zu haben, in der Liebe zur kleinen, aber schönen Schweiz gross.

55. Freche Nazis

Am 16. März 1935 verkündet Hitler die Einführung der allgemeinen Wehrpflicht und den Plan, den Bestand seiner Streitkräfte auf 550 000 Mann zu erhöhen. Ein klarer Bruch der Bestimmungen des Versailler Vertrags. Die *Gazette* zitiert A. Ribaud, Professor an der Sorbonne:

> Hitlers Ziel ist nicht diplomatisch, es ist militärisch. Seine ausländischen Partner wollen ein Abrüstungsabkommen. Er will Deutschland bewaffnen, es schneller und vollständiger als alle anderen Nationen bewaffnen. Die andern wünschen den Frieden und er plant ihre Vernichtung. Sofern Frankreich seine Armee nicht genügend verstärkt, wird er in sechs Monaten, einem Jahr, eine erdrückende Überlegenheit haben. Er wird ohne Vorwarnung einen Krieg mit grossen Erfolgschancen auslösen können.

Schweizer Zeitungen berichten vom mysteriösen Verschwinden des in Strassburg im Exil lebenden jüdischen Journalisten Berthold Jacob. Der Vermisste ist Mitarbeiter der vom nationalsozialistischen Régime verbotenen *Weltbühne* und hat sich durch seine Aufsätze über die heimliche deutsche Aufrüstung den Zorn der Nazis zugezogen. Zuletzt ist Jacob in Basel gesehen worden. Nachforschungen der Basler Polizei ergeben, dass Jacob unter falschem Vorwand in die Rheinstadt gelockt, betäubt und über die Grenze ins Reich verschleppt worden ist. Wie sich später herausstellt, hat ein unter einem Gestapo-Kommissar stehendes Kommando ihn entführt. Die Erregung in Basel ist enorm und greift auf die ganze Schweiz über.

«Ausgehend von der begründeten Annahme, Jacob sei gewaltsam auf deutsches Gebiet verschleppt worden», verlangt der Schweizer Gesandte Paul Dinichert von der deutschen Regierung Vorkehren zu Jacobs Schutz und Aufklärung über dessen Verbleib. Der Basler Regierungsrat und im Vorjahr gescheiterte Bundesratskandidat Carl Ludwig, fordert vom Bundesrat «möglichst baldige und schärfste diplomatische Schritte: Bestrafung, Genugtuung Herausgabe des Entführten, Zusicherungen für die Zukunft.»

In Berlin verlangt Minister Dinichert in einer eineinhalbstündigen, teils scharf geführten Unterredung mit Staatssekretär von Bülow eine «klare, lückenlose Darstellung des Vorfalls». Bülow weicht aus. Eine Entführung sei nicht erwiesen, Jacob ohnehin ein übles Individuum. Deutschland könne auf die vom Geschrei der Presse und der Emigranten ausgelöste Schweizer Intervention nicht eingehen.

Die erste ernsthafte Kraftprobe zwischen der Schweiz und Hitler-Deutschland ist da.

Am 2. April versichert Motta im Ständerat, der Bundesrat werde alles tun, um die Wiedergutmachung des verursachten Unrechts zu erreichen. Notfalls werde man den Schiedsgerichtsvertrag von 1921 anrufen. Die dezidierte Haltung des Bundesrats zahlt sich aus. Angesichts der von der Schweiz gelieferten erdrückenden Beweise verzichtet Berlin auf das Schiedsgerichtsverfahren und schiebt Jacob im September heimlich in die Schweiz ab.

Der Gestapo-Gewaltstreich von Basel macht dem Justizdepartement Beine. Schon am 9. April legt Bundesrat Baumann seinen Kollegen einen Gesetzesentwurf vor, der als Ersatz für die vom Volk im Vorjahr abgelehnte Staatsschutzvorlage (Häberlin II) gedacht ist. Das neue «Spitzelgesetz» soll die Eidgenossenschaft vor Spionage und wühlerischen Machenschaften fremder Agenten schützen. Eine neu zu schaffende Bundespolizei soll in politischen Fällen den Kantonspolizeien beistehen.

Noch am gleichen 9. April 1935 schickt Pilet Baumanns Gesetzesentwurf vertraulich dem Chef der Waadtländer Kantonspolizei, dem mit ihm befreundeten Oberst Robert Jaquillard. Pilet fragt Jaquillard, ob ihm eine Formulierung in den Sinn komme, die es ermöglichen würde, nicht nur gegen die Umtriebe von fremden Regierungen, sondern auch von «semioffiziellen ausländischen Organisationen» vorzugehen; «Alles, was die Russen Schlechtes tun, schieben sie dem Büro der III. Internationale in die Schuhe. Für alles, was die Deutschen Illegales unternehmen, machen sie die nationalsozialistische Partei verantwortlich.» Pilet hat noch eine zweite Frage: «Dein Name ist genannt worden, um die neue Bundespolizei zu leiten. Was sind deine Absichten?»

Jaquillard schickt Pilet seine Stellungnahme zum Gesetzesentwurf, der sie an Kollege Baumann weiterleitet. Der Waadtländer Polizeidirektor glaubt, dass die jüngsten Vorfälle die öffentliche Meinung aufgeschreckt und föderalistische Widerstände abgebaut hätten. Jaquillard will nicht, dass die gewünschte Bundespolizei klammheimlich eingeführt wird: Sie müsse sich auf einen Beschluss der eidgenössischen Räte stützen, damit niemand ihre Legalität anzweifeln könne: «Um die Dienste leisten zu können, die man von ihr erwarten darf, muss sie durch die grosse

Türe eintreten.» Am Telefon hat Jaquillard Pilet mitgeteilt, dass er über den ihm gemachten Vorschlag, die neue Bundespolizei zu führen, im Zweifel sei.

Baumann dankt Pilet höflich für die Zustellung des «Gutachtens» von Jaquillard und bemerkt, dass der etwas abgeänderte Entwurf seines Departements «einige Anregungen des Herrn Jaquillard bereits berücksichtigt hat». Die Stellungnahme Jacquillards war kein Gutachten. Seine Anregungen wurden nicht berücksichtigt. Das Polizeidepartement, lies: Bundesanwalt Franz Stämpfli, will keine Einmischung eines Aussenstehenden in seine Angelegenheiten.

Zweifellos auf Vorschlag Pilets beauftragt der Gesamtbundesrat Jaquillard mit einer Studienreise nach Paris, Brüssel und Amsterdam, um herauszufinden, wie anderswo die Sicherheitspolizei organisiert ist. In seinem Rapport befürwortet Jaquillard eine «schlanke» Bundespolizei, die zwar unter der Oberaufsicht des Bundesanwalts stehen, aber von einer eigenen Direktion geführt werden solle.

Der Bundesanwalt und Departementsvorsteher Baumann wollen keine unabhängige politische Polizei. Das «Spitzelgesetz», das von den Räten problemlos verabschiedet wird, sieht vor, dass «zur einheitlichen Durchführung des Fahndungs- und Informationsdienstes im Interesse der Wahrung der inneren und äusseren Sicherheit» der Bundesanwaltschaft das nötige Personal beigegeben wird. Verstärkung der Bundesanwaltschaft statt Schaffung einer Bundespolizei.

Resigniert schreibt Jaquillard Pilet: «Von Anfang an habe ich mir Rechenschaft gegeben, dass *Monsieur le Bureau* in Bern eine Rolle spielt, die ich allerdings unterschätzt habe.» Die jetzt vom Departement vorgesehene Organisation diene einzig dazu, einem zwar durchaus verdienstvollen Beamten eine bessere Stelle zu verschaffen. Im November wird der bisherige juristische Berater Dr. Werner Balsiger als neuer Adjunkt des Bundesanwalts mit der Funktion eines «Chefs des Polizeidienstes» betraut. Jaquillard hätte in dieser Rolle lieber einen erfahrenen Polizisten mit *métier* gesehen statt eines Schreibtischbeamten. Während des 2. Weltkriegs wird Jaquillard als Chef der Spionageabwehr mit Bundesanwalt Balsiger seine liebe Mühe haben.

Wie viele Romands hat Pilet die Gefährlichkeit des Nationalsozialismus für die Unabhängigkeit der Schweiz anfänglich unterschätzt. Die Affäre Jacob öffnet ihm die Augen. Am 26. April 1935 schickt er Grellet die letzte Ausgabe des *Volksbunds*, «der Zeitung der schweizerischen nationalsozialistischen Bewegung» oder, wie Pilet in Klammer beifügt, «genauer gesagt, in der Schweiz». Wenn Grellet Seite 2 des Elaborats lese, könne er sehen, bis zu welchem Grad die Redaktion – im unheimlichsten Sinn des Worts – deutsch ist. Man kann sich vorstellen, was aus uns Romands werden würde, wenn *Messieurs les nazis* bei uns je einen entscheidenden Einfluss erringen könnten. Dies ist eine echte Gefahr. Vielleicht wäre es angezeigt, die lateinische Schweiz vor der Haltung und den Machenschaften dieser Leute zu warnen.

56. Berg-und-Tal-Fahrt

Die Parteien schielen während des ganzen Jahres 1935 auf die Wahlen im Herbst. Man glaubt, sie würden für die Zukunft des Landes entscheidend sein. Geht die Schweiz nach links oder bleibt sie rechts? Wird der «nationale Block» an der Macht bleiben oder kommt es zu einer Koalition zwischen dem «progressiven» Flügel der bürgerlichen Parteien und den Sozialdemokraten?

Die Wahl des Nachfolgers von Schulthess erfolgt vor diesem Hintergrund. Nachdem der «Unersetzliche» weg ist, stellt sich zuerst einmal die Frage, ob einer der verbleibenden sechs in seine grossen Schuhe als Wirtschaftsminister treten will. Die unerfreulichen Erfahrungen, die Schulthess nach seiner Aarauer Rede gemacht hat, schrecken ab. Zu einem Zeitpunkt, wo kein Ende der Wirtschaftskrise in Sicht ist und die Ansichten über die zu verfolgende Wirtschaftspolitik scharf auseinandergehen, will keiner der Bisherigen das ehemals begehrte, nunmehr undankbare gewordene Departement übernehmen. Auch Pilet nicht. Nicht mehr. Er sieht ein, dass er wegen seiner Mentalität – zu welsch, zu wenig umgänglich, zu selbstherrlich – der falsche Mann für eine Aufgabe ist, die viel Konzilianz erfordert.

Der Bundesrat teilt den Fraktionschefs mit, dass keiner der Bisherigen ins Volkswirtschaftsdepartement wechseln will. Die Bundesversammlung müsse einen für dieses Amt geeigneten Mann wählen.

Eigentlich sollte der neue Bundesrat ein Welscher sein. Man hat den Romands bei der Ersatzwahl für Musy versprochen, dass sie bei nächster Gelegenheit ihren zweiten Bundesratssitz zurückerhalten werden. Der freisinnige Genfer Regierungs- und Nationalrat Adrien Lachenal, Sohn des gleichnamigen verdienstvollen Bundesrats, wäre gewählt worden, wenn er die ihm von seinen welschen Kollegen angetragene Kandidatur angenommen hätte. Nach kurzem Zögern sagt er Nein. Auch der Walliser Camille Crittin und der Neuenburger Ernest Béguin wollen nicht. Alle drei schrecken vor dem Volkswirtschaftsdepartement zurück.

Der Solothurner Ständerat Robert Schöpfer, Fraktionschef der Freisinnigen, Königsmacher Walther und Bundesrat Minger heben nun den Industriellen Hermann Obrecht auf den Schild. Der 53-jährige Obrecht ist zwar schon vor sechs Jahren als

Solothurner Regierungsrat und Nationalrat abgetreten, hat sich dann aber als erfolgreicher Troubleshooter in der krisengeschüttelten Uhrenindustrie, bei Banken und Privatbahnen hohes Ansehen erworben. Er wird am 4. April problemlos, aber nicht glänzend – jüngere Parlamentarier kennen ihn nicht – im ersten Wahlgang mit 125 Stimmen gewählt.

Am 5. Mai 1935 stimmt das Volk über Pilets Verkehrsteilungsgesetz ab, gegen das Rechtskreise das Referendum erhoben haben. Weil jedes Jahr die Zahl der Automobile in der Schweiz steigt und die Strasse der Schiene ernsthafte Konkurrenz macht, hat der Bundesrat zum Schutz der SBB dieses Gesetz vorgelegt: Der Gütertransport über mehr als 30 km bleibt der Bahn vorbehalten, lizenzierte private Lastwagenunternehmen besorgen den Nahverkehr. Das Gesetz, das die Räte problemlos passiert hat, ist ein Kompromiss zwischen der Linken, die am liebsten den Lastwagenverkehr verstaatlichen würde, und der Rechten, die dessen völlige Freigabe wünscht.

Niemand kann sich für die Vorlage erwärmen. Der Bundesrat, der der Krise nicht Herr werden will, ist unbeliebt. Von den grossen Parteien geben nur die Freisinnigen die Ja-Parole aus, die andern sind dagegen. Sogar die Eisenbahner sind gespalten. Bratschi, der an der Vorlage mitgearbeitet hat, ist unentschlossen. Pilet selbst rechnet mit einer Niederlage, spricht aber immerhin in Yverdon und Payerne zugunsten des Gesetzes. Die Verkehrsteilung wird wuchtig verworfen, 68 Prozent Nein. Die Waadt: 63 000 Nein, 23 000 Ja.

Enttäuschter über das Abstimmungsergebnis als der Bundesrat ist sein Vater Edouard Pilet-Schenk: «Hör auf, deine Gesundheit zu opfern und auch die Gesundheit deiner alten Eltern, die viel mehr, als du glaubst, ob allem, was dir zustösst, leiden.» Wenn Marcel jetzt zurücktreten würde, wäre dies keine Fahnenflucht. Er könne dann sagen:

> «Ich muss leider feststellen, dass ich das Vertrauen der welschen Wähler, besonders der Waadtländer, nicht habe bewahren können. Weil sie mir durch ihr Stimmverhalten die Autorität entzogen haben, die mehr denn je für die Erfüllung der mir anvertrauten hohen Aufgabe unerlässlich ist, betrachte ich es als meine Pflicht, zurückzutreten, um es einem anderen zu überlassen, diese Aufgabe zur Zufriedenheit des Landes zu erfüllen.»

Der Vater fügt hinzu: «Welche Freude und Erleichterung würden wir empfinden, *maman,* Alice und ich, wenn dem so wäre!»

Pilet hat keine Zeit, der verlorenen Verkehrsteilungsabstimmung nachzutrauern. Schon einen Monat später muss das Volk über die von den Gewerkschaften lancierte Kriseninitiative entscheiden. Die vom Ökonomen Max Weber, dem späteren Bundesrat, konzipierte Initiative verlangt eine aktive Konjunkturpolitik, ähnlich dem Rooseveltschen New Deal. Sie fordert einen allgemeinen Lohn- und Preisschutz, die Entlastung überschuldeter Betriebe in Landwirtschaft und Kleingewerbe, eine ausreichende Arbeitslosenunterstützung, planmässige Arbeitsbeschaffung sowie planmässige Förderung von Export und Fremdenverkehr. Nicht die Ausgaben soll man beschränken, sondern durch neue, vor allem die Vermögenden treffende Steuern die Einnahmen erhöhen.

Würde die Kriseninitiative angenommen, müsste der Bundesrat seine bisherige Deflationspolitik aufgeben. Er müsste stattdessen planwirtschaftliche Lösungen zur Ankurbelung der Konjunktur suchen. Die Bundesräte wollen keine sozialistische Planwirtschaft und kämpfen energisch für ein Nein.

In der Woche vor dem schicksalsschweren 2. Juni 1935 redet Pilet in La Chaux-de-Fonds, wo Kommunisten mit moskaufreundlichen Parolen und Absingen der Internationale die Versammlung zu stören versuchen. Im Lausanner Palais de Beaulieu geht Pilet mit der «zum Bankrott führenden» Initiative hart ins Gericht. Schutz von Löhnen und Preisen?

> Der Lohn eines Volkes ist das Entgelt für seine Tätigkeit. Es variiert nach den Umständen, ist höher, wenn die Geschäfte gut laufen, niedriger in Krisenzeiten. Wenn wir unsere Produkte nicht mehr im Ausland verkaufen können, verringert sich das nationale Einkommen, d.h. dasjenige von jedem von uns. Die Preise hängen vom Überfluss oder von der Knappheit der vorhandenen Waren ab, Faktoren, die man nicht frei abändern kann.

Die Initiative will jedem genügende Lebensbedingungen zusichern? Pilets spöttische Antwort: Ebenso gut könne man jedem versprechen, ihm Glück oder Gesundheit zu garantieren. Die Initiative, warnt Pilet seine Waadtländer, würde auch «den Tod der Kantone» bewirken. Die Kantone hätten dann bloss noch den Status von Steuereinnehmern und Bettlern:

> Der Bund würde mit Hilfe von Schwärmen von Beamten alles reglementieren, von «Vögten», deren Stiefel sicher härter wären als diejenigen, die einst *nos Excellences de Berne* trugen.

Diese Initiative, sagt Pilet, sei eine Kampfansage an die Moral. Sie sage dem Bürger: «Tu selber nichts, um gegen die Krise zu kämpfen, der Staat wird für dich tätig werden.» Am Schluss der übliche Aufruf: «Für unsere Kleinverdiener, unsere Witwen, unsere Kinder, für unsere ganze Bevölkerung, für die Jungen und für die reifen Alters, müssen wir am Sonntag Nein stimmen. *Pour la liberté et pour la patrie nous voterons NON.*»

Und die Schweiz stimmt Nein – bei einer Rekordbeteiligung von 84 Prozent mit 567 425 zu 425 242 Stimmen. Ja sagen bloss Bern, *Solothurn, die beiden Basel und Schaffhausen. Deutlich Nein stimmt die Romandie, Pilets Waadt im Verhältnis 2 zu 1.* Der Bundesrat hat jetzt grünes Licht für die Weiterführung seiner Deflations- und Lohnabbaupolitik.

Es folgt am 8. September die Volksabstimmung über eine Totalrevision der Bundesverfassung – bereits der vierte eidgenössische Urnengang des Jahres 1935. Im Frontenfrühling 1933 war der Drang nach «Erneuerung» so gross gewesen, dass Frontisten, bürgerliche Rechtskreise um den «Bund für Volk und Wirtschaft» und Jungkonservative die Initiative für eine Totalrevision der Bundesverfassung einreichte. Die vor zwei Jahren vor allem bei den Jungen herrschende Begeisterung für die Totalrevision der Bundesverfassung ist inzwischen abgeflaut. Angesichts der Entwicklungen in Italien und Deutschland hält man sich lieber an das Traditionelle und Bewährte.

Pilet hat den Diskussionen um eine Totalrevision der Bundesverfassung nie viel Bedeutung beigemessen. Für ihn bedürfen die brauchbaren eidgenössischen und kantonalen Institutionen keiner grundlegenden Umgestaltung. Weil er überzeugt ist, dass die Initiative ohnehin scheitern wird, lässt er den Abstimmungskampf aus. Am 8. September wird die Totalrevision dann tatsächlich mit 73 Prozent Neinstimmen wuchtig verworfen.

Im August unternimmt Pilet zusammen mit seiner Frau eine neuntägige Autoreise. Jeder Bundesrat hat das Anrecht, mit einem von der Eidgenossenschaft zur Verfügung gestellten, von einem Chauffeur gesteuerten Wagen jährlich gratis 5000 Kilometer zu fahren. Die abwechslungsreiche und instruktive Tour führt die Pilets über die unterschiedlich gut ausgebauten, oft unasphaltierten Pässe Gotthard, Lukmanier, Albula, Bernina, Maloja, Splügen und Julier. Pilet muss sich in seiner amtlichen Funktion mit Verkehrs- und Tourismusproblemen befassen. Die Pässefahrt ist also für ihn auch eine dienstliche Inspektionsreise. Im Jahr zuvor hat er als Bundespräsident anlässlich einer Fahrt über Berner und Walliser Alpenpässe Walliser Kantons- und Gemeindebehörden offizielle Besuche abgestattet.

Vom Engadin aus machen die Pilets noch einen Abstecher ins benachbarte Ausland – Pordoipass, Cortina d'Ampezzo, Passo Falzarego, Stilfserjoch, Arlberg –, bevor sie nachher in Flims und in Leukerbad ausspannen können. Von den Passhöhen aus hat Papa Pilet seinem 13-jährigen Sohn Jacques –*mon cher fils, mon grand* –, der seine Ferien in Château-d'Œx verbringt, Ansichtskarten geschickt: «Heute Morgen Nebel, der sich auflöst und bessere Tage verspricht»; «kein Glück, das schlechte Wetter hält an»; «das Tal, das von Chiavenna hinaufführt, ist schön, aber schwierig und liegt ganz im Fels»; «hier ging die italo-österreichische Front 1915/17 durch»; «Cortina d'Ampezzo. Wir nehmen den Tee in diesem mondänen Fremdenort der Dolomiten ein.»

Pilet kommt mit seinen amtlichen Chauffeuren gut aus. Am Silvester 1930 dankt der Fahrer A. Sigrist-Funk dem Ehepaar Pilet dafür, «dass Sie Ihrer Angestelltenfamilie einen Besuch abstatteten und unseren lieben Kindern wie auch uns Eltern durch Ihr schönes Geschenk eine grosse Freude bereiteten.» Er schreibt weiter:

> Während den 23 Jahren, da ich nun Personenwagen führe, war es mir noch nie vergönnt, weder eine solch liebenswürdige Dame wie Sie, verehrte Frau Bundesrat, noch einen solch vornehmen, gütigen Herrn und Brotgeber, wie Sie, hoch geschätzter Herr Bundesrat, durch unsere schöne Schweiz zu fahren.

57. Wie die Demokratie verteidigen?

«Ganz Deutschland hört den Führer mit dem Volksempfänger», lautet der von Goebbels' Propagandaministerium herausgegebene Slogan. Auch viele Schweizer kriegen die Brandreden Hitlers und Goebbels' am gleichgeschalteten deutschen Reichsfunk mit – die meisten mit Abscheu oder Kopfschütteln. Das Radio ist zu einer mächtigen politischen Waffe geworden. Dies weiss auch Pilet, der letztlich die Verantwortung für die Programme trägt, die von den Landessendern Beromünster, Sottens und Monte Ceneri ausgestrahlt werden.

Am 17. September 1935 verabschiedet der Reichstag das «Gesetz zum Schutze des deutschen Blutes und der deutschen Ehre», das die Eheschliessung und den Geschlechtsverkehr zwischen Nichtjuden und Juden verbietet. Am gleichen Dienstag findet im Schweizer Nationalrat eine Debatte über die staatspolitische Rolle des Radios statt.

Die Sozialdemokraten schicken ihre intellektuelle Spitzenkraft ins Feuer, den St. Galler Kronjuristen Johannes Huber. Er fordert im Bereich des Radios eine bessere Verteidigung des schweizerischen demokratischen Kulturguts, eine bessere Berücksichtigung der Hörerwünsche und die Bekämpfung von Einseitigkeit. Gleich zu Beginn zeigt sich Huber verärgert: «Das Mindeste, was man verlangen kann, ist wohl, dass ein Bundesrat anwesend ist.» Tatsächlich ist Pilet nicht an seinem Platz. Wenn man den Parlamentsbetrieb ernst nehme, tadelt Huber, dann sollte der Bundesrat «nicht einfach eine vorbereitete Antwort zum Besten» geben, sondern zuhören und nachher antworten. In diesem Moment betritt Bundesrat Pilet-Golaz den Saal. Es ist 8.03 Uhr.

Huber stellt die Frage, wie wir die deutsche Propaganda abwehren und unsere demokratische Eigenart verteidigen können.

> Wir wollen hoffentlich nicht zu den Mitteln greifen, die ein grosser Nachbarstaat ergriffen hat, der einen sogenannten Volksempfangsapparat einführte, welcher den Empfang ausländischer Sendungen nicht ermöglicht. Wir wissen, dass es Staaten gibt, die zur Leitung dieser Propaganda ein eigenes Ministerium eingerichtet haben, die

diese Propaganda von einer Zentralstelle aus mit gewaltigen organisatorischen und finanziellen Mitteln betreiben. Wir wissen, dass diese Propaganda insbesondere auch der Schweiz gilt, vor allem dem Deutsch sprechenden Teil der Schweiz, denn wir alle, die wir Deutschschweizer sind, sind ja nach einer bekannten Theorie eigentlich heimat- und obdachlose Glieder des deutschen Volkes.

Die kleine Schweiz, meint Huber, hat die grosse Mission, «in der jetzigen Zeit der nationalistischen Überspannung, des nationalistischen Wahnsinns die übernationale Geisteskultur der Menschheit zu verteidigen».

Huber möchte auch, dass «weitere Hörerkreise» vermehrt ihre Wünsche geltend machen können und bei der Programmgestaltung herangezogen werden. Er verlangt, dass am Radio auch «politisch Gegensätzliches» zur Sprache kommt. Zudem kritisiert er die «unter einseitigem Einfluss» stehende Schweizerische Depeschenagentur, die das Monopol für die Sendung von Radionachrichten hat und es bis 1976 behalten wird. So habe sie bei der Wehrvorlage die «x-mal gehaltenen gleichen Reden der Herren Bundesräte ebenso x-mal am Radio wieder erwähnt und rekapituliert, während grössere Versammlungen, die die gegenteiligen Auffassungen vertraten, für die Schweizerische Depeschenagentur und das Radio nicht existierten.»

Zum Schluss zitiert Huber den Denker Benedetto Croce, für den es eine Spielregel des Liberalismus ist, «den Gegner zu hören, von ihm zu lernen». Eine eindrückliche, durchdachte und wohl aufgebaute Rede, auf die Pilet-Golaz zuerst einmal mit einer pedantischen Rechtfertigung seiner Verspätung antwortet:

Man hat mir berichtet, das *M. le conseiller national* Huber zu Beginn der Sitzung erstaunt war, dass ich nicht auf meinem Regierungssessel sei. Dies war, weil ich immer noch die Arglosigkeit habe, an die Tagesordnung zu glauben. Diese besagte um 8 Uhr: «Wahlprüfung». Ich habe geglaubt, die Wahlprüfung eines Volksvertreters brauche wenigstens zwei oder drei Minuten. Dies war der Grund, wieso ich um 08 Uhr 03 hier war.

Er nehme Herrn Huber seine Bemerkung nicht übel:

Ich bin persönlich Anhänger der grössten Genauigkeit. Pünktlichkeit ist die Höflichkeit der Könige, sagt man, vielleicht auch die der Demokratien. Ich hoffe, dass ich nicht ein nächstes Mal durch die Tagesordnung getäuscht werde.

Pilet muss immer recht behalten. Dann legt er dar, wie er die Rolle des Schweizer Radios sieht. Wie alle «zivilisierten Länder» reglementiere die Schweiz den Rundfunk. Bei uns verbiete die Radiokonzession jede konfessionelle und politische Propaganda. Lange habe niemand sich darüber beschwert. Erst seit 1933, als man bemerkt habe, welch «wunderbares und mächtiges Propagandamittel» der Rundfunk ist, drängten immer mehr Personen und politische Bewegungen ans Mikrophon. Der Bundesrat sei in dieser Frage einer Meinung: «Die Politik darf nicht in die Studios eindringen.»

Für den Bundesrat, so Pilet, spielt der aussenpolitische Aspekt eine entscheidende Rolle. In der Schweiz spreche man die Sprache der grossen Nachbarn Italien, Deutschland und Frankreich. Deshalb würden unsere Radiosendungen auch in diesen Staaten gehört und verstanden. «Dies ist anders mit tschechischen, polnischen oder spanischen Sendungen.»

Soll das Radio, wie Huber meint, die Schweizer Demokratie verteidigen? Hat die Schweiz die Pflicht, «vor der Menschheit die Güter zu verteidigen, die uns lieb sind?» Und was wären die Folgen eines solchen Kampfs über die Ätherwellen? Pilet:

> Glauben Sie, dass wir als Sieger herauskämen? Glauben Sie, dass unsere drei Sender die Grossmächte, denen Sie eine Lektion erteilen möchten, «groggy schlagen» können? Verlieren wir nicht den Sinn für die Realität. Sie, Herr Huber, haben recht, Idealist zu sein und die höheren Interessen der Menschheit zu verteidigen. Dies ist vielleicht Ihre Aufgabe als Volksvertreter. Meine Rolle als Regierungsvertreter ist es, nicht zu vergessen, dass wir ein kleines Land sind, das den andern nicht Lektionen erteilen kann. Die einzige Art für die Schweiz, das Ausland zu belehren, besteht darin, mit dem guten Beispiel voranzugehen. Es genügt zu zeigen, dass eine Demokratie wie die unsrige die Schwierigkeiten der Stunde meistern kann.

Oder fürchtet Nationalrat Huber etwa die Feinde der Demokratie im Inland? Pilet:

> Haben Sie wirklich Angst vor den Frontisten? Haben Sie Angst vor den Nazis? Wie ich vielleicht Angst vor den Kommunisten haben könnte, denn ich sehe keinen sehr tiefen Unterschied dieser nahen Verwandten? Ich glaube nicht an diese Gefahr. Und wenn es diese Gefahr gäbe, würde wir sie nicht durch Reden abwenden. Haben Sie je einen Faschisten, einen Kommunisten, einen Nazi gesehen, der den Argumenten der Vernunft zugänglich war? Wenn man sich gegen Feinde dieser Art verteidigen will, muss man es mit anderen Waffen tun als mit ein paar Radiowellen, über die sie nur lachen würden.

Pilet hat – diplomatisch, wie es einem Regierungsmitglied zusteht – gesagt, was er von den Nazis hält und wie sich die Schweiz gegenüber den grossen Nachbarn verhalten soll.

58. Stimmungstief

Am 3. Oktober 1935 marschieren 200 000 italienische Soldaten und Schwarzhemden ins Kaiserreich Abessinien ein. Mussolini fordert damit das Vereinigte Königreich heraus, die unbestrittene Hegemonialmacht auf dem afrikanischen Kontinent. Sein kühner Schritt verändert die Kräfteverhältnisse in Europa. Der lose Block der Westmächte – England, Frankreich, Italien –, der sich bisher Hitlers Machtgelüsten – vor allem bezüglich Österreich – entgegengesetzt hat, existiert nicht mehr. Rom nähert sich Berlin an.

Ein Mitglied des Völkerbunds hat ein anderes überfallen. Seine Satzungen erfordern Sanktionen gegen den Aggressor. Die Schweiz wird mitmachen müssen, auch wenn ihr dies wegen seiner wichtigen wirtschaftlichen und anderen Beziehungen zum südlichen Nachbarn schwerfallen wird. An der Bundesratssitzung vom 8. Oktober meint Pilet, dass es über die Verletzung des Pakts keinen Zweifel gibt und, «dass wir moralisch verpflichtet sind, an der Feststellung dieser Wahrheit teilzunehmen». Was den Rest anbelangt, sollte unsere Delegation sehr zurückhaltend sein. Pilet schlägt einige redaktionelle Retouchen an den Instruktionen des Bundesrats für seine Genfer Delegation vor. Seine Änderungsvorschläge dienen dem Zweck, Zeit zu gewinnen und Motta bei den bevorstehenden Verhandlungen in Genf möglichst grossen Spielraum zu geben. Der Bundesrat stimmt ihnen zu.

Nach Ende der Sitzung zieht sich Pilet nach Les Chanays zurück. In seinem «ländlichen Refugium» kann er ein paar Tage lang die Regierungsgeschäfte vergessen. Er kümmert sich um die Buchhaltung des Hofs, um die Vorbereitungen auf den Winter, plaudert mit Winzern und Bauern. Am 12. Oktober setzt er sich vor das Kaminfeuer und schreibt einen langen Brief an Freund Häberlin:

> Manchmal wage ich gar nicht mehr an die Zukunft zu denken; ich sehe sie als sehr düster. Trotzdem, wenn wir wollten! Doch wollen wir wirklich? Überlassen wir uns nicht einer Strömung, die uns fortzieht und wie Kieselsteine wegrollt. Unser Volk, dies glaube ich immer noch – vielleicht eine letzte Illusion! – versteht die Lage, sieht die Gefahr,

erkennt die wirksame Verteidigung, aber es hat nicht den Mut zu kämpfen, Opfer zu bringen, sich anzupassen.

«Kämpfen, Opfer bringen, sich anpassen.» Am 25. Juni 1940 wird Bundespräsident Pilet-Golaz unter dramatischeren Umständen ähnliche Forderungen an seine Mitbürger stellen. Eine liederliche Geschichtsschreibung wird ihn als «Anpasser» ans neue Europa Hitlers stigmatisieren. Im Brief an Häberlin fährt Pilet fort:

Während mehr als eines Jahrhunderts war das Volk glücklich und von einer leichtsinnigen Sorglosigkeit befallen, jetzt hat es nur noch die Kraft, seinem verlorenen Paradies nachzutrauern, dem ehemaligen Glück, genauer genommen, dem Reichtum, dem Geld von früheren Zeiten. Aber das Volk ist nicht unglücklich, es isst, es trinkt, hat eine warme Unterkunft, ist anständig gekleidet. Trotzdem beklagt es sich, klagt über alles, sogar über den Überfluss, was eine Schande ist. Jeder klagt: der Industrielle, der Händler, der Handwerker, der Bauer, der Winzer, bis zum Beamten. Meine Güte, derjenige, der noch am wenigsten jammert, ist derjenige, der am meisten verloren hat, es ist der Werktätige, der arbeitet, der Arbeiter, der sich glücklich schätzt, noch eine Beschäftigung zu haben und der einzig die Arbeitslosigkeit fürchtet.

Unsere *bourgeois* mit ihren ewigen Jeremiaden «kotzen» Pilet «an». Er vergleicht die braven Bürger mit armen Kranken, die an den Ärzten verzweifeln und sich Scharlatanen ausliefern, um gesund zu werden. Und Scharlatane gibt es zuhauf. Scharlatane,

die unser Volk ausnützen, betrügen, täuschen, vergiften und damit riskieren, es zu töten … rechts, übrigens, genau so wie links. Man verlangt *des chefs*, um ihnen nicht zu gehorchen, *des guides*, um ihnen nicht zu folgen, Massnahmen, um sie nicht anzuwenden, Entscheide, um sie zu kritisieren. Was man erwartet, ist nichts anderes als ein Wunder, das von der Anstrengung entbindet.

Im gleichen desillusionierten Ton geht es weiter: «Glauben Sie bitte nicht, dass ich nur andern gegenüber streng bin. Der Bundesrat ist das Ebenbild der Nation. Er weiss, er sieht, aber er will nicht.» Er selber, gesteht Pilet Häberlin, gehe mit dem schlechten Beispiel voran, weil er mit den SBB ebenfalls auf Zeit spiele. Seine Meinung allerdings sei gemacht.

Ganz allgemein ist die Herrschaft der Eisenbahn im Niedergang. Bedürfnisse, Möglichkeiten, Dienstleistungen sind heute nicht mehr, was sie vor einem Vierteljahrhundert waren. Man muss «demobilisieren». Der Betrieb muss gründlich umgestaltet werden. Der schwerfällige Apparat von einst muss zurückgestutzt werden, mit all den Opfern, die das zur Folge hat: für die Eisenbahner – von den Chefs bis zu den Barrierenwärtern –, für die Bevölkerung, für die Steuerzahler, die für den Verlust aufkommen müssen. Ich werde alle Welt gegen mich haben – Direktor und Personal, Politiker der Linken und der Rechten. Es ist die fast sichere Niederlage. Eine heilsame Niederlage, sage ich mir manchmal. Ja, aber ich zögere trotzdem und das ist nicht schön. *Voilà*, ich musste mein Herz öffnen und mein Urteil dem Ihrigen vorlegen. *N'en parlons plus*.

Tagebuch Häberlin, 14. Oktober: «Pilet schreibt mir einen langen Brief, aber wenig Positives drin. Was antworten?» In seinem herzlichen Antwortbrief rät der Thurgauer Alt-Bundesrat Freund Pilet, den Kampf sofort nach Antritt des neuen Parlaments aufzunehmen. «Man muss dort gleich am Anfang verhindern, dass diejenigen Parlamentarier, die nicht zum vornherein auf ein *mandat impératif* verpflichtet sind, von den Interessengruppen eingefangen werden und für die notwendige eidgenössische Linie verloren gehen.» Für Häberlin ist klar, dass der Lohn- und Personalabbau bei den SBB unumgänglich ist.

Genug der grauen Politik. Häberlin ist von einer Reise mit der Berner Kunstgesellschaft aus Venedig zurückgekehrt. Er hat in Italien alte Erinnerungen aufgefrischt und schönes Neues gesehen. Er berichtet vom Zauber Venedigs, Paduas und Veronas, gibt seine Meinung ab zu Tizian, Tintoretto, Giotto, Mantegna. Am 2. Oktober, am Vorabend der Invasion Abessiniens, hat er in Verona ein eigenartiges Spektakel beobachtet:

Ich sitze im Café. Sirenengetön. Faschistenführer flitzen herum im Auto. Die Glocken ertönen, Kommandorufe, *Giovinezza*. Die Läden werden heruntergelassen; jeder eilt zu seinem Verband. Auf meine Frage: «Was macht ihr jetzt mit uns Fremden?», erhalte ich die typische Antwort: «Sie sind ja kein Engländer!» Dann vier Stunden lang Auf-, Vorbei- und Abmärsche aller faschistischen Vereinigungen von der zappelnden Balilla [Jugendorganisation] bis zu den Männern und Frauen hinauf, alles in meisterhafter Ordnung – ohne einen einzigen Polizisten, ohne Armee. Die Veronesen selbst machen auch als Publikum sympathisierend mit, aber ohne jedes Hurragebrüll. Der ganze Lärm wird durch die Radiolautsprecher von Rom her besorgt. Kriegerische Musik, Vorträge berühmter Sänger, Ansprache des Duce, eskortierter Triumphmarsch aus Aida; sogar die Tell-Ouvertüre muss noch dran glauben. Ich hab die Italiener als Volk eigentlich auch da wieder lieb gewonnen.

Die Parlamentswahlen Ende Oktober 1935 bringen keine wesentliche Verschiebung der Kräfte. Ein Patt, urteilt Grimm. Die Sozialdemokraten verlieren an Stimmen, gewinnen aber ein Mandat. Die Freisinnigen legen stimmenmässig leicht zu, verlieren jedoch vier Nationalratssitze. Minimale Gewinne für die KK. Federn lassen muss die BGB, die von ihren 30 Sitzen neun verliert. Sie wird beerbt von der abtrünnigen Bauernheimatbewegung («Jungbauern») unter dem unberechenbaren Aufwiegler «Dr. Müller» aus Grosshöchstetten. Ein anderer opportunistischer Volkstribun ist der Migros-Gründer Gottlieb Duttweiler, dem es gelingt, Unzufriedene, vor allem Konsumenten, hinter sich zu scharen. Sein Landesring (der erst später so heisst) gewinnt auf Anhieb sieben Sitze. Zweieinhalb Jahre nach ihrem «Frühling» erleiden die Fronten eine vernichtende Niederlage. Dank Listenverbindung mit den Bürgerlichen schafft der Anwalt Robert Tobler als einziger den Sprung ins Parlament. Der Spuk ist vorbei.

Bemerkenswert ist der Generationenwechsel. Ein Drittel der Gewählten ist neu. Unter den neuen Nationalräten finden sich einige hervorstechende Figuren. Bei den Freisinnigen: Minister Walter Stucki, der in einer kuriosen Doppelfunktion als «Delegierter» für den Bundesrat weiter Verträge mit andern Staaten aushandelt; ihr späterer Fraktionschef Max Wey aus Luzern; der mit Pilet befreundete Waadtländer *coming man* Eugène Hirzel; der Verleger, *Zürichsee*-Chefredaktor und spätere Parteipräsident Theodor Gut.

Auch unter den Neuen der andern Parteien gibt es Journalisten, die künftig die öffentliche Meinung beeinflussen und als Freunde oder Gegner Pilets eine Rolle spielen werden: Paul Meierhans, Redaktor beim sozialistischen *Volksrecht;* Paul Schmid-Ammann, Mitgründer und Redaktor der wichtigen linken Wochenzeitung *Die Nation;* Markus Feldmann, Chefredaktor der *Neuen Berner Zeitung.* Eine auffallende Erscheinung ist der feurige Walliser Sozialist Karl Dellberg, im Pullover und mit *col Danton* – Schillerkragen. Er wird 1971 mit 85 Jahren als «Löwe von Siders» immer noch im Nationalrat sitzen. Am äussersten rechten Rand finden wir den verbissenen Genfer Antibolschewisten Théodore Aubert, Gründer der *Entente internationale contre la IIIe Internationale.* Auch Alt-Bundesrat Musy taucht als Freiburger KK-Nationalrat wieder in Bern auf.

Bei den Bundesrats-Erneuerungswahlen vom 11. Dezember 1935 schlägt sich die allgemeine Unzufriedenheit in den bescheidenen Resultaten der sieben sich zur Wiederwahl stellenden Bundesräte nieder. Meyer schneidet mit 148 Stimmen am besten, Pilet mit historisch niedrigen 119 Stimmen am schlechtesten ab. Die *NZZ* empfiehlt dem Eisenbahnminister «ein rascheres Tempo für die Reorganisation der Bundesbahnen». Auch die *Gazette* hat das Gefühl, dass die Malheurs der Bahn und die Langsamkeit bei der Reorganisation, dem von einem *halo de l'impopularité* umgebenen Bundesrat die Lage erschwert haben. In *La Suisse* hat Pierre Béguin eine andere Erklärung für das dürftige Ergebnis des Waadtländers:

> M. Pilet-Golaz hat 10 Stimmen verloren, weil er jeden Morgen eine frische Rose ins Knopfloch steckt, 7, weil er sich darauf versteift, die zahlreichen Müllers und Webers im Saal «*Webaire*» und «*Mullaire*» auszusprechen, 6, weil man ihn für einen unbelehrbaren *Bellettrien* hält, 4, weil er seine Diktion pflegt und höchstens 2, weil er die Reorganisation der SBB noch nicht zu einem guten Ende geführt hat.

Die Freunde trösten Pilet. Er hoffe, dass ihn das Resultat, nicht entmutige, schreibt ihm Ex-Kollege Schulthess auf Französisch.

> Wer die Schwierigkeiten Ihrer Aufgabe kennt ..., hält die Einstellung einer Anzahl Abgeordneter für sehr ungerecht und deplaciert. Ich habe das alles selber erlebt. In zwei Wochen denkt man nicht mehr daran.

«Rücksichtsabsicht von Bundesrat Pilet?», fragt das sehr rechts stehende *Berner Tagblatt*. «Aus orientierten Kreisen der SBB» hat es vernommen, dass der Vorsteher des Post- und Eisenbahndepartements wegen seiner schlechten Wahl deprimiert sei und sich mit dem Gedanken an Demission befasse. Pilets Departement dementiert das Rücktrittsgerücht.

Am 16. Dezember trifft Häberlin im Bundeshaus Pilet, der ihn eine Stunde lang zurückhält.

> Auf die SBB kommt er nicht recht zu sprechen. Da ich vermute, der Wahlausfall brenne ihn noch, unterdrücke ich auch meinen Wunsch, ihm mündlich zuzusprechen, wie ich es schon schriftlich getan habe. Ich gehe nicht gerade leichten Herzens weg; denn seine allgemeine Feststellung, das Schweizervolk müsse halt durch Leiden hindurch, ersetzt mir den Wunsch nach seiner positiven Bestätigung nicht. Er spricht zu gut. Persönlich mag ich ihn nach wie vor wohl und glaube auch an seine aufrichtige Freundschaft.

In der Sitzung vom 24. Dezember schlägt Pilet angesichts der Dringlichkeit der zu treffenden Sparmassnahmen dem Bundesrat vor, die eigentlich dem Gesamtbundesrat zustehende Oberaufsicht über die SBB dem Post- und Eisenbahndepartement zu übergeben. Damit die SBB-Verwaltung die Ausgaben auf das «absolut unerlässliche Mass einschränkt», gibt der Bundesrat Pilet die Befugnisse, «alle zweckdienlichen Massnahmen zu treffen». Damit kriegt Pilet freie Hand bei der Festlegung der Gehälter der Eisenbahner.

Dieser tief greifende Entscheid, der am Heiligen Abend diskussionslos und beinahe heimlich getroffen worden ist, scheucht die Linke auf. Unter dem Titel «M. Pilet-Golaz, Diktator der SBB» kritisiert Nicoles *Le Travail* den Beschluss.

> Die letzten Spuren der bürgerlichen Demokratie sind verschwunden. M. Pilet-Golaz, dessen klägliche Wahl beweist, dass er im Parlament kein grosses Vertrauen mehr geniesst, erhält heute *pleins pouvoirs*. Er wird sich ihrer bedienen, um mit der Kollaboration seiner grauen Eminenz Schrafl – einem Ex-Tiroler – die SBB zu «reorganisieren», dass heisst zu «entstaatlichen», wie dies die reaktionären und korporatistischen bürgerlichen Parteien verlangen, einschliesslich des *Parti radical vaudois*, dem M. Pilet-Golaz angehört.

59. Dunkle Gewitterwolken über Europa

Gegen acht Uhr abends, Dienstag, 4. Februar 1936, klingelt ein junger Mann an der Wohnung des Ehepaars Gustloff in Davos. Frau Gustloff öffnet die Tür. Der junge Mann möchte ihren Gatten sprechen. Weil Herr Gustloff gerade am Telefon ist, soll der Mann warten. Als der Hausherr erscheint, schiesst ihm der Besucher fünf Kugeln in den Kopf. Dann stellt er sich der Polizei. Sein Name David Frankfurter, jugoslawischer Staatsbürger, seit zwei Jahren studiert er in Bern Medizin. Er gibt an, er sei nach Davos gekommen, um Gustloff, den Landesleiter der NSDAP in der Schweiz, zu töten: «Ich habe die Tat begangen, weil ich Jude bin.»

Bern wird informiert, und nach zwei Stunden weiss auch Berlin Bescheid. Dort, im Hotel Kaiserhof, ist gerade der grosse Jahresempfang des Auswärtigen Amts im Gange. Aussenminister von Neurath macht dem Schweizer Gesandten Dinichert «vom tragischen Vorfall» Mitteilung. Alle sind sehr betroffen. Die anwesenden SA und SS-Männer verlassen das Fest. Dinichert redet gegen Mitternacht mit Goebbels, der dem «Treiben der Emigranten» und der «Hetze der Presse» die Hauptschuld an der Bluttat gibt. Dies seien übrigens «seine Lieblingsaussprüche», wie Dinichert in seinem Telegramm an Motta nebenbei mitteilt. Goebbels verlangt, dass die Schweiz aus der Ermordung Gustloffs die erforderlichen Konsequenzen zieht.

Tags darauf spricht der deutsche Gesandte von Weizsäcker bei Motta vor. Auch er hat das Gefühl, «dass die Hetze der schweizerischen sozialistischen und kommunistischen Presse den Boden für das Verbrechen an Gustloff, wenn auch ungewollt, vorbereitet habe». Tatsächlich hatten vor allem linke Schweizer Zeitungen seit Monaten die Ausweisung des «Gauleiters Gustloff» verlangt. Da man Gustloff jedoch keine illegalen Aktionen nachweisen konnte, tat der Bundesrat nichts.

Weizsäcker verlangt von Motta, endlich gegen die «Pressehetze» einzuschreiten. Böses Blut habe auch die Petition der Mehrzahl der Bundesversammlung gemacht, die das Osloer Komitee ersuchte, den Friedensnobelpreis dem in einem deutschen Konzentrationslager internierten Pazifisten Carl von Ossietzky zu verleihen. 125 Parlamentarier, darunter Pilets Waadtländer Parteifreunde Vallotton und Hirzel hatten diese Petition zwei Wochen zuvor unterschrieben. Motta antwortet, es bestehe kein Zusammenhang zwischen der Einstellung der Schweizer Presse gegenüber Deutschland und dem Mord von Davos. Der Mörder sei ein Jude und Slawe.

In Deutschland wird der kaum bekannte Wilhelm Gustloff über Nacht zum Nationalhelden. Die «Freveltat», der «jüdische Mordanschlag», heisst es, habe dem ganzen deutschen Volk gegolten. Am Trauerzug, der durch Deutschland zu Gustloffs Geburtsort Stettin führt, stehen Abordnungen von Wehrmacht und Partei Spalier. Der Führer persönlich spricht am Grabe des «ersten bewussten Blutzeugen» des Nationalsozialismus. Niemals wird das deutsche Vaterland den «heiligen Märtyrer unserer Bewegung und unserer Idee» vergessen. Es fällt auf, dass Hitler in der für ihn massvollen Rede die Schweiz schont. Er will die Stimmung an den gerade stattfindenden Olympischen Winterspielen in Garmisch nicht verderben. Auch denkt er bereits an seinen Überraschungscoup, die für den folgenden Monat geplante Besetzung des Rheinlands.

Am 18. Februar beantragt Justizminister Baumann dem Bundesrat, in der Schweiz keine Landesleitung der NSDAP mehr zuzulassen. Sollte Gustloff einen Nachfolger erhalten und diesem ebenfalls etwas Unangenehmes passieren, so könnten unserem Land daraus Schwierigkeiten erwachsen. Der Bundesrat stimmt zu.

In einer Reichstagsrede verkündet Hitler am 7. März 1936 die Annullierung des Locarnovertrags und lässt die Wehrmacht ins entmilitarisierte Rheinland einmarschieren. Er begründet seinen Schritt mit der angeblichen Verletzung des Vertrags durch das im Vorjahr abgeschlossene Bündnis Frankreichs mit der Sowjetunion. Hitler beschwört den eigenen Friedenswillen, löst den Reichstag auf und setzt Neuwahlen an, die Ende Monat mit einem 99-prozentigen Sieg der Nazis enden.

Noch ist die im Aufbau begriffene Wehrmacht zu schwach, um einem Gegenstoss der mächtigen *armée française* widerstehen zu können. Aber Frankreich bleibt Gewehr bei Fuss. Ohne viel Überzeugung verlangt es vom Völkerbund Sanktionen gegen Deutschland. Da selbst England für Friedensverhandlungen eintritt, versandet die Initiative.

Die Geschichtsschreibung sieht im Fehlen des militärischen Widerstands gegen die Rheinlandbesetzung den Sündenfall, der die Entfesselung des 2. Weltkriegs möglich machte. Wäre Hitler damals militärisch gestoppt worden, hätte dies zu seinem Sturz geführt. Die meisten der nicht mit prophetischen Gaben versehenen Staatsmänner und Kommentatoren der Zeit messen Hitlers Schritt jedoch keine entscheidende Bedeutung bei. Viele glauben immer noch an seinen Friedenswillen.

Deutschland kann jetzt die Rheingrenze befestigen und damit das wirtschaftlich wichtige Ruhrgebiet absichern. Das strategische Kräfteverhältnis in Europa hat sich verschoben. Dies merken auch weitsichtige Schweizer. Führende Sozialdemokraten – Grimm, Arthur Schmid, Reinhard, Bratschi, Max Weber, Klöti, Nobs, Huber und sogar Bringolf – treten nun für die Aufrüstung der bisher als Instrument der kapitalistischen Klasse verschrienen Armee ein. Im April verlangt Bundesrat Minger einen in seiner Höhe fast unvorstellbaren Kredit von 235 Millionen für ein ausserordentliches Rüstungsprogramm. Die Luftabwehr soll aufgebaut und der Grenzschutz verstärkt werden. Auch Flugzeuge und Panzer will man kaufen.

Die sozialdemokratische Parteileitung befürwortet die Wehrkredite, und Grimm, der designierte künftiger Parteipräsident, rechnet fest damit, dass der Zürcher Parteitag vom 6./7. Juni ihr folgen wird. Überraschend siegen jedoch in der Schlussabstimmung knapp die Gegner. Grimm und die Berner Genossen treten aus der Geschäftsleitung zurück – ganz nach dem Motto des Sachsenkönigs: «*Nu da machd doch eiern Drägg alleene*». Der Vorort der SPS wird von Bern nach Zürich verlegt. Der agile Hans Oprecht, geschäftsleitender Sekretär des Verbands des Personals öffentlicher Dienste VPOD, wird neuer Parteipräsident.

Anfangs Juni 1936 übernimmt in Frankreich eine von den Kommunisten unterstützte Volksfrontregierung unter dem Sozialisten Léon Blum die Regierung. Nach dem linken Wahlsieg ist es in Frankreich zu Massenstreiks und Betriebsbesetzungen gekommen. Die eingeschüchterten Arbeitgeber gestehen den Gewerkschaften bindende Tarifverträge, bezahlte Ferien und die 40 Stundenwoche zu.

Am 17. Juli 1936 putschen in Spanien konservative Militärs unter Führung General Francos gegen die Volksfrontregierung. Ein Bürgerkrieg bricht aus. Die «Nationalisten» Francos werden von Mussolini massiv mit «Freiwilligentruppen» sowie Einsätzen der italienischen Luftwaffe und Marine unterstützt. Auch Deutschland leistet Franco Hilfe. Auf Seiten der «Republikaner» kämpfen internationale Brigaden aus verschiedenen europäischen Ländern, die unter dem Kommando sowjetischer Offiziere und Politkommissare stehen. Beide Seiten begehen unvorstellbare Grausamkeiten. Im republikanisch gebliebenen Katalonien erschiessen die unter der Kontrolle des sowjetischen Geheimdienstes stehenden Kommunisten Passanten, die beim Vorbeifahren ihrer Kommandos nicht die Faust zum Gruss erheben. Anarchisten, Trotzkisten und andere verdächtigte Abweichler werden umgebracht oder nach Russland zitiert, wo sie hingerichtet oder in den Gulag verfrachtet werden.

Abessinien ist weit weg, Spanien ist nah. Die Kriegs- und Greuelmeldungen erschüttern und erregen die schweizerische Öffentlichkeit. Die Zeitungen bringen schauerliche Augenzeugenberichte von geflüchteten Schweizern. Die Linke nimmt für die Republik Partei, die Rechte für Francos Aufständische. Hunderte von Schweizer Freiwilligen reisen nach Spanien, um an der Seite der Republikaner zu kämpfen. Am 11. August verhängt der Bundesrat für Spanien ein Waffenembargo.

Am 14. August 1936 verbietet er Schweizer Bürgern die Teilnahme an den Kämpfen und die Unterstützung der Bürgerkriegsparteien mit Geld. An beiden Sitzungen fehlt Pilet.

60. Gesucht: SRG-Generaldirektor

Schon im Februar hat Pilet seinen Freund Häberlin brieflich um Rat gebeten. Er sucht einen Generaldirektor für eine private, aber eigentlich halbamtliche und konzessionspflichtige Gesellschaft – Pilet sagt es nicht, aber es handelt sich um die Schweizerische Rundspruchgesellschaft SRG. Dieser sollte «gescheit, kultiviert, Psychologe, Diplomat und standhaft sein. Etwas viel, nicht wahr?» Unter den genannten Namen ist ein Herr Glogg von der *Neuen Zürcher Zeitung*. Man sage viel Gutes über ihn, Bundesrat Meyer, der ihn kennt, sei des Lobes voll. Pilet hat jedoch das Gefühl, Meyer sei immer noch *un peu de la maison*, will heissen befangen. Glogg, schreibt Pilet, sei sicher intelligent, fleissig und von gutem Benehmen. Aber ist er auch «gebildet, ein Kunstfreund, hat er einen guten Geschmack»?

> *Enfin*, und das ist das Wesentliche, hat er einen festen Charakter und gleichzeitig Taktgefühl? Ist er fähig, seinen Willen durchzusetzen, vielleicht nicht indem er brüsk auf den Tisch haut, aber hartnäckig und ohne Schwäche?

Pilet möchte von Häberlin wissen, was er und die Leute, die *monsieur le* Dr. Glogg gut kennen, von dem Vorschlag halten. Häberlin erkundigt sich. Für Alt-Bundesrat Haab ist Glogg kein Redaktor *du premier plan*. Er beschränke sich auf seine zugewiesenen Aufgaben, Verkehrswesen etc. Charakter? Glogg mache den Eindruck eines wackeren Mannes, jedenfalls habe er, Haab, nie etwas Ungünstiges über ihn gehört.

Häberlin entschuldigt sich, dass er Glogg nicht präziser beurteilen kann. Allzu bekannt scheine der Mann nicht, andere Freunde hätten auch nur oberflächliche Auskunft geben können:

> Ob auch bei den Redaktoren, wie bei den Frauen, diejenigen die besten seien, von denen man am wenigsten spricht, dürfte ja freilich fraglich sein. Nicht ganz ausgeschlossen mag sein, dass die Herren von der *NZZ* den Herrn nicht gern hergeben, um nicht einen andern suchen zu müssen.

Am 21. Juni kann die NZZ die Wahl ihres Redaktors A.W. Glogg zum neuen Direktor der SRG bekannt geben. Bundesrat Meyers Wunschkandidat hat es geschafft. Der «wackere» Mann, von dem nichts Ungünstiges zu sagen war, wird auf seinem wichtigen Posten keine Stricke zerreissen und nach einer unschönen internen Führungskrise 1950 vorzeitig pensioniert werden.

Im Sommer kommt Pilets Radioreform zügig voran. Die unter sich oft zerstrittenen lokalen Radiogesellschaften werden zurückgebunden. Der Zentralvorstand der SRG, wird von 7 auf 15 Personen erhöht. Die acht Neuen, also die Mehrheit, werden vom Postdepartement, das heisst von dessen Chef, bestimmt. Bei der Auswahl der Mitglieder sorgt Pilet für regionale und politische Ausgewogenheit. Er nimmt Leute, zu denen er Vertrauen hat. Erster Präsident wird Franz von Ernst, der vor Jahren den Bundesratskandidaten Pilet seinem Freund, dem Königsmacher Walther mundgerecht gemacht hat. Im Vorstand ist auch der Vordenker der Gewerkschaften, Prof. Fritz Marbach, den Pilet als Verteidiger von Demokratie und Armee schätzt. So wird die SRG – ob gewollt oder nicht – zu einem Pionierprojekt der geistigen Landesverteidigung und einem Modell für die sich herausschälende Konkordanzdemokratie.

Drei neue, aus acht Personen bestehende Programmkommissionen – je eine pro Sender und Sprachregion – beaufsichtigen die Programmgestaltung. Das Departement ernennt fünf der Mitglieder, wiederum die Mehrheit. Pilet verspricht den Räten, dass seine Wahl auf Persönlichkeiten aus der Welt der Künste, der *lettres* und der Wissenschaft fallen wird – unter Ausschluss aller Politiker und *affairistes*. Das *Journal de Genève* hält das neue System für vernünftig:

> Sein gutes Funktionieren wird hauptsächlich von der Personenauswahl abhängen, die M. Pilet-Golaz machen wird. Sein Einfluss wird jetzt allmächtig. Wir glauben, dass man ihm Vertrauen schenken kann und dass er die Hörer, die Hauptinteressierten, nicht enttäuschen wird.

Am 18. Juli 1936 stirbt Gerichtspräsident Edouard Pilet-Schenk. Pilet berichtet Freund Häberlin:

> Ja, seit dem schönen, bei Ihnen verbrachten Tag, haben sich die Ereignisse überstürzt. Die Krankheit, die an meinem Vater gezehrt hat und die dem Arzt kaum Hoffnung liess, hatte ihn sehr geschwächt, sein Blut hatte keine Kraft mehr. Er hat die schwere Operation nicht überstanden. Zwei Tage später ist er, Gott sei Dank ohne sehr zu leiden, verschieden – umgeben von den Seinen, seine Hand in der meinen.

In der ersten Augusthälfte erholt sich das Ehepaar Pilet in Leukerbad, während Jacques im Ferienlager einer Privatschule im waadtländischen Champex nachbüffelt und Sport treibt. Ein Brief des Sohns, in dem dieser über einen Sonnenstich klagt, beunruhigt Pilet. Er erkundigt sich auch, was Jacques nach Ende des Ferienlagers zu tun gedenkt. Natürlich könne er, wenn er wolle, nach Les Chanays fahren, aber dort sei momentan alles drunter und drüber: «Keine Vorräte, kein Brot, keine Butter, kein Käse, kein kaltes Fleisch, keine Früchte».

Es würde den Vater freuen, wenn er wider Erwarten die Eltern in Leukerbad besuchen käme:

> Dieser Tage fühlt sich Dein Papa alt, es geht ihm nicht sehr gut und die Schultern seines Sohnes wären ihm eine angenehme Stütze. Aber zweifellos würde Dir das Hotelleben nicht zusagen.

Eine Dame, die nach einem Unfall in Leukerbad zur Kur weilt, wird sich Jahre später an eine unerwartete Begebenheit erinnern:

> Der Zufall verwickelte mich in ein Gespräch mit einer Dame, die ich oft in den Bädern des Hôtel des Alpes gesehen hatte. Eines Tages gesellte sich ein Herr zu uns. Die Dame stellte ihn, ohne den Namen zu nennen, als *mon mari* vor. Und ihm erklärte sie, «dies ist die Dame, von der ich gesprochen habe.» Einige Zeit danach sagte mir die Dame, sie müsse leider abreisen. Und am selben Tag übergab mir der Hotelportier einen prächtigen Strauss von Alpenblumen, mit den Grüssen von Mme und M. Pilet-Golaz, Bundesrat. Vor der Abreise des Letzteren hatte ich Gelegenheit, ihm für den wunderbaren Blumenstrauss zu danken. Auf meine Krücken blickend, antwortete mir der hohe Magistrat mit einem freundlichen Lächeln: «Ich habe gedacht, wenn Sie schon nicht mehr in die Berge gehen können, müssten halt die Berge zu Ihnen kommen.» Und dann verabschiedete er sich von mir mit einem herzlichen Händedruck.

Erholt und zurück in Bern, schreibt Pilet Bundespräsident Meyer einen ernsten Brief: «Die Atmosphäre im Land wird schwer, dick und gewittrig. Die äusseren Ereignisse sind nicht der einzige Grund, die innere Entwicklung ist nicht weniger bedrohlich.»

Pilet glaubt, der Bundesrat, dessen Autorität vor einigen Jahren noch unantastbar schien, habe jeden Kredit verloren. Es stosse nicht einmal mehr auf eine «direkte und starke Opposition». Nein, er sei den Leuten gleichgültig, man rechne nicht mehr mit ihm, er sei *quantité négligeable*.

> Wir sind keine Regierung, *monsieur le Président*, weil wir keine Politik *haben* – ich sage nicht, weil wir keine Politik *machen*. Gewiss, wir haben eine Aussenpolitik, die der Neutralität, die einzig mögliche. Genau auf diesem Gebiet bleibt uns die öffentliche Meinung in ihrer grossen Mehrheit treu – trotz der gehässigen und unberechtigten Angriffe auf Herrn Motta. Wir haben ebenfalls eine Politik der nationalen Verteidigung gegen das Ausland. Auch hier folgt man uns, was zeigt, dass wenn wir einen wirklichen Willen haben, wir bei seiner Umsetzung keinen unüberwindbaren Hindernissen begegnen. Aber dies ist alles.

Hat der Bundesrat die geringste Vorstellung, was er unternehmen will oder wie er seine Pläne verwirklichen könnte?

> Wollen wir zulassen, dass unser Volk sich in zwei Teile spaltet, die sich der eine gegen den andern richtet, bis einer siegt? Wenn ja, auf welche Seite werden wir uns schlagen? Denn man wird sich wohl entscheiden müssen! Und wie werden wir dieser Seite den Zusammenhalt und die Disziplin geben, die für einen Erfolg unentbehrlich sind. Oder werden wir uns bemühen diese Spaltung zu verhindern und einen soliden Block der gesunden und mittleren Kräfte des Landes zu bilden? Welches Material werden wir dazu benutzen? Welchen Zement? Welche Maurer?

Wohin will Pilet hinaus? Er will, dass der Bundesrat sich nicht mit unwichtigen Streitereien, mit tausend kleinen Verwaltungsfragen herumschlägt, sondern sich mit den fundamentalen, auch moralischen Fragen auseinandersetzt, die sich einer ihres Namens würdigen Regierung stellen. Der Bundesrat muss sich Zeit nehmen, um seine Politik festzulegen und sie zu verwirklichen. Um die laufenden Routinegeschäfte zu erledigen, würde *eine* wöchentliche Sitzung genügen. Eine zweite Sitzung müsste *ausschliesslich* der Diskussion der Regierungsprobleme gewidmet sein.

Zum Schluss bittet Pilet Meyer um Verzeihung, dass er seine Gedanken hat hervorsprudeln lassen. Er habe es aufrichtig und loyal gemeint. Damit der Bundespräsident den Brief nicht in der Sitzung vorlesen müsse, schicke er Kopien an die andern fünf Kollegen: «*C'est plus simple.*»

61. «Der Franken bleibt ein Franken»

Die Krise will nicht enden. Im «Sommer des Missvergnügens» *(NZZ)* registriert man die Rekordzahl von 124 008 Arbeitslosen. Der Bundesrat will dringliche Notmassnahmen treffen. Im Parlament bieten die wirtschaftspolitischen Koryphäen ihre Rezepte an. Alle wissen, wie der Bundesrat es besser machen könnte.

Grimm verlangt die Suche nach einer Verständigung zwischen den verschiedenen Wirtschaftsgruppen Das Volk sollte an der Lösung der grundlegenden Wirtschaftsfragen mitarbeiten können. Musy klagt über die Zusammenhanglosigkeit der bundesrätlichen Politik und die Versuchung, anwachsende Fehlbeträge durch Steuererhöhungen zu decken. Vallotton kritisiert, dass der Bundesrat kein Programm, sondern bloss eine Aufzählung sich oft widersprechender Massnahmen unterbreitet hat und sich in die kleinsten Einzelheiten einmische.

Für den Bündner Demokraten Gadient ist es Zeit, endlich die Frage der Wechselkurssenkung objektiv und gründlich durch eine Expertenkommission abzuklären. Bundesrat Obrecht lehnt jede Diskussion über die Abwertung als gefährlich ab. Das Sanierungswerk des Bundesrats würde in Frage gestellt. Eine Welle der Beunruhigung würde durch das Land gehen.

Am nächsten Tag, Donnerstag, 24. September 1936, kommt abends unvermutet der französische Wirtschaftsminister Charles Spinasse nach Bern und wünscht Bundespräsident Meyer zu sprechen. Am nächtlichen Treffen mit Meyer, Nationalbankpräsident Bachmann und Minister Bonna, Chef der Abteilung für Auswärtiges, teilt Spinasse mit, dass Frankreich am nächsten Tag den *franc* um 30 Prozent abwerten werde. Es habe sich mit der englischen und amerikanischen Regierung auf eine Stabilisierung der grossen Währungen geeinigt. Spinasse will wissen, ob die Schweiz an dieser internationalen Aktion mitmachen werde.

Am Freitagmorgen berichtet Meyer dem Bundesrat über das Gespräch mit Spinasse. An einer zweiten, bis 20 Uhr dauernden Abendsitzung, hält Bachmann ein Referat über Zinsfragen. Dabei kommt auch die inzwischen von der französischen Volksfrontregierung verkündete Abwertung zur Sprache. Entscheid wird keiner getroffen.

Die sensationelle Nachricht von Frankreichs Abwertung sorgt am Samstag in den Schweizer Zeitungen für Schlagzeilen. Die «stürmische Entwicklung der Währungskrise» habe das Kabinett Blum zu dem Entschluss gezwungen, weiss die NZZ

Am Samstag um 9 Uhr trifft sich der Bundesrat erneut. Wiederum ist anfänglich Bachmann dabei. Er berichtet, dass das Direktorium der Nationalbank trotz des französischen Schritts einstimmig gegen eine Abwertung des Schweizerfrankens ist. Die Stellung der Nationalbank sei zu solid, die Lage der Banken wieder einigermassen normal und der eidgenössische Staatshaushalt nicht gefährdet. Bundespräsident Meyer spricht sich ebenfalls gegen eine unnötige und mit unabsehbaren Schadensfolgen verbundene Abwertung aus. Er legt den Entwurf eines Communiqués vor, in dem es heisst, der Bundesrat werde «den Schweizerfranken aufrechterhalten und die bisherige Währungspolitik unverändert fortsetzen.»

Vor dem Bundesratszimmer warten ungeduldige Journalisten. Die Sonntagsausgaben der Zeitungen haben frühen Abschluss und die Depeschenagentur braucht eine bundesrätliche Mitteilung für die Mittagsnachrichten. Die Wartenden erfahren «aus guter Quelle» – Nationalbankpräsident Bachmann, der inzwischen die Sitzung verlassen hat? –, dass der Bundesrat den Frankenkurs aufrechterhalten werde. Ein Communiqué werde dies bestätigen. Um 12 Uhr 30 erfährt das Schweizervolk über die drei Landessender, dass der Franken nicht abgewertet wird. Und in ihrer am Samstagnachmittag gedruckten Sonntagsausgabe verkündet die wie immer gut informierte NZZ: «Die Schweiz hält an der Goldwährung fest.»

Unterdessen haben die Beratungen im Bundesrat einen unerwarteten Verlauf genommen. Baumann unterstützt zwar Meyer, aber die fünf andern – Pilet, Minger, Obrecht, Etter und Motta – sind für die Abwertung. Man wisse nicht, wie lange die Nationalbank einem allfälligen spekulativen Ansturm auf unsere Goldreserven standhalten könne. Mindestens so wichtig wie die finanziellen seien die wirtschaftlichen Erwägungen: Die Schweiz dürfe keine Preisinsel bleiben. Beim Festhalten an der bisherigen Höhe des Schweizer Frankens würde die französische Abwertung unsere Ausfuhrmöglichkeiten noch mehr behindern. Es sei höchste Zeit, den Anschluss an die Weltwirtschaft nicht zu verpassen. Früher oder später müsse man ohnehin abwerten, jetzt könne man dies noch ohne allzu grossen Schaden tun.

Wer welche Gründe zugunsten der Abwertung vorgebracht hat, verschweigt das Protokoll. Aus einer Besprechung Mingers mit Feldmann (Tagebuch, 23. August) geht hervor, dass Minger und Pilet schon vor der Nachricht aus Frankreich für die Abwertung waren, Etter «ein Stück weit», während Obrecht sich in Schweigen gehüllt habe.

Meyer und Baumann bleiben bei ihrer Ansicht. Eine Abwertung würde das Vertrauen in den Schweizerfranken und den Bundesrat erschüttern – im Volk und im Ausland. Gerade der Mittelstand, die kleinen Leute, die Sparer würden geschädigt. Die Einfuhren würden teurer, Preise und Löhne würden steigen, was die Konkurrenzfähigkeit des Landes auf dem internationalen Markt wieder aufheben würde.

Es wird – grosse Ausnahme im Bunderat – abgestimmt: 5 zu 2 für die sofortige Abwertung.

Meyer zweifelt, ob er, der gegen die Abwertung gestimmt hat, den neuen Standpunkt des Bundesrats «in richtiger Weise vor Volk und Parlament vertreten» könne. Auf Drängen der Kollegen erklärt er sich trotzdem bereit, in einer Radioansprache den Abwertungsbeschluss zu begründen. Die Kollegen danken ihm «für seine patriotische und disziplinierte Haltung».

Zuhanden der Presse wird eine «kurze amtliche Mitteilung» verfasst. In Pilets Nachlass findet sich ein von ihm entworfener Entwurf. Einzelne Sätze hat der Waadtländer durchgestrichen und handschriftlich durch griffigere Formulierungen ersetzt. Ist die politisch wichtige Erklärung das persönliche Werk Pilets oder das Ergebnis einer gemeinsamen Anstrengung der Abwertungsbefürworter? Die Frage lässt sich nicht mehr beantworten.

Für Meyer ist der Tag, an dem er in einer für ihn grundsätzlichen Frage überstimmt wurde, der «schwärzeste» seines Lebens, ein »Trauma, das er letztlich nie verwunden hat», wie sein Biograph Alfred Cattani schreibt. Am Sonntag Mittag tritt der Bundespräsident vors Radiomikrophon: Manchem, sagt er, sei die Abwertung vorgekommen «wie ein Blitz aus heiterem Himmel». Als Frankreich, der grösste Staat des noch verbleibenden Goldblocks, abgefallen sei, habe der Bundesrat die Lage für kaum mehr tragbar gehalten. Aber der eigentliche Grund, wieso der Bundesrat nach schweren Bedenken den Entscheid getroffen habe, liege im weltweiten Versuch der «internationalen Festigung der Währungsverhältnisse». Die Abwertung werde auch Nachteile mit sich bringen, namentlich in Form von Preiserhöhungen. «Die Preiskontrolle wird hier ihres wichtigen Amts walten müssen.» Eine direkte Wertveränderung des Geldes im Inland trete nicht ein. «Der Franken bleibt wie bisher ein Franken.»

Über den Rest des Wochenendes arbeitet man im Finanz- und im Wirtschaftsdepartement fieberhaft an den dringlichen Bundesbeschlüssen über die Durchführung der Abwertung. In einer vierstündigen Sitzung am Sonntagabend entscheidet sich der Bundesrat für einen Abwertungssatz von ungefähr 30 Prozent und die Angleichung des Frankens an die Weltwährungen Pfund und Dollar. Er beschliesst ausserordentliche Massnahmen zur Kontrolle der Lebenshaltungskosten.

Der Bundesrat weiss, wie schwer es halten wird, das Parlament von der Notwendigkeit seines Abwertungsbeschlusses zu überzeugen. Pilet soll es richten. Schon am Samstag hat er Vallotton in Lausanne telefoniert und ihn gebeten, das Terrain für einen möglichst reibungslosen Ablauf des Geschäfts vorzubereiten.

Am Montag um 8 Uhr 30 tritt der Bundesrat erneut zusammen, um den Bericht zu diskutieren, den Bundespräsident Meyer noch am selben Abend dem Parlament vorlegen will. Man wird den Räten beantragen, «mit Zustimmung» vom Bericht Kenntnis zu nehmen. Der Bundesrat weiss sehr wohl, dass für viele im Volk der Abwertungsbeschluss unverständlich ist. Deshalb hält er eine Zustimmung der Räte für unentbehrlich. Er braucht dringend einen Vertrauensbeweis. Die Ständekammer, in der es ruhiger zugeht als im Nationalrat und in der die Bundesratsparteien eine klare Mehrheit haben, soll das Geschäft zuerst behandeln.

Um 10 Uhr 30 beginnt eine von Vallotton einberufene Sitzung mit den Bundesräten Meyer, Obrecht und Motta, den Vorsitzenden des National- und Ständerats und den Fraktionspräsidenten. Zuerst referiert Meyer und dann legt Vallotton einen Resolutionsentwurf vor, der den Bundesart «in seinem Bestreben eine neue Ära einzuleiten» unterstützt. Alle Fraktionspräsidenten – überraschenderweise auch der Sozialdemokrat Arthur Schmid, der Liberale Gorgerat und der Unabhängige Duttweiler – sind für Vallottons Resolution. Wenigstens glaubt dies der Waadtländer.

Am Nachmittag treffen sich die Fraktionen. Um den seit Donnerstag ununterbrochen im Einsatz stehenden, «äusserst angespannten» Finanzminister Meyer zu entlasten, begründet bei den Freisinnigen Pilet die Entscheidungen des Bundesrats. In der Diskussion gibt es «Stimmen der Skepsis, sogar mit einem Einschlag von Bitterkeit.» Mit 43 zu 2 Stimmen bei einigen Enthaltungen erreichen Vallotton und Pilet trotzdem von der Fraktion die Zustimmung. Dasselbe gelingt Minger bei den Bauern. Bei den Katholisch-konservativen lehnt ein Drittel die von ihrem Chef Walther geforderte Zustimmung ab. Die Sozialdemokraten und die Liberalen sind für blosse Kenntnisnahme ohne Zustimmung. Entweder hat Vallotton die Haltung der Fraktionschefs Schmid und Gorgerat missdeutet, oder die Chefs wurden von ihren Fraktionen desavouiert. Aber auch ohne Sozialdemokraten und Liberale scheint dem Bundesrat eine Mehrheit im Parlament sicher.

Im letzten Moment kündigt sich unerwartet ernsthafter Widerstand an. Die Finanzkommission des Ständerats bockt. Die Zustimmung der Kleinen Kammer ist gefährdet. Bundespräsident Meyer beruft um 18 Uhr 15 eine Notsitzung des Bundesrats ein. Er hat Ständerat Norbert Bosset, den Präsidenten der Finanzkommission mitgebracht. Der Radikale Bosset, zusammen mit Porchet die führende Figur in der

Waadtländer Regierung, hat Gewicht. Er informiert den Bundesrat, dass seine Finanzkommission mit 5 zu 4 Stimmen beschlossen hat, dem Ständerat bloss eine einfache Kenntnisnahme zu beantragen. Er meint, der Bundesrat solle auf eine ausdrückliche Zustimmung verzichten.

Minger will nichts davon wissen. Der Bundesrat müsse an der Zustimmung festhalten. Ein Verzicht darauf würde eine Schwächung der Autorität der Regierung bedeuten. Pilet ist gleicher Meinung. Ein allfälliger Verzicht, sagt er, wäre ein «Fehler». Er spielt auf das Fouché zugeschriebene berühmte Wort an: *C'est pire qu'un crime, c'est une faute.* Anderer Auffassung ist Meyer: Wenn man auf die Worte «mit Zustimmung» verzichte, erleichtere dies die einstimmige Beschlussfassung des Parlaments. Es wäre vielleicht besser nachzugeben.

Etter leistet seinen Duzfreunden Minger und Pilet Schützenhilfe: Der Bundesrat habe am Samstag einen «Beschluss von ganz ausserordentlicher Tragweite» gefasst. In dieser schicksalsschweren Stunde müsse sich das Parlament eindeutig zum Bundesrat bekennen. Auch Motta und Obrecht sind gegen die Streichung. Hierauf wird einstimmig Festhalten an der Formel «zustimmende Kenntnisnahme» festgehalten. Es ist 18 Uhr 30. Bosset geht mit diesem Bescheid in seine Kommission zurück, die unter Zeitdruck eine Einigungsformel findet.

Ausser dem im Nationalrat zurückgehaltenen Baumann besetzen alle Bundesräte die Regierungssessel im Ständeratssaal. Ihre Gesichtszüge tragen die Spuren der drei vergangenen Tage. Meyer beugt sich angespannt über seine Papiere. Pilet ist schweigend in Gedanken versunken, Obrecht durchblättert fiebrig seine Dossiers. Motta, Minger und Etter, die auf der anderen Seite des Präsidentenstuhls sitzen, unterhalten sich leise miteinander.

Um 18 Uhr 53 beginnt endlich die Sitzung. Sie wird bis nach Mitternacht dauern. Bosset legt den Bericht seiner Kommission vor, Klöti erklärt, wieso die Sozialdemokraten, die immer gegen die Abwertung waren, den Abwertungsbeschluss bloss zur Kenntnis nehmen können. Bundespräsident Meyer begründet den Entscheid des Bundesrats, den jetzt auch er begreift. Als einzig übrigbleibendes Goldblockland hätte die Schweiz einem Angriff auf den Franken nicht standhalten können. Die Auseinandersetzung ist versöhnlich. Meyer dankt den Sozialdemokraten, dass sie mit dem Bundesrat zusammenarbeiten wollen, «um die Nachteile und die allfälligen Ungerechtigkeiten in der Auswirkung der Abwertung zu bekämpfen.» Der Kommissionsantrag auf Zustimmung wird mit 36 zu 5 Stimmen angenommen.

Angesichts der historischen Stunde versuchen tags darauf viele nationalrätliche Redner, sich von der besten Seite zu zeigen. Huber, Präsident der Finanzkommission, kann glänzen. Aussenseiter wie Duttweiler, der dissidente Bauer Müller und der einsame Fröntler Tobler geben sich staatsmännisch. Vallotton schlägt einen dramatischen Ton an:

> Ich glaube nicht, *Messieurs*, dass seit den ersten Augusttagen 1914, das Schweizervolk derart schwere Stunden erlebt hat. Von einem Augenblick zum andern wurde es in völlige Ratlosigkeit geworfen. Der Bundesrat hat in guten Treuen getan, was er für richtig hält.

Vier Tage später krieg Pilet unerwartete Post: Zwei Zeitungsartikel, beide mit einer angehefteten handschriftlichen Notiz:

> Herr Bundesrat, Ich gestatte mir, Ihnen die 1. Seite des «Eisenbahner» von heute vorzulegen. Er gibt ein klares Bild von der Einstellung der Gewerkschaften zur Abwertung. Das rasche & energische Handeln des Bundesrats hat auch hier Anerkennung ausgelöst. 3.10. Weber.

Gewerkschaftssekretär Dr. Max Weber hatte sich in der Sozialdemokratischen Partei in einem nationalökonomischen Gutachten für die Abwertung ausgesprochen. Die Partei folgte dann aber Webers Freund Prof. Fritz Marbach, der vor einer Abwertung warnte. Weber hat in den Pilet zugesandten Artikeln, von denen zwei aus der eigenen Feder stammen, einzelne Zeilen rot unterstrichen. In der Abwertungsfrage sind sich Weber und Pilet ausnahmsweise einig.

62. Eine Busspredigt

In der Waadt ist die reformierte Kirche noch immer eine geistige Macht. Die Feiern zu dem vor 400 Jahren erfolgten Übertritt in die Reformation sind für die Waadtländer *das* Grossereignis des Jahres. Am Montag, 5. Oktober 1936 fährt bei sonnigem Herbstwetter das Landvolk, über 10 000 stark, in Extrazügen und Autobussen nach Lausanne. Die Predigten und musikalischen Darbietungen in der überfüllten Kathedrale werden über Lautsprecher in anderen Kirchen übertragen.

Am Abend festliches Bankett im Comptoir mit Reden, die dem Ernst und der Würde des Tages entsprechen. Mit «besonderer eidgenössischer Freundlichkeit» und «scherzhaften Anspielungen auf das einstige Untertanenverhältnis» wird der von einem Weibel begleitete Berner Regierungsrat Hugo Dürrenmatt (Vater von Peter, Onkel von Friedrich) empfangen. Eine adrette Trachtengruppe von Waldenserinnen *(vaudoises)* aus dem Piemont erfreut die Herzen. Dann, *accueilli par une véritable tempête d' applaudissement,* ergreift *M. le conseiller fédéral* Pilet-Golaz das Wort.

Als man ihn im April anfragte, ob er am Reformationsjubiläum sprechen wolle, warnte Pilet die Organisatoren. Wenn überhaupt, würde er eine sehr ernste Rede halten, keinen *discours de cantine*. In den Augustferien hat er in der Abgeschiedenheit von Les Chanays seine Ansprache verfasst – vielmehr seine Predigt.

Der Waadtländer Savonarola – der Vergleich ist nicht ganz falsch – entwirft ein Schreckensbild dessen, was Europa erwartet:

> Der Krieg, das Wort, das ich vermeiden wollte, das hässliche Wort ist über meine Lippen gegangen, weil das wilde Untier ganz nahe gekommen ist und uns auflauert. Krieg! Nicht der Krieg von früher, der gewiss hart und grausam war, aber reglementiert, begrenzt, gebremst, ein Krieg von Volk gegen Volk, der mit Frieden endete. Nein, der totale, allgemeine, absolute Krieg, der Krieg von Mensch gegen Mensch, der Krieg des Hasses, der erst endet, wenn alles zerstört ist.
>
> Ich hätte denn Kopf verloren, denkt Ihr. Wenn nur! *Hélas!* Es sind die Menschen, die jedes Mass verloren haben, jede Zurückhaltung und jede Vernunft. Nehmt Europa. Hat es sich nicht der Eitelkeit, dem Hochmut, der Hinterhältigkeit, der Gewalt, den Mäch-

ten des Genusses und des Hasses hingegeben, dem egoistischen und brutalen Materialismus? Und wird unsere Zivilisation dem widerstehen können? Nie! Jede Zivilisation stützt sich auf eine Religion. Unsere europäische Zivilisation ist christlich geboren, aufgewachsen und erstrahlt. Christlich wird sie wiederauferstehen, oder – gerechte Strafe – untergehen.

Da die Zivilisation aufgehört hat, christlich zu sein, braucht sie eine Reformation. Eine Reform der Institutionen? Pilet spielt hier auf die Diskussion über eine Verfassungsrevision an:

Dies ist zweitrangig. Die Institutionen an sich haben keine Bedeutung. Es kommt darauf an, wie sie funktionieren. In guten Händen sind sie nützlich, auch wenn sie Fehler haben. Die Institutionen mögen in der Theorie noch so perfekt sein, sobald sie den Bösen als Instrument dienen, erweisen sie sich als gefährlich und verhängnisvoll. Man muss nicht den Staat reformieren. Er ist nur der Ausdruck der Einzelnen, die ihn ausmachen. Es ist der Mensch, der sich ändern und wiedergeboren werden muss.

Pilet erinnert daran, wie vor vier, fünf Jahrhunderten der Glaube Berge versetzt hat:

Die damalige Zeit war nicht besser als die heutige. Überall Chaos, Plünderei, Ausschweifung, Tod. Alles zerbröckelte, versank, stürzte ein. Die Leidenschaft verjagte die Vernunft. Die Anarchie installierte sich mit ihrem Gefolge von Ruinen. Aber der Mensch hat sich aufgerafft. Die Reformation ist gekommen, heilsam für alle, selbst, für diejenigen, die sich keinesfalls ihr anschliessen wollten. Die moralischen Werte haben wieder ihren Platz eingenommen. Der Vorrang des Geistigen wurde wieder anerkannt. Eine neue Ära der Zivilisation und des Wohlstands öffnete sich.
Was die alte Reformation erreicht hat, kann diejenige, die ich mir wünsche, ihrerseits erreichen. Wenn wir es nur wollen, wird nichts sich unseren Anstrengungen widersetzen können. Die Partei der ehrlichen Leute, der soliden Leute, der Arbeitsamen, der Rechtschaffenen, in einem Wort der Christen, wird allmächtig sein. Das gute Beispiel ist so ansteckend wie das schlechte.

Der Berichterstatter der *NZZ* ist beeindruckt von der «meisterhaften Schlussrede Bundesrat Pilet-Golaz», die zweifellos zu den bedeutsamsten Äusserungen gehöre, die je ein Bundesrat dem Volke seines Kantons geboten habe.

63. Böses Zerwürfnis

Pilet erhält für seine Rede die üblichen Glückwünsche. Professor Arnold Reymond, der bedeutendste Philosoph der Romandie, schickt ihm sein Essay «Das religiöse Denken und die französische zeitgenössische Philosophie,» dessen Schlussfolgerung sich «mit den bewegenden Worten, die Sie an ihre Zuhörer und über sie hinaus an die ganze Schweiz gerichtet haben» deckten.

Einem ist Pilets Busspredigt in den falschen Hals geraten. Der Brief Henry Vallottons, in dem er seinem Freund Marcel Vorwürfe macht, ist verloren gegangen. Hingegen liegt im Familien-Privatarchiv die sechs Seiten lange, maschinengeschriebene Kopie eines Schreibens an *mon cher Henry,* in dem sich Pilet verteidigt.

Vallottons Brief muss eine wahre Kriegserklärung gewesen sein, die Pilet umso schwerer traf, als sie aus blauem Himmel kam. Noch kurz zuvor war das Verhältnis zwischen den beiden Jugendfreunden gut gewesen. Im August hatte Pilet Vallotton vertraulich eine Kopie seines ernsten Schreibens an Bundespräsident Meyer zu lesen gegeben. «Dein Brief scheint mir perfekt», antwortete Henry, «Du hast zweifellos den Finger auf einen Fehler des Systems gelegt, dessen bedauerliche Folgen zu beurteilen Du besser in der Lage bist als ich.» Als am 1. September Vallotton zu einer Sitzung nach Bern kommen wollte, lud ihn Pilet wie früher zu sich ein:

> Nimmst Du die *machine*? Wenn ja, könntest Du zum Mittagessen an den Scheuerrain kommen. Wir setzen uns immer ziemlich spät zu Tisch, gegen ein Uhr. Wir könnten uns dann bis zum Beginn der Sitzung unterhalten.

Am fatalen Abwertungswochenende waren Pilet und Vallotton telefonisch in Kontakt. Das zwischen ihnen abgesprochene Drehbuch für die Behandlung des Geschäfts im Parlament klappte einwandfrei.

Dann kam der Stein des Anstosses. Nach Vallottons wichtiger, die Abwertung verteidigende Rede im Nationalrat soll Pilet auf eine Weise reagiert haben, die Henry verletzte und erboste. Alles ein Missverständnis, verteidigt sich Pilet in seinem Rechfertigungsbrief. Er bestreitet, dass er am Schluss von Henrys Rede – wie dieser behauptete – eine abfällige Bemerkung gemacht habe. Der von Gratulanten umgebene Henry müsse falsch gehört haben. Er, Marcel, erinnere sich genau. Er habe ihm folgendes gesagt: «Ausgezeichnete Rede. Nicht zu lang, aber enthielt alles, was gesagt werden muss. Ich hatte anfänglich Angst, dass der Saal nicht genügend voll war, aber glücklicherweise hat er sich dann rasch gefüllt.»

In seinem Brief beschuldigte Vallotton Pilet, er habe mit einem ironischen Lächeln auf seine Rede reagiert. Wenn Henry dies behaupte, antwortet Pilet, müsse dies wohl stimmen. Dieses Lächeln, erklärt er,

> muss in Wirklichkeit eine nervöse verzerrte Grimasse *(rictus)* gewesen sein, verschuldet durch die Spannung, in der wir seit vielen Tagen lebten und noch immer leben. Es hatte keine Bedeutung und war nicht absichtlich. Seit langem *(il y'a belle lurette)* lache, pfeife und singe ich nicht mehr.
> Ich gebe gerne zu, dass ich nicht bei Dir zurückgeblieben bin. Ich fürchte immer, dass meine öffentlichen Glückwünsche – die Leute sehen überall Böses – als Beweis einer Kombine, eines abgekarteten Spiels zwischen uns aufgefasst werden. Hingegen habe ich in der nachfolgenden Sitzung des Bundesrats auf die erfolgreichen Initiativen hingewiesen, die Du ergriffen hast, über Deine Bemühungen um Koordination und Disziplin bei den bürgerlichen Fraktionen und Deine Intervention im Nationalrat. Der Bundespräsident hat Dir gedankt: Er hat gutgetan. Als Präsident und Finanzminister lag es an ihm, dies zu tun.

Der zweite Beschwerdepunkt Vallottons betraf die Rede am Reformationsjubiläum. Marcel soll darin Land und Kanton schlecht gemacht haben. Pilet verteidigt sich auch hier. In seiner ganzen Rede, schreibt er Henry, kämen die Worte Schweiz und Waadt überhaupt nie vor.

> Mein Land und mein Kanton sind mir lieb, aber meine Liebe zu ihnen kann nichts daran ändern, dass sie klein sind und dass ihr Schicksal heute mehr denn je von den internationalen Ereignissen abhängt. Es ist die internationale Lage, die ich ständig vor Augen gehabt habe. Dies war umso natürlicher, als die «Reformation» keine waadtländische Stunde und auch kein schweizerischer Tag war. Es war eine europäische, um nicht zu sagen Weltrevolution.

Pilet schmerzt es, dass Henry auch nur einen Augenblick annehmen konnte, seine Rede sei gegen ihn gerichtet gewesen. Er versteht dies nicht, hält es für gravierend, schmerzt ihn immer noch. Er frage sich ob «es nicht dunkle Kräfte gibt, die uns entzweien wollen, um uns besser bekämpfen zu können». Dieser Gedanke sei ihm bei den von der Presse verbreiteten hartnäckigen Gerüchten gekommen:

> Eine Zeitung hat geschrieben, ich wolle Dich von der Gesandtschaft in Paris ausschalten. Ich weiss nicht, ob Du immer noch an die Diplomatie denkst. Wenn Du immer noch an einen Posten denkst, ist es selbstverständlich, dass ich alles in meiner Kraft stehende tun werde, damit Du ihn kriegst. Hingegen weiss ich, dass ich selber nicht Minister sein will. Ich habe weder die Lust dazu noch die Mittel. Ich verabscheue das mondäne Leben und die Salons. Ich wäre ein armseliger Diplomat.

Letzter Punkt in Vallottons Beschwerdeliste: die Weinsteuer. Dazu Pilet:

> Ich kann Deinen Vorwurf nicht verstehen, dass ich Euch habe «‹fallen lassen›». Du weisst genau, dass wir von Musy verschaukelt worden sind, von dem Du selber sagst, dass er lügt, wie er atmet. Er hat die klaren Instruktionen des Bundesrats missachtet und uns vor vollendete Tatsachen gestellt. Zu Beginn redete er bloss von einer Steuer, welche die ausländischen Weine und die Konsumenten treffen würde. Du weisst, was er dann getan hat. Im Bundesrat verlange ich ständig die Aufhebung der Steuer. Ich habe sogar erklärt, dass wenn man Zwangsmassnahmen gegen unsern Kanton ergreife, ich die Regierung verlassen werde. Ich verhehle Dir nicht, dass wenn der Fall eintreten sollte, dass ich dies vom persönlichen Gesichtspunkt aus als ein Geschenk der Vorsehung anschauen würde.

Auch wenn sich die näheren Umstände, die zu Vallottons Verärgerung über seinen Freund führten, nicht genau abklären lassen, wirkt Pilets Verteidigungsschrift glaubwürdig. Vallottons Anschuldigungen haben ihn verletzt und er ist ehrlich um Versöhnung bemüht.

Am 4. November 1936 antwortet Vallotton. Er wolle die Diskussion nicht verlängern, man werde sich anlässlich der Session aussprechen können. Nur zwei Dinge. Ein an der fraglichen Debatte neben ihm sitzender Abgeordneter habe Pilets Bemerkung genau gehört und sei empört gewesen. «Ich versichere Dir, dass ich mich nicht getäuscht habe.» Zu Pilets Worten über die politischen Parteien schreibt Vallotton:

> Nachdem ich Deinen Brief erhalten habe, habe ich Deine Rede noch einmal gelesen. Ich gestehe Dir offen, dass Deine Erklärungen mir unakzeptabel erscheinen.

Wenn Pilet behaupte, er hätte allgemein von den politischen Partien geredet, und nicht von den schweizerischen im Besonderen, dann heisse dies, dass er *auch* die schweizerischen gemeint habe:

> Marcel, Deine Entschuldigung ist schlecht und ich kann meine Meinung über die Stellen Deiner Rede betreffend die politischen Parteien nicht ändern – ich bedaure sie immer noch. Wenn Deine Verwünschung der politischen Parteien sich nicht an die schweizerischen Parteien gerichtet hätte, dann bist Du zu sehr Meister Deines Denkens und Deines Stils, um dies nicht präzisiert zu haben – vor allem in einer so sorgfältig überlegten und vorbereiten Rede
> Ich wiederhole Dir: Wir werden über all das im Dezember reden, wenn Du dies wünschest.

Ob im Dezember das offene Gespräch stattgefunden hat, und – wenn ja – wie es ausgegangen ist, verschweigt die Geschichte.

64. Ein ehrgeiziges Projekt wird gebremst

Im Januar 1937 verbringen die Pilets eine Woche im Hotel Caux-Palace, in Montreux, das einst die Kaiserin Sissi, Maharadschas, Prinzen und John D. Rockefeller beherbergte, das aber, krisengeschüttelt, zum Verkauf steht. Am zweiten Februarwochenende können Bundesrat Pilet-Golaz und Korpskommandant Guisan an den Schweizer Skimeisterschaften in Les Diablerets Heinz von Allmen zu seinem mit sieben Sekunden Vorsprung errungenen Sieg in der Abfahrt gratulieren.

Dann geht es nach Lugano zu einer Sitzung der Eisenbahnkommission des Nationalrats, die sich mit dem Gesetzesentwurf zur Reorganisation der Bundesbahn befasst. Zum Jahresende hat FDP-Generalsekretär Ernst Steinmann Pilet geschrieben:

> Ich verstehe Ihre Sorge um die Vollendung des grossen Reformwerkes, das sie mit so viel Umsicht vorbereitet und im Entwurf fertiggestellt haben. Die Schwierigkeiten, welche der Annahme in den eidgenössischen Kammern und namentlich vor dem Volke – einem allfälligen, wohl kaum vermeidlichen Referendumskampf – entgegenstehen, sind nicht gering.

Vermutlich, schreibt Steinmann, hätten diese Schwierigkeiten auch bestanden, wenn Pilet «die Personalfrage im Status quo gelassen hätte». Pilets mutiger Entscheid habe die Lage geklärt. Jedenfalls wolle die Mehrheit des Volkes die Reform und sie werde kommen. «In unserem Lande wachsen solche Werke nicht in einem Sommer.» Steinmann ist lange genug in der Politik, um zu wissen, wovon er spricht.

Die Auseinandersetzung der wirtschaftlichen Interessengruppen um die Bahnreform widerspiegelt einen politischen Machtkampf, der anfangs 1937 einem Höhepunkt entgegengeht.

Unter dem wenig ansprechenden Namen «Richtlinienbewegung» hat sich in der zweiten Hälfte 1936 eine Koalition von «aufbauwilligen» Kräften gebildet, die eine Veränderung der bundesrätlichen Finanz-, Wirtschafts- und Sozialpolitik» anstrebt. Die Richtlinienbewegung will «grössere soziale Gerechtigkeit» und «mehr

Solidarität.» Wer sich ihr anschliessen will, muss vier Richtlinien «für den wirtschaftlichen Wiederaufbau und die Sicherung der Demokratie» akzeptieren. Die ersten beiden sind die entscheidenden:

> 1. Vorbehaltlose Anerkennung der Demokratie und Ablehnung jeder Bindung oder Zusammenarbeit mit irgendeiner antidemokratischen Organisation oder Bewegung. 2. Positive Einstellung zur militärischen, wirtschaftlichen und geistigen Landesverteidigung.

Die Bewegung will die Spaltung entlang ideologischer Gräben überwinden und eine von einem neuen Vertrauen zwischen Behörden und Volk geprägte «Volksgemeinschaft» schaffen. Sie hat seit 1933 ihre eigene Wochenzeitung, die vom Bündner Demokraten Andreas Gadient ins Leben gerufene, von den Gewerkschaften finanzierte *Nation*.

Geistiger Vater der Richtlinienbewegung ist der «wissenschaftliche Mitarbeiter» des Schweizerischen Gewerkschaftsbunds SGB Max Weber, ein nüchterner, weit herum respektierter Nationalökonom. Weber war schon der Schöpfer des vom belgischen Sozialpsychologen Hendrik de Man inspirierten «Plan der Arbeit» und Urheber de Kriseninitiative. Er steht unter dem Einfluss der pazifistischen Ideen des Leonhard Ragaz, von Roosevelts New Deal und den Erkenntnissen Keynes. Weber schwebt eine Allianz von Arbeitern, Angestellten und Bauern vor, die stark genug werden soll, um zuerst Volksabstimmungen zu gewinnen und später die Regierungsmacht zu übernehmen. Webers Vorbild ist Schweden, wo seit 1933 Sozialdemokratie und Bauernbewegung am Ruder sind und den Wohlfahrtsstaat schaffen. An der Spitze der Richtlinienbewegung steht Robert Bratschi, Webers Chef.

Von Anfang an mit dabei sind neben dem SGB, die Jungbauern, der Angestelltenverband und die Bündner Demokraten. Im Dezember 1936 ringt sich die Sozialdemokratische Partei zum Beitritt durch, obschon Grimm wenig Begeisterung zeigt. Als Parteimann misstraut er überparteilichen Bewegungen und als Realpolitiker glaubt er nicht an die Chance einer Machtübernahme von Mitte-Links. Er setzt auf die zwischenparteiliche Zusammenarbeit mit den Bürgerlichen in Sachfragen. Auch Konrad Ilg, der Führer des mächtigen SMUV (Metall- und Uhrenarbeiterverbands) hält nichts von Bratschis und Webers Träumen. Er betreibt in aller Stille den Ausgleich mit den Arbeitgebern und schliesst mit ihnen im Juli 1937 eigenmächtig das später als historisch bewertete Friedensabkommen.

Der seit dem Ausscheiden der Primadonnen Musy und Schulthess gut harmonierende bürgerliche Bundesrat will nichts von der Richtlinienbewegung wissen.

Motta und Etter sowieso nicht, weil Bratschi und Mitstreiter die von ihnen als hoffnungslos reaktionär betrachtete Katholisch-konservative Partei aus der Regierung stossen möchten. Der mit den Jungbauern auf Kriegsfuss stehende Minger misstraut den Richtlinien ebenfalls. Als pragmatische Wirtschaftsliberale missbilligen die vier freisinnigen Bundesräte Pilet, Meyer, Baumann und Obrecht die planwirtschaftlichen Pläne Webers und Bratschis. Alle sieben Bundesräte wünschen zwar eine «Verständigung» mit der Arbeiterschaft, aber sie haben nicht im Sinn die Macht abzugeben.

Im freisinnigen Fussvolk sympathisieren viele mit den Ideen der Richtlinienbewegung. Einige prominente freisinnige Politiker befürworten ebenfalls ein Zusammengehen der Partei mit Bratschi und seinen Verbündeten. Allen voran «Minister Dr. Stucki». Schon sofort nach seiner glänzenden Wahl als freisinniger Berner Nationalrat hat Stucki Kontakt mit führenden Exponenten anderer Parteien aufgenommen, um eine erweiterte regierungsfähige neue Mehrheit zu gestalten.

Im Februar wirbt Stucki im Zentralvorstand der Freisinnigen Partei für eine Regeneration der Partei, die Überbrückung des Grabens zwischen Bürgertum und Arbeiterschaft und das Zusammengehen in wirtschaftlichen Zeitfragen. Die Geschäftsleitung sieht jedoch in der Richtlinienbewegung eine Wiederauferstehung der Mitte-Links-Allianz aus der Zeit der Kriseninitiative, die auf eine staatssozialistische Wirtschaftspolitik im Sinne des französischen *front populaire* zusteuert. Der Zentralvorstand stimmt mit 32 zu 3 gegen den Beitritt zu den Richtlinien. Stucki ist fürs Erste gescheitert.

Pilet will der krisengeschüttelten Tourismusbranche helfen, indem er die schweizerische Verkehrswerbung besser koordiniert und wirksamer macht. Er möchte den Auslandwerbedienst der SBB mit der Schweizerischen Verkehrszentrale verschmelzen. Die zu schaffende neue Zentralstelle soll die touristische Landeswerbung umfassend und langfristig planen. Eine Tourismus-Kommission soll ein Organisationsstatut für sie ausarbeiten und ihre Aufgaben umschreiben. Pilet glaubt, den richtigen Mann für die Präsidentschaft dieser Kommission gefunden zu haben: Stucki. Er bietet ihm den Posten an, doch am 28. Februar 1937 sagt Stucki brieflich ab.

In seinem, im Familienarchiv Stucki erhaltenen Antwortschreiben bedauert Pilet die «keineswegs sehr angenehme Nachricht». Pilet glaubt, dass der Angefragte abgelehnt hat, weil er nicht wollte, dass ihm seine Gegner Ämteranhäufung vorwerfen können. Er versichert deshalb Stucki,

> dass ich bei jeder sich bietenden Gelegenheit, den welschen Journalisten gesagt habe, wie hoch ich Sie schätze und ich glaube, dass es mir mehrmals gelungen ist, deren angriffslustigen Anwandlungen zu bremsen. Ich habe natürlich weniger Einfluss auf die katholisch-konservative Presse.

Ein Grund, wieso er sich bisher nicht öffentlich geäussert habe, sei in den Augen Stuckis «vielleicht nicht von grossem Interesse» – schreibt Pilet. Vielleicht nicht in Stuckis Augen, aber sicher für jeden Historiker oder bloss Neugierigen, der versucht, die Person des Waadtländer Bundesrats zu verstehen.

> Mein Charakter ist so beschaffen, dass ich auf Angriffe in der Presse nicht reagiere. Dazu verachte ich die Zeitungen zu sehr. Dies ist vielleicht Dummheit oder übertriebener Stolz – die zwei Dinge sind oft gleichbedeutend. Aber so ist es nun einmal. Jemand könnte schreiben, dass ich meine Mutter getötet habe, und ich würde den Journalisten nicht die Ehre eines Dementis erweisen. Es würde mir genügen, dass dies nicht wahr ist.

Stucki hat Pilets Angebot wohl auch deshalb ausgeschlagen, weil er sein Projekt, die Freisinnigen zur Richtlinienbewegung zu bekehren, nicht aufgegeben hat. Am Luzerner Parteitag vom 22./23. Mai 1937 begeistert er den Saal mit einer fulminanten Rede. Eine Resolution, die seine Ideen und Vorschläge zusammenfasst, hat beste Chancen auf Annahme. Werden die Freisinnigen doch noch der Richtlinienbewegung beitreten? Die Parteiführung hat die Gefahr erkannt. Vallotton kommt zu Hilfe. Die von ihm angeführten welschen Föderalisten erwirken eine Verschiebung der Abstimmung. Zuerst sollen die Kantonalparteien Stuckis Ideen beraten, bevor an einem neuen Parteitag im Juli definitiv entschieden wird. Vollblutpolitiker Vallotton hat als geschickter Taktiker den Diplomaten Stucki ausgestochen.

Das in der Luft liegende Thema Verständigung ist am 10. Mai am kantonalen Gesangsfest in Payerne auch von Pilet angesprochen worden. Als einzigem Welschen im Bundesrat, liegt ihm vor allem das gute Einvernehmen zwischen Deutsch- und Welschschweiz. Bei seinen Zuhörern aus der Romandie wirbt er um Verständnis für die Mentalität der deutschschweizerischen Miteidgenossen:

> Sie denken mehr als wir «wirtschaftlich», wir fühlen mehr als sie «politisch». Am Wendepunkt von Epochen machen wir manchmal impulsive Sprünge nach vorne – in die Richtung, von der wir wollen, dass sich das Land bewegt. Darüber staunen die Deutschschweizer, die überlegter sind als wir. Aber wenn wir recht haben, unterstützen

sie uns kräftig und helfen uns in ihrer ruhigen und sicheren Art das Werk, das uns am Herzen liegt, zu verwirklichen.

Aufschlussreich die Worte Pilets zur Innenpolitik. Zu den dringlichen Bundesbeschlüssen, mit denen der Bundesrat in den vergangenen zwei Jahren über das Volk hinweg regiert hat, meint er:

> Wir glauben nicht mehr an das Allerweltsmittel der staatlichen Vollmachten. Wir beabsichtigen, vorsichtig aber entschlossen zur normalen Ausübung unserer Demokratie zurückzukehren, um damit ihren Geist zu retten.

Man dürfe allerdings die Vollmachten nicht blind verurteilen. Manchmal seien sie nötig.

> So wie der militärische Krieg ein einheitliches Kommando erfordert, so verlangte der wirtschaftliche Krieg – den wir eben geführt haben – ein energisches und rasches Handeln der Regierung. Auf die Länge erschöpft der Krieg. Einzig der Frieden bringt den Wohlstand. Frieden bedeutet, dass dem Einzelnen die Freiheit wiedergegeben wird, die Rückkehr der Privatinitiative. Die brauchen wir heute.

Pilet sieht keinen Grund, die Verfassung zu ändern.

> Diejenige, die uns regiert, ist sehr gut gemacht. Teile davon sind vielleicht überholt, aber ihre von der Erfahrung kluger Männer inspirierte Grundlage bleibt. So sieht die Verfassung die dringlichen Bundesbeschlüsse vor. Nichts Besseres, wenn die Umstände es erfordern. Das Volk versteht und akzeptiert dies. Aber das Volk ist weniger überzeugt, wenn die dringlichen Bundesbeschlüsse nicht mehr nötig sind. Schliesslich protestiert es, wenn es sich dabei einfach um den Weg des geringsten Widerstands handelt. Die Verwaltung schlittelt nämlich unbewusst vom Unentbehrlichen zum Vorteilhaften und vom Vorteilhaften zum Bequemen. Die heilsame Reaktion im Volk ruft sie dann zu den Prinzipien zurück.

Der oft als «autoritär» gescholtene Pilet ist ein unerschütterlicher Anhänger der Volkssouveränität. Als Liberaler befürwortet er eine Rückkehr zur Wirtschaftsfreiheit. In den durchgemachten Krisenjahren habe sich der Einzelne den Erfordernissen der Kollektivität unterziehen müssen. Das Gesamtwohl habe schnelles und einheitliches Handeln erfordert, wozu einzig der Staat imstande war. Aber andauernder

Etatismus führe entweder zu «Erstickung oder Explosion». Vor allem die Romands wollten weder das eine noch das andere:

> Für uns ist Etatismus immer synonym mit Zentralisierung und jede Zentralisierung richtet sich *nolens volens* gegen uns. Sie neigt dazu, uns auszuschalten oder uns einzuverleiben. Daher unser legitimer Widerstand, der insofern nützlich ist, als er sich den Bemühungen derjenigen entgegenstellt, die unter dem Vorwand der Planwirtschaft Hintergedanken nähren.

Mit «unser legtimer Widerstand» meint Pilet den Widerstand der welschen Freisinnigen gegen den von Stucki geforderten Beitritt zur Richtlinienbewegung.

An ihrem ausserordentlichen Oltener Parteitag vom 11. Juli 1937 begraben die Freisinnigen den «Stuckismus», den Vorstoss des Berner Nationalrats zum Anschluss an die Richtlinienbewegung Einstimmig nehmen sie eine bedeutungslose, die Gegensätze überbrückenden Resolution an. Der in der Schweizer Parteipolitik unerfahrene Stucki hat die Verschiedenartigkeit der kantonalen und regionalen Verhältnisse unterschätzt. Für ihn sind die Berner Sozialdemokraten, die er gut kennt und die auf lokaler Ebene produktiv mit den Bürgerlichen zusammenarbeiten, regierungsfähig. Für die Radikalen in der Romandie kommt eine Koalition mit den Sozialisten nicht in Frage – mindestens solange ihre welschen Sektionen unter der Fuchtel des die Diktatur des Proletariats anstrebenden Nicole stehen.

Stucki muss die Segel streichen. Ende des innenpolitischen Höhenflugs des Stardiplomaten. Ende auch – auf lange Sicht – von Max Webers Idee einer neuen progressiven Mitte-Links-Mehrheit in der Schweiz.

65. Post tenebras lux

Die bürgerliche Regierungskoalition sitzt wieder fest im Sattel. Am 1. August 1937 hält ein selbstsicherer Pilet vom Genfer Reformationsdenkmal aus vor dem zahlreich aufmarschierten bürgerlichen Publikum eine durchdachte staatspolitische Rede. Nicht dabei ist Oltramares faschistische Union nationale, die in einem Flugblatt aufgerufen hat:

> Erster August, ja. Pilet-Golaz! Nein. Patriot, lasse die *gogos* [Gimpel] auf der Ebene von Plainpalais das SBB-Defizit, die Verteuerung des Benzins allein feiern und feiere den 1. August in Cologny mit der *Union nationale*.

Sinnvollerweise hat Pilet die in die Mauer des Monuments eingemeisselte Reformationsdevise *Post tenebras lux* zu seinem Leitmotiv gewählt. Dass nach der Dunkelheit wieder Licht wird, habe die jüngste Genfer Geschichte gezeigt. Die Stadt, Symbol der Zusammenarbeit der Völker, sei plötzlich «der willkürlichsten, gewaltsamsten, wildesten und verhängnisvollsten parteiischen Leidenschaft» ausgesetzt worden:

> Der Staat stand nicht mehr als Bollwerk der Sicherheit aller da, sondern wurde der Befriedigung – nicht einmal einer Klasse –, sondern eines Clans unterworfen, wurde der engen und gefährlichen Ideologie einiger Fanatiker geopfert.

Mit dem «Clan» meint Pilet Nicole und Genossen. Seine Zuhörer werden verstanden haben. Jetzt, sagt Pilet weiter, erlebe Genf einen Neuanfang und die ganze Schweiz freue sich darüber. Auch die Eidgenossenschaft selbst atme langsam auf. Das «normale Spiel ihrer kostbaren Freiheiten» beginne wieder zu funktionieren, ihr Kredit sei intakt, ihre Finanzen erlangten ihr Gleichgewicht, Industrie und Tourismus fingen sich auf.

> Trotz seiner Macht und seiner Ressourcen hat sich keines der grossen Nachbarländer derart aus der Krise herausgearbeitet wie die Schweiz. Einige ringen mit täglich ausgeprägteren Schwierigkeiten, andere gleiten einen gefährlichen Abhang hinunter. Es gibt kein Land, das seinen Einwohnern einen Lebensstandard, ein Wohlergehen und eine Summe von Freiheiten bietet, die mit den Unsrigen vergleichbar sind. Wir würden unser Los mit keinem anderen Land tauschen.

Heil dir Helvetia, wie die Nationalhymne sang. Patriotismus ist salonfähig. Pilet stellt jetzt, wie er dies gerne tut, rhetorische Fragen? Wieso dauert in der Schweiz das Malaise trotzdem an? Wieso ist die Schweizer Seele unzufrieden? Die Schweizer Seele, glaubt Pilet, tappe unsicher in die Zukunft. Sie suche Sicherheit in Begriffen, wie dem von den *confédérés* geschätzten Wort «Volksgemeinschaft» – ein Lieblingswort der Richtlinienbewegung das, nebenbei bemerkt, auch der Zentralbegriff des nationalsozialistischen Denkens war.

Er, Pilet, rede lieber von einer *communauté nationale* und erklärt, was er darunter versteht. Die nationale Gemeinschaft, die sich mit dem Volk und für das Volk ausdrückt, geht über Zeit und Raum hinaus:

> Das Volk ist nur – wenn ich so sagen darf – der gegenwärtige Vertreter der Gemeinschaft. Die Nation geht viel weiter. Sie ist aus dem Gestern und Morgen ebenso wie aus dem Heute geschaffen. Sie vereint nicht nur Individuen, sondern auch Kollektive, deren Bedeutung nicht geringer ist: Familie, Gruppen, Institutionen, öffentliche Körperschaften und die Werte, die sie ihr geben: Sprache, Kultur, Tradition, Ideal. All das macht die nationale Gemeinschaft aus. Sie ist das Land mit den Bürgern und über den Bürgern. Sie muss man wieder herstellen, «neu schaffen» *(recréer)*. Für sie müssen wir uns einsetzen.

Der Journalist und Schriftsteller Léon Savary ist beeindruckt von Pilets Redekunst:

> Der eminente Magistrat zieht auf den ersten Blick die Sympathie an. Er hat nichts von einem Politiker der altväterischen Art mit dreifachem violettem Nacken. Er ist im Gegenteil ein junger Mann mit sportlicher Gangart, eleganter Gestik, tadelloser Haltung. Unsere Schwestern, die gerne das Stimmrecht hätten, sehen in ihm vermutlich den idealen Gentleman-Magistraten. Spass beiseite: das Aussehen eines Redners hat eine gewisse Bedeutung, strömt doch von ihm ein gewisses Prestige aus, man könnte fast sagen ein gewisser Magnetismus.

Wie viele Welsche – und vermutlich nicht allzu viele Deutschschweizer – hört Savary Pilet gerne zu:

> Seine warme Stimme mit schöner Sonorität, mit einem reichen Register drückt mühelos die verschiedensten Nuancen aus, die bis ins Subtilste seines Denkens gehen können. Die perfekte Klarheit seiner Ausführungen trägt das auf den ersten Anhieb erkennbare Kennzeichen des lateinischen Geistes und auch das einer feinen persönlichen Kultur.

Ein Stempel mit der Aufforderung *FUMEZ LES CIGARETTES CELTIQUES* ziert eine mit einer 1 *f* 75-Marke der *République Française* frankiertes kleines Couvert, das an *Monsieur le Conseiller Fédéral Pilet Golaz Palais Fédéral Berne* adressiert ist. Es enthält eine Visitenkarte mit der lapidaren Aufschrift *Le Maréchal Pétain*. Dazu die kurze handschriftliche Notiz: «mit allem seinem Bedauern, das er mit seiner besten Erinnerung verbindet, Paris 9 -11-1937».

Die beste Erinnerung des 81-jährigen Siegers von Verdun gilt seinem eben beendeten Schweizer Besuch, an dem er die Manöver und das Défilé der 1. Division inspiziert hat; er bedauert, dass er wegen seiner bereits erfolgten Rückreise die Einladung Pilets nicht annehmen kann. Zuvor hat der in der Romandie bewunderte Marschall den Schweizer Truppen in einer Rede in Lausanne ein schmeichelhaftes Zeugnis ausgestellt:

> Die mit der Nation fest verbundene Schweizer Armee mit ihrem hohen moralischen und intellektuellen Wert ist die beste Garantie für eure Freiheit und für die soziale Ordnung, die ihr aufrechtzuerhalten verstanden habt. Inmitten der gegenwärtig in Europa herrschenden Unruhe bildet das Schweizer Volk einen unerschütterlichen Hafendamm, an dem die alte westliche Welt vielleicht den Weltfrieden festmachen kann.

Der noch im Vollbesitz seiner Kräfte stehende alte Haudegen hat bei den Bundesräten Motta, Minger und Pilet, die ihn getroffen haben, und beim Manöverleiter, Korpskommandant Henri Guisan, einen bleibenden Eindruck hinterlassen.

66. Stucki nach Paris

Am 1. Oktober 1937 beginnt Pierre Grellet seinen Parlamentsbrief:

> Die Ernennung von M. Stucki für den Posten des Ministers der Schweiz in Paris hat auf die parlamentarischen Kreise einen allgemein befremdlichen Eindruck hinterlassen.

Was in den Wandelhallen schon die ganze Woche lange als Gerücht umgegangen ist, wird von der *Gazette* als quasi vollendete Tatsache gemeldet.

Es sei wenig mutig vom Bundesrat, meint Grellet, einen Mitarbeiter auf den «wichtigsten Posten unserer Diplomatie» zu befördern, der noch vor wenigen Monaten eine spektakuläre Initiative ergriffen habe, die um ein Haar eine schwere Krise in der Regierungskoalition ausgelöst hätte. Eine Initiative, übrigens, die der Bundesrat öffentlich getadelt habe. Es bleibe das ungute Gefühl, der Bundesrat habe sich mit dieser Ernennung aus einer heiklen Lage befreien wollen.

Die von Grellet verbreitete Meldung – sie bestätigt die hartnäckigen Gerüchte – löst einen heftigen Wirbel aus. Der Bundesrat ist verstimmt. Stuckis neidische Widersacher empören sich. Die Karrierediplomaten ärgert es, dass der begehrte Pariser Posten an einen Aussenseiter geht. Die Romandie sähe lieber einen der ihren in Paris – einer, der das französische Wesen versteht. Die Parteifreunde Stuckis sind enttäuscht, dass ein derart wichtiger Parlamentarier sich aus der aktiven Politik davonstiehlt.

Walter Stucki macht tagebuchartig Eintragungen über die Sache:

> 1. Oktober: Demission Dunant und Anfrage an mich wird bekannt. Zuerst Gazette de Lausanne. Man sagt, ich habe Bedingung Umwandlung in Ambassade gestellt. Blödsinn!
> 2. Oktober: Telefone mit Gut und Schöpfer. Beide betonen Vallotton habe die Sache mit Paris sehr übel genommen. Auch Walther (K.K.) habe Bedenken geäussert und sei für die Indiskretion verantwortlich.
>
> (Zitiert aus dem Privatarchiv Stucki mit Einwilligung der Familie.)

Am 5. Oktober erklärt Stucki Motta, er nehme das Angebot grundsätzlich an. Nachdem das französische Agreement da ist, gibt der Bundesrat bekannt, er habe Stucki einstimmig zum Gesandten in Paris ernannt. Am 7. Oktober trifft Stucki im Zug nach Paris zufällig Grimm, der an die Weltausstellung reist. Grimm, der sich mit Stucki gut versteht, sagt ihm, er begreife und würdige seinen Entschluss nach Paris zu gehen. Die innenpolitische Situation sei vorläufig hoffnungslos und auch in seinen [sozialdemokratischen] Reihen sei die Verständigung noch nicht reif.

In Paris, wo Stucki bei Minister Dunant zum Lunch eingeladen ist, sind die Dunants «sehr nett und freuen sich sehr, dass Vallotton nicht Nachfolger geworden ist.» (Tagebuch, 8. Oktober). Zurück in Bern trifft er Obrecht – «Gespräch beidseitig unfrei und befangen» – und Motta – «Unterredung sehr freundschaftlich». Am 16. Oktober bittet Pilet Stucki zu sich. Er sagt ihm, er sei an der Kampagne in der welschen Presse unschuldig und habe sein Möglichstes getan, um sie zu bremsen.

> Deutet klar an, Vallotton stehe dahinter, namentlich bei Grellet und Payot. Er hatte geglaubt, ich werde Paris ablehnen. Da Doppelstellung unhaltbar so hätte er mir dann neuerdings Präsidium Generaldirektion SBB angetragen! und ist sehr erstaunt, dass Obrecht mir nie und namentlich nicht rechtzeitig gesagt hat, Bundesrat sei nicht einverstanden. Pilet ist sehr freundlich, aber ich traue ihm nicht recht.

Stuckis Tagebuch ist weiter zu entnehmen, dass am 19. Oktober bei einem Mittagessen mit Alt-Nationalrat Schüpbach in Steffisburg der Genfer Adrien Lachenal von der Zusammenkunft der welschen radikalen Parteipräsidenten bei Vallotton in St. ulpice erzählt hat. Es ging darum, wie man Stuckis Vorstoss zugunsten eines freisinnigen Anschlusses an die Richtlinienbewegung abwehren könne. Frau Vallotton sei auch dabei gewesen und habe lebhaft mitdiskutiert. Dies habe auf (den Neuenburger) Berthoud und (den Genfer) Malche einen «peniblen Eindruck gemacht». Das Power Couple Vallotton – de Freudenreich ist nicht überall beliebt.

Am 26. Oktober trifft Stucki Henry Vallotton selber, den Mann, der den «Stuckismus» zu Fall gebracht hat und der selber gerne Gesandter in Paris geworden wäre.

> Er erklärt mir, es mir keineswegs zu verübeln, dass ich Paris angenommen habe, betont aber mehrmals, ich habe vollständig korrekt gehandelt. Seine ganze grosse Wut richte sich gegen Pilet. Dieser habe ihm schriftlich versprochen, ihn auf dem Laufenden zu halten und sein Versprechen schändlich verletzt. Mit einer 20-jährigen Freundschaft sei es fertig.

Vallotton bestreit entrüstet, dass er die Indiskretion in der *Gazette de Lausanne* bewusst veranlasst und die Pressekampagne der Welschen organisiert habe.

> Gibt mir sein Ehrenwort als Offizier, dass das nicht wahr sei. Er spricht sich sehr verbittert und verärgert über die politischen Verhältnisse und Intrigen aus, versichert mich seiner Freundschaft und lädt mich zu sich ein! Ich bleibe höflich aber reserviert. Ich traue ihm weniger denn je.

67. Der Bundesrat wehrt sich

Die ausserordentliche Oktobersession 1937 befasst sich mit den Interpellationen Grimm und Vallotton zum Thema «Beziehungen zu Spanien». Die Debatte soll eine seit dem Sommer andauernde Pressepolemik über die Aussenpolitik des Bundesrats entschärfen und das angeschlagene Vertrauen in Bundespräsident Motta wiederherstellen.

Seit Wochen schiesst die sozialistische Presse auf Motta. Seit Musy ist kein Regierungsmitglied derart hartnäckig zum Rücktritt aufgefordert worden wie er. Man bezichtigt ihn der Liebedienerei gegenüber Mussolini und kritisiert seine voreilige Anerkennung der italienischen Herrschaft über Äthiopien. Die Linke, die im Spanischen Bürgerkrieg leidenschaftlich mit der republikanischen Regierung sympathisiert, wirft Motta die Aufnahme von de facto Beziehungen zu den Franco-Rebellen vor. Schon anfangs September hatte der Bundesrat der Hetze gegen seinen Präsidenten mit einer öffentlichen Erklärung entgegentreten wollen. Sie besagte, Motta handle im höheren Interesse des Landes und seine Politik werde vom Gesamtbundesrat gebilligt. Motta dankte damals den Kollegen, hielt aber eine öffentliche Erklärung für überflüssig. So wurde diese nie veröffentlicht.

In der aussenpolitischen Debatte ziehen sich Grimm und Vallotton mit staatsmännischen Reden ehrbar aus der Affäre. Sie bekennen sich vorbehaltlos zur Neutralität, kritisieren aber auch –mit Mass – Aspekte der Aussenpolitik Mottas. Die *NZZ* lobt Grimm dafür, dass er sich «gewaltig von dem Geheul mehrerer seiner Genossen distanzierte.»

In einstündiger freier Rede verteidigt Motta mit gewohnter Bravour die bundesrätliche Aussenpolitik. Er ist bereit «die schlechte Kampagne, die nicht zur Ehre des Lands gereicht hat» zu vergessen und mit den Sozialisten, wenn sie dies wollen, zusammenzuarbeiten.

> Die wesentlichen Linien unserer Politik sind die: im Innern, Respekt vor der Demokratie, Liebe der Freiheit. Im Äussern, Neutralität. Wir wollen nicht, dass die andern sich in

unsere Angelegenheiten einmischen, und wir wollen uns ebenso wenig in die Angelegenheiten der andern einmischen.

Am Rande rechnet Motta mit den sozialistischen Nationalräten Nicole und Meierhans ab, die ihn besonders heimtückisch angegriffen haben. Er spottet über die von Paul Meierhans in seiner Funktion als Redaktor des *Volksrechts* «erfundene Neuigkeit in unseren Sitten. Er hat die Idee einer Monsterpetition lanciert, um den Rücktritt des Bundespräsidenten zu fordern (Gelächter).» Obschon diese Idee in ihrem Geist der Verfassung zuwiderlaufe, habe Meierhans nicht aufgehört. Motta wörtlich:

> Zu einem bestimmten Zeitpunkt ist dann der grosse Chef aufgetaucht. Ich glaube mich nicht zu täuschen, dass es dieser grosse Chef ist, der in der *Tagwacht* zum Rückzug geblasen hat.

Der «grosse Chef» ist natürlich Grimm, der darauf hingewiesen hat, dass man Motta nicht persönlich angreifen solle, da er ja im Namen des ganzen Bundesrats handle.

Motta erwähnt auch das von Meierhans in seiner Zeitung zitierte Zitat eines nicht genannten «konservativen Nationalrats», das von Mottas «krankhafter Eitelkeit» und «Starrköpfigkeit» redet, die selbst seinen politischen Freunden Sorgen mache. Motta begreift, dass der Journalist seine Quelle nicht verrät, fügt dann aber schelmisch hinzu:

> Wenn M. Meierhans dies erfunden hat, verleumdet er. Wenn er es nicht erfunden hat, dann hat er Dinge gesagt, die zu sagen er nicht das Recht hat und er hätte damit das Vertrauen eines Kollegen missbraucht. In beiden Fällen liegt er falsch.

Meierhans habe ihn nicht erzürnt, meint Motta. Er habe gelächelt und sich Gedanken darüber gemacht, «welche Verheerungen die politischen Leidenschaften bei denen anstellen, welche die höheren Interessen des Landes vergessen». Derselbe Nationalrat Meierhans, der Motta stürzen wollte, wird drei Jahre später mit ebenso fragwürdigen Methoden versuchen, einen anderen schweizerischen Bundespräsidenten und Aussenminister, nämlich Pilet-Golaz, aus dem Amt zu treiben.

In Lausanne, zehn Tage später, findet eine mit der feierlichen Grundsteinlegung für ein neues Haus des *Cercle démocratique* verbundenen Heerschau der Waadtländer Radikalen statt. Parteipräsident Vallotton lässt dabei Pilet seinen keineswegs verflogenen Zorn über die entgangene Pariser Gesandtschaft spüren. Er wendet sich «mit voller Kraft» gegen die «total ungerechten Vorwürfe», die «man» den politischen Parteien als angebliche reine Interessensvertreter gemacht habe. Dass er mit «man» seinen ehemaligen Freund Marcel Pilet-Golaz meint, entgeht den Zuhörern nicht. Vallotton weiter:

> Was täte der Bundesrat ohne die Parteien? Was hätte er am Tag nach der Frankenabwertung gemacht, als die Wut nicht nur im Volk, sondern auch bei den Abgeordneten und darunter unseren hauptsächlichen Verbündeten in Bern knurrte, ja was hätte der Bundesrat gemacht, wenn er nicht auf die loyale und desinteressierte Unterstützung der nationalen Parteien im Parlament hätte zählen können?

Vallotton rühmt auch die Rolle der eigenen Waadtländer Partei in der erfolgreichen Bekämpfung der vom Bundesrat verhängten «ruchlosen Weinsteuer» und gibt damit Pilet, der solidarisch die Weinsteuer mitverantwortete, einen weiteren Tritt ans Schienbein.

In seiner improvisierten Antwortrede verteidigt Pilet die eigene Haltung zur «endlich verschwundenen Weinsteuer». Sie sei ein wahrer Albtraum gewesen. Seine eigene Aufgabe sei es gewesen, im Schatten, wie es sich für ein Regierungsmitglied gehöre, aber unermüdlich für den definitiven und totalen Wegfall der verhassten Steuer zu arbeiten.

> Ich werde mich noch lange erinnern, mein lieber Freund Porchet [der mächtige Staatsrat ist natürlich auch anwesend], wie ihr, die Delegation des Waadtländer Staatsrats, in der Herrgottsfrühe nach Bern gekommen seid, um ein letztes Mal mit derjenigen des Bundesrats zu diskutieren. Ein grauer, kalter, feuchter Morgen, wie wir sie leider dort unten oft erleben und die nichts mit dem glorreichen Morgen jenes Tages gemeinsam hat, als ihr mich fragtet, was ich von der Lage halte. Ich habe euch damals gesagt: «Ich glaube, die Frucht ist reif. Schüttelt, sie wird fallen.» Sie ist gefallen. Und nie ist ein grauer Himmel strahlender gewesen als dieser Berner Himmel, der während Jahren auf düster und neblig auf meiner Seele als Waadtländer und Weinbauernfreund gelastet hat.
>
> Mit dieser Erzählung vom glorreichen Tag der Beerdigung der Weinsteuer stellt Pilet sein Licht für einmal nicht unter den Scheffel. Die Waadtländer und nicht zuletzt der ehemalige Freund Henry sollen wissen, was die Winzer ihrem Waadtländer Bundesrat verdanken.

Die Lausanner Veranstaltung hat für Pilet ein ärgerliches Nachspiel. Am 4. November macht die *Neue Bündner Zeitung,* das Sprachrohr des Richtlinienführers Gadient unter dem Titel «Merkwürdige Ausdrücke eines Bundesrats» Pilet schwere Vorwürfe:

> 1. Ein Bundesrat verherrlicht offiziell die Rebellion gegen eine vom Bundesrat und Parlament beschlossenen Massnahme. 2. Im gleichen Atemzug mit der Forderung nach Budgetgleichgewicht lehnt dieser «Staatsmann» eine Weinsteuer ab. 3. Eine Steuer, die seine Kollegen im Bundesrat und das Parlament beschlossen haben, nennt er «ruchlos» *(scélérat)* – sofern die *Tribune* seine Aussage richtig wiedergibt. Wahrlich, das heisst man Stützung der Autorität der Landesregierung.

Die *Tagwacht* druckt die Notiz nach. Pilet sendet beiden Zeitungen eine Richtigstellung, in der er darauf hinweist, dass er in den Ausdruck «ruchlose Weinsteuer» nie verwendet hat. Das Stenogramm beweise dies.

> Er wurde von dem Redner gebraucht, einem Parlamentarier, der unmittelbar vor mir gesprochen hat. Vielleicht erklärt dieser Umstand den durch den Reporter der *Tribune de Lausanne* begangenen Irrtum.

Weder die *Neue Bündner Zeitung* noch die *Tagwacht* interessieren sich dafür, wer der schuldige Parlamentarier war. Sie entschuldigen sich auch nicht für ihre Falschmeldung. Pilet schickt eine Kopie seiner Richtigstellung an den Kollegen Meyer mit dem Vermerk:

> Es ist M. Vallotton, der sich so ausgedrückt hat und nicht ich. Falls Sie die fraglichen Artikel unter die Augen bekamen, bin ich überzeugt, dass Sie niemals annahmen, ich hätte mich auf eine solche Weise verhalten.

68. Grimm zur SBB?

Anfangs Oktober, im Zug nach Paris, verriet Grimm Stucki, dass Pilet ihm das Präsidium der Generaldirektion SBB angeboten habe. Stucki riet ihm anzunehmen.

SBB-Generaldirektoren werden vom Gesamtbundesrat auf Vorschlag des Verwaltungsrats ernannt. In der Regel folgt die Regierung dem zuständigen Departementsvorsteher. Pilet, der zu seinen Bundesratskollegen ein gutes Verhältnis hat, rechnet damit, dass er mit dem Vorschlag Grimm durchkommen wird. Aber wieso will der Freisinnige Pilet den wichtigsten Posten in seinem Departement ausgerechnet dem Mann zuschanzen, den er als junger Nationalrat und *Revue*-Chronist «als Nacheiferer Lenins» scharf angegriffen hat?

Wie andere vernünftige bürgerliche Politiker hat auch Pilet gemerkt, dass aus dem marxistischen Heisssporn von 1918 ein pragmatischer Realpolitiker geworden ist, auf welchen in den entscheidenden Fragen Demokratie und Landesverteidigung Verlass ist. Beide, Pilet und Grimm, sind für die interparteiliche Verständigung und misstrauen der Richtlinien-Bewegung. Pilet weiss, dass Grimm eine durchsetzungsfähige Führungspersönlichkeit, ein blendender Organisator und ein mit den Problemen von Schiene und Strasse bestens vertrauter Verkehrsfachmann ist. Zu Stucki hat Pilet einmal bemerkt, Grimm habe «sich ihm gegenüber immer tadellos benommen». Er vertraut mittlerweile seinem Charakter, was in Personalfragen für Pilet entscheidend ist. Objektiv gesehen wäre Grimm die optimale Besetzung für das Amt des SBB-Chefs. Zweifellos würde er Pilets wichtigstes Projekt, die Reorganisation und Sanierung der Bahnen, zu einem guten Ende führen.

Am 11. November 1937 macht Pilet dem SBB-Präsidenten Schrafl «vertrauliche Eröffnungen». Der bisherige Direktor des Weltpostvereins, der Tessiner Garbani-Nerini, tritt zurück. Der traditionell einem Schweizer vorbehaltene Posten ist eine begehrte Alterspfründe für verdiente Persönlichkeiten. Von 1900 bis 1925 hatten ihn die zwei Waadtländer Alt-Bundesräte Ruffy und Decoppet inne. Wie SBB-Verwaltungsratspräsident Walther erfährt, soll Pilet an dem Posten interessiert sein. Nach acht Jahren im Bundesrat scheine er genug zu haben. Walther schreibt in seinen (unveröffentlichten) Erinnerungen:

Diese Stellung hätte ihm gut gefallen, weil sie mit vielen Reisen verbunden ist, an denen Pilet stets Gefallen fand. Dr. Schrafl sagt ihm, dass er sich durch die Annahme dieses Postens flüchten würde, weil man ihm nachsagen wird, er flüchte sich vor der Sanierung der Bundesbahnen, für die er sich nicht gewachsen fühle. Pilet liess sich zum Bleiben im Bundesrat bestimmen.

Walthers Quelle für die Annahme, dass Pilet Weltpostdirektor werden wollte, ist Schrafl. Wie zuverlässig ist die Mitteilung, die Schrafl seinem Verwaltungsratspräsidenten gemacht hat? Hat Pilet ernsthaft das Amt angepeilt oder hat er bloss mit dem Gedanken gespielt und sich dann, wie bei ihm nicht selten, sibyllinisch geäussert?

Möglich ist auch, dass Pilet im November 1937 das Gefühl hatte, er habe seine Schuldigkeit getan und könne erhobenen Hauptes gehen. Die Abwertung wirkt. Die Schweiz erlebt einen wirtschaftlichen Aufschwung, der SBB geht es auch ohne neue Gesetzgebung besser. Hitler und Mussolini halten sich still. Wieso nicht kürzertreten?

Dies sind Hypothesen. Tatsache ist, dass der Bundesrat Reinhold Furrer, den ehemaligen PTT-Generaldirektor und gegenwärtigen Leiter des Zentralamts für den Internationalen Eisenbahnverkehr, für das Weltpostamt nominieren wird. Damit wird der Posten des internationalen Eisenbahndirektors für den vor der Pensionierung stehenden Schrafl frei. Beide Pfründen liegen in der Hand des Gesamtbundesrats, der selbstverständlich der Meinung des für Post und Eisenbahn zuständigen Departementschefs Rechnung trägt.

Noch ist am 17. November nichts offiziell, als Schrafl Pilet versprechen muss, vom bevorstehenden Rücktritt Garbani-Nerini «niemandem, auch meiner Frau nicht Kenntnis zu geben, ohne von Herrn Bundesrat Pilet-Golaz schriftlich dazu ausdrücklich ermächtigt worden zu sein.»

Seltsam, dass Pilet dem von ihm zwar wenig geliebten, aber hochverdienten Staatsdiener Schrafl, der fast 17 Jahre älter ist als er und seit 11 Jahren die SBB kompetent führt, ein handgeschriebenes, in einem Umschlag verschlossenes Schweigegelöbnis abverlangt. Pilet und Schrafl haben in den sieben Jahren, in denen sie gezwungenermassen eng zusammenarbeiten, kein wirkliches Vertrauensverhältnis aufbauen können. Walther glaubt, dass Pilet Schrafl dessen Opposition gegen seinen Wunsch, Weltpostdirektor zu werden, verübelt habe. Pilet habe «nicht selten bei unpassenden Anlässen über die Generaldirektion der SBB *moquante* Bemerkungen fallen lassen».

Der Weggang des freisinnigen Schrafl macht eine Stelle in der dreiköpfigen SBB-Generaldirektion und deren Präsidium frei. Pilet muss jedoch bald einmal feststellen, dass die Kandidatur Grimm im bürgerlichen Lager auf wenig Gegenliebe stösst. *Der Bund* ist jedenfalls entschieden gegen einen Sozialdemokraten:

> Wir können uns nicht vorstellen, was aus der Schuldenlast unserer Bahnen noch werden sollte, wenn sie nach dem blinden Optimismus der «Kaufkraft»-Ideologie und damit der «Richtlinien» Politik verwaltet würde. Darum scheint es uns auch nicht recht überlegt, die Nachfolge Schrafls zur politischen Ausrangierung eines Sozialdemokraten benützen zu wollen.

Für den *Bund* ist Bratschi, der möglicherweise selber Ambitionen hat, als Generaldirektor «undenkbar», weil die Sanierung der SBB durch die Personalforderungen «nicht eben erleichtert wird.» Der gleiche Einwand gelte für Grimm, «abgesehen davon, dass er auch bald 60 ist, von allem andern zu schweigen». In der welschen Schweiz bleibt Grimms tragende Rolle im Landesstreik von 1918 unvergessen. Die *Gazette* hat Mühe, sich als Chef des im Kriegsfall hochwichtigen Staatsbetriebs *Monsieur Grimm* vorzustellen, der «wie wir alle wissen, auch Organisator ist – von Eisenbahnstreiks, wenn es sein muss.»

Andere Kandidaten kommen ins Gespräch. *Der Bund* findet, es sei Zeit, dass wieder einmal ein Berner zum Zuge komme. Bald zeichnet sich jedoch ab, dass die Katholisch-Konservativen und ihr Chef Walther unter allen Umständen wieder einen der ihren in dieser Schlüsselstellung haben wollen.

Rückblick: Am 28. September 1931 hatte – in den Worten des damaligen Verwaltungsratspräsidenten Gottfried Keller – «ein Engel» den Generaldirektor Arsène Niquille «aus unserem Jammertal in höhere Sphären entführt». Es gelang darauf Pilet überraschend, den mit ihm befreundeten radikalen Waadtländer Staatsrat und Bellettrien Paschoud als Nachfolger des Katholiken Niquille nach Bern zu holen. Damit waren die Konservativen nicht mehr in der SBB-Dreierführung vertreten. Immerhin wurde damals Walther, ebenfalls auf Vorschlag Pilets, in das von ihm gar nicht gesuchte Amt des SBB-Verwaltungsratspräsidenten gewählt. Womit die Katholisch-Konservativen gleichwohl entscheidenden Einfluss auf die Bundesbahnen nehmen konnten.

Sechs Jahre später wollte Walther den von ihm geschätzten Freiburger Katholiken Raphael Cottier, SBB-Generalsekretär und Kreisdirektor III in Zürich, in die Generaldirektion hieven. Schon vorher, als es um die Chefstelle im Amt für Verkehr ging, hatte sich Walther für Cottier eingesetzt. In einem ausführlichen Brief erinnerte er Pilet an die Missstimmung unter den Katholisch-Konservativen, weil «unsere Partei bei der Besetzung von Stellen im Bund fortgesetzt eine unverdiente Zurücksetzung erfahre.»

Pilet lag damals mit Cottier im Streit. Worum es genau ging, ist kaum mehr herauszufinden. Aus den Akten geht hervor, dass Pilet Cottier – zu Recht oder zu Unrecht – Vertrauensbruch vorhielt. Glaubt man dem sozialistischen *Volksrecht*, bleibt das Verhältnis zwischen Pilet und Cottier im Januar 1938 immer noch getrübt:

> Der Vorsteher des Post- und Eisenbahndepartements, Bundesrat Pilet, ist noch nicht entschieden. Von ihm ist nur eines als sicher bekannt, dass er gegen eine Wahl des oft genannten katholischkonservativen Kreisdirektors Dr. Cottier eine unüberwindbare Abneigung bekundet und eine Kandidatur dieses «Kronprinzen der Schiene» unter allen Umständen zum Scheitern zu bringen versucht.

Das *Volksrecht* liegt sicher richtig, wenn es schreibt «in den katholischen Stellenvermittlungskreisen um den Herrn Präsidenten des Verwaltungsrats der Bundesbahnen [Walther] herum» sei man «in grosser Sorge» gewesen, «weil dieser wichtige Kommandoposten unter keinen Umständen verloren gehen darf.» So sei dann «ganz ohne irgendwelche sachliche Motivierung der Name des Basler Mustermessedirektors und katholischen Nationalrats Dr. Meile» aufgetaucht.

Grimm will die SBB-Stelle und gibt nicht auf. An einem von den Berner Freisinnigen zu seinen Ehren veranstalteten Essen wirbt Stucki für ihn. Andere Emissäre setzten sich für Grimm ein. Tagebucheintrag des mit Minger befreundeten Nationalrats Feldmann vom 20. Januar 1938:

> Gestern vormittag Prof. Marbach über eine Stunde bei mir auf dem Bureau, um (im Einverständnis mit Grimm) Bemühungen für die Kandidatur Grimm für die Generaldirektion der SBB nahezulegen. Ich sichere unverbindlich meine moralische Unterstützung zu, da mir diese Lösung aus verschiedenen Gründen vertretbar erscheint.

Der Bund, der das Gerangel genau verfolgt, hält die Kandidatur von Mustermessedirektor Wilhelm Meile für die aussichtsreichste. Meile ist von dem mit ihm befreundeten Bundesrat Etter ins Spiel gebracht worden. Etter Jahre später in einer von ihm verfassten Festschrift für Meile:

> Man wollte einen Mann in die Leitung der SBB bringen, der mit der gesamten Wirtschaft des In- und Auslands vertraut war und mit den führenden Köpfen des wirtschaftlichen Lebens die besten Beziehungen unterhielt.

Meile habe sich als «eine Art von Zauberer und Finanzkünstler ausgewiesen». Nun war aber Meile mit Basel und der Mustermesse eng verbunden, hatte dort eine Familie gegründet und einen grossen Freundeskreis. Etter:

> Es brauchte vom Bundeshaus aus ganz erhebliche Anstrengungen, um ihn den Baslern abspenstig zu machen. Ich selber versuchte an ihm die Kraft meiner Überzeugungskünste: Ich bilde mir nicht wenig darauf ein, dass ich ihm schliesslich in meiner Klause das Jawort abzuringen vermochte.

Am 24. Januar 1938 stimmt der Verwaltungsrat nach einem «einlässlichen Referat» von Präsident Walther und einer «längeren Diskussion, an der sich fast alle Mitglieder des Rats beteiligen» ab. Meile erhält 8, Grimm und Cottier je 2 Stimmen. Tags darauf diskutiert der Bundesrat den ihm vom Verwaltungsrat unterbreiteten Einervorschlag Meile. Pilet muss Grimm fallen lassen und schwenkt auf die Kandidatur Meile ein.

Die sozialdemokratische Presse reagiert höhnisch auf die Ernennung Meiles. Gemäss *Volksstimme* wäre Grimm Meile als Fachmann «ohne allen Zweifel überlegen» gewesen, aber er

> ist halt Sozialdemokrat und trotz seiner hundertprozentigen Wandlung eben immer noch mit dem «Makel» des Generalstreikführers behaftet. Somit kommt der Mann überhaupt nicht in Frage.

Den Ausschlag gegeben habe, dass Meile «eben strammer Katholisch-Konservativer» sei. Zu Meiles «Glaubensgenossen» Cottier schreibt die *Volksstimme*, dieser habe Bundesrat Pilet nicht gepasst, «weil er zu viel von Eisenbahndingen versteht. So wunderbar geht es heutzutage im Bundeshaus zu, wenn Stellen zu vergeben sind.»

69. Motta will Frölicher in Berlin

Am 11. Januar 1938 kündigt Vallotton Pilet schriftlich und offiziell die Freundschaft auf:

> Folglich werde ich mit Dir künftig nur noch offizielle Beziehungen aufrechterhalten, welche unsere beidseitigen politischen Stellungen mir gegenwärtig aufzwingen.

An der Bundesratssitzung vom 18. Januar 1938 erfährt Pilet, dass der Posten des Berliner Gesandten frei wird. Er telefoniert Rodolphe Rubattel und erklärt ihm, dass der Präsident der Waadtländer Radikalen – Vallotton – nicht mehr mit ihm, Pilet, reden will. Deshalb wende er sich an den Vizepräsidenten – Rubattel –, um ihm mitzuteilen, dass der Bundesrat einen neuen Minister für Berlin ernennen werde. Er möge dies Vallotton sagen. Falls dieser sich für Berlin interessiere, solle er ihn – Pilet – dies wissen lassen, damit er die nötigen Schritte unternehmen könne.

Da sich mehrere Tage keine Gelegenheit zu einem persönlichen Treffen von Vizepräsident und Präsident ergibt, richtet Rubattel Vallotton Pilets Mitteilung schliesslich telefonisch aus.

Umgehend schreibt Vallotton Pilet einen geharnischten Brief. Er teilt ihm erstens mit, dass «der Bruch unseres freundschaftlichen Umgangs (im Sinne des Möglichen) keine ärgerlichen Folgen für die allgemeinen Interessen, die man uns anvertraut hat, haben soll». In seiner Funktion als Abgeordneter und Waadtländer Parteipräsident stehe er immer für Diskussionen zur Verfügung. Zweitens:

> Ich bin erstaunt, dass Du gedenkst, zu meinen Gunsten Schritte für den Berliner Posten zu unternehmen, nachdem Du, trotz Deiner brieflichen Verpflichtung, für Paris nicht den kleinen Finger für mich gerührt hast

Was den Berliner Posten betrifft, schreibt Vallotton, müsse er sich zuerst genau informieren und würde dann seine Antwort geben. Genau so habe sich der Bundesrat gegenüber Stucki verhalten.

> Ich erlaube mir zu glauben, dass der Fraktionspräsident der Freisinnigen und Vizepräsident des Nationalrats Recht auf dieselben Rücksichten hat wie ein junger Abgeordneter, sei er auch Minister.
> Genehmigen Sie, mein lieber Bundesrat, *mes civilités empressées* Vallotton.

Kaum hat Pilet den Brief seines früheren Freunds in der Hand, telefoniert er Rubattel, der ihm mitteilt, Vallotton habe am Telefon irritiert gewirkt, als ob die Erinnerung an Paris immer noch schwer auf ihm laste. Postwendend schreibt Pilet Vallotton zurück. Er habe die Mitteilung über die Berliner Vakanz an die Person – «früher hätte ich gesagt, den Freund» gerichtet, nicht den Amtsträger. Er endet den Brief ebenfalls kühl formell: «Genehmigen Sie, mein lieber Präsident, meine salutations très distinguées.»

Die Geschichte mit Vallotton und Berlin scheint Pilet derart heikel, dass er sich nach der Bundesratssitzung vom 7. Februar 1938 protokollmässige Notizen macht:

> Motta berichtet, für die Nachfolger Dinicherts in Berlin habe er Frölicher im Auge. [Frölicher war früher Legationsrat in Berlin und ist stellvertretender Leiter der Abteilung für Auswärtiges.] Er habe mit Frölicher über die Sache gesprochen, insbesondere über eine Liaison, die Frölicher unterhielt und die einer Nomination hätte im Wege stehen können. Frölicher habe ihm für seine väterlichen Ratschläge gedankt und ihm berichtet, dass die mit ihm liierte Person nach Amerika abgereist sei. Einer Ernennung Frölichers, der für diese neuen Aufgaben sehr gut vorbereitet sei, stehe somit nichts im Wege.

Pilet bittet, dass man Vallotton informiere, bevor ein definitiver Entscheid gefällt werde. Angesichts seines Interesses für die Aussenpolitik, seiner Tätigkeit an der Spitze der Nationalratskommission für Auswärtiges und der Gefühle, «die er bei der Ernennung Stuckis für Paris gezeigt habe», scheint es Pilet sinnvoll, Vallotton für den Berliner Posten in Betracht zu ziehen.

Obrecht plädiert für Frölicher. «In der gegenwärtigen Zeit braucht es Leute des Metiers. Die Wahl Stuckis für Paris sei exzellent gewesen, diejenige Frölicher werde es auch sein. Auch schade es nicht, dass dieser Solothurner sei (wie Obrecht selber).

Zum Schluss erklärt Motta, wieso er eine Ernennung Vallottons für falsch halte:

> Man könnte dann glauben, sie entspringe dem Wunsch, dessen Zorn über die Ernennung Stuckis zu besänftigen. Ausserdem habe Vallotton, trotz aller Anstrengungen, die er unternehme, um sich die Sprache anzueignen, nicht genügend Deutschkenntnisse.

Das Reich werde ihm das Agreement wahrscheinlich nicht verweigern, aber M. Frölicher sei unzweifelhaft mehr *persona grata*. Schliesslich tat es dem Chef des Politischen Departements leid, sagen zu müssen, dass er nicht an die diplomatischen Fähigkeiten M. Vallottons glaube. Dieser habe wirklich zu viele Patzer (*gaffes*) gemacht, als dass man ihm einen Posten anvertrauen könne. Er, Motta, wäre nicht ruhig, ihn in Berlin zu haben.

70. Mit fliegenden Fahnen

Die einwöchige Februarsondersession 1938 behandelt als einziges Geschäft den vom Bundesrat einstimmig gutgeheissenen Entwurf eines Bundesgesetzes über die Schweizerischen Bundesbahnen. Nach Jahren von Abklärungen, Studien, Sondierungen und Kommissionssitzungen ist das Projekt soweit fortgeschritten, dass das Parlament sich damit befassen kann. Pilet hofft, dass diese Vorlage, die wichtigste überhaupt in den acht Jahren seiner Amtszeit als Verkehrsminister, noch 1938 unter Dach und Fach gebracht werden kann.

Das neue Gesetz soll die hoch verschuldete SBB auf eine solide finanzielle Grundlage stellen. Ihre Führung soll durch eine klare Festlegung der Verantwortung die Bewegungsfreiheit erhalten, um im harten Konkurrenzkampf mit dem sprunghaft sich entwickelnden Autoverkehr bestehen zu können. Zwei eng mit der SBB-Sanierung verbundene Fragen – die gesetzliche Regelung des Verhältnisses Schiene-Stasse und die Bundeshilfe an die ebenfalls mit finanziellen Schwierigkeiten kämpfenden Privatbahnen – will Pilet in separaten Vorlagen später im Jahr vors Parlament bringen. Grossen Würfen gegenüber skeptisch, löst er Probleme lieber Schritt für Schritt.

Die Frage der Sanierung der Bundesbahnen hat etwas von der Dringlichkeit der vergangenen fünf Jahre verloren. Das von 1931 bis 1936 ständig anwachsende Defizit ist dank der Abwertung und eines merklichen Konjunkturaufschwungs von 67 Millionen (1936) auf annehmbare 18 Millionen (1937) zurückgegangen. Trotzdem ist allen klar, dass die goldenen Zeiten, als die Eisenbahn ein faktisches Transportmonopol besass, nicht wiederkehren werden. Etwas muss geschehen um den 3-Milliarden-Schuldenberg, den die SBB im Laufe der Jahre aufgehäuft hat, abzubauen, das bedenkliche Loch in der Pensionskasse ihrer Angestellten zu stopfen und das grösste Unternehmen des Landes für die Zukunft überlebensfähig zu machen.

In der Debatte gibt Walther als «immer noch ältestes Mitglied» des Nationalrats und «wohl auch das einzige Mitglied, das vor der Verstaatlichung dem Verwaltungsrat einer der grossen Eisenbahnlinien angehört hat» einen Überblick über die letzten Jahrzehnte schweizerischer Eisenbahngeschichte. Er erinnert sich, wie in den grossen Privatbahnen des 19. Jahrhunderts «mächtige Kapitalherren» die Verwaltungsräte beherrschten. Seine Haupttätigkeit als von der Luzerner Regierung in den Verwaltungsrat der Zentralbahn geschickter Vertreter sei die «Bewältigung des feudalen Diners» mit damals vier Fleischgängen und Dessert gewesen. «Nicht als Verwaltungsrat, sondern als objektiver Kenner», lobt Walther die von der heutigen SBB-Führung geleistete Arbeit. Sie habe alles in ihrer Macht stehende vorgekehrt, «um die Ausgaben den geschrumpften Einnahmen anpassen zu können. Und trotz der unerbittlich durchgeführten Einschränkungen des Personalbestands sind die Eisenbahnen technisch auf der Höhe geblieben, und die Sicherheit hat in keiner Weise gelitten.»

Bratschi erklärt, dass man sich in der Kommission allgemein einig war. Einzig bei den Personalartikeln habe es grosse Differenzen gegeben. Nach der bundesrätlichen Vorlage würde der SBB-Verwaltungsrat bestimmen, welche Angestellten der SBB unter das Beamtengesetz fallen und welche nicht. Auch könnte der Verwaltungsrat mit Genehmigung des Bundesrats die Besoldung des Personals festlegen. Das Parlament würde dazu nichts mehr zu sagen haben. Für Bratschi kommt dies «einer Degradierung der Eisenbahner zu Beamten zweiter Klasse» gleich. «Wenn die Personalartikel bleiben, werden wir die Vorlage mit aller Schärfe bekämpfen.»

Der mächtige «Eisenbahngeneral» und Richtlinienchef Bratschi lässt eine unmissverständliche Drohung fallen: Die Verkehrsfragen seien ja nicht die einzigen wichtigen, die zur Diskussion stünden.

> Ich nenne nur zwei: die Finanzreform und die Wirtschaftsartikel. Ja, meine Herren der Mehrheit, glauben Sie wirklich, dass die Sozialdemokraten, die Organisationen und Verbände, die heute der Richtlinienbewegung angehören, immer bereit seien, Ihnen zu helfen, wenn sie notwendig sind, um etwas durchzuführen, während Sie jedes Mal dann, wenn Sie uns etwas geben sollten, Nein sagen?

Die Drohung wird gehört. Der grosse Finanzexperte der Freisinnigen, der in zahlreichen wichtigen Kommissionen sitzende Aargauer FDP-Parteipräsident Emil Keller, lenkt ein. Er verstehe die Beunruhigung im Personal und sei bereit, die bisherige Ordnung beizubehalten. Die Eisenbahner sollen Bundesbeamte bleiben.

Pilet weiss, dass seine Sache verloren ist. Trotzdem übernimmt er «einmal mehr die Rolle des Spielverderbers», der «den sehr grosszügigen Gefühlen, welche die Mehrzahl der Abgeordneten inspiriert haben, die viel trockenere, kältere, härtere Sprache der – sagen wir das Wort – Vernunft entgegenhält.» Wörtlich:

> Als ich die zahlreichen Reden hörte, die gestern und heute gehalten wurden, konnte ich mich nicht davon abhalten zu denken – verzeihen Sie mir diese poetische Reminiszenz, es wird die einzige sein, ein simples Murmeln im Gerassel der Eisenbahnschlacht – also, wie ich sagte, ich konnte ich mich nicht davon abhalten, an diesen berühmten Vers zu denken: *Victrix causa diis placuit, sed victa Catoni.*

Wer wissen will, wieso Pilet bei vielen Deutschschweizern nicht ankommt, braucht bloss diese Sätze genau zu lesen. Was zum Teufel meint der Bellettrien? Die Übersetzung des Zitats hilft kaum: «Die siegreiche Sache gefiel den Göttern, aber die besiegte gefiel Cato.» Der Vers des Dichters Lucan betrifft den Bürgerkrieg zwischen dem siegreichen Caesar und dem besiegten römischen Senat. Pilet identifiziert sich mit dem auf der Verliererseite stehenden Cato dem Jüngeren, der bekannt war für persönliche Integrität und Hartnäckigkeit. Schwer vorstellbar, dass auch nur eine Handvoll der im Saal Anwesenden mit der Anspielung etwas anfangen konnte – selbst zu einer Zeit, in der viele Parlamentarier auf der Schulbank Latein gelernt hatten.

Pilet spricht von den Personalkosten, die den Grossteil der SBB-Betriebsausgaben ausmachen – 1936 waren es 180 von 224 Millionen. Die für die Geschäftsführung verantwortlichen Verwaltungsrat und Generaldirektion müssten deshalb die Befugnis haben, über Einstellung und Entlöhnung des Personals zu bestimmen. Wie die Metall-, Uhren- oder Textilindustrie sei das Transportwesen extremen Schwankungen unterworfen. Darauf müsse die Verwaltung reagieren können.

Die Personalartikel seien nicht gegen das Personal gerichtet. Sie dienten dazu, seine Stellung zu sichern, indem sie das Unternehmen solide erhalten. Sie würden die SBB-Angestellten von den Schicksalsschlägen der letzten Jahre bewahren. Pilet warnt, dass bei einer Streichung der Personalartikel, garantiert das Referendum gegen das Gesetz ergriffen werde. Den Gegnern werde es leicht fallen, es vor dem Volk zu Fall zu bringen.

> Sie kennen die Kraft der Schlagworte, sie verwirren immer den Geist, aber sie überzeugen die Leute – «1,5 Milliarden für die SBB ohne Reorganisation? Nie!» Wenn Sie dazu noch die natürliche Tendenz der Wähler nehmen, nein zu sagen, können Sie sich das Resultat vorstellen. Wenn das Gesetz fällt, gibt es keine Sanierung. Wir werden ein ständiges Defizit und einen ständigen Druck auf das Personal der Eisenbahnen und das gesamte Bundespersonal haben.

Wer wirklich und auf lange Sicht das Personal verteidige, sei derjenige, «der zu Ihnen spricht, der Departementschef, der die fraglichen Artikel unterstützt.»

Der Bundesrat unterliegt mit 120 zu 53 Stimmen. Die Linke stimmt geschlossen gegen den Bundesrat und auch 33 von 8 Freisinnigen versagen ihm die Gefolgschaft. Bratschi schreibt triumphierend im *Eisenbahner*:

> Seit vielen Jahren zum ersten Mal hat der Nationalrat mit imposanter Klarheit und Würde seine Mission als Vertreter des Volkes und Vollstrecker des Volkswillens erfüllt. Die Bundesbahnen bleiben Staatsbetrieb; die Entrechtung der Eisenbahner ist abgelehnt.

Pilet scheint unverdrossen. Er will sein Gesetz in der ursprünglichen, nicht der vom Nationalrat abgeänderten Fassung vor den Ständerat bringen. Er hofft, dass die kleine Kammer mit ihrer starken bürgerlichen Mehrheit, die Personalartikel beibehalten wird.

71. Waffenstillstand mit Henry

Am Morgen nach der «ehrenvollen» Niederlage trifft sich Pilet im Präsidentenzimmer des Nationalrats mit Vallotton. Es geht um den Ministerposten Berlin. Pilet will wissen, wie er sich bezüglich einer eventuellen Kandidatur Vallotton verhalten soll. Verlauf des Gesprächs gemäss den (in die direkte Rede umgesetzten) Notizen Pilets:

> *Marcel:* «Wenn ich mich für Dich einsetze und dabei scheitere, wirst Du dies nicht als Manöver betrachten, um Dich in eine schlechte Position zu versetzen? Ich bin nicht sicher, ob der Bundesrat Dich überhaupt anfragen wird, selbst wenn ich insistierte. Mottas Gefühle gegenüber Dir sind anders, als Du Dir vorstellst. Die Darstellung, die Du mir über Dein Gespräch mit Motta vom vergangenen November gegeben hast, entspricht, so wie ich es beurteilen kann, nicht der Wirklichkeit.» *Henry:* «Für Berlin kann ich mich nicht entscheiden, ohne die Bedingungen zu kennen. Wenn allfällige Bemühungen zu meinen Gunsten leider erfolglos sein sollten, würde ich dies nicht etwelchen Hintergedanken Deinerseits zuschreiben. Allerdings wären natürlich bei einem Scheitern Indiskretionen, wie sie fast immer vorkommen, um meinen Namen herum sehr unangenehm. Vielleicht sind ja die Gefühle Mottas für mich nicht sehr freundschaftlich. Dies zweifellos, weil ich ihm zahlreiche Dienste erwiesen habe. Aber man weiss schliesslich, dass ich mich mit besonderer Vorliebe für die Aussenpolitik interessiere. Der Bundesrat sollte die Männer kennen, die er braucht, und dementsprechend handeln».
> *Marcel:* «Bis Du mit dem einen oder anderen meiner Kollegen besonders befreundet, sodass ich mit diesem über Berlin reden könnte?»
> *Henry:* «Ich duze Minger und Obrecht, weil ich ihr Kamerad war. Sonst habe ich zu keinem der Bundesräte enge persönliche Beziehungen.»

Der Rest des einstündigen Gesprächs zwischen den ehemaligen Freunden dreht sich «um die parlamentarische Lage, die Unzufriedenheit der Abgeordneten, den Graben zwischen Bundesrat und Parlament und die Notwendigkeit, den Kontakt mit den parlamentarischen Fraktionen wieder herzustellen.» Weiter heisst es in den Notizen Pilets:

> Die Unterhaltung hat sich in einem ruhigen, von jeglicher Bitterkeit freien und fast freundschaftlichen Ton abgespielt, dem Anschein nach wenigstens.

Nach dem Gespräch mit Vallotton geht Pilet in die Bundesratssitzung, in der Motta vorschlägt, man solle bei der Reichsregierung das Agreement für Frölicher einholen. Pilet fragt erneut, ob für Berlin nicht Vallotton vorgesehen werden könnte. Motta ist immer noch dagegen. Obrecht hält die Kandidatur Frölicher für die beste. Der Bundesrat bleibt bei Frölicher.

Am Ende der Sitzung nimmt Motta Pilet beiseite und sagt ihm, wieso er Vallotton nicht mag. Bei einem Empfang für die aussenpolitische Kommission in Vallottons Villa in St. Sulpice habe dieser «mit der dicken Berta» auf ihn geschossen. Er habe Anspielungen über Mottas «baldigen Rücktritt» und über die «Entsendung von *Madame* Rüegger» nach Rom gemacht. Die *Berner Tagwacht* hatte gemunkelt, Paul Rüegger verdanke seine Ernennung zum Minister in Rom seiner Frau, einer römischen Gräfin mit guten Beziehungen zu hohen faschistischen Kreisen – Motta glaubt, dass Vallotton «von Ehrgeiz zerfressen» sei.

Der Aussenminister fragt dann Pilet, ob Vallotton immer noch Lust auf eine Gesandtschaft habe. Pilet antwortet: «Vallotton hat lange Zeit von der Diplomatie geträumt, vor allem während seiner ersten Ehe.» Worauf Motta meint, er habe keinen Grund, mit Vallotton Streit zu haben:

> Mein Gott, später werden wir sehen. Wissen Sie übrigens, dass Vallotton und Lachenal ganz schlecht aufeinander zu sprechen sind, dies trotz des äusseren Anscheins. Lachenal insistiert, dass ich seinen Schwager Peter so lange wie möglich in Washington lasse. Aber ich bin entschlossen, die Altersgrenze nach 65 spielen zu lassen. Vielleicht wäre es dann möglich, an Vallotton zu denken.

Am Abend telefoniert Pilet Vallotton in dessen Kanzlei. Vallotton entschuldigt sich, er sei gerade mit Mandanten zusammen und werde später zurückrufen. Der Ton ist «recht herzlich». Er nennt Pilet nicht *Conseiller,* sondern wie früher Marcel. Als Vallotton ihn später aus seiner Residenz in St. Sulpice zurückruft, ist der Ton allerdings trockener: «Guten Abend, *Conseiller*» – «Guten Abend, *Président.*» Pilet berichtet Vallotton, dass Motta Frölicher für Berlin vorgeschlagen habe. Seine eigene Intervention zugunsten Vallottons habe keine Resonanz gefunden.

72. Anschluss

Am 13. März 1938 marschieren 65 000 Soldaten der Wehrmacht in Österreich ein. Ein grosser Teil der Bevölkerung jubelt ihnen zu. Zwei Tage später verkündet Hitler vor einer hingerissenen Menge auf dem Heldenplatz in Wien «den Eintritt meiner Heimat in das Deutsche Reich.» Der Anschluss ist perfekt. Die *Gazette* zieht die Lehre aus dem Untergang des Nachbarlands:

> Alle Schweizer ohne Unterschied von Sprache oder Parteien müssen die Notwendigkeit verstehen, wachsam zu sein und jeder fremden Einmischung den Schutzwall einer disziplinierten Schweiz entgegenstellen, die vor allem in ihrem Willen, ein einzig Land von Brüdern zu sein, geeint ist.

Am 17. März warnt der Schaffhauser Stadtpräsident Walther Bringolf in einem Vortrag im Restaurant Wasserfels in Stein am Rhein vor der Expansionspolitik des Reiches. «Jeder geistig normal denkende Mensch» könne ersehen, dass Österreich durch «die Nazi-Barbaren vergewaltigt wurde». «Mit dem gross-schnörrigen Herrn Hitler kann kein Staat Verträge abschliessen, da doch jeder gebrochen wird.» Bringolf nennt die Nationalsozialisten «Mörder», Mussolini den «gleichen Schuft wie Hitler.» Diese Zitate, ob exakt oder nicht, werden der deutschen Gesandtschaft hinterbracht, die sich später bei Motta beschwert.

Die ganze Schweiz ist konsterniert über das plötzliche Verschwinden des Nachbarlands Österreich. Am Freitag, 18. März teilt Bundespräsident Baumann den Kollegen mit, «dass in weitesten Kreisen der Wunsch und die Erwartung ausgesprochen werden», der Bundesrat möge beim Zusammentritt des Parlaments am Montag eine Erklärung zu den «internationalen Vorgängen» abgeben. Die Richtlinienbewegung und die bürgerlichen Parteien wollen ebenfalls eine offizielle Erklärung abgeben. Einstimmig ist der Bundesrat der Meinung, dass eine Regierungsproklamation «notwendig und angezeigt» sei. Verhängnisvoll wäre es, wenn die Fraktionen oder einzelne Mitglieder eigene Erklärungen abgeben würden. Das Beste wäre eine Proklamation des Bundesrats in den drei Landessprachen und anschliessend eine Zustimmungserklärung aller Fraktionen.

Dies geschieht. Um «grundlose Befürchtungen zu zerstreuen», verliest Baumann eine vom politischen Departement verfasste und vom Gesamtbundesrat mit einigen redaktionellen Abänderungen gutgeheissene Erklärung:

> Die Veränderung, die die politische Karte Europas dieser Tage erfahren hat, kann keine Schwächung der politischen Lage der Schweiz zur Folge haben. Die Unabhängigkeit und die Neutralität der Eidgenossenschaft erweisen sich im Gegenteil mehr denn je als unentbehrlich für die Aufrechterhaltung des europäischen Gleichgewichts. Feierliche Zusicherungen sind uns in dieser Einsicht von allen Seiten gegeben worden. Ihr Wert ist unbestreitbar. Keiner unserer drei Nachbarstaaten kann den Untergang der Schweiz wünschen oder anstreben. Keiner von ihnen bedroht unsere demokratischen Einrichtungen, die ein wesentliches Lebensprinzip der Eidgenossenschaft und ihrer 22 Kantone ausmachen, es ist eine ein Jahrhundert alte Mission der Schweiz in Europa, im Interesse aller die Alpenpässe zu hüten. Die Schweiz deckt und schützt lebenswichtige Grenzabschnitte ihrer Nachbarn. Der Wille des Schweizervolkes, diese Aufgaben zu erfüllen und seine Unabhängigkeit unter Einsatz seines Blutes zu behaupten, ist einhellig und unerschütterlich. Die Schweiz hält sich von fremden Händeln fern. Jeder Angriff auf die Unversehrtheit ihres Gebietes würde ein verabscheuungswürdiges Verbrechen gegen das Völkerrecht darstellen.

Pilet verliest die französische, Motta die italienische Fassung. Kein Zweifel, dass die feierliche aussenpolitische Grundsatzerklärung Haltung und Willen des einigen Bundesrates wiedergibt. Darin enthaltene Gedanken über das Wesen des demokratischen schweizerischen Staates, über seine Rolle als Hüterin der Alpenpässe, über die Nichteinmischung in fremde Händel und den unbedingten Willen zur Verteidigung des Landes, hat Pilet in seinen Reden immer wieder betont.

Es folgt, ebenfalls in den drei Landessprachen, die Zustimmungserklärung aller Fraktionen. Bedeutungsvoll, ja historisch ist, dass die nicht in der Regierung vertretenen Sozialdemokraten die Deklaration mitverantworten und dass Grimm die deutsche Fassung verliest. Zusammen mit Vallotton, dem französischen Sprecher, hat Grimm bei der Abfassung der gemeinsamen Erklärung die entscheidende Rolle gespielt. Die Fraktionschefs stimmen überein: Nur Einigkeit kann der Schweiz ein ähnliches Schicksal ersparen, wie es das durch innere Kämpfe aufgeriebene Österreich erlitten hat.

> Das Schweizer Volk ist bereit, die Opfer für seine nationale Verteidigung zu bringen. Aber die militärische Rüstung wäre nutzlos, wenn sie sich nicht auf die geistigen und moralischen Kräfte des ganzen Volkes stützen könnte: Die Einigkeit unter den Eidgenossen muss den Sieg über politische und wirtschaftliche Gegensätze davon tragen, und unsere internen Auseinandersetzungen müssen sich in Würde, in der gegenseitigen Achtung vor der Auffassung der anderen und im Rahmen unserer demokratischen Einrichtungen vollziehen.

Am gleichen Abend verabschiedet der Nationalrat die Vorlage zu Sicherung der Landesverteidigung, die den Bund ermächtigt, «für den Fall der wirtschaftlichen Absperrung oder des Kriegs» die notwendigen Massnahmen zur «Beschaffung und Sicherstellung der für die Versorgung von Volk und Heer unentbehrlichen Güter» zu treffen. Die Vorbereitungen für den von vielen erwarteten Kriegsfall werden nun von Obrechts Volkswirtschaftsdepartement überlegt und zügig vorangetrieben.

Aussenpolitische Priorität hat die Erlangung der «integralen Neutralität». Seit Monaten bemüht sich Motta, die Schweiz von der Pflicht zur Teilnahme an wirtschaftlichen Sanktionen zu befreien, die ihr die Londoner Erklärung von 1920 auferlegt. Nach hartnäckigen Verhandlungen, bei denen vor allem Frankreich und England überzeugt werden mussten, nimmt der Völkerbundsrat am 14. Mai einstimmig – bei Stimmenthaltung der Sowjetunion und Chinas – eine Resolution an, die der Schweiz die absolute, traditionelle Neutralität zurückgibt. «Ein grosses Datum in der Geschichte des Landes», sagt Motta.

An den Fussballweltmeisterschaften in Paris ist Deutschland unter Reichstrainer Sepp Herberger Favorit. Keine drei Monate nach dem Anschluss spielen in der «grossdeutschen» Mannschaft fünf Spieler aus Österreich mit, dessen «Wunderteam» ein paar Jahre zuvor die Sportwelt verblüfft hatte. Im Viertelfinal spielt die Schweiz gegen Grossdeutschland 1:1 unentschieden, um dann im Wiederholungsspiel schon nach 21 Minuten – und erst noch durch ein Eigentor! – 2:0 in Rückstand zu geraten. Doch die aus Spielern aller Landesteile zusammengesetzte, vom Österreicher Karl Rappan trainierte Schweizer Mannschaft lässt sich nicht unterkriegen. Sie wirft Grossdeutschland mit 4:2 aus dem Turnier.

73. Ja zum Strafgesetzbuch

Am 1. Juli 1938 stimmt das Volk über das schweizerische Strafgesetzbuch ab, das im Parlament zwei Jahrzehnte lang debattiert worden ist. Auf Widerstand stösst die vom Bundesrat mit Nachdruck unterstützte Vorlage bei den Katholisch-Konservativen und den welschen Föderalisten. Im Abstimmungskampf verbietet die Berner Kantonsregierung ein Plakat des gegnerischen Aktionskomitees. Pilet, obschon persönlich entschiedener Befürworter, sagt im Bundesrat, was er von der Zensurmassnahme der Berner hält, nämlich nichts. Er fragt Baumann, ob sein Departement nicht in der Lage sei, die von der Verfassung garantierte Pressefreiheit durchzusetzen und einen Machtmissbrauch wie den der Berner Regierung zu verhindern.

> Es ist Brauch, dass in politischen Kampagnen der Kritik grösster Spielraum gelassen wird. Erstmals hat nun die Behörde auf diesem Gebiet eingegriffen, und dies, um eine aus der welschen Schweiz kommende Opposition zu unterjochen. Die Tatsache wird von unseren welschen Bevölkerungen als ein Affront empfunden werden und Folgen haben.

Baumann antwortet Pilet, dass in der Frage eines Plakatverbots die Berner Behörden zuvor den Bundesanwalt um seine Ansicht gebeten hätten. Dieser habe keinen Grund gesehen, gegen die Plakate einzuschreiten. Es sei nicht Sache des Justizdepartements, dem Kanton, der in den Grenzen seiner Verantwortung gehandelt habe, dreinzureden.

An Versammlungen und mit einer Radioansprache setzt sich Pilet für das schweizerische Strafgesetzbuch ein, das Häberlin über Jahre hinaus betreut hat und als seine «Lebensaufgabe» betrachtet. Einmal mehr steht er auf der anderen Seite als seine Waadtländer Landsleute, die allen zentralistischen Massnahmen misstrauen. Zu Pilets Erleichterung wird das Strafrecht am 3. Juli mit 53,6 Prozent Ja-Stimmen angenommen. Das Volksmehr siegt über das ablehnende Ergebnis in 11 Kantonen – darunter allen welschen – und 3 Halbkantonen.

Anfangs September ist Obrecht Ehrengast am Comptoir in Lausanne. Zuvor schickt er Pilet den Entwurf der Rede, die er dort halten will zur Begutachtung. Dieser beruhigt seinen *cher ami:*

> An Deiner Rede gibt es nichts zu ändern, Du kannst sie bedenkenlos halten; ich bin sicher, dass die Ideen, die sie ausdrückt, ein günstiges Echo finden werden.

Pilet fügt noch ein Wort zum Föderalismus hinzu. Die Romands, erklärt er Obrecht, hätten im Gegensatz zu den Deutschschweizern keine grosse Freude am Teilen. Wichtig sei ihnen, «nach ihren Neigungen, ihren Sitten, ihren Traditionen und ihrem Ideal leben zu können».

> Unsere Devise ist *Vaterland* – das zuerst – und Freiheit, aber überhaupt nicht Brüderlichkeit – Gleichheit. Der Unterschied ist deutlich. Dies, um Dich ein wenig über die welsche Seele aufzuklären, die manchen unergründlich und unbeständig scheint.

74. München

Nach dem Anschluss Österreichs verrät Hitler einem engeren Kreis sein nächstes aussenpolitisches Ziel: «Es ist mein unabänderlicher Entschluss, die Tschechoslowakei durch eine militärische Aktion zu zerschlagen.» Als Vorwand dient ihm die Behandlung der dreieinhalb Millionen Sudentendeutschen durch die Prager Regierung. Die Spannung hält 1938 den ganzen Sommer hindurch an. In einer vom *Vaterland* als «keulenhaft grob» qualifizierten Reichstagsrede erklärt der Führer am 12. September, er werde der «Unterdrückung der deutschen Volksgenossen in der Tschechoslowakei» nicht länger zusehen. Im Sudetengebiet bricht ein Aufstand mit vielen Opfern aus.

Bange fragt sich Europa, ob ein Einmarsch deutscher Truppen in die Tschechoslowakei zum Eingreifen der Franzosen und Engländer und damit zu einem neuen grossen Krieg führen werde. Der britische Premier Neville Chamberlain fliegt nach Deutschland, um den Frieden zu retten. Er sagt Hitler, dass England, Frankreich und die Tschechoslowakei zur Abtretung des Sudetenlands bereit seien, wenn gleichzeitig die Unabhängigkeit der Tschechoslowakei international garantiert werde. Hitler lehnt den Plan ab.

Am 28. September 1938 schliesst sich der Bundesrat einem Friedensappell des amerikanischen Präsidenten Roosevelt an: Die moralischen Schäden und unvorstellbaren Zerstörungen, die aus einem neuen grossen Krieg für die ganze Welt erfolgen würden, wären so gravierend, dass sich jede noch so bescheidene Stimme für eine friedliche Lösung des Streits erheben müsse.

Im letzten Moment überzeugt Mussolini Hitler vom Nutzen einer Viermächtekonferenz zur Rettung des Friedens. Nach dramatischen Verhandlungen schliessen Frankreich, England, Italien und Deutschland das Münchner Abkommen. Das Sudetenland wird ans Reich abgetreten. *Peace for our time.*

Bundespräsident Baumann ist «tief befriedigt» über den Ausgang der Münchner Konferenz. An der Bundesratssitzung vom 30. September sagt er:

> Eine grosse Sorge ist von unserem Volk und seinen Behörden, ja von der ganzen Welt genommen worden, und der Friede darf menschlicher Voraussicht nach als gesichert betrachtet werden.

Realistischer und richtiger als der Bundespräsident beurteilt Grimm in der *Berner Tagwacht* das Münchner abkommen.

> England und Frankreich kapitulieren vor Hitlers und Mussolinis Gewaltpolitik und das in einem Moment, wo diese Gewaltpolitik endgültig vor dem Scheitern stand ... Nie war die Gelegenheit günstiger, diesem hemmungslosen Friedensstörer ein für allemal die Möglichkeit der Brandstiftung zu nehmen ... Hitler wurde von denen gerettet, die morgen schon diese Rettung bereuen müssen, von Mussolini, Daladier und Chamberlain.

75. Telefonüberwachung

Kriegsvorbereitung ist in den nächsten Monaten die Hauptaufgabe aller Departementschefs. Am 12. Oktober 1938 schickt Pilet der Generaldirektion der SBB, derjenigen der PTT und allen Leitern der ihm unterstellten Ämter eine Notiz:

> Lassen Sie mich schriftlich wissen, welche Feststellungen bezüglich der Kriegsvorbereitungen Sie in den letzten Septemberwochen in Ihren Betrieben und Diensten gemacht haben. Insbesondere, welches sind die Lücken, die Sie festgestellt haben, die Schwierigkeiten, auf die Sie gestossen sind, die Verzögerungen, die Sie zu befürchten hätten? Welches sind die Massnahmen, um dem abzuhelfen? In welchem Sinne können Ihrer Meinung nach die Kriegsvorbereitungen in der Friedenszeit ergänzt werden? Ich denke dabei, wohlverstanden, an die Tätigkeiten, die direkt oder indirekt meinem Departement unterstehen und unter meine Verantwortung fallen. Ich glaube, dass Sie mir Ihre Berichte bis Ende November abliefern können.

Spätestens seit dem 12. September, dem Tag an dem Hitler am Nürnberger Parteitag seine aggressive Schlussrede über das neue germanisch-deutsche Reich gehalten hat, überwacht die von Alois Muri geleitete Telefondirektion die Leitung Rom-Berlin. Fleissige Hände protokollieren die von der deutschen Gesandtschaft in Italien aus geführten Gespräche. Auch Journalisten, Zeitungsredaktionen und gut informierte Privatpersonen werden abgehört. Pilet kriegt die Durchschläge der Gesprächsaufzeichnungen.

Am 8. November erhält Pilet einen Brief von Kollege Baumann:

> Über die kritischen Wochen im September und Oktober 1938 sind der Bundesanwaltschaft im vermehrten Masse Mitteilungen der Telefonverwaltung betreffend verdächtige Gespräche zugekommen. Diese Mitteilungen waren für die Bundesanwaltschaft äusserst wertvoll in politisch-polizeilicher Hinsicht; ihre Auswertung erfolgte in jedem Falle mit absoluter Diskretion.

Da die nationalsozialistischen und antidemokratischen Umtriebe in letzter Zeit erheblich zugenommen hätten, ersucht Baumann Pilet den «in Betracht fallenden Organen Weisung zu erteilen, alle Wahrnehmungen über verdächtige Telefongespräche, insbesondere auch auf ausländischen Linien, der Bundesanwaltschaft auf kürzestem Wege zu melden».

Dies geschieht. Meist wird allerdings nur Alltägliches und Banales mitgehört. Dass Telefonleitungen von den Behörden angezapft werden, redet sich herum. Schweizer Nazis und Mitläufer sind auf der Hut. Gelegentlich macht Muris Rotstift Pilet auf pikante Stellen in den Protokollen aufmerksam:

> Fernamt Bern meldet folgende Beobachtung: Herr Generalstabschef Labhart weilt gegenwärtig im Ausland. Er telefonierte, dass seine Frau unter der Nummer 3 17 62 (Herr Minister Köcher, T2) zu erreichen sei und während seiner Abwesenheit dort wohne.

Mit Bleistift fügt Muri hinzu: *Il ne manquait que ça! M.* Dass dies «gerade noch gefehlt» hat, hätte wohl auch Generalstabschef Labhart gesagt, wenn er erfahren hätte, dass sein Telefon abgehört wird. Andererseits musste die offenbar nahe Beziehung der Gattin [sie ist gebürtige Deutsche] des höchsten Schweizer Offiziers zur deutschen Gesandtschaft dem Bundesrat zu denken geben.

76. Orchesterkrieg

Am 13. Oktober 1938 ist Pilet Ehrengast an einem glanzvollen Konzert in Genf. Gefeiert wird dort ein «nationaler Sieg» – eine Übereinkunft aller welscher Kantone, die eine weltberühmte Institution gerettet hat: das *Orchestre de la Suisse romande*. Das Genfer Théatre ist bis auf den letzten Platz gefüllt und vor den Eingängen warten Hunderte. Ernest Ansermet und die 84 Musiker halten, begrüsst von einer Fanfare, ihren Einzug. Auf dem Programm: Bach, Beethovens 4., Wagner (Siegfrieds Trauermarsch) und als Clou des Abends Debussys *La Mer*. *Journal de Genève*:

> Das Orchester brilliert und allen Solisten muss man gratulieren. Dem Animator dieses unvergesslichen Moments gilt es einfach zu sagen: Merci!

Ein seit Jahren dauernder bitterer «Orchesterkrieg» zwischen Lausanne und Genf ist beigelegt.

Nachdem Lausanne ein pompöses *Maison de la radio* mit einem hervorragenden Konzertstudio gebaut hatte, bestimmte die SRG 1935 die Stadt zum Sitze eines neu zu bildenden welschen Radioorchesters, des *Orchestre de la Radio Suisse Romande*. Die Lausanner Radioverantwortlichen, die dem eigenwilligen und anspruchsvollen Maestro Ansermet und seinen autoritären Allüren misstrauten, bestimmten Hans Haug zum Chefdirigenten. In Genf, wo Ansermet und sein Ensemble ihren Sitz hatten, gab es keinen mit dem Lausanner vergleichbaren Konzertsaal. Extra für ihn bauten nun die Genfer auch einen. Es zeigte sich jedoch, dass in der welschen Schweiz kein Platz für mehr als ein Symphonieorchester war. Die Krise hatte dem Musikleben zugesetzt, es hielt schwer die Säle zu füllen. Dank der finanziellen Unterstützung durch die SRG schien das neue Lausanner Radioorchester bessere Überlebenschancen zu haben als das defizitär gewordene *Orchestre romand* Ansermets.

Die Bewunderer und Freunde Ansermets, darunter Pilets alter *Bellettres*-Kollege Elie Gagnebin, unternahmen nun alles, um das weltberühmte Orchester zu retten. Pilet wurde mit Briefen bestürzter welscher Freunde überhäuft. Auch Ansermet korrespondierte mit ihm. Der Maestro selber entwarf den «Plan Ansermet», der ein reorganisiertes, auf einer Stiftung beruhendes einziges welsches Orchester vorsah. Widerwillig nahmen schliesslich die in Lausanne sitzenden Radioverantwortlichen den Plan an.

Als Herr über die SRG und deren Finanzen brachte nun Pilet durch sanften, aber entschiedenen Druck die in Lausanne sitzenden Radioverantwortlichen zum Einlenken: Ansermet, selber ja auch Waadtländer, wird Chefdirigent des wiederauferstandenen *Orchestre de la Suisse Romande*. Hans Haug erhält als Kompensation das Zürcher Radioorchester. Pilets geduldiges, aber bestimmtes Eingreifen hinter den Kulissen hat mitgeholfen, das Überleben einer weltweit geachteten schweizerischen kulturellen Institution zu sichern.

In der Romandie begegnet man kulturellen Fragen mit noch lebhafterer Anteilnahme als in der Deutschschweiz.

Nachdem Misswirtschaft und Verfehlungen den Direktor des *Radios Suisse romande* zum Rücktritt gezwungen haben, wartet die welsche Schweiz gespannt darauf, wer als neuer Herr über die von Sottens ausgestrahlten und von Hunderttausenden gehörten Sendungen walten wird. An Kandidaten fehlt es nicht und jeden Tag wird die Liste länger. «Man konnte kaum einem alten Kindheitskameraden begegnen, ohne ihn zu verdächtigen, seine Kandidatur angemeldet zu haben.» In der irrigen Meinung, dass der Chef des Postdepartements den Radiodirektor ernennt, schicken Politiker, ehemalige Belletriens, Journalisten und Musiker Pilet Briefe, um diesen oder jenen «hoch qualifizierten» Mann für den Radioposten zu empfehlen.

Natürlich kann da Vallotton nicht fehlen. Er schlägt einen 26-jährigen Stagiaire aus seiner Kanzlei als Radiodirektor vor. Allen Briefschreibern erklärt Pilet höflich, die Wahl des welschen Radiodirektors liege nicht in seinem Verantwortungsbereich. Man möge bitte die Kandidaturen an die zuständigen Instanzen weiterleiten.

Als erste Instanz berät die siebenköpfige westschweizerische Programmkommission. Sie schlägt den Journalisten Pierre Béguin vor. Béguin, Berner Korrespondent von *La Suisse,* Lobbyist für den Bund für Volk und Heimat und dessen von der Zürcher Finanz unterstützten Nachfolgeorganisation *Redressement national,* geniesst die Unterstützung konservativer und liberaler Politiker. In der Kommission erhält Béguin fünf Stimmen, der junge Lausanner Redaktor Marcel Bezençon gerade eine.

Obschon gebürtiger Neuenburger, gilt Béguin in der Waadt als Mann Genfs. Man verdächtigt ihn, Studio Lausanne unter die Knute von Studio Genf bringen zu wollen. Der für die Wahl zuständige welsche Regionalvorstand gibt deshalb Bezençon, einem unter seinen Waadtländer Kollegen beliebten Journalisten, mit 7 Stimmen zu

6 für Béguin den Vorzug. Der endgültige Entscheid liegt bei Generaldirektor Glogg, der den Vorschlag des Vorstands annehmen oder zurückweisen kann.

Es kommt zu einem Rechtsstreit. Durfte der Vorstand den Vorschlag der Programmkommission – Béguin – ausschlagen und eigenmächtig Bezençon ernennen? Wie schon in der Orchesterfrage stehen sich Genf und Waadt feindlich gegenüber. Die Wogen gehen hoch und die Politiker wollen nicht abseits stehen.

Pilet ist nicht für die Ernennung des Radiodirektors zuständig, wohl aber für die Auslegung der Konzession. Als beschlagener Jurist gibt er eine fünfseitige wohl abgewogene Rechtsmeinung ab, die zugunsten des Vorstands und damit des Kantons Waadt ausfällt. Pilets Begründung ist stichhaltig, die Genfer Verlierer akzeptieren sie. Generaldirektor Glogg ratifiziert den Entscheid des Vorstands. Bezençon ist gewählt. Béguin geht leer aus.

Wird Béguin, dessen Kandidatur von rechten Kreisen mit Nachdruck vertreten wurde, Pilet seinen Entscheid nachtragen? Der zur Crème der welschen Journalisten gehörende *Bellettrien* hat ein gespaltenes Verhältnis zu seinem fünfzehn Jahre älteren Couleurbruder Pilet. Als Befürworter einer Privatisierung der SBB liegt Béguin im Dauerstreit mit «General Bratschi». Wenn sich Pilet gegenüber den Forderungen des Eisenbahnerverbands zu wenig hart zeigt oder wenn er in Fragen wie AHV oder Bundesstrafgesetz die den welschen Föderalisten unliebsame Meinung des Bundesrats vertritt, scheut sich Béguin jeweils nicht, dem einzigen Romand im Bundesrat die Leviten zu lesen.

Später, als Korrespondent des *Journal de Genève* und Chefredaktor der *Gazette de Lausanne* wird Béguin zu einem der angesehensten Journalisten der Schweiz. Seine Haltung zu Pilet als Mensch wird ambivalent bleiben, aber öffentlich wird er ihn und seine Politik bis zu seinem Rücktritt – und auch noch nachher – konsequent verteidigen.

77. Ein Deal mit Bratschi

Nach der am 24. Juni 1938 vom Nationalrat abgelehnten Finanzreform suchen Bundesrat und Parteien weiter nach einer tragfähigen Ordnung für die Bundesfinanzen. Schon anfangs Juli überlegt sich der Bundesrat, wie man das gestrandete Schiff wieder flott machen kann. Eine Übergangslösung in Form eines neuen Bundesbeschlusses soll ausgearbeitet, vom Parlament behandelt und noch vor Jahresende dem Volk unterbreitet werden. Die geplante Vorlage soll mit einigen Korrekturen das gescheiterte Projekt Meyer übernehmen. Über den Inhalt sind sich die sieben Bundesräte einig. Die Frage ist nur, wie man die Zustimmung von Parlament und Volk erreichen kann.

Eine Mehrheit des Bundesrats will dem Parlament einen neuen dringlichen Bundesbeschluss vorlegen, der das Budgetgleichgewicht für zwei bis drei Jahre sichert. In der Sitzung vom 4. Juli erklärt Meyer eine Finanzreform auf Verfassungsbasis müsste sich in zwei Jahren machen lassen. Deshalb will er den Bundesbeschluss auf zwei Jahre beschränken. Andere Bundesräte weisen auf die Schwierigkeit hin, eine Verfassungsreform bis Ende 1940 unter Dach und Fach zu bringen – 1939 ist Wahljahr. Obrecht, Pilet, Etter und Minger stimmen für drei Jahre, Meyer und Baumann für zwei. Motta weilt in den Ferien. Wie fast immer folgt der Bundesrat Pilets Meinung.

Im Volk und im Parlament hat man vom Notrecht genug. Noch im August handeln die Parteien einen auf drei Jahre beschränkten Finanzkompromiss aus, der von Parlament und Volk genehmigt werden soll.

Am 27. September 1938 nimmt der Nationalrat «den am 24. Juni abgerissenen Faden» wieder auf. Im Namen der Finanzkommission plädiert Dollfus für die unveränderte Annahme des vom Bundesrat vorgeschlagenen neuen Finanznotrechts.

> Die internationale Lage ist ernst. Seit 1914 hat sich die Schweiz nie in einer derart gefährlichen Situation befunden. Wir müssen unbedingt dem Ausland das Gefühl geben, dass die Schweiz geeint ist, dass sie sich hinter ihre Regierung stellt und ihr ganz vertraut.

Es wird gefeilscht. Die Linke will eine Rückkehr zu den gesetzlichen Löhnen für das Bundespersonal und eine «angemessenere» Verteilung der Steuerlasten, das heisst eine Kapitalertragssteuer. Sie dringt nicht durch. Am Schluss der Debatte erklärt Grimm, die sozialdemokratische Fraktion werde sich geschlossen der Stimme enthalten:

> Das Gebot der Stunde ist eine Verständigung, die diesen Namen verdient, eine Verständigung, die noch möglich ist bis zum Zeitpunkt der Volksabstimmung.

Damit lässt er die Tür offen für einen Kompromiss in letzter Stunde. Die Übergangsordnung wird schliesslich mit 95 zu 3 Stimmen – zwei Kommunisten und der Frontist Tobler – angenommen. Neben den Sozialdemokraten enthalten sich auch einige welsche Radikale und Liberale der Stimme. Pilet hat die persönliche Genugtuung, dass gleichentags der von ihm ausgearbeitet «Bundesbeschluss über den Personen- und Sachtransport mit Motorfahrzeugen» mit 124 zu 3 Stimmen gutgeheissen wird.

Es bleiben zwei Monate Zeit, um vor dem auf den 27. November angesetzten Urnengang über die Übergangsordnung des Finanzhaushaltes die von Grimm geforderte echte Verständigung zu finden. Der Bundesrat weiss, dass er ohne die Unterstützung der Gewerkschaften die Abstimmung nicht gewinnen kann. Letztlich geht es um die eine Frage: Welche Zugeständnisse muss man Bratschi machen, damit er die Ja-Parole herausgibt? Erneut wird gefeilscht. Meyer und Pilet, die den Bundesrat in den Verhandlungen mit den Personalverbänden vertreten, lehnen eine Milderung des Lohnabbaus auf das neue Jahr ab. Ein Nein droht.

Schliesslich findet Pilet das Ei des Kolumbus. Am 11. Oktober macht er Bratschi folgenden Vorschlag. Der Bundesrat wird im nächsten Jahr eine Gesamtlösung der Personalfragen anstreben. Ein neues Gesetz soll die Löhne stabilisieren und die beiden Personalversicherungskassen sanieren. Allerdings – und hier kommt das *quid pro quo* – sei eine Revision des Beamtengesetzes von der Zustimmung des Volks zur Finanzordnung abhängig. Klartext: Pilet will das Ja Bratschis mit mehreren Hundert Bundesmillionen für die Pensionskassen erkaufen. Bratschi nimmt den Deal an. Er unterbreitet ihn der Geschäftsleitung des Föderativverbands, die sich am 15. Oktober in einem Brief an die Departemente Pilet und Meyer sich zu sofortigen Verhandlungen bereit erklärt.

Sechs Tage später gibt auch der Bundesrat grünes Licht. Er ermächtigt Meyer und Pilet,

Ein Deal mit Bratschi | 357

> mit den Organisationen des Bundespersonals Verhandlungen über die Revision des Besoldungsgesetzes von 1927 sowie über die Neuordnung der Personalversicherungskassen des Bundes und der Bundesbahnen einzutreten. Das Ergebnis dieser Verhandlungen ist an den ausdrücklichen Vorbehalt zu knüpfen, dass der Bundesbeschluss vom 30. September betreffend die Übergangsordnung des Finanzhaushaltes in der Volksabstimmung vom 27, November 1938 angenommen wird.

Kein Ja, keine Pensionskassensanierung. Es gibt ein Ja, ein deutliches. Die Übergangsordnung wird mit 72 Prozent der Stimmen angenommen. Bratschi und die Personalverbände haben ihren Teil der Abmachung erfüllt. Jetzt muss der Bundesrat nachziehen.

Noch vor Beginn der Wintersession schreibt Pilet an Monsieur Henry Vallotton-de Freudenreich in St. Sulpice, dass Motta den 66-jährigen Marc Peter, seit 1920 Minister in den USA und Cousin des mächtigen Genfer Staatsrats Adrien Lachenal, Frühjahr ersetzen will. Ist Henry am Posten interessiert? Vallotton antwortet unverzüglich:

> Ich werde mich über den Posten in Washington erkundigen und Dir nächste Woche Bescheid geben. Während der letzten Session hat man in den Kammern über die Entlassung von Peter geredet. Vielen Abgeordneten schien es wenig liebenswürdig gegenüber Peter und wenig angezeigt, ihn noch vor der internationalen Ausstellung in Washington in den Ruhestand zu versetzen. Seine ausgezeichneten Beziehungen und seine Erfahrung hätten der Schweiz exzellente Dienste geleistet. Ich habe diesbezüglich (auf Anfrage Lachenals) einen Brief an Motta zusammen mit zahlreichen Abgeordneten mitunterzeichnet. *Bien à toi Henry.*

Zwei Tage später schreibt Pilet «in Eile», dass der Bundesrat beschlossen hat, die Mission Peters bis Ende Jahr laufen zu lassen, wenn auch Para London verlassen wird. «Para» ist der hoch angesehene Basler Charles Paravicini, im Weltkrieg Leiter der Abteilung für Auswärtiges und seit 1920 Minister in London. Die Nachfolge für beide, Peter und Paravicini ist demnach noch nicht spruchreif, was Vallotton behagt, denn er weiss, dass er im Dezember zum Nationalratspräsidenten gewählt werden wird.

Zu Beginn der Wintersession wird im ersten Stock des Bundeshauses die *Buvette* eröffnet, das auf Anregung Vallottons zur Stehbar umfunktionierte «Zeitungszimmer». Die Kollegen wollen, dass sein Werk verewigt und mit seinem Namen verbunden wird. «Vallotton's», «Vallot's Bar», *«Chez Henry, vin fédéral»* sind Vorschläge, die versanden.

Am 6. Dezember wird Vallotton mit 124 Stimmen – ausgeteilte Zettel 140 - zum Nationalratspräsidenten gewählt. Die Zeitungen loben «den allgemein beliebten und unumstrittenen Führer der Waadtländer Radikalen», der sich um die schweizerische Verkehrspolitik und die geistige Landesverteidigung verdient gemacht hat. Das *Feuille d'Avis de Neuchâtel* schreibt:

> In Bern geniesst Henry Vallotton grossen Einfluss; als Präsident der Kommission für auswärtige Angelegenheiten legte er ausgezeichnete Berichte über die Neutralität und über die Sanktionenangelegenheit vor. Die grossen Reisen, die er unternommen hat, haben seinen Horizont erweitert; er hat viele Leute und Länder gesehen und von diesen Ausflügen hat er eine Ernte von Beobachtungen heimgebracht, die er auszunützen verstanden hat, sowohl als Politiker wie auch als militärischer Führer, Kommandant des Automobildienstes des 1. Armeekorps. Jeder Abgeordnete weiss, dass Henry Vallotton ein glänzender Präsident sein wird, denn er ist sowohl energisch wie höflich, Freund von zügiger Arbeit und Feind von unnützem Geschwätz.

78. High Noon

Bundespräsident Albert Meyer, schon 68-jährig, sieht ein, dass er das von ihm angestrebte grosse Werk, eine in der Verfassung verankerte Finanzreform, in den nächsten Jahren nicht vollenden kann. Am 5. Dezember demissioniert er überraschend. Am selben Tag erhebt die von Grimm präsidierte sozialdemokratische Fraktion Anspruch auf den frei werdenden Sitz: «Die nationale und internationale Lage der Schweiz erheischt den Zusammenschluss ihrer Bürger ... die Sozialdemokratie ist zu einer Verständigung bereit ...» Sie habe dies bewiesen. Sind auch die anderen Parteien bereit, das Wort zur Tat werden zu lassen? «Nun wohlan. Der Prüfstein wird die Ersatzwahl in den Bundesrat sein.»

In Ständerat Emil Klöti, dem Stadtpräsidenten von Zürich, stellen die Sozialisten sofort einen Kandidaten auf, dessen aufrechte eidgenössische Gesinnung unbestritten ist. Im Volk und auch in mehreren freisinnigen Kantonalparteien Parteien – allen voran der wichtigen bernischen – hält man die Zeit für gekommen, die Sozialdemokraten an der Regierung teilhaben zu lassen. Auch eine Mehrheit der BGB-Fraktion und der christlichsoziale Flügel der KK sind für Klöti.

Der Zürcher Freisinn will jedoch seinen traditionellen Sitz nicht einem «Roten» abtreten. Er beabsichtigt, als Gegenkandidat zu Klöti den ausgewiesenen Finanzfachmann und Vorortschef Nationalrat Ernst Wetter auf den Schild heben. Pilet und Meyer bitten im Auftrag der freisinnigen Bundesräte den unwilligen Wetter dringend, die Kandidatur anzunehmen. Nach einer kurzen Bedenkzeit sagt dieser zu. Unter dem Eindruck einer auch von bürgerlichen Blättern gegen seine Kandidatur entfachten Pressekampagne widerruft er jedoch bald seine Zusage. Chefredaktor Schürch im *Bund:* «Dr. Wetter ist einer eigentlichen Grundwelle gewichen, die von einer schweren Besorgtheit um die Interessen des Landes geschwellt war.»

Aber auch der Widerstand gegen Klöti formiert sich. Pilet hat die bürgerlichen welschen Journalisten, mit denen er sich regelmässig trifft, seine Meinung über die umstrittene Wahl wissen lassen. Er kennt Klöti aus Ständerats- und Kommissionssitzungen und befürchtet, dieser würde die seit dem Ausscheiden von Musy und

Schulthess im Bundesrat herrschende Harmonie stören. *La Revue,* die Parteizeitung der Waadtländer Radikalen, widerspiegelt Pilets Auffassung, wenn sie schreibt:

> Die Zusammenarbeit [mit den Sozialdemokraten] ist auf der legislativen Ebene und im Volk absolut möglich. Aber um die öffentlichen Angelegenheiten im Bund zu führen, ist eine so weit wie möglich homogene Regierung nötig.

An einer gemeinsamen Sitzung von freisinniger Fraktion und Parteileitung stossen die Meinungen hart aufeinander. Die Waadtländer drohen für den Fall der Wahl eines Sozialdemokraten mit der Gründung einer überparteilichen welschen Fraktion. Auf dem Spiel steht die Einheit der Partei und der bürgerlichen Politik überhaupt. Die Welschen siegen. Am späten Abend des 13. Dezembers hält die Freisinnige Fraktion mit 40 zu 11 Stimmen an der Kandidatur Wetter fest.

Auch in anderen Parteien werden Bedenken über die Eignung Klötis geäussert. Für Königsmacher Walther ist der Zürcher Stadtpräsident «ein geistig bedeutender Mensch mit reichen administrativen Erfahrungen», aber er ist nicht der Finanz- und Wirtschaftspolitiker, «wie man ihn jetzt haben sollte.» Vor allem zweifelt Walther an der charakterlichen Standhaftigkeit Klötis. Wie er einem Freund schreibt:

> Was ich an ihm aussetze, ist, dass er keine starke Persönlichkeit ist. Er wird immer der Gefangene seiner Partei sein. Im Gegensatz zu Grimm wird er nie den Mut haben, sich gegen ein Parteidiktat aufzulehnen.

Walther gibt ein Beispiel. Als bundesrätlicher Völkerbundsdelegierter habe Klöti «rückhaltlos zu Mottas Auslandspolitik gehalten und sich in keinem einzigen Fall dazu in Gegensatz gestellt», dagegen habe er nach seinem Ausscheiden als Delegierter «die Motta'sche Aussenpolitik schwerster und ungerechter Kritik unterzogen». Deshalb wollen Walther und andere, die prinzipiell einer sozialistischen Regierungsbeteiligung sympathisch gegenüberstehen, Klöti nicht wählen.

Am Vorabend der Wahl ist alles offen. Die Freisinnigen, die Konservativen und die Liberalen beschliessen, Wetter zu unterstützen. Neben den Sozialdemokraten sind auch die Jungbauern, die Demokraten und Duttweilers Unabhängige für Klöti. Stimmfreigabe bei den Bauern.

In der dramatischen Wahlsitzung vom 15. Dezember setzt sich Grimm beredt für die Kandidatur Klöti ein:

> Wir betrachten den heutigen Wahlakt und die Forderung der Beteiligung der Sozialdemokraten an der Landesregierung als einen Akt der politischen Gleichstellung gegenüber einem wichtigen Volksteil, der die Lasten des Staates ehrlich und reichlich trägt, der die Notwendigkeit der Verbundenheit besonders in der heutigen Zeit anerkennt und der den heutigen Zustand der politischen Ausschliesslichkeit, als eine demütigende moralische Erniedrigung grosser Massen des Schweizervolks empfindet.

L. F. Meyer, freisinniger Fraktionschef aus Luzern, begründet in einer gewundenen, nachher vielfach kritisierten Rede, wieso die Freisinnigen an ihrer eigenen Kandidatur festhalten:

> Der drohende Bruch mit der welschen Schweiz, das Auftun eines tiefen Risses zwischen Deutsch und Welsch waren es, was zu unserem Entschluss führte … Durften wir in diesen ernsten Stunden unsere welschen Kollegen in ihrer übergrossen Mehrheit vor den Kopf stossen?

Wetter wird mit 117 Stimmen gewählt. Auf Klöti entfallen respektable 98 Stimmen.

In der anschliessenden Wahl des Bundespräsidenten macht Etter der Benjamin in der Regierung, 150 Stimmen. Pilet-Golaz kommt als neuer Vizepräsident auf magere 99. Bellettrien Béguin, der als einer der wenigen über das Zerwürfnis zwischen Pilet und Vallotton Bescheid weiss, kommentiert:

> Man kann sich vorstellen, mit welchem Vergnügen der Präsident der Vereinigten Bundesversammlung [Vallotton] dieses mehr als bescheidene Resultat verkündete. M. Pilet-Golaz wird von den Parlamentariern nicht geliebt. Man verübelt es ihm, dass er sich darauf versteift, die Bundesbahnen zu sanieren und dass er die Rechte unserer Minderheit verteidigt. Diese wachsende, dauerhafte, fürs kommende Jahr gefährliche Opposition, die den fundamentalen Antiföderalismus des parlamentarischen Sumpfs ausdrückt, gereicht ihm zur Ehre. Möge M. Pilet-Golaz dafür wenigstens hier unsere Glückwünsche entgegennehmen!

L'Impartial erklärt das schlechte Resultat Pilets einfacher:

> Es ist offensichtlich, dass ein Teil des Parlaments damit seinen Unmut gegenüber den Romands, den Urhebern der Wahl Wetters, demonstrieren wollten.

Zwei Tage später erhält Pilet eine handgeschriebene Karte aus dem Sekretariat des Schweizerischen Eisenbahnerverbands:

> Hochgeehrter Herr Bundesrat, ich erlaube mir, Ihnen bei Anlass Ihres erneuten Aufrückens ins Vizepräsidium unserer höchsten Landesbehörde, meine aufrichtigen Glückwünsche zu entbieten.
> Ich hoffe gerne, dass Sie die bei der Wahl ... [unleserlich, da Karte mottenzerfressen] Unfreundlichkeit nicht zu tragisch nehmen. Meine Freunde und ich haben sie erwartet und suchten ihr entgegenzutreten. Was bei der Ersatzwahl für Herrn Bundesrat Meyer vorgegangen war, hat uns das leider sehr erschwert.
> Genehmigen Sie, hochgeehrter Herr Bundesrat, die Versicherung meiner vollkommenen Hochachtung
> Bratschi

Dass sein alter Widersacher Bratschi sich in der sozialistischen Fraktion für ihn eingesetzt hat, muss Balsam auf die Wunden Pilets gewesen sein. Mittlerweile verstehen sich der Eisenbahngeneral und der Eisenbahnminister persönlich recht gut.

79. Neun statt sieben?

Die Sozialisten reagieren auf die Wahlniederlage Klötis mit der Ankündigung einer Initiative zur Volkswahl der Bundesräte. Auf freisinniger Seite diskutiert man, ob nicht die im Vorjahr von Stucki gemachte Anregung auf Vermehrung der Mitglieder des Bundesrats auf neun wieder aufgenommen werden sollte. Eine Motion des Zürcher Ständerats Oskar Wettstein verlangt vom Bundesrat bis zur Märzsession einen entsprechenden Vorschlag. Mit neun Bundesräten könnten alle berechtigten Forderungen, diejenigen der Welschen und diejenigen der Sozialdemokraten, befriedigt werden und eine Regierung der nationalen Einigung gebildet werden.

Die *Gazette,* Sprachrohr der welschen Liberalen, sieht die Lösung für eine von vielen empfundenen «Regierungskrise» in einer stärkeren Landesregierung. Sie zitiert zustimmend den katholisch-konservativen Vordenker Gonzague de Reynold:

> Wir sind ein Volk ohne Chefs und ohne Leitung. Ich würde zu einer Institution zurückkehren, die man aus einer unbestreitbar schweizerischen Tradition weise herausgegriffen hat und die uns während eines langen Gewitters als Blitzableiter gediente hat: der Landammann der Schweiz.

Volkswahl des Bundesrats? Erhöhung seiner Mitglieder auf neun? Wie beteiligt man alle Landesteile aber auch alle politischen Kräfte an der Regierung? Ist es nicht höchste Zeit, dass die Sozialdemokraten, die stärkste Partei im Land, einen Bundesrat stellen? Wie kann der Bundesrat wirkungsvoller führen? Brauchen wir einen vollamtlichen Bundespräsidenten oder Landammann?

Alle diese Fragen diskutiert der Bundesrat an zwei Sitzungen, am 20. und 24. Januar 1939. Jeder gibt seine Meinung zu Protokoll. Pilet beginnt. Er wägt die Vor- und Nachteile einer Erhöhung der Mitgliederzahl gegeneinander ab und kommt zum Schluss, dass die Vorteile nicht so gross seien, «wie man etwa meinen könnte».

> Mag auch durch diese Erhöhung die Arbeitslast der einzelnen Mitglieder innerhalb ihrer Departemente etwas vermindert werden, so dürften hingegen die Sitzungen des

Bundesrates zahlreicher und auch länger werden. In einem grösseren Kollegium wird mehr diskutiert als in einem kleineren Kreise und deshalb können viel weniger Geschäfte innerhalb der gleichen Zeit erledigt werden. Eine wesentliche Entlastung für die einzelnen Bundesratsmitglieder wäre also kaum zu erwarten. Hingegen könnte schon heute in dieser Richtung mehr geschehen, indem sich der Bundesrat als solcher weniger mit reinen Verwaltungsfragen und mehr mit Regierungsproblemen befasst und zum Beispiel Wahlen, Beitragsleistungen und dergleichen noch in stärkerem Masse als bisher den Departementen zur Erledigung überlässt.

Pilet ist gegen die Schaffung des Amtes eines Bundespräsidenten ohne Portefeuille.

Welche Befugnisse hätte ein solcher Bundespräsident oder Landammann? Hat er keine weitgehenden Kompetenzen, so ist er überflüssig; hat er welche, so verlassen wir das bisherige Direktorialsystem, wie es unserer ganzen Staatsführung zugrunde liegt. Es wäre nicht schwierig, heute schon den Aufgabenkreis der einzelnen Departemente anders zu umschreiben.

Bei einer Erhöhung von 7 auf 9, warnt Pilet, wäre mit einer wesentlichen Personalvermehrung und damit auch mit höheren Ausgaben zu rechnen. Eine solche Erhöhung würde zudem den Zusammenhalt und die Solidarität im Bundesrat gefährden. Schon bei 7 Mitgliedern sei es nicht immer leicht, den wünschbaren Zusammenhalt zu erlangen. Bei 9 Mitgliedern wäre dies noch schwieriger. Die praktische, sofortige Konsequenz der Erhöhung der Mitgliederzahl des Bundesrates, meint Pilet, wäre der Eintritt der Sozialisten in die Regierung.

Ist dies heute angezeigt? Durch eine derartige Beteiligung der Sozialdemokraten würde sehr oft die Einheit der Anschauungen und die Solidarität und Kohäsion gerade in den wichtigsten und grundsätzlichsten Fragen schwinden, was ein Unglück wäre. Der Parteienkampf würde in den Bundesrat getragen, was bisher glücklicherweise nie der Fall war. Wir haben uns bisher nie durch Parteirücksichten, sondern stets nur durch das Allgemeinwohl leiten lassen.

In den Kantonen, wo es um weniger wichtige und weltanschauliche Beschlüsse gehe – nicht um Aussen- oder Verteidigungspolitik – sei ein «Mangel an Kohäsion weniger gefährlich». Pilet sieht aber auch Umstände, wo eine sogenannte *union sacrée*, das heisst, der Zusammenschluss aller Parteien des Landes nötig sein könnte, so im Krieg. Im Friedensfall ist für Pilet eine solche *union sacrée* nicht nötig und sogar undurchführbar. Er sei für die *unité gouvernementale* meint Pilet zum Schluss, und deshalb gegen eine Erhöhung der Zahl der Mitglieder des Bundesrats von 7 auf 9.

Als nächster Redner erinnert Motta daran, dass der Bundesrat die Frage am Ende des Weltkrieges bereits einmal geprüft und sich für die Erhöhung der Zahl der Mitglieder ausgesprochen habe. Er sei damals von der Sache nicht sehr überzeugt gewesen. Heute schienen ihm die Verhältnisse eher für 9 als für 7 Mitglieder zu sprechen. Motta ist einverstanden, dass durch die Erhöhung auf 9 Mitglieder Einheit und Zusammenhalt im Bundesrat leiden würden. «Aber auch bei 7 Mitgliedern war bisher nicht immer alles eitel Friede und Einigkeit.» Motta erinnert an

> die Gegensätzlichkeit zwischen den Herren Hoffmann und Schulthess und später Musy und Schulthess. Jetzt kommen glücklicherweise keine derartigen Spannungen mehr vor, sondern es besteht das schönste persönliche Verhältnis zwischen den Mitgliedern. Natürlich spielt die Personenfrage eine ganz wichtige Rolle, und es wäre bei der Bezeichnung des sozialdemokratischen Bundesratskandidaten mit ganz besonderer Sorgfalt auf die Person zu achten.

Motta hat nicht vergessen, wie er von Klöti, Meierhans, Huber und anderen Sozialdemokraten scharf angegriffen worden ist, während Grimm oder Nobs ihn persönlich geschont haben.

Die Volkswahl des Bundesrats wäre für Motta «ein Unglück». Seinerzeit habe er dafür gestimmt, heute würde er es aber nicht mehr tun. Hingegen hält er eine Erhöhung von 7 auf 9 Mitglieder gerechtfertigt. Bei 9 Mitgliedern bestünde die absolute Garantie, dass der Kanton Tessin immer berücksichtigt werden müsste. Motta glaubt, dass das Parlament wohl der Erhöhung zustimmen werde, und auch die kleinen Kantone seien einer Erhöhung nicht abgeneigt, «weil sie so eher eine Chance haben, auch einmal im Bundesrat vertreten zu sein.»

Aus den gleichen Gründen wie Pilet ist Minger gegen jede Erhöhung der Zahl, der Mitglieder des Bundesrats und wird für 7 stimmen.

Baumann und Obrecht hingegen befürworten die Erhöhung auf 9 Mitglieder. Baumann, weil dies eine Berücksichtigung der Sozialdemokraten und der verschiedenen Landesteile erleichtere. Für den Appenzeller ist die innere Geschlossenheit des Bundesrats kein unbedingtes Erfordernis. Hauptsache ist, dass nach aussen Disziplin gewahrt wird. Baumann erinnert an die Abwertung, bei der 2 Mitglieder dagegen stimmten, und «trotzdem hat dies nichts geschadet, weil eben die Minderheit [zu der auch er gehörte] sich den Mehrheitsbeschlüssen in lobenswerter Weise unterzogen hat.»

Zur Entlastung der einzelnen Bundesräte hält Obrecht eine Erhöhung für notwendig. Er ist auch dafür, dass der Bundespräsident im Präsidialjahr von den laufenden Geschäften seines Departements befreit wird. Obrecht hält die Initiative betreffend die Volkswahl für populärer als man glaubt:

> Wir müssen gerade durch die Erhöhung der Zahl der Mitglieder von 7 auf 9 unbedingt verhindern, dass diese Initiative durchkommt. Denn, die Wahl des Bundesrates durch das Volk wäre ein Landesunglück.

Der neugewählte Bundesrat Wetter ist für Festhalten an der Zahl 7:

> Je grösser eine Regierung ist, desto mehr verliert sie von ihrer Schlagkraft. Es sollte organisatorisch durchaus möglich sein, die nötigen Entlastungen herbeizuführen, auch ohne Erhöhung der Mitgliederzahl des Bundesrates.

Die Meinungen ob 7 oder 9 halten sich die Wage. Pilet hat Minger und Wetter auf seiner Seite, Obrecht, Motta und Baumann. Zusammenfassend stellt Bundespräsident Etter fest, dass sich gute Gründe für und gegen einen 7-gliedrigen und einen 9-gliedrigen Bundesrat anführen lassen.

An der vier Tage später stattfindenden Fortsetzung der Beratungen spricht sich Etter nun eindeutig gegen eine Erhöhung der Mitgliederzahl auf 9 aus:

> Jede Erhöhung der Mitgliederzahl schliesst die Gefahr in sich, dass sich Gruppen bilden, wodurch die Aktionskraft der Regierung geschwächt wird.

Etter erinnert daran, dass man vor zwei Jahren eine Vereinfachung der Organisation der Bundesverwaltung und eine massive Einschränkung der Ausgaben gefordert habe. Die Vermehrung der Zahl der Mitglieder des Bundesrats ziehe aber eine nicht unwesentliche Personal- und Ausgabenvermehrung nach sich.

Pilet-Golaz und Minger bleiben bei ihrer Meinung: Sie sind für 7 Bundesräte. «Aufgrund der gewalteten Diskussion» tritt nun auch Motta für die Beibehaltung der bisherigen Mitgliederzahl ein. Baumann und Obrecht halten an ihrer Meinung zugunsten der Erhöhung fest.

Mit der Unterstützung Wetters und nun auch Mottas setzen sich die Traditionalisten Pilet, Minger und Etter durch. Der Rat beschliesst mit fünf zu zwei Stimmen an der bisherigen Mitgliederzahl von 7 festzuhalten.

80. Vallotton träumt von Afrika

Am 14. April 1939 telefoniert Pilet Vallotton: Motta will, dass der Bundesrat nächstens die neuen Schweizer Gesandten für London und Washington bestimmt. Ist Henry immer noch an einem der Posten interessiert? Vallotton denkt über die Sache nach, diskutiert sie mit seiner Frau Renée, und gibt Pilet schriftlich seine Antwort: Washington interessiert ihn nicht. London ja, aber nur für eine befristete Mission von zwei oder drei Jahren. Sein Vermögen reiche nicht aus, diesen Posten für längere Zeit einzunehmen. Vallotton glaubt, dass man in London die Nomination eines aus dem Amt ausscheidenden schweizerischen «Speaker» gerne sehen würde. Als Abgeordneter, der während der letzten Legislaturperiode die aussenpolitische Kommission präsidiert hat, könne er der Schweiz genau so viele Dienste leisten wie ein Karrierediplomat. «Ich hoffe, dass der Bundesrat – trotz allem – sich an die Arbeit erinnern wird, die ich in den letzten 14 Jahren geleistet habe.»

Vallotton will allerdings, dass seine Nomination zum Gesandten in London erst nach Oktober 1939 erfolge, denn er hält es für unerlässlich, dass – «angesichts der Dir bekannten Schwierigkeiten und der wahrscheinlichen Heftigkeit des Kampfs zwischen den Parteien» – sein zugkräftiger Name auf der Nationalratsliste der Radikalen Partei steht. Der Gedanke, «zwei Jahre in London zu verbringen», ist Vallotton «sehr sympathisch und würde mir nach 20 Jahren *hard labour* und einem sehr schwierigen Präsidialjahr zu einer willkommenen Entspannung verhelfen.»

Pilet schreibt Motta nach Muralto, wo dieser sich von einem im März erlittenen Schlaganfall erholt, und informiert ihn getreulich über Vallottons Wünsche. Motta ist nicht überrascht:

> Ich habe ein wenig erwartet, dass Monsieur Vallotton die Mission annehmen würde, oder sagen wir besser, dass er den Wunsch ausdrücken würde, mit der Mission betraut zu werden. Ich anerkenne gerne, dass M. Vallotton viele Verdienste hat. Folglich würde es mir schwerfallen, nein zu sagen. Es versteht sich von selbst – wie Sie wissen –, dass ich auf Ihre Meinung höchsten Wert lege. Immerhin bitte ich Sie, mich eine Zeit lang nachdenken zu lassen. Mein Kandidat für London war M. Turnheer, unser gegenwärti-

ger Minister in Tokio. Ich bin davon überzeugt, dass diese Wahl exzellent gewesen wäre.

Motta hat gute Nachrichten über seine Gesundheit: «Meine Fortschritte sind schon deutliche spürbar. Ich hoffe, meine Kräfte vollständig wiederzugewinnen.»

Am 19. Mai nutzt Vallotton eine Kommissionssitzung in Lugano, um mit Motta über den Londoner Posten zu reden. «Zur Vermeidung jedes Missverständnisses» hält er den Inhalt des Gesprächs in einem Brief an den Aussenminister fest.

Vallotton sagte zu Motta, dass wenn er bloss für zwei Jahre nach London ginge, dies über die Nomination Stuckis für Paris ungehaltenen Karrierediplomaten nicht zusätzlich stören würde.

> Sie haben mir in wohlwollender Weise geantwortet, dass diese befristete Lösung ihre Aufgabe gegenüber Ihrem diplomatischen Personal erleichtern würde und dass Sie persönlich einverstanden seien, dem Bundesrat vorzuschlagen, mich mit einer temporären Mission in London zu beauftragen. Sie haben hinzugefügt, dass dieser Vorschlag (den bereits Pilet-Golaz, Etter und Wetter begrüsst haben) wahrscheinlich vom ganzen Bundesrat gutgeheissen würde.

Im Juni reist Vallotton nach England, wo er von Paravicini herumgeführt wird und sich ein Bild darüber machen kann, was als Gesandter auf ihn warten würde. Am 6. Juli gibt Vallotton Motta schriftlich seinen Entscheid bekannt:

> Von Anfang an habe ich eine definitive Nomination ausgeschlossen, denn ich wusste, dass das Gehalt eines schweizerischen Ministers in London völlig ungenügend ist, um unser Land würdig (oder auch nur einfach) zu vertreten. Meine Nachforschungen in den letzten Wochen haben mich davon überzeugt, dass dieser Posten bei weitem der kostenaufwendigste ist – insbesondere viel kostenaufwendiger als Paris, wo das Leben unendlich weniger teuer ist als in London.

Vallotton verzichtet nun auch auf eine befristete Mission, weil zwei oder drei Jahre nicht genügten, um «enge Kontakte zu Whitehall und den offiziellen Persönlichkeiten» herzustellen. Deshalb erachtet er es als seine Pflicht, auf die Mission zugunsten eines Diplomaten, der lange in London bleiben kann, zu verzichten.

> Dieser Verzicht kostet mich schwer. Tatsächlich hat mich die diplomatische Karriere immer angezogen. Schon als junger Doktor der Rechte habe ich 1915 meine Kandidatur

> beim Chef für auswärtige Angelegenheit, M. Dunant gestellt. Und ich verhehle nicht, dass der Posten von Paris, der Nationalrat Stucki angeboten wurde, mich sehr interessiert hätte. Aber das höhere Interesse des Landes, dem Sie, Herr Bundesrat, mit so viel Treue und Glanz gedient haben, muss heute über meine persönlichen Neigungen und Annehmlichkeit obsiegen.

Nachdem Vallotton eingesehen hat, dass London nichts ist für ihn, schmiedet er neue Pläne. Nach Ablauf seines Nationalratspräsidiums will er *un raid en auto,* eine drei- bis viermonatige Expedition, nach Afrika unternehmen, um nachher ein Reisebuch zu schreiben. Zusammen mit einem Fotografen und einem Mechaniker will er am 26. Dezember 1939 losfahren. Vorgesehene Route: Lausanne – Gibraltar – Tanger – Marokko – Algier – Sahara über den Hoggar – Tschad – den belgischen Kongo – Kenia – Sudan – Ägypten – Tripoli – Tunis – Algier – Tanger – Schweiz.

Krieg? Vallotton rechnet nicht damit. Am 26. Juli bittet er Motta um diplomatische Unterstützung und einen Diplomatenpass:

> Die Erfahrung hat mich gelehrt, dass eine solche Unterstützung in Afrika alle Türen öffnet und alles erleichtert. Diese Mission könnte beispielsweise darin bestehen, mit den Schweizer Kolonien und den Schweizern Kontakt aufzunehmen und ihnen die Grüsse der Regierung (und des Parlaments) zu überbringen und nach unserer Rückkehr alle die Schweiz interessierenden Tatsachen in einem Bericht festzuhalten.

Das Politische Departement möchte so gut sein, um bei den diplomatischen Vertretungen Spaniens, Frankreichs, Belgiens, Englands, Ägypten und Italiens diplomatische Visa für ihn und seine Begleiter anzufordern. Grosswildjagden will Vallotton keine unternehmen, bloss für die eigene Ernährung Kleinwild schiessen. Als Bewaffnung sieht er je eine Pistole für alle drei Reisenden, eine Mauser und ein kleinkalibriges Jagdgewehr vor.

Das Politische Departmenten und die Schweizer Gesandtschaften in London, Rom, etc. werden auf Trab gebracht, um dem Herrn Nationalratspräsidenten seine Expedition zu erleichtern. Mittlerweile ist August und die Schweizer Diplomaten, die sich um Visa und Empfehlungsschreiben für Vallotton kümmern sollen, zweifeln angesichts der sich zuspitzenden Kriegsgefahr an Sinn und Machbarkeit von Vallottons *raid*.

81. Die Landi

Samstag, 6. Mai 1939, Eröffnung der Landi. Trompeter in roten Wämsern kündigen die Redner an. Stadtpräsident Klöti entbietet den Gruss Zürichs. Als Doyen des diplomatischen Corps gratuliert der päpstliche Nuntius Mgr. Bernardini dem Land zu

> einer grossartigen Veranstaltung, wo gemeinsam die Erzeugnisse seiner verschiedenen Tätigkeiten in einem imposanten Rahmen präsentiert werden. Die Schweiz wollte zeigen, was sie imstande war, bisher zu leisten und was sie noch zu verwirklichen hofft.

Eine mutige Kundgebung, nennt der Nuntius die Landi,

> in wenig leichten Zeiten konzipiert und mit der ruhigen Abgeklärtheit zu Ende geführt, die sich die Schweiz erlauben kann, weil sie bei allen Nationen auf eine wahre Freundschaft und eine prompte Zusammenarbeit zählen kann.

Ein Bombengeschwader überfliegt die Stadt, Dragoner stehen Wache, Bundespräsident Etter zerschneidet das rote Band, der Umzug setzt sich von der Enge aus in Bewegung. Selbst die sonst eher skeptischen Welschen sind beeindruckt. Jean Nicollier, die feine Feder der *Gazette de Lausanne* schreibt von «einer Art verzaubertem Palast», den Architekt Armin Meili und seine Helfer am linken Seeufer aufgerichtet haben, «der nicht bloss dem Genie des Handels und der Industrie, aber auch dem gewidmet ist, was die Kraft der Schweiz ausmacht: Wille, Tradition und Arbeit.» Nicollier ist begeistert:

> Überall im weise bewahrten Grün des Ufers und der Pärke herrscht Harmonie und Stabilität. Am linken Seeufer: die Berufe, die Armee, die Industrie, die Bühnenspiele, die Elektrizität, die Folklore, das Kunstgewerbe. Durch die Anlagen, Hallen und Gärten am linken Seeufer führt der 1600 Meter lange Schifflibach. 82 metallene Boote zu 6 Plätzen drehen während 14 Stunden täglich ihre Runden. Manch eine Romanze wird

dort ihren leisen Anfang nehmen. Rechtes Ufer: die Restaurants, das Landidörfli, die Erzeugnisse des Bodens. Die beiden Ausstellungsplätze Landiwiese und Zürichhorn sind durch eine Seilbahn mit der bisher längsten Spannweite von 900 Metern verbunden.

Am Sonntag offeriert die «Gesellschaft der Schildner zum Schneggen», die in früheren Zeiten «häufig eidgenössische und fremde Gäste für die zürcherische Regierung empfangen und diese Tradition in jüngster Zeit wieder aufgenommen hat», zu Ehren von Bundes-, Kantons- und Stadtbehörden ein Mittagessen. Der Einladung leisten 32 Ehrengäste, 38 Schildner, 16 Stubenhitzer (was immer das sein mag) Folge. Alle sieben Bundesräte sind dabei. Mit Gemahlin. Tillon Pilet-Golaz bewahrt Menu und Sitzordnung auf. Serviert werden *consommé zurichois;* pochierte Seeforelle, *sauce hollandaise, pommes natures;* Kalbsleberspiesschen *à la zurichoise*, grüne Bohnen, Saisonsalat; *fraises chantilly, patisseries, desserts zurichois; café, liqueurs.* Weine; Ossinger Riesling Sylvaner 1938, Schloss Teufen 1938, Dôle, Château Tourbillon 1937.

Herr Bundesrat M. Pilet-Golaz sitzt am Ehrentisch zwischen Frau Bundespräsidentin Etter und Frau Bundesrat Motta, Frau Bundesrat Pilet-Golaz zwischen Herrn Bundesrat G. Motta und Herrn Bundesrat E. Wetter.

Ende Mai 1939 erhält Pilet einen Brief in einem schwarz umrandeten Couvert. Absender Nationalrat Dollfus aus dem Tessin.

Monsieur le Conseiller fédéral et cher ami,

Ich bin Ihnen für ihre guten Worte der Sympathie und des Mitleids unendlich dankbar. Wenn man die wahren Freunde im Leid erkennt, sind Sie ein wahrer Freund: Sie haben mir schon während meiner schweren Krankheit im Lindenhof grosses Interesse bezeugt. Das Leid, das heute meine Familie trifft, ist unendlich viel schlimmer: Ein junger Mann von 28 Jahren hatte eben glänzende Studien und eine vollständige berufliche Ausbildung abgeschlossen. In einigen Tagen hätte er nach Cambridge reisen sollen, um an einer öffentlichen Sitzung seinen M. A. zu erhalten. Am 1. Juli wäre er zum Bevollmächtigten unserer Familienbank ernannt worden. Im Falle meines Todes hätte er sie geführt und das Familienvermögen verwaltet. Es ist nicht erlaubt, Gott zu fragen: wieso?!

Der oft distanzierte Pilet nimmt Anteil an den Schicksalsschlägen seiner Freunde. Zahlreiche erhaltene Dankesbriefe bezeugen dies. Als Vater eines erwachsen gewordenen Sohns leidet er persönlich, wenn ein Freund wie Ruggero Dollfus ein Kind verliert. Als seinem väterlichen Förderer Porchet ein paar Jahre vorher ebenfalls sein einziger Sohn entrissen wurde, hat Pilet ihn getröstet und wieder aufgerichtet.

Im Juni besucht Pilet in Genf eine Kunstausstellung von internationalem Stellenwert und symbolischer Bedeutung. Das *Musée d'Art et d'Histoire* zeigt spanische Meisterwerke von unschätzbarem Wert, die nach einer abenteuerlichen, mehr als zweijährigen Reise in die Völkerbundstadt gelangt sind.

Die Vorgeschichte: Im ersten Jahr des spanischen Bürgerkriegs wird selbst der Prado von der nationalistischen Artillerie und Luftwaffe beschossen. Die republikanische Regierung beschliesst die Evakuation der dort lagernden unvergleichlichen Kunstschätze. Mit kostbaren Bildern beladene Lastwagen fahren im November 1936 nach Valencia und folgen in den nächsten beiden Jahren der bedrängten republikanischen Regierung zuerst nach Barcelona und dann nach Figueras im Norden Kataloniens. Die verzweifelte Regierung stösst einen Hilferuf zur Rettung des spanischen Kunsterbes aus und findet Gehör. Ein internationales Komitee schliesst mit den republikanischen Behörden ein Abkommen ab, das vorsieht, die Schätze des Prados dem Schutz des Völkerbund-Generalsekretärs anzuvertrauen. 1846 Kisten mit Kunstwerken aller Art werden in 22 Eisenbahnwagen verladen, die in der Nacht auf den 24. Februar 1939 den Bahnhof Cornavin in Genf erreichen.

Ende März endet der spanische Bürgerkrieg mit dem Sieg Francos und die Kunstwerke des Prados werden offiziell dem neuen spanischen Botschafter in Bern zurückerstattet. Inzwischen sind zähe Verhandlungen um die Veranstaltung einer Genfer Ausstellung angelaufen, an der ausgewählte spanische Meisterwerke gezeigt werden sollen. Das Rettungskomitee wünscht die Schau, um die Kosten für die Evakuation zu decken. Francos Regierung möchte Spaniens imperiale Vergangenheit, in deren Nachfolge sie sich sieht, propagandistisch ausschlachten. Republik und Stadt Genf sehen die Chance, mit einem Kunstereignis ersten Ranges Besucher aus aller Welt anzulocken. Man einigt sich auf die Präsentation von 172 hauptsächlich spanischen Meisterwerken. Paul Lachenal, die treibende Kraft hinter der Ausstellung, fragt den befreundeten Bundesrat Pilet-Golaz, ob er die Eröffnungsrede halten kann.

Die Aufgabe ist politisch heikel. In der Schweiz haben sich die durch den spanischen Bürgerkrieg ausgelösten Gefühlswogen kaum geglättet. Die Linke ist immer noch über die angebliche Franco-Freundlichkeit Mottas erbost. Strikte Neutralität ist gefragt. Pilet weiss das, aber weil ihm das europäische Kultur- und Kunsterbe am Herzen liegt, sagt er Lachenal zu. Für einmal hält er keine politische Rede, sondern eine ganz persönliche, die Rede eines *Bellettrien*.

> Bloss ein Künstler oder ein Kunstliebhaber hätte das Recht sich auszudrücken. Zu eurem und meinem Unglück bin ich weder das eine noch das andere. Ein armer Banause,

schlimmer noch, ein Egoist. *Eh oui*, wenn ich vor einem schönen Objekt stehe, kümmere ich mich einzig um mein Vergnügen. Es zu betrachten, genügt mir.

Er sei kein typischer Museumsbesucher, sagt Pilet, er hasse es tagelang unzählige Bilder und Statuen anzuschauen, um am Schluss unendlich müde – «mit schlappem Geist und einem von bunt aufgeschichteten Bildern gefüllten Kopf» – die Ausstellung zu verlassen.

Früher ist mir dieses wie jedem braven Touristen passiert, der seinen Baedeker respektiert. Heute müsste es einer schlau anstellen, um mich wieder dazu zu verleiten. Heute gehe ich geradewegs zu einigen Werken, die mich anziehen. Ich habe Schopenhauer nie begriffen, wenn er sagt: «Mit einem Kunstwerk muss man es machen wie mit einem grossen Herrn, man muss sich davor hinstellen und warten, bis er etwas sagt.» Gottseidank bin ich kein tiefsinniger Philosoph und kenne die Etikette nicht. Ich mache es einfacher, ich gehe als Freund ans Kunstwerk heran. Doch welches Glück empfindet man, wenn die Kunstwerke wie heute plötzlich vor einem auftauchen – von der Vorsehung ausgewählt, die Besten unter den Guten.

Die Prado-Bilder? Pilet will nicht das Sakrileg begehen, unter den Göttern der Malerei zu unterscheiden. Wie einst in seinen Briefen aus Leipzig und Paris beginnt Pilet zu schwärmen.

El Greco, dieser, durch Venedig wenn möglich noch verfeinerte, feine Kreter, der sein wahres Klima in Kastilien findet, spricht zu uns über die spanische Seele und die Rasse der Hidalgos, die, vielleicht weil er Fremder war, wenige besser kannten als er ... Murillo, Anmut und Charme, Süsse und Traum, erdiges Licht und himmlisches Licht, friedlicher Flug zu serenen Höhen, ein Genie, dessen Meisterschaft liebevoll während Jahrhunderten akzeptiert worden ist ...

Dann kommt Pilet auf die zwei Künstler zu sprechen, die er die Grossen unter den Grossen nennt:

Velázquez und Goya. Vorläufer der modernen Malerei, jeder Schöpfer einer eigenen Technik, die zur Perfektion strebt, Revolutionäre, die in ihrer Kühnheit recht besonnen bleiben, um nicht mit gesunden Traditionen zu brechen. Ihre Herrschaft dauert mächtig und fortlaufend bis in unsere Tage. Realismus, Wahrheit, Kraft, Bewegung, Tiefe, Vornehmheit, Eleganz, auch Ironie, Fantasie, die manchmal in Fantasterei übergeht, erstaunliche *caprices* – alle diese Begriffe sind richtig, aber sie genügen nicht, um zu würdigen, was schwebt, dominiert und sich mit grossen Flügelschlägen zu den Gipfeln der Kunst erhebt.

Dichter müsste man sein.

82. Stille vor dem Sturm

Die Sommersession der eidgenössischen Räte verläuft zur Zufriedenheit Pilets. Keine grossen parlamentarischen Schlachten werden geschlagen. Die von Pilet im März mit Bratschi und dem Föderativverband ausgehandelte gesetzliche Neuregelung der Besoldung des Bundespersonals stösst auf keinen ernsthaften Widerstand. Nach sechs Jahren von oft gehässigen Diskussionen ist man unter dem Druck der internationalen Lage und angesichts einer sich weiter erholenden Konjunktur zur allseits beschworenen Verständigung bereit. Für die sozialdemokratischen Personalvertreter hat die im Gesetz verankerte Sanierung der Pensionskassen erste Priorität. Aber auch die bürgerliche Mehrheit ist zufrieden. Nationalrat Walther lobt als SBB-Verwaltungsratspräsident das Bundesbahnpersonal, das trotz der getroffenen Rationalisierungsmassnahmen, der Herabsetzung von Besoldungen, Nebenbezügen und Renten «den starken Verkehr der beiden letzten Sommer trotz äusserster Personalknappheit reibungslos bewältigt und zum Teil ganz erhebliche Mehrleistungen über die normale Arbeitszeit auf sich genommen hat.»

Umstritten ist die alte Frage, wer für die Aufstellung des Ämterverzeichnisses, das heisst die Einteilung der Bahnangestellten in Lohnklassen, verantwortlich sein soll. Wie bisher das Parlament oder neu der Bundesrat. Bratschi versöhnlich, aber bestimmt:

> Wir glauben nicht, dass der gegenwärtige Bundesrat daran denkt, das Ämterverzeichnis ganz anders aufzubauen, als es gegenwärtig ist, aber wir wissen nicht, was in der Zukunft geschieht. Wenn die Bestimmung einmal geändert ist, ist eben das Mitspracherecht des Parlaments ausgeschaltet.

Mit 81 zu 60 Stimmen will der Rat an der bisherigen Ordnung festhalten – die Aufstellung des Ämterverzeichnisses soll beim Parlament bleiben. Wie von Pilet erwartet, entscheidet sich der Ständerat dann jedoch klar zugunsten des Bundesrats und setzt sich bei der Differenzbereinigung durch. In der Schlussabstimmung vom 22. Juni wird die neue Besoldungsordnung mit 122 zu einer Stimme angenommen.

Pilet hat gewonnen. Angesichts dieses massiven Votums für die Verständigung rechnet kaum jemand damit, dass es zu einem Referendum oder gar zu einem Volksnein kommen könnte.

Nach dem Scheitern seiner Kandidatur für die Radiodirektion Sottens kann Pierre Béguin den Kampf, seine Mission gegen Zentralismus und Etatismus wieder aufnehmen. Er kündigt ein «Referendum gegen die Milliarde für die eidgenössische Pensionskasse» an. Der Bundesrat, schreibt Béguin, hätte «die stillen und anderen Wünsche der Personalvertreter so ziemlich alle bis zum letzten erfüllt». Die «sogenannten Volksvertreter» hätten ihm dabei «treuste Gefolgschaft» geleistet. «Voraussichtlich noch vor Ende des Jahres wird sich weisen, ob das Schweizervolk auch so grossmütig ist wie seine Vertreter in Bern.»

Kaum bestritten ist Pilets Projekt einer Zentrale für Verkehrsförderung, welche die bisherige Verkehrszentrale und die Reisebüros der SBB zusammenfassen soll. Zu reden gibt einzig die Frage ihres Sitzes: Zürich wie bisher oder Bern. Die beiden Berner Oberländer Hans Roth und Fritz von Almen plädieren im Namen ihrer touristisch wichtigen Region für die Bundesstadt. Dort würde die Zentrale in engem Kontakt mit den diplomatischen Vertretungen, dem Bundeshaus und der SBB-Generaldirektion stehen. Die Mehrheit der Kommission ist für Zürich. Pilet ebenfalls:

> Es gibt vermutlich keinen deutschen, italienischen, französischen, englischen, amerikanischen, japanischen Geschäftsmann, der, wenn er in die Schweiz kommt, nicht in Zürich vorbeigeht, nicht in Zürich etwas zu tun hat, nicht in Zürich diskutiert; es sind diese Leute, die uns nützlich sein können. Gleicherweise gehen natürlich unsere Auswanderer, wenn sie für ihre Geschäfte in die Schweiz zurückkommen, natürlich viel eher nach Zürich als nach Bern. Ich möchte um nichts in der Welt, dass der künftige Direktor des neuen Büros seine Ideen bei meinen Ämtern holt, auch wenn ich meine direkten Mitarbeiter hoch schätze. Er muss sie draussen suchen, denn er muss draussen arbeiten.

Einstimmig nimmt der Nationalrat den Entwurf des Bundesrats an.

Am 22. Juni marschiert Vizepräsident Pilet mit Zylinder und Blumenstrauss, flankiert von Motta und Minger, hinter Bundespräsident Etter durch die Strassen Luzerns. Offizieller Tag des Eidgenössischen Schützenfests, dieses Jahr ein Anlass von besonderer patriotischer Bedeutung. Kein Zufall, dass der französische Botschafter in Bern, Charles Alphand die Festansprache hält. Die Schweiz werde wegen ihrer «mächtigen Ausstrahlung ... der «Weisheit ihrer Einrichtungen» bewundert, sagt Alphand. Sie wird auch bewundert wegen der

> Achtung vor dem gegebenen Wort und vor den eingegangenen Verpflichtungen, ferner wegen der sittlichen, bürgerlichen und sozialen Eigenschaften ihrer Bevölkerung, wegen der Toleranz unter der Bürgerschaft und vielleicht mehr noch wegen des Stolzes mit der sie in notwendiger Neutralität ihr Banner hoch und frei hält, ohne es je sinken zu lassen.

Im August verbringt Pilet seine kurzen Ferien wie üblich in Les Chanays, seinem *petit paradis rustique*. Zeit, um Bestand aufzunehmen, Bilanz zu ziehen, Briefschulden abzutragen. Schriftlich dankt der ehemalige Bellettrien Marcel Pilet André Durant, einem ehemaligem Zentralpräsidenten des Vereins, für dessen offenbar auf Widerstand gestossene Bemühungen, ihm, Bundesrat Pilet-Golaz, das *ruban d'honneur* zu verleihen. Er habe sich selber gefragt, schreibt Pilet, wodurch er eine solche Ehrung hätte verdient haben können.

> Ich habe mich weder in meinem Land noch in der Literatur besonders hervorgetan und werde dies auch nie tun. Bundespräsident gewesen zu sein? So hoch auch dieses Staatsamt sein mag, es ist – die Erfahrung beweist es – für eifrige Geister und mittelmässige Charaktere nicht unerreichbar.

Pilet schreibt, er kenne die Abneigung der Bellettriens gegenüber der Politik und verstehe sie nur allzu gut. Er sei folglich nicht überrascht, wenn es in ihren Reihen Widerstand gebe, wenn ein Politiker geehrt werden soll. Ein kleines Verdienst hält sich Pilet immerhin zugute.

> Vielleicht habe ich durch meine stetige Haltung im öffentlichen Leben, im Parlament, im Bundesrat – dies, ohne immer zu gefallen – den *esprit romand* gestärkt.

Und wie sieht Pilet diesen romanischen Geist, den er zu verteidigen glaubt?

> Er ist gerne *prêchi-prêcha* [moralisierend], aber phantasievoll und klar, mit spitzigem kritischem Sinn, der weder vor Bonzen noch vor Slogans die Waffen streckt und der, vor allem anderen, sich von Freiheit, Unabhängigkeit, Charakter begeistern lässt. Gleichzeitig [ist der *esprit romand*] Feind jedes Herdentriebs, der von den ... so sehr geschätzt wird. Doch es ist besser, wenn ich hier aufhöre.

Wer folgt dem Herdentrieb, die Deutschen oder die Deutschschweizer oder wer sonst? Pilet beisst sich auf die Zunge, genauer gesagt, stoppt seine Feder, bevor er verrät, was er denkt.

Am 26. August wird in einem Stelleninserat in der *Gazette de Lausanne* eine Köchin für einen «gepflegten, aber einfachen Haushalt» gesucht. «Sich melden mit Referenzen bei Mme Pilet-Golaz, Scheuern 7 Berne.»

83. Countdown zum Krieg

Freitag, 25. August 1939:
Der Bundesrat bespricht die Vorbereitungen auf den erwarteten Krieg. Die schweizerischen Unterhändler haben in zähen Verhandlungen mit dem Rheinisch-Westfälischen Kohlensyndikat erreicht, dass die unterbrochenen Lieferungen von festen Brennstoffen aus Deutschland wieder aufgenommen werden. Der Bundesrat billigt einen Beschluss über die Vorratshaltung von Weizen, Roggen und Backmehl. Er genehmigt den Entwurf von zwei Verträgen mit Versicherungsgesellschaften über die Deckung des Kriegsrisikos von Fluss- und Landtransporten.

Die Zeitungen veröffentlichen den Text des tags zuvor von Molotow und Ribbentrop unterzeichneten zehnjährigen deutsch-russischen Nichtangriffspakts.

Die *Gazette* druckt auf ihrer ersten Seite einen Artikel des englischen Journalisten und Parlamentariers Winston S. Churchill.

> Es wird immer schwieriger zu sehen, wie der Krieg noch vermieden werden kann ... Von allen Seiten und auf allen Wegen steuern die Ereignisse auf die Katastrophe zu ... Die Zeit ist gekommen, wo die Worte der Nazis nicht mehr zählen. Einzig ihre Taten bestimmen unser Urteil ... Eine neue Aggression werden wir mit Krieg beantworten.

Samstag, 26. August:
Motta empfängt den deutschen Gesandten Köcher, der im Namen seiner Regierung bestätigt, dass das Reich unsere Neutralität und unser Territorium respektieren werde. Köcher hofft auf eine friedliche Lösung des Konflikts.

Sonntag, 27. August:
Bundespräsident Etter orientiert die Kollegen über die internationale Lage, die sich gegenüber Freitag nicht verschlechtert habe. Trotzdem dürfe man sich keinem übertriebenen Optimismus hingeben. Bei einer plötzlichen Verschlimmerung der Lage müsste sofort der Grenzschutz aufgeboten und die Bundesversammlung zur

Erteilung der Vollmachten an den Bundesrat und zur Wahl des Generals einberufen werden.

Montag, 28. August:
Die *Gazette* berichtet unter dem Titel «Europa auf der Schwelle zum Krieg», dass Hitlers Botschaft an London «keine konkreten Friedensvorschläge» enthält und dass Berlin sein «Kriegsgesicht» angenommen hat: Die von den Behörden dienstverpflichteten Automobile und Pferdegespanne verstopfen die Strassen um den Tiergarten. Die Tankstellen verkaufen an Private kein Benzin mehr. Lebensmittelkarten werden ausgegeben.

Frankreich ruft weitere Truppen unter die Fahnen und verbietet das Erscheinen der kommunistischen Parteiblätter. Präsident Roosevelt verelangt von Hitler die Zustimmung zu einer von Polen bereits akzeptieren Friedensregelung.

In der Bundesratssitzung fragt Etter, ob die Schweiz dem Beispiel Hollands folgen und zur Generalmobilmachung schreiten soll. Die Ansichten über den Ernst der Lage gehen auseinander.

> Einzelne Mitglieder halten die Friedenschancen heute für grösser als gestern. Andere sind der Auffassung, dass sich die Lage eher verschlimmert habe und dass nunmehr mit der Möglichkeit eines Krieges gerechnet werden müsse.
> Die Pessimisten – und zu ihnen zählt zweifellos Pilet – halten eine militärische Aktion Deutschlands gegen Polen und Danzig für durchaus möglich. Der Bundesrat genehmigt die von Minger beantragte Aufbietung des Grenzschutzes.

Im Namen des Generalstabs gibt Oberst Rudolf von Erlach, Chef der Operationssektion, eine Übersicht über die militärische Lage. Er ist überzeugt, dass angesichts des Zusammenzugs ansehnlicher französischer Kräfte an der Westgrenze im Raum Pontarlier – Besançon eine Einleitungsoffensive durch die Schweiz geplant ist.

> Die Bereitschaft der französischen Heere lässt es als ohne weiteres möglich erscheinen, dass der *Durchmarsch durch die Schweiz* binnen ganz weniger Stunden angetreten werden kann.

Dienstag, 29. August
Der Bundesrat verfügt, dass die Stäbe der Armeekorps und der meisten Divisionen ebenfalls einrücken, «und zwar ohne Pferde». Das Volkswirtschaftsdepartement verlangt Massnahmen, um «im Falle kriegerischer Verwicklung eine ungerechtfer-

tigte Steigerung der Lebenshaltungskosten und jegliche spekulativen Störungen der regulären Marktversorgung zu verhindern». Der Bundesrat beschliesst den Kauf von zwei Douglas Gross-Distanz-Flugzeugen zu kriegswirtschaftlichen Transportzwecken, eines auf Kosten des Bundes, das zweite auf Kosten der Swissair.

Pilet beantragt, dass im Falle einer allgemeinen Mobilmachung der Rundspruch staatlichen Organen übertragen wird. «Die Regierung wird sich seiner bedienen, um das In- und Ausland jederzeit orientieren zu können und allfällig falschen Nachrichten entgegenzutreten.» Der Bundesrat setzt die Konzession der SRG ausser Kraft.

Noch vor 9 Uhr erkundigt sich Nationalrat Grimm telefonisch beim Politischen Departement, ob man vom französischen Botschafter eine Erklärung erhalten habe, wonach Frankreich die schweizerische Neutralität respektieren werde. Grimm weiss von Nachrichten, die er nicht telefonisch weitergeben will. In einer Aktennotiz schreibt der Beamte Guido Keel, Grimm beziehe sich auf die Ansammlung französischer Truppen entlang des Juras, «von der mir Oberst Frick einige Augenblicke zuvor berichtet hat».

Die kurzfristige Beruhigung der Lage gestattet es Pilet zum Konzert nach Luzern zu fahren, einem Höhepunkt des Musikjahres. Toscanini dirigiert.

Mittwoch, 30. August
Motta unterrichtet die Kommissionen der beiden Räte über das internationale Geschehen:

> Was ist wahrscheinlich, Krieg oder Frieden? Niemand kann dies mit Sicherheit beantworten. Wäre er zu Ende der letzten Woche nach seiner Ansicht gefragt worden, hätte er gesagt, es muss – im weiteren Sinn des Wortes – noch ein Wunder geschehen, wenn der Friede gewahrt werden soll. Seit drei Tagen hat sich die Lage jedoch augenscheinlich geändert. Heute bestehen bedeutend mehr Chancen für den Frieden als für den Krieg ... Hitler hat gezögert, den Krieg zu entfesseln, und damit seine Unsicherheit bekundet. Einfacher gesagt: Hitler hat Angst. Er gibt sich Rechenschaft darüber, dass, wenn er den Krieg auslösen würde, er fast die ganze Welt gegen sich hätte.

Der Aussenminister setzt seine Hoffnung auch auf die mannigfachen Friedensanstrengungen – die des Papstes, die Roosevelts, die des Königs der Belgier. Auch die «mustergültige Haltung von Polen» habe die Lage gerettet. Weil das Land sich zum letzten Einsatz entschlossen gezeigt habe, eine vorbildlich ausgerüstete Armee besitze und zudem die Gerechtigkeit auf seiner Seite habe, sei der Führer unsicher geworden. Damit «der Krieg heute gleichsam moralisch unmöglich geworden».

Trotz seiner optimistischen Beurteilung der Lage ersucht Motta die Parlamentarier, schon am nächsten Tag den General zu wählen. Es stehen 100 000 Soldaten im Feld, die einen Kommandanten brauchen. Einstimmig spricht sich der Bundesrat für Oberstkorpskommandant Henri Guisan aus:

> Herr Guisan besitzt alle Eigenschaften, um das Oberkommando über die Armee zu führen, und seine Wahl ist auch politisch angezeigt. Er ist der gegebene General des Augenblicks.

Wenn alles gut gehe, würden die aufgebotenen Truppen nicht lange an der Grenze stehen. Die Bundesversammlung solle gleichwohl die vom Bundesrat angeforderten Vollmachten gutheissen. Der Bundesrat werde keinen Missbrauch treiben und nur vorkehren, was nötig ist:

> Die Stunde erheischt, dass gegenüber dem In- und Ausland die Geschlossenheit und Solidarität zwischen Regierung und Parlament bekundet werde.

Donnerstag, 31. August

Um 17 Uhr tritt der Nationalrat zusammen, Mehrer Parlamentarier sind in Uniform, unter den Waadtländer Radikalen die mit Pilet befreundeten Major Rochat, Korporal Hirzel und Gefreiter Cottier. Präsident Vallotton freut es, dass das Schweizer Volk trotz steigender Kriegsgefahr die Ereignisse, «in absoluter Ruhe verfolgt» und nichts an seinem Alltagsleben geändert habe. Nach kurzer Debatte erteilt der Rat dem Bundesrat mit 171 zu 0 Stimmen die geforderten Vollmachten. Zwei Kommunisten und vier welsche Sozialisten enthalten sich der Stimme. Der Ständerat billigt die Vollmachten einstimmig.

Bei der Wahl des Generals ist in der Vereinigten Bundesversammlung die Rekordzahl von 229 von 231 Abgeordneten zugegen. Auf der Regierungsbank hat der Bundesrat *in corpore* Platz genommen. Vallotton erklärt, dass sämtliche Fraktionen *le colonel Guisan* als General verschlagen. Guisan wird mit 204 Stimmen gewählt, auf Oberstkorpskommandant Borel entfallen 21 Stimmen.

Nachdem Guisan mit kräftiger Stimme den Amtseid abgelegt hat, richtet Vallotton im Namen der Bundesversammlung das Wort an den General:

> Wir wissen, dass Ihre Tüchtigkeit, Ihre grosse militärische Erfahrung, Ihre Entschlusskraft, Ihre Festigkeit aus Ihnen einen gehorchten, respektierten, geliebten Chef machen werden. Wir wissen auch, dass Ihre Höflichkeit und Ihre Mässigung eine Garantie für die guten Beziehungen zwischen den zivilen und militärischen Behörden sein werden. Vom General bis zum jüngsten unserer Soldaten sind alle bereit ihr Leben zu geben, um unsere Unabhängigkeit, unsere Neutralität, unsere Freiheiten aufrechtzuerhalten. Sagen Sie der Armee, dass die ganze Schweiz, Männer und Frauen, Alte und Junge, Lebende und Tote, mit ihr an der Grenze wachen werden. Wir vertrauen Ihnen, *mon général*, die Obhut des Vaterlands an, das wir mit allen unseren Kräften lieben und in das wir – unter keinem Vorwand, was auch immer die Umstände sein mögen – nie irgend jemanden eindringen lassen werden.

Als Präsident der Bundesversammlung trägt Vallotton nachher noch die Beförderung von Oberstkorpskommandant Guisan zum General in dessen Dienstbüchlein ein.

Inzwischen hat sich in aller Stille eine Menschenmenge auf dem Bundesplatz versammelt – die Männer mit entblössten Häuptern. An allen Fenstern der den Platz umsäumenden Gebäude, in den Mansarden, auf den Dächern, überall hat es Zuschauer. Vor dem Bundeshaus warten die Militärkapelle und das lange und mächtige Auto des Generals, der Chauffeur auf seinem Posten. Grellet in der *Gazette*:

> Genau um zehn vor sieben geht ein grosses Raunen durch die Menge. Der General begleitet von Etter, erscheint unter dem Portal, wartet einige Augenblicke bewegungslos, die Hand an seine Mütze gelegt, während ein Beifallssturm über den Platz hinwegfegt und die Kapelle die Nationalhymne spielt, die vom gewaltigen, von 15 000 Zuschauern gebildeten Chor aufgenommen wird. Der Moment ist bewegend und wird von denen, die Zeugen waren, nie vergessen werden.

Freitag, 1. September
Kurz vor Sonnenaufgang, um 4 Uhr 45, greifen 29 deutsche Stukas die polnische Stadt Wieluń an. Um 10 Uhr spricht Hitler am Rundfunk: «Seit 5 Uhr 45 wird jetzt zurückgeschossen!»

Personenverzeichnis

About, Edmond 88
Abt, Roman 271
Alexander I., König von Jugoslawien 264
Allmen, Heinz von 314
Almen, Fritz von 377
Alphand, Charles 377
Amstalden, Walter 252
Andermatt, Josef 255
Ansermet, Ernest 353, 354
Antonucci, Amenico 35
Aubert, Théodore 291

Bach, Johann Sebastian 70, 72, 353
Bachmann, Gottlieb 302, 303
Balsiger, Werner 277
Barthou, Louis 265
Baud-Bovy, Daniel 182
Baudin, Alphonse 100
Baumann, Johannes 246, 247, 260, 271, 276, 277, 295, 303, 304, 306, 316, 344, 347, 349, 351, 356, 366, 367
Bazin, René 88
Beaumarchais, Caron de 38
Bebel, August 151
Beethoven, Ludwig van 353
Béguin, Ernest 279
Béguin, Pierre 194, 292, 354, 355, 362, 377
Bergner, Georges 39
Bernhardt, Sarah 56
Berthoud, Henri 324
Bezençon, Marcel 354, 355
Biaudet, Abel 19
Bircher, Eugen 271
Bismarck, Otto von 84, 217
Blanche, Albert 115
Blücher, Gebhard Leberecht von 84
Blum, Léon 209, 296, 303
Bonjour, Edgar 122, 183
Bonna, Pierre 302

Bordeaux, Henry 29
Borel, Jules 271, 383
Borgeaud, Charles 122
Bosset, Norbert 121, 165, 166, 168, 305, 306
Bourgets, Paul 88
Bovet, George 247
Bovet, Joseph 94, 248
Bratschi, Robert 146, 205, 207, 208, 220, 221, 280, 315, 316, 332, 339, 341, 355–358, 363, 376
Breton, Mitrailleur 127
Bringolf, Walther 137, 143, 185, 296, 344
Bülow, Bernhard Wilhelm von 276
Burnat, Oberleutnant 211

Caesar, Gaius Julius 340
Caillaux, Henriette 110
Caillaux, Joseph 110, 118
Calame, Henri 148
Cato, Marcus Porcius (der Jüngere) 340
Cattani, Alfred 304
Chaillet, Motorfahrer 119
Chalet, Gemeinderat 16
Chamberlain, Neville 349, 350
Chamorel, Jean 86, 87, 89–91
Chamorel, Louis 136, 165–167
Charrière, Oberst de 250
Chatelan, Théodore 103, 104
Chaudet, Gustave 165, 166
Chuard, Ernest 122, 136, 139, 142, 149, 155, 164, 166, 167, 173, 176, 200
Churchill, Winston S. 380
Clauzel, Bertrand 262
Combe, Gustav 271
Condorcet, Nicolas de 31, 32
Conradi, Moritz 144
Cossonay, Jean de 174
Cottier, Henri 383

Cottier, Raphael 332–334
Crittin, Camille 279
Croce, Benedetto 285

Daladier, Edouard 350
Dardel, Gustave Adolphe 249, 250
Darwin, Charles 41
Daudet, Alphons 88
Daudin, Lokomotivführer 232, 233
Davel, Jean Daniel Abraham 20, 21
Debussys, Claude 353
Decker, Paul 123
Decoppet, Camille 330
Dellberg, Karl 291
Dénéreaz, David 45
Déverin, Louis 70, 78, 87, 89, 90, 123, 191
Dicker, Jacques 209, 210, 214, 222
Diesbach, Roger de 187, 188
Dind, Emile 123, 137, 148, 168
Dinichert, Paul 275, 276, 294, 336
Divico 21
Dollfus, Ruggero 184, 185, 232, 356, 372
Don Quijote 202
Dunant, Alphonse 323, 324, 370
Dupont 54
Durant, André 378
Durante, Francesco 71
Dürrenmatt, Friedrich 308
Dürrenmatt, Hugo 228, 308
Dürrenmatt, Peter 227, 228, 308
Duttweiler, Gottlieb 291, 305, 306, 361
Dyck, Anton van 83
El Greco 374
Elsenhaus, Pfarrer 86, 90, 91
Erlach, Rudolf von 381
Ernst, Franz von 170, 254, 261, 299

Escher, Josef 255
Etter, Philipp 88, 225, 241, 254, 255, 260, 261, 271, 303, 306, 316, 333, 334, 356, 362, 367, 369, 371, 372, 377, 380, 381, 384

Fauquez, Aloïs 123
Fayette, Madame de La 87
Fazan, Edouard 136, 166, 168
Feldmann, Markus 225, 236, 252, 271, 291, 303, 333
Felice, Philippe de 33
Flaubert, Gustave 88
Flesch, Carl 72
Flotron, Inspektor 213
Foch, Ferdinand 125
Fonjallaz, Arthur 236
Fontaine, Jean de La 78
France, Anatole 67, 88
Franco, Francisco 42, 296, 373
Frankfurter, David 294
Frick, Hans 382
Friedrich August III, König von Sachsen 73
Frölicher, Hans 335–337, 343
Fuad, König von Egypten 180
Furrer, Reinhold 260, 331

Gadient, Andreas 302, 315, 329
Gagnaux, Victor 38, 41, 48
Gagnebin, Elie 38, 45, 353
Gaillard, Gebrüder 197, 199
Garbani-Nerini, Evaristo 330, 331
Gaudard, Emile 93, 122, 132, 133, 136, 138, 139, 148, 166, 200
Géricaults, Théodore 160
Gertrud 88
Gibbon, Edward 27
Gilles (Jean Villard) 14
Giotto 290
Girardet, Alexandre 38
Gleyre, Charles 21
Glogg, Alfred Walter 298, 299, 355
Goebbels, Joseph 284, 294
Goethe, Johann Wolfgang 64, 65
Golay, Paul 150
Golaz, Donat 136
Golaz, Mathilde 15, 48–51, 53–64, 66–72, 74–79, 114, 197
Golaz, Tillette 94, 112, 114, 131, 174
Gorgé, Camille 263
Gorgerat, Charles 305
Göring, Hermann 218

Goya, Francisco de 374
Graber, Ernest-Paul 185
Grafen Almaviva 38
Grellet, Ernest 137–141, 148, 151, 166, 170, 176, 177, 194, 235, 260, 277, 323, 324, 384
Grellet, Pierre 137–141, 148, 151, 166, 170, 176, 177, 183, 194, 235, 245, 260, 277, 323, 324, 384
Greuze, Jean-Baptiste 83
Grimm, Robert 116, 126, 138, 139, 140, 151, 154, 157, 207, 212, 226, 271, 291, 296, 302, 315, 324, 326, 327, 330, 332–334, 345, 350, 357, 360, 361, 366, 382
Grobet, Henri 136, 166
Grosselin, Ernest 174, 187
Guisan, Henri 200, 206, 271, 314, 322, 383, 384
Gustloff, Wilhelm 294, 295
Gut, Theodor 291, 323

Haab, Robert 142, 155, 172, 173, 176, 177, 181, 182, 259, 298
Haas, Samuel 247
Häberlin, Heinrich 143, 155, 159, 160, 172, 176, 177, 191, 194, 196, 205, 206, 214–216, 223, 224, 235, 237–239, 242, 243, 245, 247, 253, 256–258, 260–262, 269, 271, 288–290, 292, 298, 299, 347
Haeckel, Ernst 41
Haug, Hans 353, 354
Hausamann, Hans 220, 221
Herberger, Sepp 346
Herzen, Alexander 33
Herzog, Student 38
Hindenburg, Paul von 217
Hirzel, Eugène 291, 294, 383
Hitler, Adolf 45, 110, 217, 218, 226, 227, 262, 263, 275, 284, 288, 289, 295, 331, 344, 349–351, 381, 384
Hodler, Ferdinand 21
Hoffmann, Arthur 366
Hostettler, Soldat 274
Hotier, Leutnant 134
Huber, Johannes 189, 190, 249, 254, 284–286, 296, 306, 366

Ilg, Konrad 146, 147, 315
Iseli, Fourier 127

Jacob, Berthold 275–277

Jacquillard, Robert 187
Jaquier, Isaac 17
Jaquillard, Robert 187, 276, 277
Jaurès, Jean 102, 151
Joffre, Joseph 117
Jongh, Gaston de 220
Joss, Fritz 214
Jünger, Ernst 110

Käslin, Robert 247
Keel, Guido 382
Keller, Emil 168, 261, 339
Keller, Fritz 257, 258
Keller, Gottfried 332
Klöti, Emil 159, 160, 181, 296, 306, 360–362, 364, 366, 371
Köcher, Otto 352, 380
Kosma, Joseph 56

Labhart, Jakob 352
Lachenal, Adrien jr. 279, 324, 343, 358
Lachenal, Adrien sr. 219, 279
Lachenal, Paul 373
Lamprecht, Karl 62
Laur, Ernst 171
Le Bon, Gustave 45, 46
Leimgruber, Oskar 248
Lemaître, Jules 88
Lenin, Wladimir Iljitsch 151, 330
Lenoir, Louis 39
Leopold III, König der Belgier 382
Lessing, Gotthold Ephraim 218
Liebknecht, Karl 125, 151
Linaker, Arturo 34
Liszt, Franz 174
Litwinow, Maxim 263, 264
Logoz, Paul 137, 173
Louis XIV 37
Lucan (Marcus Annaeus Lucanus) 340
Ludwig, Carl 245–247, 275
Lütschg, Otto 182

Madariaga, Salvador de 204
Mäder, Emil 255
Maillefer, Paul 24, 27, 122, 123, 136, 137, 139, 140, 148, 164–168, 170, 174, 200
Malche, Albert 324
Man, Hendrik de 315
Mantegna, Andrea 290
Marbach, Fritz 299, 307, 333

Martin, Frédéric 211, 212
Masson, Roger 188
Maupassant, Guy de 88
Meierhans, Paul 327, 366
Meile, Wilhelm 333, 334
Meili, Armin 371
Mestral, Aymon de 118
Metternich 190
Meuron, Aloïs de 138
Meyer, Albert 171, 181, 182, 194, 216, 243, 246, 261, 271, 291, 298–306, 310, 316, 329, 356, 357, 360, 363
Meyer, Ludwig Friedrich 362
Meylan, Gefreiter 130
Micheli, Horace 138, 139
Miescher, Rudolf 271
Minelli, Severino 257
Minger, Rudolf 143, 171, 181, 182, 187, 188, 194, 204, 206, 216, 239–241, 243, 244, 248, 251, 252, 260, 269, 271, 272, 279, 296, 303, 305, 306, 316, 322, 333, 342, 356, 366, 367, 377, 381
Mitterrand, François 208
Molière, Jean-Baptiste 57
Molotow, Wjatscheslaw 380
Montesquieu, Charles-Louis de Secondat 36
Moser, Alois 185
Motta, Giuseppe 142, 155, 157, 158, 169, 172, 185, 194, 200, 201, 204–206, 212, 216, 239–241, 243, 246–248, 252, 255, 256, 260, 263–265, 276, 288, 294, 301, 303, 305, 306, 316, 322, 324, 326, 327, 336, 337, 342–346, 356, 358, 361, 366–370, 373, 377, 380, 382, 383
Mozart, Wolfgang Amadeus 66, 70
Müller, Guido 206, 207
Müller, Hans 291, 306
Muret, Maurice 218
Muri, Alois 259, 260, 351, 352
Murillo, Bartolomé Esteba 83, 374
Mussolini, Benito (Duce) 42, 157, 288, 290, 296, 326, 331, 344, 349, 350
Musy, Jean Marie 142, 148, 155, 161, 172, 173, 194, 196, 204, 208, 216, 220, 221, 236, 239, 240–252, 254–256, 267, 279, 291, 302, 315, 326, 360, 366
Musy, Pierre 241, 244, 248, 249, 251

Naine, Albert 265, 266
Naine, Charles 150–154
Napoleon, Louis 84, 99, 100
Neuhaus, Gustave 202
Neurath, Konstantin von 294
Nicole, Léon 136, 143, 171, 185, 209, 210, 212–215, 219, 222–224, 232, 233, 238, 264, 265, 293, 319, 320, 327
Nicollier, Jean 371
Nikisch, Arthur 72
Niquille, Arsène 332
Nobs, Ernst 296, 366

Obrecht, Hermann 279, 302, 303, 305, 306, 316, 324, 336, 342, 343, 346, 348, 356, 366, 367
Oehler, Hans 226
Oeri, Albert 263
Oltramare, Georges (Géo) 209, 210, 219, 264, 320
Oprecht, Hans 296
Ossietzky, Carl von 294

Pahud, Alexis 97
Paravicini, Charles Rudolphe 358, 369
Pareto, Vilfredo 33–36, 107
Pascal, Blaise 31, 99
Paschoud, Maurice 174, 332
Payot, Edouard 24, 25
Payot, René 148, 194, 213, 235, 324
Perret, Major 211
Perrier, Victor 187
Perrin, Georges 208, 258
Perrin, Paul 232–234
Pétain, Philippe 42, 322
Peter, Marc 308, 343, 358
Picot, Albert 265, 266
Pilet, Alexandre 191
Pilet, Alice 13, 61, 280
Pilet, Auguste 12
Pilet, Edouard 12, 14, 17, 18, 22, 28, 44, 75, 93, 102, 109, 123, 180, 193, 198, 280, 299
Pilet, Ernest 16
Pilet-Golaz, Marcel passim
Pilet-Golaz, Mathilde («Tillon») 16, 17, 28, 39, 82, 83, 87–91, 94–96, 98, 99, 101–105, 112, 114, 116, 120–122, 131, 161–163, 165, 166, 172, 191, 202, 205, 372
Pilet, Jacqueline 12
Pilet, Jacques 131, 191, 192, 205, 231, 283, 300
Pilet, Pierre 70
Pilet-Schenk, Ella 11–13, 16, 17, 21, 25, 97, 122, 280
Pitton, Henri 136, 139, 166
Poincaré, Henri 102, 110
Porchet, Ferdinand 133, 136, 167, 168, 202, 305, 328, 372
Pouly, John 130
Prévert, Jacques 56
Prévost, Marcel 88

Racine, Jean 88, 99
Ragaz, Leonhard 315
Rambert, Paul 33, 106
Ramuz, Charles Ferdinand 23
Rappan, Karl 346
Rappard, William 263, 264, 268
Reinhard, Ernst 212, 241, 243–245, 248, 249, 251
Rembrandt 83
Répond, André 30–32
Reymond, Wachtmeister 129
Reymond, Arnold 310
Reymond, Louis 121
Reynold, Gonzague de 236, 364
Rey, René 38, 127
Ribbentrop, Joachim von 380
Ribera, Josep de 83
Rigassi, Georges 39, 194
Rilke, Rainer Maria 200
Rittener, Lucien 118, 119
Rochat, Pierre 188, 214, 383
Rockefeller, John D. 314
Rod, Edouard 88
Rodin, Auguste 99
Roguin, Jules 33
Rohn, Arthur 260
Rolland, Romain 88, 98
Roosevelt, Franklin Delano 315, 349, 381, 382
Roost, Heinrich 188, 271
Rosselet, Charles 214
Rossier, Edmond 217
Roth, Hans 377
Rousseau, Jean-Jacques 36, 99
Rubattel, Rodolphe 335, 336
Rubens, Peter Paul 83

Ruchet, Marc-Emile 28
Ruchonnet, Louis 28, 123
Rüegger, Paul 343
Ruffy, Eugène 28, 122, 330
Ruysdael, Jacob 83

Sainte-Beuve, Charles
    Augustin 46
Salazar, António de Oliveira 236
Sand, George 88
Sarasin, Charles 187, 188, 206
Savary, Léon 194, 321, 322
Savonarola, Girolamo 308
Scheurer, Karl 143, 155, 171, 172, 177,
    181, 248
Schiller, Friedrich 218
Schleiermacher, Friedrich 77
Schmid-Ammann, Paul 291
Schmid, Arthur 296, 305
Schnyder, Student 64
Schopenhauer, Arthur 374
Schöpfer, Robert 279, 323
Schrafl, Anton 205, 233, 258, 259,
    293, 330–332
Schulthess, Edmund 142, 155, 165,
    172, 194, 204, 216, 239, 240, 242–
    244, 246, 247, 260, 261, 263, 267,
    268, 271, 279, 292, 315, 361, 366
Schüpbach, Hermann 215, 324
Schürch, Erich 240, 241, 360
Secretan, Edouard 44, 110
Secretan, Philippe 38, 44–47
Sigrist-Funk, A. Fahrer 283
Sillig, Edouard 222–224
Simond, Student 32, 38
Simon, Henri 166, 205, 206
Simone, Mlle R. 162
Sissi, Elisabeth von Österreich-
    Ungarn 314
Soldati, Agostino 222
Sonderegger, Emil 227, 238

Spengler, Oswald 227
Spinasse, Charles 302
Stähli, Hans 215
Stalin, Joseph 263
Stämpfli, Franz 223, 277
Steinmann, Ernst 314
Straumann, Hauptmann
    249–252
Strohal, Emil 63, 69
Stucki, Walter 216, 245, 263, 291,
    316, 317, 319, 323, 324, 330, 333,
    335, 336, 364, 369, 370
Sulzer, Carl J. 138

Tapernoux, H. 257
Tell, Wilhelm 25
Tintoretto, Jacopo 290
Tizian 290
Tobler, Robert 226, 227, 291, 307
Turati, Filippo 151
Turnheer, Walter 368

Vallon, Ernest 108, 121, 134
Vallotton, Benjamin 29, 116
Vallotton, Henry 50, 51, 57–59,
    93–97, 115, 132, 133, 136, 137, 144,
    145, 147, 156, 157, 166–168, 174,
    183, 184, 200–202, 204, 215, 216,
    228–231, 234, 246, 255, 269, 294,
    302, 305, 307, 310–312, 323–329,
    335–337, 342, 343, 345, 354, 358,
    359, 362, 368–370, 383, 384
Vallotton-von Freudenreich,
    Yvonne («Renée») 200, 202,
    324, 368
Vallotton-Warnery, Blanche
    115, 136, 167
Vauvenargues, Luc de 47
Velázquez, Diego 83, 137, 374
Viollier, Maurice 118
Viviani, René 117

Voltaire, François 22, 27
Vonmoos, Johann 177

Wäger, Franz 247
Wagner, Richard 71, 353
Waldeck-Rousseau, Pierre 139
Walther, Heinrich 169–171, 181,
    185, 215, 241, 246, 247, 254, 255,
    259, 268, 279, 299, 305, 323,
    330–332, 334, 338, 361, 376
Warnery-Schlumberger,
    Emile 115
Wattenwyl, Erich von 200
Weber, Karl 271
Weber, Max 281, 296, 307, 315, 319
Wechlin, Heinrich 247
Weitzel, Student 43, 44, 53
Weizsäcker, Ernst von 294
Welti, Franz 184
Wetter, Ernst 360–362, 367, 369
Wettstein, Oskar 181, 364
Wey, Max 291
Wildbolz, Eduard 188
Wilhelm II., König von Preussen
    und Deutscher Kaiser 125, 273
Wilhelmine, Königin der
    Niederlande 180
Wille, Ulrich 165, 262, 271
Wille, Ulrich von 114, 262
Winkelried, Arnold von 26
Worowsky, Wazlaw 144
Wundt, Wilhelm 63

Ysaÿe, Eugène 72

Zamacoï, Miguel 56
Zander, Alfred 227
Zimmerli, Jakob 170, 177, 178

Weiterer Titel aus dieser Reihe

Staatsmann im Sturm

Hitlers Blitzsiege machten 1940 zum gefährlichsten Jahr in der jüngeren Geschichte der Schweiz. Das völlig eingeschlossene Land war auf Gedeih und Verderb Nazi-Deutschland ausgeliefert. Die Last seiner Aussenpolitik lag auf den Schultern von Bundespräsident Marcel Pilet-Golaz. Mit viel Geschick steuerte er die Schweiz unbeschadet durch stürmische Monate. In der Geschichtsschreibung gilt der Waadtländer als «Anpasser», der den Nazis zu Gefallen war. Hanspeter Born zeichnet ein anderes Bild des Juristen, Schöngeists und Landwirts aus der Romandie. Seine auf Primärquellen, teils unbekannte Dokumente aus dem Familienarchiv Pilet, beruhende Studie wertet den Umstrittenen als klugen und standfesten Staatsmann.

Hanspeter Born
Staatsmann im Sturm
Pilet-Golaz und das Jahr 1940

512 Seiten, gebunden,
mit Schutzumschlag
ISBN 978-3-907146-72-9